宋丙涛
张　庭　著
潘美薇

黄河文明四千年

FOUR THOUSAND YEARS OF
YELLOW RIVER CIVILIZATION

华夏时空变迁
与公共经济逻辑

The Temporal-Spatial Changes of China and
the Logic of Public Economy

社会科学文献出版社
SOCIAL SCIENCES ACADEMIC PRESS (CHINA)

文明的力量　公共的魅力

在最近的二百年间，对于人类是如何成为生物的人[①]以及人类中的一部分人是如何变富的[②]理论解释曾经吸引了数以亿计的眼球。但当越来越多的人变成富人之后，一个更为重要的问题渐渐浮出水面，即人类是如何成为社会的人或人类中的一部分人是如何变文明的？

在《富种起源：人类是怎么变富的？》题记中，当吴乐旻博士充满信心地认为我们不需要思虑"是给文明以岁月，还是给岁月以文明"时，他认为我们"活在例外的时代"，进而将自己的研究对象确定为"这个时代，何以开启，又将怎样结束"。但对学者而言，对人类社会普遍性的探究始终有着令人着迷的吸引力，而人类文明的出现很显然就是这样一个具有社会普遍性的问题。

本书正是试图回答这样一个未来数十年才有可能引人注目的，并且很有可能找不到答案的普遍性问题。[③] 虽然会冒风险，但从重要性上讲，这是值得的。借用美国加州大学戴维斯分校克拉克教授的一句名言[④]，我们可以说一句夸张的话：人类历史上真正的大事，就只发生过一件：那就是文明的起源。

中国不仅是一个文明古国，还是一个地跨数千公里的文明大国，更是一个延续了数千年的可持续文明思想与制度的发源地。因此，从中国古代的黄河文明开始，这个充满不确定性的研究应该是一个值得尝试的起点。

---

① 见达尔文的《物种起源》与道金斯的《自私的基因》。
② 见亚当·斯密的《国富论》、吴乐旻的书稿《富种起源：人类是怎么变富的？》与宋丙涛的《英国崛起之谜：财政制度变迁与现代经济发展》等。
③ 2020年发生的、席卷全球的新冠肺炎疫情蔓延或许会加快人们对文明问题的关注。
④ 他的原话是："人类历史上真正的大事，就只发生过一件：工业革命。"（转引自吴乐旻：《富种起源：人类是怎么变富的？》，待出版）

关于黄河文明横亘数千里持续数千年的原因，尽管尚有许多争议，但早期学者的理论探索与思想发展中对公共经济活动的重视肯定是最主要的原因之一。

众所周知，天道天命思想是中国古代文明的思想基础，而社会学教授李向平（2006：335）认为："从古典文献看来，天命、天意的结构特征就在于它的大公无私"，并引《礼记·孔子闲居》的话来讨论天道的公共经济面向："天无私覆，地无私载，日月无私照"。很显然，"这'三大无私'的超越性价值源头，自然非'天'莫属。'天'是'公'的起源"，是一种可共享的公共资源。为此，他进一步总结认为，在中国的传统思想里，"凡是神圣的东西，就应当是公共的、共同体的、不可侵犯的；凡是私人的东西，则难为神圣、不可独立，必须服从公共的权力甚至神力的要求"（李向平，2006：396）。[①] 这样的研究把中国古代文明与以私人产权保护为基础的所谓现代"西方文明"做了明显的区分，而下面两个案例更是反映了中国人对公共事务重要性的认知及其在中国文明理念传承中的基石性作用。

其一，1938年日军进攻武汉，湖北省图书馆时任馆长谈锡恩先生，积极呼吁政府将馆藏典籍11万册西迁重庆，并精选98000册亲自押送。西行途中，日军飞机不断轰炸，江水因季节原因暴涨暴落，但谈锡恩先生历经千难万险，终将图书运至重庆。令人遗憾的是，在护送途中，谈锡恩的儿子被日军炮弹击中牺牲，同时还有600册书落入江中。到重庆后，在向政府交接图书时，谈先生不仅向政府提交了书面检查，还详细记录了每一本丢失图书的具体情况。然而，关于儿子的牺牲，报告中却只字未提。

其二，2019年2月15日，中央电视台《记住乡愁》节目讲述了无锡惠山老街过氏祠堂的历史。讲述中提到的过氏家谱"二字之改"的故事让人印象深刻。过氏有一位90多岁的老奶奶，在18年前看家谱时发现，家谱对父亲的记载是"赴河南经商病逝"，但她自己记得父亲当年是赴河南赈灾遇难的。她对家谱的记录提出了异议，但因为没有证据，族人不同意修改家谱。从那时开始，老人用了15年的时间去寻找证据。历经无数

[①] 作为西方文明的典型代表，地中海沿岸的古希腊、古罗马城邦也曾经出现过类似的理念，要求公民或个人绝对服从城邦或公共利益。详见库朗热（2006：211、335、362）对个人美德替代公共美德的分析。

波折之后，老人终于在旧报纸上找到一篇当时的文献记载，证明了父亲赴豫的使命是赈灾。拿到证据后，过氏老人成功地改写了家谱。15年的奔波，就为了两个字的修改，这样的付出是否值得？对此，已经90多岁的老人说，两字之改，改变的是父亲人生的价值取向。经商是赚钱为己，赈灾是利他为公，两字之差却意味着父亲一生的意义完全不同，表明父亲一生的价值得到了体现，这样的付出当然是值得的。

类似地，当我们走在晋商的深宅大院里时，也会惊奇地发现，在几乎所有的豪族大宅中都找不到祖先经商成功的永久性记录。相反，一旦家族里有人为社会公共领域做出了贡献，比如中举入仕或捐资公益，就一定会将其事迹刻在石头上、砌在大门上以示后人，成为永久性记录。很显然，与欧洲近代以来不断出现的商业发家史相比，与西方近代文明对私人产权的强调相比[①]，中国古代民间与史家都是羞于记载与个人私利相关的私人经济行为的[②]。换句话说，中国历史历来重视对公共经济活动的记录，而本书所要研究的恰恰是历史上黄河文明中蕴含的公共经济思想及其制度架构的演变轨迹。

[①] 事实上，与西方近代文明不同的是，古典希腊时期的思想家也不关注私人产权，而是更为关注公共经济活动，关注对人性善的探讨。特别地，他们对私人经济活动的不屑是显而易见的，以至于"当奥德修斯听说他被看作像是一个商人'只知贩货追逐微利'时，他认为是受到奇耻大辱"（哈蒙德，2016：84）。何况，在那些古希腊时期写定的神话文本中，与公共经济密切相关的政治组织与政治实践同样始终是文本的主线。更有甚者，无论是柏拉图的《礼法》，还是罗马的立法，所谓的土地产权规定都是集体所有的、不可分割、不可转让的共同家产，而不是近代意义上的私人产权，见库朗热（2006：59、71）的分析。

[②] 中国第一部正规文本历史《史记》的结构安排奠定了中国正史中公共经济活动居主流地位的传统。法国启蒙学派与年鉴学派对个人自由的强调实际上是欧洲大陆缺乏文明认知的表现，不仅误解了历史的意义与文明的内涵，而且通过对普通个人利益与生活的关注阻碍了法国近代的文明转型，导致千百万人付出生命的代价与数十年的发展滞后，见库朗热（2006：导言，370）对欧洲近代历史的批评。

自　序

2004年，作为博士一年级的学生，我在河南大学开始了自己"比较规范的"经济学学术研究生涯。尽管研究的主要兴趣是中国的经济发展，但深受当时流行的"李约瑟之谜"研究热潮的影响，研究实际上是从中英比较的视角开始的，成果就是2015年出版的探讨英国是如何变富的《英国崛起之谜：财政制度变迁与现代经济发展》。或许是一个巧合，就在我攻读博士学位的这一年，以我的导师组为团队核心，河南大学申请并获批建立了教育部人文社科重点研究基地——黄河文明与可持续发展研究中心。据各位导师讲，该基地有两个目标（或特色），一是研究对象为黄河文明，二是研究方法是跨学科合作。尽管受制于科研考核体制与其他因素的影响，真正的跨学科研究（特别是不同学者之间的合作研究）一直很难推进，但该基地设立的框架与该框架下的学术活动还是在不断向着这两个目标靠近。本书正是笔者在该框架内[①]、在基地项目资助下进行的一个关于黄河文明的跨学科研究的初步尝试。

当然，本研究的直接背景有三个：一是在厦门大学做博士后研究工作时跟着张馨老师做的"文明演变与公共经济制度变迁"课题研究；二是我的博士导师覃成林教授担任《黄河文明与可持续发展》主编时约我写的一篇关于黄河文明的稿子；三是2014年申请获批的黄河文明与可持续发展研究中心的重大课题。

作为本研究的一个间接背景，就是中美关系的转折改变了我的研究兴趣或顺序。本来，按原计划，在完成了对英国产业革命经验的分析之后，我打算对美国的发展经验，尤其是司法主权结构做一梳理，最后再来研究

[①] 本书中的许多跨学科文献直接或间接得益于中心的一系列跨学科学术活动。

中国古代文明的历史经验及其学术意义。但中国在2010年前后的迅速崛起以及美国部分政客在2015年之后的过度反应（逆全球化思维与全面"退群"行为），都使得原先美国在现代文明探索中的领跑者地位迅速发生了变化。这个转变包含了两方面的内涵：一是政治经济关系的转折，其中既包括以托马斯·皮凯蒂（Thomas Piketty）为首的一批学者对美国资本主义"恶行"的揭露与清算（国内学者也有类似的回应），也包括绝对优势不再的美国对全球化的摇摆与全面"退群"；二是学术发展方向的转折，其中既包括日益教条化的新古典模式渐渐失去了对现实问题的关照，也包括以国学复兴为目的的中国优秀传统思想的"报复性"回归。

关于中国古代文明的当代价值，在2008年《开放时代》组织的一次论坛上，白钢（2008）曾指出："在这个世界上曾有过许多民族，只有少数的一些才可以称得上是伟大的民族，但是只有更少数伟大民族创造的伟大文明到现在还可以具有其现实性。几乎每一个伟大文明的真正沿承都不是由其文化自身的力量所决定的，而是作为这个文明的政治继承者在之后的历史性命运中的地位来决定的。譬如说现在我们一直在讲中国的伟大复兴或中国文明的伟大复兴，而不是在讲苏美尔—阿卡德文明的复兴，或者埃及文明的复兴、玛雅文明的复兴，尽管苏美尔—阿卡德文明、埃及文明是人类最古老的文明，而且也确实创造出极其辉煌灿烂的成就，但是现在因为它们丧失了直接的政治继承者，也就是成为只是学者研究的对象和考古者或者说是对文化感兴趣者的敬仰和赞叹的对象，却失去了它的现实性。"当然，我们认为，一个文明是否有政治继承者，同样取决于那个伟大文明的可持续力量，这个力量的内涵正是本书试图分析的对象。而贯穿中国伟大文明古今的政治遗产正是黄河文明中蕴含的公共经济思想与制度，其中的思想是通过科举制度传承下来的儒法学说，而背后的制度则表现为以郡县制为基础的大国治理结构。

正是在这样的国际政治经济关系与人文社科学术纷乱纠结的背景下，我重新认识了国家治理与公共经济在现代社会中的"栋梁式"作用，并意识到重新认知中国传统思想对现代文明转型是有现实意义的。特别是自2008年金融危机以来，尤其是2012年以后，与美国经济学界的交流也让我对美国主流经济学的未来失去了信心，曾经的社会科学王冠上的明珠已经黯然失色。与之相反，博大精深的传统国学在国家治理中的后劲渐渐显现，这使我逐步认识到，经世济民的学说或许对深陷泥潭的"现代文明"转型有些许借鉴意义。于是用现代经济学概念与传统经济学思想来构建新的理论模式、解读跨越数千里的黄河文明数千年的延续奇迹就成了我近期的一个学术追求。

显然，教育部之所以把这个跨学科基地放在河南大学，历史学家特别是历史文献中关于黄河文明早期的描述主要集中在河南，考古发现特别是安阳殷墟（早期的发掘主要是由河南大学教授董作宾等主持的）与偃师二里头考古都集中在河南或许是一个重要的原因。但非常遗憾的是，本研究的结论或许将会部分地削弱河南或"中原"地区在黄河文明诞生初期的重要性。

近代以来，鉴于西方在战场上的优异表现，西方的科学话语体系逐渐吞噬了东方的人文知识体系。"我是谁？""我从哪里来？"的"科学"问题逐渐取代了"我为谁？""我到哪里去？"的"初心"思考。[1] 为了在西方的知识体系内部回应西方人的傲慢歧视，许多有识之士开始关心"何以中国？""谁为华夏？"的问题。在这些卓有成效的探讨中，思想史大家许倬云与葛兆光教授的分析颇有影响力。[2] 他们（葛兆光，2014；许倬云，2013）的分析力图摆脱民族国家话语体系的纠缠，[3] 强调历史上的"华夏"与"中国"是一个文明共同体。然而，正如曹小文（2021：116）的总结表明的那样，这些"研究者本身的民族—国家立场并没有发生根本变化，并且这些立场和诉求最终还是要在研究中体现出来"，因此他们的研究难免会受到南北文化之辩与游牧农耕之争的困惑。本书之所以从文明的角度切入，正是试图提供一种全新的全球文明史观。尽管本书的研究对象——黄河文明只是文明的一个特例，但人文知识体系基础之上的公共经济体制是一个普适

---

[1] 东方的知识体系更适合被称为人文知识体系，而不是科学知识体系。东方的人文知识体系更加关注民生，主张共享，而西方的科学知识体系却是国家战争与利益竞争的副产品（罗素，1999），因此特别强调产权与独占（文一，2019）。关于这两个知识体系的关系以及中国古人的选择与转型，我们将在下一个课题中进行研究。

[2] 见葛兆光《什么是华夏？或者，什么是中国？》，原载于2014年12月14日《东方早报·上海书评》，原标题为"许倬云新著《华夏论述》·解说"。

[3] 关于全球史学者对民族国家话语体系的反思见曹小文（2021）。曹小文一针见血地指出，确有不少中国学者仍顽固地沉溺于西方话语体系自怨自艾、不能自拔，认为不能脱离现代西方话语体系讨论中国或世界史。

性概念，我们对黄河文明本质内涵的探索是有普遍意义的。因此我们认为，尽管"华夏""中国"代表的只是一种文明模式与思想体系，并且这个黄河文明更为关心"为了谁"的"初心"与目标，但为了为未来的文明比较研究奠定方法论基础，本书仍然愿意在西方话语体系的"科学"知识体系内回答"'华夏''中国'是什么？从哪里来？"的问题，愿意讨论体制效率源泉的还原论问题。只不过，我们认为，作为"华夏""中国"内核的黄河文明是以儒法思想为基础构建的公共经济体制，而作为核心的儒法思想又是历代精英应对现实问题、服务天下苍生的理论思考与经验总结，因此该思想的现实目标就是，在"为了谁"的"初心"基础上不断构建或改进国家治理体制。当然，鉴于公共经济利益的空间共享特征（宋丙涛、潘美薇，2019），这样的思想与体制的形成仅与地理和外界挑战有一定的联系，而与族群、血缘、民族的构成没有任何内在关系，因此有关清代与元代体制历史价值的讨论就应该更为关注它们是否传承了这些知识、经验或政治智慧、它们是否构建了服务众生（以"为了谁"为基础）的大国治理体制，而不需要关注它们的族群来源（"我是谁"）。[①]

同时，本研究在方法论上的最大特点，就是试图坚持问题导向原则，在还原历史场景的背景下分析古人面临的问题或行为动机，[②] 围绕"黄河文明诞生的时空界定"这个问题尝试分析跨学科的古人集体行动逻辑的。

当然，鉴于作者的学科背景，本研究的分析主线仍然只能是经济效率逻辑。不过，与当下流行的新古典经济学与政治经济学稍有不同的是，本研究的依据是笔者尝试构建的公共经济效率逻辑与国家制度变迁理论（宋丙涛，2016）。本研究一方面试图用这个理论来分析黄河文明的演变过程，另一方面也试图用这个历史过程来印证这个理论。放在传统学术的语境里来理解，本书的研究是"六经注我"，而不是时下流行的"我注六经"。因

[①] 见《勿食我黍》编辑的刘泽华的《中国古代的"大一统"论与"正统"观念》（编选自刘泽华（2008）原著，题目为编者提炼拟定）对《大义觉迷录》的引证。在笔者的学术团队中也有人正在以清朝的治理思想为例从事这方面的研究。

[②] 由于自然科学方法的过度影响，今天的经济学、甚至是整个社会科学都充斥着抽象的现代价值论，认为历史上的人类也像当代人一样，其行为动机也是社会经济向着某个目标、比如市场经济体制前进。这样的理念与事后诸葛亮的思维严重误导了历史学的研究，库朗热（2006）早就对此进行过批评，和文凯（He，2013）最近的研究再次做出了回应。

此,"大胆假设,小心求证"就成为本书的一个基本研究方法。即先提出一个公共经济理论的假说或制度变迁理论,然后再收集历史证据予以证实。当然,本研究收集的证据主要来自考古学、历史学、文献学、人类学与社会学等相关学科,而逻辑分析的目的则是为了还原黄河文明的诞生与发展"史实"以及华夏祖先的集体行动逻辑。

要之,本书将包含三方面的内容:第一是公共经济与制度(文明)变迁的经济学假说;第二是关于黄河文明诞生——夏朝建立的史料收集与逻辑推演;[①] 第三是关于黄河文明定型——殷周之变与秦汉之变过程中的思想脉络梳理与制度变迁分析。

第一,鉴于以下两个事实,本书试图提出不同于美国现代经济学的研究对象与目标。首先,供过于求正在成为一个全球现象,从而使得以资源配置效率为主要关切的古典经济学、新古典经济学研究正在失去现实必要性;其次,在资源过剩、私人产品供过于求、公共产品相对不足(教育、医疗)的背景下,以新古典经济学为基础的各种经济政策建议竟然还在关注经济增长、居民就业等"非理性"目标,从而使得新古典经济学的"科学性质"大打折扣。

第二,鉴于现有的政治经济学过于关注不同群体之间的斗争与资源分配,本研究的重点也不同于"传统"的政治经济学,而是更为关注不同群体共享同一公共经济资源或公共利益的公共经济问题。本书研究的一个基本假设是,在生存型个人需求基本得到满足之后,对公共产品的需求将会成为人类经济活动的主要关切,[②] 并进而主导未来经济学研究的主流方向。相应地,集体主义的方法论与合作共享的经济模式将会成为未来学术研究的关注点。正是在这样的背景下,利益共享目标、精英利他偏好、经世济民学说与社会主义价值将会成为公共经济理论创新的思想渊源。

第三,根据公共经济理论的核心观点,文明转型与制度变迁的原因蕴藏于集体行动的逻辑之中,公共产品需求结构的变迁是集体行动的原动力,也是文明转型的原动力。我们认为,文明的转型就是公共经济体制的变迁,

---

[①] 有些学者受西方战争理论影响,试图从炎黄与蚩尤战争推出夏的建国逻辑,本研究侧重于公共经济活动的供求可能逻辑,尤其是集体生存逻辑。
[②] 流行的财政学、公共经济学教材提供了大量的政府规模扩张的"规律"与数据。

作为一种应对挑战的尝试，文明转型的成功依赖于决策效率与执行效率的同时实现。我们认为，新体制是社会精英为应对挑战而有意构建的更为有效的公共经济体制努力的产物，是各类制度相互竞争、优胜劣汰的社会演化的结果。但在这个过程中，精英的利他行为模式为文明转型理论提供了坚实的人性认知基础（李建德，2019）。

第四，近半个世纪以来，以考古学家为主的黄河文明的研究者，特别是夏商周断代工程与探源工程的参与者基本上把豫西、晋南的浅山河谷地带确定为夏朝的发源地，并提出了中原文化中心论。然而，本书认为，作为黄河文明肇始的夏朝的诞生是一系列思想理念准备、应对挑战性事件与制度构建尝试的叠加结果，而制度构建又是应对某个天灾人祸挑战的集体行动的制度化经验总结。因此，本书以传说中的大禹治水事件为制度构建的肇因，以黄河河道的物理工程特征为基础，来分析治水，特别是疏导黄河大水的历史可能性，分别从气候、土壤、地理、技术与制度的角度来讨论这个应对挑战事件发生的时空可能性。

本书关于黄河文明诞生的基本结论是，大禹是来自青藏高原边缘地带的南方民族首领，大水的发生与夏朝的构建都发生在黄河中上游的海东、甘南、宁夏与蒙南、陕北地区，但大水影响的区域主要是河套地区，而导水的主要流经区域是内蒙古、山西、陕西之间的黄河河段，大水被导入的"东海"恰恰是商朝建立者的祖居地——"中原"。我们认为，黄河文明构建了禹贡九州中雍州、梁州、冀州的财政体制。而被今天的主流学者反复强调的豫西晋南地区的人类活动痕迹只是气候条件变化后，夏朝中后期逐步南迁的结果。夏朝的南迁激化了本就存在的"夏""商"之间的"世仇"，因此，商灭夏后不仅未能按照贵族礼遇善待夏朝后人，反而诬称他们为"鬼方"，并试图将他们赶尽杀绝。而遍布东亚的禹迹传说则是夏朝遗民四散奔逃到新的区域后为纪念其祖先的巨大贡献而进行的地理命名与纪念活动的历史遗存。

第五，本书认为，黄河文明从思想史的角度来看，经历过两次"成型"之变：一次是殷周之变，从鬼神文化变为礼乐文化，[1] 强制力从全能神到全

---

[1] 许多学者不知道中国早期精英抛弃神权思想的过程，反而指责"古代中国人没有像希腊人那样发达的神的观念"（孙晓春、王磊宁，2020）。

善神的变化奠定了世俗治理结构的理论基础；① 另一次是秦汉之变，儒法结合使得郡县制日渐成型，奠定了现代大国治理结构（决策机制与执行机制相分离）的理论基础。希尔斯曾写道："抛弃传统应当看成是新事业的一种代价；保留传统则应算作是新事业的一种收益。"（转引自万俊人，2009：125）儒家经世济民学说与法家吏治管理思想就是这样一种得到了传承与延续的公共经济思想的理论内核，也是黄河文明的政治继承人从中不断汲取营养的思想宝库。

毋庸置疑，儒家学说从"修身"到"治国"，从体制构建到人才培养，都显示了儒家学者的缜密思考与高瞻远瞩。儒家学者构建的公共经济体制以公私经济的明确分工为前提，以公共产品供求双方对各自行为规范与边界的恪守为基础，形成了以天道和德性为基础的合法性理论体系。儒家学说在法律制度无法界定公共利益边界的情况下，积极构建非正式供给行为约束制度，不仅用"天道"理论来规范君子的决策行为，而且用"诚信"道德来约束国家公职人员的执行过程。同时，儒家还主张充分利用教育与舆论的作用来促使统治精英自主选择利他行为，从而形成了黄河文明"劫富济贫"的社会文化特征。尽管这个特征因与英国崛起过程中的"劫贫济富"背道而驰而不利于原始资本积累与工业革命爆发，② 但儒家学说对人类二元本性（生物性与社会性）与公共产品多元化的理解、对利他精英的教化建议很可能会构成未来社会科学，特别是公共经济学颠覆性转向的理论基础。

确实，近代以来的科学民主浪潮，带来了理性的科学方法，但也带来了学科僭越的恶果。以社会达尔文主义为基础的历史进化论摧毁了古典学派的人性多元化假设，不仅假设人与人都一样，使得社会精英的修身养德成为不必要，而且推崇"人与动物一样，都以自我保存、生存发展为终极本性"的生物经济学假设。特别是，以经济人为基础的公共选择理论与公共经济学的流行（Stiglitz，Rosengard，2015），误导了公共经济理论的探索

---

① "先秦儒家是用道德的观点对史前传说进行取舍的。先秦儒家讲述的历史故事中，不需要那些具有超自然力量的人物，如补天的女娲、头触不周山的共工。先秦儒家不愿意讲述那些超乎人类能力的奇迹。"（孙晓春、王磊宁，2020）
② 只有劫贫济富，才会有资本积累，才有利于工业革命爆发。但中国的均田制思想有利于更多人活下来，但不利于产业革命见赵红军（Zhao，2018）的分析。

方向，从而导致了社会精英的堕落与社会矛盾的激化。

相反，儒家学者早就清晰地认识到了公共产品的多元化特征，进而提出了多层级的家国天下理论，从而为全球化背景下国内市场与国际市场的关系处理、人类命运共同体的构建奠定了坚实的理论基础。与西方竞争性文明渐渐陷入理论悖论的困境不同，黄河文明的空间开放性与利益共享性特征，很有可能为现代文明的未来转型与全球治理的僵局破解提供某些启发。特别是"古代中国的天下主义和夷夏之辨，提供了将普遍性融入特殊性、从本土文化上升为普世文明的智慧"（许纪霖，2017：73）。只要我们把文明看作公共经济体制，特殊化约为普遍的道路就是畅通的，而天下体系与人类命运共同体就是这样一种公共经济机制的典型。

第六，作为儒法国家传统支柱思想之一的法家学说，特别是法家学说中有关国家治理的思想同样是人类文明的宝贵遗产，是公共经济体制构建的理论思考。事实上，自秦代开始，各个朝代治理国家所运用的有效制度，几乎都是以法家思想为基础建构起来的，这些建构过程中运用的法家思想及其背后的公共经济逻辑对今天的现代文明转型探索依然有着现实的价值。

众所周知，法家思想在社会治理、解决社会的道德困境问题和对官僚队伍进行制度化管理方面曾经发挥了积极的作用，赵鼎新（Zhao，2015：185）强调了法家在正式制度出现、执行效率提高等国家治理方面的贡献。确实，将儒家的社会管理规范为法家的政府管理是法家超前现代性的体现，并形成了儒法国家治理范式的制度内核。而以问题为导向、以公共利益为目标的学术路径，则构成了实用主义法家思想的公共经济与国家治理特征。确实，尽管泾渭分明、差异明显，但法家之仁义观与儒家思想存在着某些相通相容之处，因而共同构成了儒法国家治理的理论基础。当然，儒法双方对仁义忠孝等伦理价值观的性质与适用范围的认识是有差异的。

例如，商鞅认为，仁义忠孝等伦理道德价值观只对君子有效，对小人无法产生规范效应，仁义忠孝的适用范围是有限的，因此"仁"并不具备普适性。以此认知为基础，法家建议对人做出非普适性假设，主张对不同的人采取不同的法治措施，因而其政策建议与制度安排更加符合社会现实。更为重要的是，法家在推崇中央集权制度的过程中隐隐约约地意识到了垄断的强制力对公共经济运行与集体行动逻辑来说至关重要，意识到了"强国家"（Acemoglu et al., 2008）与发展型政府（Wade, 1990）对公共经济发展的基础性作用，从而触碰到了公共经济理论的核心议题，奠定了经世济民思想的可操作性基础。特别是，韩非子借鉴道家诸子的哲学思想，吸收商鞅等人的改革经验，形成了自己完整的以法治国的理论体系。在韩非子的思想体系中，君臣有明确的公共经济分工，君主代表国家拥有绝对的权威，并通过公职阶层的臣子为举国上下提供物质保障和国防安全。当然，由于韩非子把国家的有效治理完全寄托于君主一人，又缺乏对君主的有力约束，君、臣、民的共同体关系实则难以为继，这也是其理论自身存在的瑕疵。

第七，本书认为，作为中国古代文明典型代表的黄河文明的演化到宋代画上了句号，宋代之后，不仅华夏文明的中心渐渐移到了长江流域，且儒法理论也几乎没有太大的改进，因此，无论从制度变迁的角度，还是从思想演进的角度来看，宋代都是黄河文明的终结者。更有甚者，作为农耕文明的成功者，宋朝的经济形态也发生了根本的变化，市场经济已经成为主要的财政收入来源（Liu, 2015），传统的农耕文明受到了巨大的冲击。市场经济的冲击，特别是对经世济民学说的冲击、对精英利他理念的冲击都引发了社会矛盾的激化与国家治理的危机，而王安石变法正是对这些市场经济带来的冲击的反思。因此，熙宁变法不仅是黄河文明自我反思的一部分，更是中国古代精英重建公共经济体制与重构传统文化努力的尝试，也是古代文明遭遇市场经济冲击后的第一次本能反应。这样一种对公共经济与市场经济关系的思考，对今天的现代文明转型探索与社会危机应对仍具有十分重要的借鉴意义。

但正如甘阳（2008）曾指出的那样，对中国古代文明当代价值的认知不足影响了我们文化创新的底气："底气不足很重要的一个原因就是近百年来我们在不断地诋毁、摧毁中国自己的文明传统，我们对自己的文明传统没有一个基本的敬意。我们做的西学研究，或者说中西比较，往往做一些非常简单性的比较，它的目的已经是事先确定的，就是它要证明西方文明比中国强。"尽管本书的目的并不是想证明中国的文明比西方的文明强，但至少可以表明中国古代文明的现实价值。因此，本书所做的研究是以中国自己的知识体系或话语体系为基础进行一些粗浅的比较,[①] 力图摆脱西方构建的"强权逻辑"与民族国家话语体系的影响。事实上,中国的知识体系自战国以来就是以和平为主流、以人为本的人文体系,正是遵循着这个文明的集体行动逻辑,黄河文明才成为没有中断的文明,中国才成为最为成功的文明载体。而本书正是想总结这个文明产生与延续背后的公共经济逻辑,以期为下一步的现代化转型提供借鉴。

本书是教育部人文社科重点研究基地——黄河文明与可持续发展研究中心的重大项目的成果。作为课题研究的阶段性成果,书中的部分内容曾作为论文在一些期刊上公开发表过。部分章节由课题组其他成员自己或与负责人共同完成,对此均已在脚注中做了说明。

最后以一首七绝作为本书的总结:

孔孟儒学道千古,韩商法术盛百年。
江山社稷谁经纬?半赖民主半尚贤。

宋丙涛

[①] 关于话语体系的重要性,白钢(2008)认为:"所有的问题在我看来都应归结为这两点,最根本的一条是'打不过':我并不认为中国原有的自我解释体系弱于西方,只是我们在力量直接对抗中失败之后被迫必须用对方所熟悉的语言来跟他进行对话。在这个情况下,一方面我们在主观上有模仿对方说话的意愿,一方面是被迫进入对方说话的话语体系中,为了学习这套话语,中国花费了一百多年的时间,终于搞明白西方到底是在讲些什么东西,它的逻辑跟我们是如何的不同。"

目　录

第一篇　文明演化理论

第一章　问题的性质与历史的价值 ………………………… 3
 一　国学公心与西学私意 ………………………………… 6
 二　古典文明与近代产权 ………………………………… 21
 三　多元现实与二元理论 ………………………………… 33
 四　构建制度与共享经济 ………………………………… 45
 五　编撰历史与传承文化 ………………………………… 53

第二章　动态多元方法与集体合作理论 …………………… 64
 一　集体面相与利他假设 ………………………………… 66
 二　一维目标与多元主体 ………………………………… 77
 三　集体交易困境与机制设计尝试 ……………………… 85
 四　文明的制度内涵与文化的技术特征 ………………… 92
 五　文明演化逻辑与制度变迁机制 ……………………… 102

第二篇　黄河文明史实与夏朝创世逻辑

第三章　黄河文明起源的时空逻辑 ………………………… 113
 一　黄河文明起源的时间逻辑 …………………………… 115
 二　黄河文明起源的区位考证 …………………………… 131
 三　传说文献信息中的西北起源证据 …………………… 163

第四章 黄河文明起源的技术逻辑 …………………………………… 178
  一 大禹治水的物理逻辑 ………………………………………… 178
  二 夏朝建国的制度逻辑 ………………………………………… 201

第三篇 黄河文明的成型与儒法国家的诞生

第五章 黄河文明的结构与变迁 …………………………………… 225
  一 黄河文明的制度构建与理论探索 …………………………… 225
  二 黄河文明的制度变迁与经济意义 …………………………… 256

第六章 儒法思想的渊源与发展 …………………………………… 281
  一 儒家经济思想的理论渊源 …………………………………… 281
  二 儒法一体模式的治理面相 …………………………………… 306

第七章 儒家思想的消解与反思 …………………………………… 328
  一 北宋衰落的教训与熙宁变法的意义 ………………………… 330
  二 儒家思想、市场经济与现代文明 …………………………… 340

参考文献 …………………………………………………………… 347

第一篇
文明演化理论

第一章　问题的性质与历史的价值

不管是幸运还是不幸，我们生活在一个大变革的时代。变革的标志并不是一次次的重大技术突破，也不是一次次的产业革命与产业转型，甚至也不是政治制度的变迁与社会结构的演化。真正的变革乃是人类行为动机的改变，是人生价值与意义的改变，是人类社会发展方向的转变。

春江水暖鸭先知，社会变革数据析。变革首先体现在统计数据上，正如以色列的历史学家赫拉利（2017：2）所说的那样："因营养过剩而死亡的人数超过因营养不良而死亡的人数"，[①] "人类死于干旱、埃博拉病毒或基地组织恐怖袭击的可能性，还不及死于暴饮暴食麦当劳食品的比率"。这些数据对比的结果表明，作为一个物种，人类与其他物种争夺资源的动力或必要性正在消失，人类生存的资源约束正在减弱，但人类管理自身的难度在逐步增加。实际上，早在20世纪中叶，变革的苗头就已经出现了，但研究人类行为的学者们没有注意到这个变化，经济学家在惯性的作用下用自己创造的经济增长需求维持着经济学家的不断供给。在供给创造需求的背景下，经济学的虚假繁荣与经济学家的致命自负长期扭曲了人类的思维方式与社会的发展方向：尽管生存资源的压力不存在了，但为争夺生存资源而进行的人类战争威胁还在；尽管供给短缺的压力变成了需求不足的压力，但为争夺供给主导权——产权的竞争还愈演愈烈，对产权的强调甚至一度达到了一个全新的高度。

按道理，聚焦长时段分析的经济史学家有可能会注意到变革的迹象，但新制度经济学用新古典模型成功地改造了经济史学的研究方向，以至于

[①] 比如赫拉利（2017：13）写道："2012年，全球约有5600万人死亡，其中62万人死于人类暴力（战争致死12万，犯罪致死50万）。相较之下，自杀的人数有80万，死于糖尿病的更有150万。"

大部分的历史学家也在用经济增长的标准来讨论现代国家的诞生与古代国家的延续。(Von Glah, 2019) 因此，尽管弗莱斯（Peer Vries, 2015）和罗森塔尔（Rosenthal）、王国斌（Wong, 1997）等注意到了东方文明的某些体制性特征，但讨论的焦点仍无法摆脱体制是否有利于增长的现代经济关切。同样，万志英（Von Glah, 2019）对中国古代历史的讨论也意识到了国家体制的早熟、国家结构的完善与治理能力的变化，但他仍和与其对话对象刘光临（Liu, 2015）、邓钢（Deng, 2015）一样，无法把视线从经济增长的指标上完全移开。

然而，如果我们把工业文明放在整个人类文明的长时段中进行分析，国家体制尤其是财政税收体制的发展或许会给我们一个全新的视角。而市场经济的增长很可能仅仅是人类文明演化史上的一个阶段性工具而已，一旦实现了充分供给，经济学重新回归公共经济、国家治理与文明秩序的时机也就成熟了。或者说，尽管主流经济学家们仍然理所当然地认为，人类社会、国家组织存在的目的就是市场经济增长或发展，[①] 但从公共经济运行效率的角度来讨论国家治理与人类社会的机会或许已经到来了。

正是从这个意义上讲，我们认为，人类再次来到了一个全新的时代，再次面临着全新的挑战。并且，真正的挑战不是技术问题，甚至也不是制度问题，而是理念与信仰问题、哲学与价值观问题。确实，当自杀的人数超过了死于暴力的人数时，当传染病的威胁超过了石油危机与军备竞赛时，当需求管理成为一个经济学主题时，人类才真正遇到了工业文明以来的最大挑战，近代工业文明的演化才真正到了一个新的拐点——这就是数百年未有之大变局的内涵。李向平（2006：自序，1）曾把它简单地归结为——"时下中国人的信仰危机究竟是怎么一回事？"

当然，从表面上看，信仰危机似乎只是个人主义与自由主义肆虐的产物，[②] 人类面临的挑战似乎只是一再出现的社会结构问题。但若仔细分析就会发现，中国当代的信仰危机其实是网络普及、个人主义与独生子女高峰三个因素叠加强化的结果，人类社会面临着的真正挑战其实是经济增长穷

[①] 见 Acemoglu 等（2015）。
[②] 美国法学家邓肯·肯尼迪（2011）早就在《普通法中个人主义与利他主义冲突的三个阶段》一文中观察到了美国法律实践中的这个危机。

第一章 问题的性质与历史的价值

途末路、道德价值普遍沦丧、社会发展动力不足的问题。对于这个危机的性质与根源，不仅现有的社科知识特别是主流的新古典模型无法回答，甚至前沿的人工智能、科学技术也无能为力。正是在这样的背景下，传统思想与历史研究的意义才渐渐凸显出来，因为"研究历史，就是为了挣脱过去的桎梏，让我们能看向不同的方向，并开始注意到前人无法想象或过去不希望我们想象到的可能性"（赫拉利，2017：53）。而本研究正是试图通过对黄河文明早期演化历程的回顾和对中国古代经世济民思想中集体行动逻辑的思考来获得一些启示，以期对未来的转型有些许帮助。

当然，由于人类行为既是解决问题的过程，又是某些不成文的理念与成文的法律影响的结果，[①] 因此从学科分类上讲，本研究看起来更像是经济史、制度史与思想史研究的综合，但本研究的真正目的是想为经济学的研究，特别是公共经济学的理论创新提供素材，为新理念的出现提供支撑。

关于如何进行历史研究，作为一个标准的外行，借鉴一些内行的做法，或许是有所裨益的。和文凯在其代表作《通向现代财政国家之路：英国、日本与中国》（*Paths toward the Modern Fiscal State: England, Japan, and China*）中强调，要从历史的视角来看待历史的过程、评价历史的行为，并坚决反对当代人用当代理论以"事后诸葛亮"的姿态来评价历史（转引自宋丙涛，2014）。库朗热（2006：导言，1）也强调："这种以近代人的眼光与事物来看待古人，误解他们就在所难免的了。"[②] 而宋洪兵（2018：43、44）更是指出："评论一个思想家很难，而对于一个历来有争议的思想家的历史评价，尤为不易。究其原因，大概有以下三方面的因素，其一，时空间隔，年代久远，今人与古人超越时空之完全沟通存在困难……；其二，门户偏见，个人好恶，是影响研究者评判古人的一个常见现象……；其三，以后见之明苛求古人，用今人的标准去衡量古人。""由此，对古人具有一种

[①] 比如，"思想不外义理和制度两端。——康有为"（库朗热，2006：缘起）；"所以对所有权提供最初保证的，不是法律，而是宗教。""古代法律不是某个立法家的作品，相反，它是立法家们不得不面对的既成事实。"（库朗热，2006：57，75）。

[②] 很多人评价了库朗热的这个态度，比如"库朗热最不能忍受的是现代（尤其是德国）史学大师们用今人的眼光来看待和评断古人。""他的名言是：'阅读记载过去时代的东西，要用他们自己的眼睛，不要用我们的眼睛。'（汤普森，1996）"另外还有："难怪施特劳斯说，库朗热比其他古史学家更好地帮助我们按古代人自己的理解来理解古代城邦，而非以现代的价值原则来看待城邦。"（库朗热，2006：中译本序言，1-2）

'了解之同情'（陈寅恪语）自然成为历史研究者的理想追求。"① 因此，作为一个努力的方向，本研究力图站在古人的立场重构历史场景与历史事件，以便准确理解古人的思想脉络、行为动机与决策逻辑。

一 国学公心与西学私意

当然，即使意识到了用当代理论来研究历史、评价历史是不合适的，但在研究过程中要想摆脱市场经济决定论与科学技术决定论的影响仍然是十分困难的。因为没有理论基础的历史研究是不可能的，而在新理论出现以前，不受现有的理论模型影响又几乎是不可能的。

可喜的是，中国古代学者提出的经世济民学说蕴含着一些公共经济理论的基本原则,② 从而使我们用旧理论、新视角来尝试一种新的分析路径成为可能。事实上，无论是儒教、法家，还是道教与墨学，都是从公共产品供给机制与供求关系的角度来讨论人的行为规范的。对此，冯友兰（2009：自序二）曾一针见血地指出："至少在此方面言，历史中之'是'与'应该'，颇多相合之处。""吾先哲之思想，有不必无错误者，然'为天地立心（让精英利他，成为公共品供给者），为生民立命（让大众有充足的生存型公共品供给），为往圣继绝学（传递公共经济思想），为万世开太平（实现利益共享的公共经济活动目标）'，乃吾一切先哲著书立说之宗旨。无论其派别为何，而其言之字里行间，皆有此精神之弥漫，则善读者可觉而知也。"③ 换句话说，近代以前的中国学术界曾与古人有着大体一致的理论面相，几乎没有出现过以今论古的错位，这样的思想史传统对我们理解古人的行为或许会有相当的帮助。比如，在本末、先后、内外、郡县与封建等治理策略的讨论中，法家非常清楚，公共产品的供给者、需求者的双重身份以及国防与秩序两类公共产品的矛盾是整个国家治理的关键，因而始终

---

① 宋洪兵（2018，44）写道："如何才能做到了解之同情？……其一，在思想家所处在的特定历史背景下评论思想家的功过是非。……其二，一切历史都是思想史，一切历史都是当代史。……从问题出发"，即从现实中的问题出发。
② 美国法学家邓肯·肯尼迪（2011）对美国个人主义与利他主义斗争历史的回顾表明了西方公共经济探索的宗教思想背景。
③ 高亨：《商君书注译》，北京：清华大学出版社，2011，第 555 页。

坚持了集体主义优先的公共经济原则。① 再比如，作为早期古典学者对公共产品供给者行为的一种关注，韩非子强调，君子应具有基本的道德品质，即"圣人之所以成为圣人，在于它们能够由自身内在的聪明睿智之性超越好利之性，由虚静无为之心超越欲利之心、自为心、计算之心"。（宋洪兵，2018：55）很显然，韩非子的分析不仅涉及人性论的多元假设模型，而且完全符合本研究提出的利他精英创制理论假说（见第二章第五节），为公共经济理论的发展奠定了人性分析的基础。关于仁义道德仅仅适用于供给决策者的观点，商鞅也进行过明确的阐述："'仁者能仁于仁，而不能使人仁。义者能爱于人，而不能使人爱。是以知仁义之不足以治天下也'。商鞅认为，仁义忠孝等等伦理道德价值观只对君子有效，对小人无法产生规范效应。"（曾振宇，2013：301）因此，不同的人、不同岗位的从业者，就需要不同的教育理念与监督机制。正是基于此，商鞅才会针对执行者的监督指出刑法的意义："德来源于刑，有刑罚才有道德文明"。（曾振宇，2018：302）同样，正是基于这些人性的多元化假设，商鞅"提出了两个著名的论断：'为天下位天下'和'为天下治天下'"，（曾振宇，2013：305）从而明确地提出了公共产品决策者、执行者、消费者的差异化行为规范、道德标准与法律遵循，并强调"公私之交，存亡之本也"（曾振宇，2013：305），奠定了德法相依、分类治理的法制基本原则，也为天下大治奠定了理论基础。中国古代优秀传统思想的实事求是态度与问题导向原则为我们理解历史提供了很好的认知基础，而公私分明的公共经济理论模型或许可以使我们摆脱现代史观与新古典模型的束缚。

当然，公共经济是一个现代经济学概念，甚至是一个西方经济学概念。但在现有的知识体系中，作为微观经济学对市场边界的思考，公共经济只是一个西方经济学人主观构建的概念，是相对于市场经济的对立面。近年

---

① 法家认为，作为供给者的个人是手段，公共产品是目的；但作为消费者的个人是目的，公共产品是手段。同样，法家也知道，君主个人既是工具，必须给予强制力，又是消费者，因此他也可能滥用强制力，必须予以必要的限制。张娜（2020）甚至用"无情有义"来评价法家的"大公无私"："韩非子的无情，正是因为他深刻地意识到了人之私利、私情对公领域的有害干扰，试图将之彻底逐出公领域。柏拉图在他的理想城邦中废除家庭制度和私有财产，提倡卫士等级共有妻子儿女和财产，这是对亲情、爱情和友情的彻底否定。与韩非子相同，柏拉图的无情也是为了排除个人私利和感情对社会正义的破坏。为了在政治混乱、正义缺失的时代重建正义，他们强调社会和国家的公利高于个人私利。"

来，在财政学界，围绕着西方引进的公共产品与公共财政概念，学者曾经进行了多次论辩。（张馨，1999；李俊生、姚东旻，2018；刘晔，2006、2009、2017、2018）这样的学术探讨既有合理的学术争论的成分在内，也有西方科学体系过于看重概念逻辑的现代学术逻辑影响的结果。但这些概念之争，很可能无助于分析中国问题与形成中国话语体系。

事实上，在中国的传统学说体系中，人们往往更为注重对所面临的问题及其解决办法的分析，而忽视概念体系的构建。因此，尽管古代圣贤有意忽略了私人经济活动而把重点聚焦于公共事务，特别是经世济民的政务活动，但古代中国没有市场经济的概念，甚至也没有构建公共经济的概念体系。不过，这些圣贤关注的活动的公共经济性质却是一清二楚的，他们对公私义利关键问题的重视是一贯的。因此，本书认为对中国古代经济活动与思想的分析是可以借助这些"西方现代"的经济学概念的，并不需要重新构建"古代中国"的概念体系。当然对于西方概念体系中的缺陷，比如卢梭提出的"公意"概念带来的误解，本书将会在后文予以揭示。

确实，进入21世纪以来，中国的政治家与学界精英已经逐步认识到了西方制度与学说体系的缺陷与不完善之处。学界已经开始在吸收优秀传统文化的基础上，在整体论与有机论的框架内进行了学说体系重构的努力（谢宇，2006），而本书从古典文献与公共经济活动开始进行的研究正是这些努力的一个组成部分。

当然，中国早期古典哲学思想的争论主要集中在儒法之间，而儒法之争的核心就是公共经济行为中的人性假设问题。在法家代表商鞅看来，单一化的人性假设是不符合实际的，即使让君子都拥有仁义道德是一个正确的导向，但也不可能将这个要求推广至所有公务参与者，"主要原因就在于'盖贵仁者寡，能义者难也'"。或者说，"要求君主都像孔子那样具有大仁大义，要求天下民众都像孔子门徒，这在事实上是肯定做不到的"。（赵星，2018：284）因此，对所有的人、在所有的时代都采取同样的措施、构建同样的制度，当然是不对的。于是，一方面，这些早期的学者认为，精英有利他心，因而可以从事公共经济供给工作，大众比较自私，因而只能从事私人经济活动；另一方面，这些公共经济理论建树实际上为决策者的取舍、为领导人的选择制定了差异化标准，因而影响了中国古代文明的可持续发展,甚至还成就了黄河文明三千多年的延续。

不幸的是,由于深受近代欧洲中心史观与当代新古典模型的影响,从原子化个人主义的角度来理解古人的企图比比皆是。① 它们以简单的牛顿力学为基础来构造模拟复杂人类社会的模型,并直接地把多元化的人性特征与复杂的公共经济结构一抛了之,试图用简单的二元的市场交易模型来概括所有的人类社会关系。特别是,由于所谓的"现代西方的世界体系作为一个对世界有冲击力的政治经济体系,形成于西欧特有的基督教政治文化之中,历史学家们往往把这个称为欧洲的神学-政治困境"(张广生,2018:79);因此,反抗宗教的惯性使得他们无法区分政治和宗教这两类公共经济机制的本质,从而丢掉了公共经济的探索方向,并在反宗教的惯性中倒向了无政府主义思潮的深渊。经济学家更是在资本的利益诱导下以市场为核心构建了一个独立于公共经济体制之外的、原子化的微观经济模型或"囚徒博弈模型",并以独立的个人权利为基础来分析历史上所有人的经济利益关系与社会政治关系。然而,正如库朗热(2006:214)所说:"认为古人有自由的权利,这是近人误解中的一种特别误解。"因为"从个体的自然权利出发必然要求建立一种普遍同质的世界秩序。但遗憾的是,个体幸福完满实现的许诺在现代性方案的扩展中遭遇了十分矛盾的历史困境"(张广生,2018:81)。或者说,没有公共经济体制的背景,从微观到宏观的扩展从来都是行不通的;何况,市场经济交换的秩序与条件本身就是公共经济体制事先规定的。而规定秩序的公共经济体制中的个人也要参与市场交换,这是一个市场机制无法解决的死结。很显然,一个符合同质条件与假设的自私的个人不可能有动机来设计公平的市场机制与秩序。尽管罗尔斯试图求助于无知之幕的假说,但所有人都知道,现有的制度与体系都是有知的精英设计的,都是不完备的约束条件下的产物,这就是当代社会科学难以摆脱的"利益"困境与逻辑悖论。

更有甚者,尽管近代欧洲民族国家的出现只是人类历史中的一种次优

---

① 或许正是受此误导,宋洪兵(2018:55)不仅没有理解韩非子理论模型中的非完备性人性假设,反而指责"韩非子的人性论并非彻底的人性论",他说韩非子的理论中只有"圣人是个例外,确保了呈现人世之善的可能性"。

选择（曹小文，2021），① 是资产阶级与宗教势力进行斗争条件下的一个权宜之计，却被近代西方学者当作永恒的真理予以一般化。于是，"民族国家分立的现实不仅没有走向普遍的政治秩序和经济秩序，而且使人类以民族国家为单位的竞争日益激烈"（张广生，2018：81）。由于民族国家是根据个人权利的假设构建的，它的构建前提是自私的个体理性，而不是共享利益的社会理性，它追求的目标是个体效用的加总，因此国家不断的扩张与国家间反复的冲突就是不可避免的。

相反，诞生在古代中国的黄河文明却很好地解决了公与私、家与国、个人与集体之间的矛盾，它用自身家国天下的体系构建了一个持续扩展的公共经济体制。早期的黄河文明经过反复的尝试与总结，终于在儒法争论与合作的过程中构建了一套行之有效的公共经济制度，并很好地解决了先民们曾经遇到的各种问题与挑战。庞光华甚至从韩非子的思想中找到了美国当代政治学新秀布伦南反对民主时列举的理由：尽管儒家向来认为得民心者得天下，但"《韩非子》却认为不可一味迁就民众，因为民众是愚昧无知的"（庞光华，2018：125）。实际上，布伦南（Brennan，2016）在其颇为流行的著作《反对民主》中正是以大众的无知为由来反对民主的，难怪"孔子也说：'民可使由之，不可使知之'"（庞光华，2018：126）。当然，作为一个缺乏公共经济理论基础的政治分析，布伦南的分析混淆了不同经济主体所具有的不同身份之间的矛盾。同时，布伦南的观点最大问题还在于，他没有区分同一个人作为供给者与作为消费者之间的差异，没有区分技术官僚（公共经济执行者或程序管理者）与政治决策者的差异。例如，在供求机制中，作为消费者的人民，是我们咨询的对象，但在供给过程中，关键是决策者与执行者的关系，消费者不能介入，就像食客不能进入饭馆后厨干预炒菜过程一样。类似地，我们对消费者不需要要求其有利他心，但对参与供给的决策者与执行者来说，这个更高的要求就是必需的。就像我们不要求客人戴着口罩消费，却一定会要求厨师戴着口罩操作一样，这就是对消费者与供给者道德要求的差异。

事实上，在古代中国，学者们不仅很早就区分了公与私，甚至认识到

---

① 当然，许多现实中的体制都是各种偶然因素相互作用后的次优选择，而不可能是模型中的最优解，见宋丙涛（2015）。

第一章　问题的性质与历史的价值

了复杂的公共经济分工体系中身份差异的意义，认识到了供给者与消费者、决策者与执行者之间的差异。因此，古代中国的学者始终是在经世济民的视野中来讨论公共经济利益关系的，始终是在公私区分的背景下来讨论国家治理结构的。特别是，我们发现，中国古代的学者讨论的，始终都是公共经济问题。①

但近代以来，在中国古代文明向现代文明转型的过程中，深受西方知识体系影响的中国学者逐渐丢失了传统经典中"公优于私""公先于私"的公共经济逻辑与合作共享理念，② 误解了文明与国家的内涵与价值，甚至滑向了个人主义的泥潭。③ 正如许纪霖先生指出的那样，对于某些人而言，"国家对于公民来说也是实现个人权利或公共福利的工具"（许纪霖，2017：14），个人成了价值判断的唯一参照系，人类文明经验中最重要的共享逻辑与合作理念被淡化了。他批评道："对于个人来说，国家不具有内在的价值和意义，法律政治制度只是实现个人权利的工具"，以致个人完全成了"一个个彼此隔绝、相互对象化、工具化的自我"（许纪霖，2017：14）。在这样的认知背景下，"为了形成一个共同的世界，不得不依赖一个'必要的恶'的政府，虽然这个政府也是工具化的存在"。对这个"囚徒社会"许纪霖（2017：14）深感失望地发问："这就是我们所期望的现代自我、现代社会吗？"

---

① 正如周四丁（2018：279）所言，诸子百家的学术目标都是公共产品的提供。他指出："战国时期是大争之世，战乱不止；诸子百家'殊途而同归'，终极目标都是追求天下大治。"由于"战乱是当时社会所面临的最沉重的问题"，因此"天下大治是先秦诸子百家共同的终极目标"。
② 马克思主义在近代的引入是这个思潮中的一个例外，也是传统儒学借助马克思的思想在近代的延续，这正是毛泽东思想、有中国特色的社会主义理论的真正内涵。
③ 韩升、高健（2019）指出："个人主义话语和竞争文化的主导地位，是'许多社会乱象'产生的思想文化根源。"但个人主义价值观并不是一个历史的必然，而"是一种完全个人主义的'为自我而活'的社会想象和社会建构"。"换句话说，工业社会及其治理形式（社会竞争）就是在原子化个人状态的假想基础上发生的，通过建构起一种个人主义话语及其竞争文化实现了对现实世界的形塑。""我们看到近代以来的西方历史为人们展现了一个竞争主导的社会发展模式：市场应当是竞争的，政治应当是竞争的，甚至个人的所有社会活动都应在竞争的底色上进行。在西方自由主义者眼里，惟有自由竞争才能带来社会的进步与发展，而利他主义只是道德说教者们的田园幻景和乌托邦情怀。""由于人们在工业社会中已经形成了根深蒂固的自我中心主义和利己主义的行为取向，妨碍了人们为了解决人类共同面对的问题去采取合作行动。所以，当前摆在我们面前的最为迫切的问题就是要去解决如何让人们愿意合作和谋求合作的问题。"

正是基于这种学界现实，许纪霖提出了他对中国古代文明价值的新认知。他指出："对于当代中国人来说，要想走出原子化个人的迷失，就只能在重建的家国天下新秩序中获得自我的认同。"（许纪霖，2017：15）与以个人主义为基础的"乌合之众"式社群主义不同，儒家的家国天下体系是一个有着自己高尚价值观与内在结构的公共经济共享机制。[①] 正是"在这个意义上说，国家对于公民来说同样具有内在的价值，是一个值得爱、具有选择性归属的政治共同体"（许纪霖，2017：16），或者说是一个拥有更高人类价值的合作共享平台。并且，作为普世性的公共经济机制的典型，"天下代表了普遍的人性以及在普遍人性基础上建立起来的普世文明"（许纪霖，2017：16），是经历了世代检验的人类命运共同体的最佳模式。

当然，对私有产权的贪婪并不是洛克时代才有的近代资本家及其代言人的专利，而是一个难以割舍的人性缺陷与动物本能，因此明代大儒王阳明才会感叹"破山中贼易，破'心中贼'难"。正是为了抑制精英们对私有产权的欲望，人类先贤才会构建一个又一个的理论、制度、文化与教育体系，来教化芸芸众生中的人类精英，来培育可传承的利他精神。尽管新古典经济学坚持人性自利的假设，但主流经济学杂志近年来已经注意到了利他行为的意义，特拉等（Di Tella et al.，2015）甚至在《美国经济评论》上发文指出，不受制度约束的人（精英或决策者应该成为该研究的主要对象，但该文未予区分）仍然受文化的约束与抑制，以至于那些社会精英或决策者会有意扭曲对其他人利他偏好或行为的认知，以便为自己的利己行为寻找心理慰藉，竭力摆脱利他文化的压力。可见，大多数文明社会的传统文化都是有利于公共经济活动的经验积累，都以抑制利己行为为目的

---

① 对此，肖瑛（2020）曾指出，西方的现代社会依据宗教的力量"走出血缘共同体，即将伦理建立在个人主义基础上，从而为普遍主义的经济伦理标准提供了可能性，为市民社会在欧洲的产生和壮大创造了关键性的精神和心理基础。儒教则从来没有试图也不屑于走出祖先崇拜的血缘联系"，进而在所谓的现代化转型过程中徘徊踌躇。事实上，"近代以来不同文明的互动和碰撞，使非西方文明不得不参照西欧和北美的现代性来反思自身，并不得不接受前者的文明发展预设和目标。相应地，以个人主义为基准来构建社会理论甚至整个社会科学也就成了不仅是西方也是整个世界的共同学术取向。但是，个人主义能否支撑起现代社会？在原本缺乏个人主义传统的社会中，本土观念如何处理同个人主义的关系，其文明重构的效果是什么？"很显然，这些基础性问题都需要理论家们再次反思。

（只不过在西方主要表现为宗教信条）。换句话说，文化约束与制度约束一样都是社会得以存在的重要支柱，都是文明演化的根基。现代经济学所倡导的分配原则，无论是按劳分配还是按贡献分配，都只不过是现有理论体系提供的一种政策建议，这样的还原论或因果决定论却并不是人类文明思想的全部。因此，文明的现代化转型或许需要更多的社会正义原则。而以"天意即民意"的目的论为基础的经世济民学说很可能会为现代文明的制度模式设计提供某些启发。

可悲的是，上面提到的人性弱点与文化压力的结合会导致一些规则制定者或舆论影响者有意调适价值观，甚至悄悄将传统文化贬损的自私行为调整为价值中性的行为（Di Tella et al.，2015）。但特拉等人（Di Tella et al.，2015）的研究实际上证实了下面的推论：如果一个人能够自我欺骗，认为别人都是自私的，那么他就会变得更自私，同时也更心安理得地认为自己的自私是可以接受的，甚至是公平正义的。新古典的经济人假设就是这样一步步扭曲了文明人的社会性与人类性，摧毁了文明社会进一步发展的根基，打开了人类的"动物性"这个潘多拉盒子。这些研究者明确指出，传统道德文化本来对自私自利的行为是有抑制作用的，但主流经济学的自利假设以及坚持让精英多获得报酬的"合理性"主张，已经摧毁了公共经济活动赖以发展的人类性或社会性基础，也误导了现代文明社会的发展方向。

更为可悲的是，不仅私有产权与个人利益已经成了经济学分析的核心概念，陷入自利陷阱的"囚徒"成了经济学分析模型的"主角"与历史发展的"英雄"，甚至还逐渐主导了社会科学的研究方向与价值理念。特别是随着美国在二战之后的崛起，自私的理性不仅堂而皇之地成了现代经济学的假设前提，而且个人主义第一次成为"人类文明"的理论基石。难怪许纪霖（2017：99）会认为，对人类来说，"个人主义的出现是一个现代性的事件，它是传统社会中社群主义瓦解的产物"。特别是，由于个人主义与市场经济原理的高度契合，"晚清以来的生存竞争学说为利己主义的泛滥提供了一个冠冕堂皇的现代理由"（许纪霖，2017：273），改革开放以来的市场化改革更是在鼓励个人奋斗的同时为利己主义的泛滥留下了机会。于是，原本为了对抗神学权威而出现的人文主义开始蜕变为纯粹的利己主义，并在科学主义的支持下混淆了人与动物的区别,进而蔓延到根本就没有神学权威的传统文明腹地。

正是在这个背景下,不仅以低级动物为研究对象的达尔文主义开始在社会科学领域广为流行,而且《自私的基因》也渐渐成为研究人类文明与经济行为的社会科学学者经常引用的参考文献。"《中国与达尔文》的作者浦嘉珉指出:'达尔文主义的可怕之处在于它的似乎无可辩驳的论证,即我们生活在一个超乎道德和血腥的世界里,自我保存是其中的唯一道德。'"(许纪霖,2017:273)几千年来的东方文明在不到一百年的时间里,在枪炮的支持下迅速被来自欧洲的"科学力量"拉回到了野蛮的原点,达尔文对动物物种的研究开始被用来指导人类文明与社会进步的探索。达尔文或许不知道,作为地球上最适应的生存者,人类的成功靠的恰恰是合作,而不是竞争,人类文明的演化基础是文化的传承而不是基因的复制。因此用达尔文的进化论来讨论人类社会的发展、人类文明的演化是最大的学术悲剧,这也或许是达尔文在没有发表的笔记中试图进行忏悔的真正背景(郑也夫,2015)。

事实上,几乎所有的人都清楚,如果只有个人主义的,不仅不可能有文明,甚至不会有基本的社会秩序。因此,欧美的崛起只是标志着一个全新的社群主义的尝试,而不是个人主义的全面接管。在这个过程中,只是为了摆脱神的束缚,欧洲的学者才构建了个人主义,并试图在一个全新的个人主义基础上进行公共经济制度构建的尝试。① 在这里,个人主义只是他们出发的起点而已,而资产阶级与国王共同构建的城市国家、领土国家与民族国家也只是一个个公共经济体制尝试的初级形式。因此,对整个人类文明的发展历史来说,不仅个人主义不可能是最终的目标,而且西欧人进行的初级国家构建尝试也根本不可能是"历史的终结"与文明的样板。何况,民族国家对战争技术、宗教思想与血缘关系的依赖性都暗示了一个类似秦国崛起时的准文明战国特征。因此,不仅欧洲殖民者对世界其他文明体制与文化思想的摧毁构成了人类文明史上的悲剧,而且部分近代西方学者极力推销利己思想的行为也构成了人类思想史上的倒退。

---

① 马克思的独立个人的联合就是这样一种尝试,很遗憾他没有足够的时间来完成后面的联合形式的讨论。

相反，在古代中国，学者们早就试图将个人主义扫地出门了，学术的主流与思想的核心始终关注的是公共经济关系或国家治理体系。中国的学者们深知，个人与集体的关系本质上就是公共经济的体制问题，诸子百家讨论的就是这些公共经济体制构建过程中的关系问题。换句话说，由于传统中国已经有了天道天命理论与以家国天下为载体的公共经济体制，近代中国的学者完全没有必要重起炉灶再次讨论个人主义与国家的关系。因此"现代中国思想中没有霍布斯、洛克那种本体论意义上的完全原子化的个人主义"是符合逻辑的，"现代中国思想中也没有德国那样极端的民族本位、国家至上的国家主义"也是合乎常理的（许纪霖，2017：104）。事实上，作为人类文明的基本表现形式，中国的"前现代社会是一个社群主义的社会，每个人的身份、权利和义务取决于在共同体中的位置，社群与个人之间存在着一种互为主体的互动"（许纪霖，2017：99）。[①] 正是基于这个原因，到了 21 世纪，"崛起的中国，当以文明展示天下。世界期待于中国未来的，不仅是物美价廉的中国制造，而且是中国制造的普适价值；不仅是威震四海的富国强兵，而且是符合普遍人性的中华文明"（许纪霖，2017：246）。

因此，中国的学者深知，"个人主义在欧洲是近代文艺复兴、新教改革和启蒙运动的产物"（许纪霖，2017：270），而在中国，个人主义是被诸子百家抛弃的孤魂野鬼。虽然杨朱学说始终像幽灵一样时隐时现、从未绝迹，但正如冯友兰（2009：114）所言，杨朱之学仅在孟子的时代兴盛，以后则少有人提及。李贽之流的继承者更是只能落得万人唾骂的可耻下场，而不可能进入黄河文明主流思想的殿堂（萧公权，2011：556-572）。确实，个人主义"除了战国、魏晋和晚明这几个乱世之外，在大部分朝代皆无法于社会层面具有道德的正当性"（许纪霖，2017：271）。事实上，鉴于个人主义是一个反文明、反社会、反人类的价值理念，因此无论在东方哲学，还是在西方哲学（宗教思想）中，它都是被批判、被压制的对象。对此，萧公权（2011：448）曾借王安石之口表达了这个观点："尝考王氏立言，殆以人生不能自治，必待君长制临之一假定为其出发点。安石有《彼狂》一

[①] 作为一个早期的尝试，古希腊文明中也曾有这样一个社群主义社会，见库朗热（2006）的分析。

诗示其政治起原之理论曰：'上古杳然无人声，日月不贰山川平。人与鸟兽相随行。祖孙一死十百生，万物不给乃相兵。伏羲画法作后程，渔虫猎兽宽群争。势不得已当经营，非以示世为聪明。'"

然而在西欧，作为市场经济基础的公私之辨只是一个相对晚出的近代概念，"公"代表与国家和政府有关的事务，"私"代表个人的利益。但由于理论研究的滞后，西方学者认为，公私之间应有明确的法律界限，依法治国就是文明的最高境界。但在对此早已进行了数千年争论与实践的中国，思想家们早就认识到，公私之间存在太多的模糊地带，公私的关系更多地表现为多元结构中的动态调整与执行机制中的协调妥协，因而既需要德治法治的结合，也需要更精细的实事求是的分析。"正如费孝通所说，在中国人伦关系的'差序格局'中，公和私是相对而言的，取决于个人所代表的相对利益。比如为家族争利益，对于国家来说他是私，但对于家族自身来说，又代表着公。"（许纪霖，2017：104 - 105）很显然，这样一种复杂的动态结构分析，以及符合公共经济主体多元化与公共产品多样性历史事实的经济学理论，是现代西方经济学中所缺乏的（陶江，1999），甚至是现代西方经济学难以理解的。

事实上，无论是作为制度构建成功典型的农业文明的诞生，还是作为制度变迁成功案例的工业文明转型，都是偶然出现的国家治理体制的一种模式①，都是面临特定问题时利他精英尝试的一种公共经济制度。哪一种模式首先出现，哪一种体制后来诞生，哪一种模式在东方成型，哪一种制度在西方结果，并没有价值上的高下之分，而是问题应对过程中周围环境条件与人类主观能动性相互作用的结果。就像水从高处流下时的情况一样，如果遇到了一个洼地，水就形成了湖，比如青海湖；如果遇到了沟壑，水就形成了河，比如黄河。当然，如果水成了河，水就始终是动态的，就会不断变化以适应路上的环境；如果水成了湖，水就是静态的，水就仅随季节变化而出现水位的涨落，而不会出现太多的水平移动。但在价值观上，并不存在河水高于湖水或者湖水高于河水的结论。

只不过在近代欧洲，作为一个例外，英国商人在军事革命的帮助下获

---

① 关于公共经济制度变迁的偶然性分析，见宋丙涛（2015、2016）。

得的战争与"竞争"胜利（张庭、宋丙涛，2015），① 确立了他们的话语权，商人"御用的"经济学家构建的逻辑（而不是英国商人成功的商战逻辑）——自私的契约理论才开始大行其道，并影响了欧洲社科学者的探究方向。同样，作为战败者的近代中国的学者也未能幸免，"从霍布斯、休谟到边沁、密尔父子，都将人性解释为对利益的欲望，对生命自我保存的本能追求。外来的功利主义思潮刺激了荀学、墨学和佛教的复兴，梁启超等人很兴奋地发现，荀子的性恶论、墨子的交相利和佛教的苦乐观可以呼应西方的功利主义"（许纪霖，2017：356）。换句话说，中国人用了两千多年的理论探索与实践努力抑制住了的利己心再次开始泛滥起来，历经数十代圣人先哲建立起的利他主义精英人生观迅速崩塌了。英国的枪炮带着个人主义的诱惑与贩毒集团的罪恶，动摇了中国精英学者的道统理念。一代大家梁启超本来对杨朱主义"甚疑其言，甚恶其言，及观英、德诸国哲学大家之书，其所标名义与杨朱吻合者，不一而足"，于是改变了立场，开始主张"天下之道德法律，未有不自利己而立者也"（许纪霖，2017：357）。似乎遗臭万年的杨朱主义竟然因为与欧洲的利己主义相吻合就可以重见阳光，似乎臭名昭著的利己主义因为有了枪炮的护体就有了价值正当性。

毋庸置疑，随着火器的出现，技术与市场使得单个人的生存能力迅速提高，于是，一部分自私的精英认为，他们似乎可以摆脱社会的合作体系而独立存在，可以摆脱相互救助的社会组织而独立生存。再加上，社会公意的认知与理解错综复杂，欧洲的现代化转型又是从反宗教肇始的，因此一些自私的精英难免利用这个困难假公济私（或者假大公以济小公）地推行对商业活动有利的个人主义。正是在这个背景下，以韦伯为代表的近代学者对路德的宗教改革进行的个人主义与自由主义解读获得了不可思议的成功，从而使得对个人主义与自由权利的主张甚嚣尘上，似乎社会组织或公共经济体制不再是绝对必要的了。

---

① 另外，罗素（1999：39、49、56）写道："使我们处于优势的是牛顿、罗伯特·波义耳以及后起的科学家。我们之所以胜人一筹是因为他们给了我们更熟练的杀人技艺……我们战胜拿破仑之后就一直在力图证明这个命题。""世界列强大多以中国人管理不善为借口而大肆侮辱中国，但其实唯一的原因是由于中国海陆军力量的薄弱。""欧洲文化中改变中国传统习惯的，除了战争，就是商业和知识这两方面。但这两方面的影响都是依赖武力而奏效的。"

确实，从技术的角度上讲，从人与自然的关系上讲，热兵器使得单个人在自然界的生存能力急剧提升，群体抱团生存的必要性迅速下降。[①] 特别是对那些精英而言，不依赖大众的协助往往也能很好地生存下来。但从制度的层面来看，正是因为人类的个人能力增强了、人对自然环境的介入加深了，人与人之间的矛盾才更为突出，精英们在享受个人权利与行动自由时，对弱者的伤害也才会更为严重。[②] 因此，对整个人类而言，随着技术的进步，我们对社会性的需求不是减少了，而是增加了，我们对精英利他道德的需求也增加了，而不是减少了。

然而，可悲的是，近代西欧的军事技术优势几乎遮蔽了人类文明所赖以延续的社会正义，在战争机器的胁迫下，人类社会逐步倒退为社会达尔文主义的丛林世界，已经延续了数千年的文明体系追求也逐步退化为以邻为壑的战国体系。[③] 相应地，在学术领域，人类社会的主流价值观从利他的"公"转向了利己的"私"，从普遍的善转向了不得不忍受的恶，并以个人权利与极端自由的方式获得了自私精英阶层的确认。[④] "在从古代的天理世界观向近代的公理[⑤]世界观转变的过程中，政治正当性的基础也有一个从善（仁）向自由的转化。也就是说，古代天理的核心为仁，而近代的公理，从政治正当性角度而言，已经从善转向了自由。"（许纪霖，2017：293）这里所说的即世界观经由古代圣贤推崇的善退化为自私的精英追求私利时急需的行动"自由"[⑥] 与"为所欲为"。正是在这个背景下，极端个人主义的杨朱学说与反社会的"小国寡民"思想才会沉渣泛起，并以"分权"诉求的

---

① 当然，热兵器本身也是分工合作的结果。
② 在圈地运动的背景下，西方私人产权对自然资源的瓜分带来的正是其他人群的生存资源的消失。一方面是社会总资源的数量急剧增加了；另一方面是弱势群体可以用来谋生的手段急剧减少了。这就是个人主义与精英自由权利相结合的产物。
③ 正如许纪霖（2017：291）所指出的那样："古代中国的政治秩序以天下为中心，而到晚清，随着民族国家观念的出现，近代中国政治秩序的重心，开始从天下转移到国家。"
④ 许纪霖（2017：293）指出："古代中国的政治正当性建立在公共善（仁）的基础上，到了晚清之后，公共善的基础逐渐转移为个人的自由和权利。"
⑤ 汉语中，"公理"乃公认之道理，为天理一部分；当代源自西方的"公理"乃形式逻辑推理的前提假设。二者有天壤之别，但在现代汉语中已被混用，并带来各种恶果，经济学人性假设即为一例。
⑥ 库朗热（2006：211、214）早就指出，古典时期，进入文明的城邦公民没有任何人身自由或信仰自由，只有被城邦抛弃的自由人才有自由，但他们无权享受文明社会的一切。

形式充斥着近代学术殿堂。

　　对于这些近代以来的西方错误思潮的误导，中国学者其实已经有所警觉，例如，许纪霖（2017：365）就提到："作为启蒙运动的反思者，杜亚泉的眼光是犀利的，透过物欲主义的表象，点出了现代社会世俗化的内在困境和焦虑。"他还强调，"物欲主义人生观虽然在知识精英中和者盖寡，但在晚清以后逐渐成为市民意识形态"，更为可悲的是，"功利主义与快乐主义的人生观为物欲个人主义提供了价值上的正当性基础，从此中国社会风气大变"（许纪霖，2017：367）。

　　确实，近代以来，由于中国在军事上的一败再败，西方片面的、落后的、原始的政治思想开始冲击中国原有的传统经济思想与政治理念，以至于"中国知识分子中的一部分人正在滋长一种想做某些自晚周轴心时代以来也许从未做过的事的要求，即重新考察中国社会政治秩序的制度基础"（张灏，2006：8；转引自许纪霖，2017：288）。他们甚至欢呼"一种新的世界观出现了，这就是公理的世界观"（许纪霖，2017：288），这就是西方的价值观，也是以丛林世界、社会达尔文主义与局部利益独享为基础的功利主义价值观。"关于公理世界观的性质和特征以及天理世界观向公理世界观的转变，汪晖作了系统的、精致的研究，参见汪晖：《现代中国思想的兴起》，导论、总论部分。"（许纪霖，2017：288-289）然而，由于这个世界观源自欧洲，特别是西北欧，而近代欧洲又是一个刚刚脱离宗教樊篱而尚未进入成熟状态的初级文明，因此公理世界观并不是一个以人类社会性为出发点来思考人际关系的价值观，而是以离散的原子化个人为出发点来思考个人利益的个人主义价值观。

　　事实上，晚明以来，随着个人生存能力的不断提升，中国的知识精英中本来就存在着一种个人主义思潮抬头的倾向。在这样的内因作用下，西学"私意"的强势影响，特别是貌似具有正当性的个人主义与自由理念的传入，更是迅速使中国的部分精英与知识分子倒向只关注个人自由、只追求个人私利的个人主义泥淖。关注社会、救助弱者的传统利他美德与君子修齐治平理念渐渐被他们抛弃了。这些近代以来的知识分子忘记了，"儒家的个人不是权利的主体，而是德性的主体，社会成员的权利就是在所归属的社群中所拥有的资格，权利与义务不可分割"；他们也忘记了知识分子的存在就"是为了成就个人的德性,并进而实现社群的公共善——天下归仁";他们忘记了,"在儒家那里,权利与善无法分离,善优先于权利,权利来自善"(许纪霖,2017:298);他们忘记了,中国古代儒家的人生意义,就是服务,就是保护弱者,就是善与公,就是利他的公共经济行为,就是天理世界观。而自身的生存、个人的利益与精英的自由从来不是儒家群体追求的目标,更不能成为社会进步的价值规范。①

当然,个人主义的迅速蔓延与集体主义的举步维艰背后的原因还有现代社会带来的集体利益复杂化转型,从而使得集体主义经济理论体系的构建更为困难。特别是,不同层次的公共产品供给可能需要不同类型的公共经济组织,而不同层次的组织与集体利益之间的关系纷繁复杂,远不如作为对立面的个人利益那样清晰明了。因此,尽管理论上对"大我"关系的讨论从未停止,但"大我"的开放性与不确定性带来的"大公"的缺位还是影响了公共经济理论的发展。② 更何况,"大我"边界的不确定性使得"大我"可以不断地被重新解释与重构,"但每一次的解释与建构,都失去了其原来的超越性质,而不断还原为世俗的意义,从而一步步走向大我的解体,导向小我的极致——唯我式个人主义的泛滥"(许纪霖,2017:371),马克思主义大公思想的传入部分缓解了国家解体的危机,但教条主义的流行削弱了马克思主义与中国传统思想相结合的可能性。

确实,马克思主义的大公思想传入再次强调了大我的意义,③ 但马克思主义的科学特征与公理偏好未能阻止甚至还在一定程度上助推了1930~1970年代中国传统社会结构,特别是家族与乡绅基层组织被解构,结果导致中华人民共和国成立后,只有作为"大我"的国家组织来焦头烂额地应付各个层面的公共经济需求,无效是自然而然的。到了1980~2010年代,作为对全能"大我"的反动,市场经济与个人主义成为唯一的合法理论,公司经济与新古典模式遂成为社会科学的"坚实"基础。

---

① 所谓"先天下之忧而忧,后天下之乐而乐"。
② 许纪霖(2017:370)写道:"小我作为一个封闭系统的个人之私,具有相对固定之内涵,但大我作为一个开放系统的自我,具有无限的自我扩展潜能,可以从家、国扩展到天下。"
③ 许纪霖(2017:373)写道:"五四的诸多思想家虽然对人生看法不一,却有一个坚定的共识:个人无法独善其身,个人无法自证其人生意义,小我只有在大我之中才能完善自我,实现自我之价值。"

然而，随着温饱问题的逐步解决，有关集体与个人关系的研究再次引起关注。不仅有学者（文一，2019）正在重新探讨被新古典主流扭曲的公共经济与私人经济的关系，而且主流经济学、主流政治学本身也开始了新的反思（贝淡宁，2016；Brennan，2016）。事实上，如果不是被西方近代工业蒸汽机吐出的迷雾蒙住了双眼，如果不是跪在地上膜拜科学主义带来的生物进化论的教条，社会科学领域的学者们早就应该重视罗素在一百年前就做出的预言：集体主义中国的和平崛起是一个人类历史的必然趋势，当然也是全人类命运共同体的幸运。（诸玄识，2017；罗素，1999）

事实上，从历史发展的角度看，在迄今为止的人类文明演化进程中，大多数人一直依赖非市场交易的集体主义规则生存着。① 甚至可以说，人类这个种群之所以得以生存延续至今，全赖其相互救助的社会机制或公共经济行为模式，全赖精英利他的哲学思想与理论基础。而在这个公共经济体制改进的过程中，市场机制只是使我们的社会结构变得更为复杂的一个工具，是使公共经济效率提高的变压器，而不是公共经济体制的替代品。因此，试图用市场经济机制来代表人类文明，试图用新古典模型来解读人类的社会行为模式，完全是误解了人类行为的本质、人类社会的基础，也误解了人类文明的意义。

二 古典文明与近代产权

事实上，孔孟诸子也并非不知自私的个人与个人的利益确实客观存在，但依他们的天理世界观来看，现实中的客观存在并不是形成价值导向的理由，更不能成为理论模型的依据。以目的论为基础的儒家学说关注的始终是人所面临的问题的解决，或者说，中国传统经济理论的目标不是以统计事实为依据的人类世界的客观描述，而是利他精英试图构建的文明社会或

---

① 根据裴安平（2019：85－86）的研究，到了新石器时代，《山海经》描述的聚落群体一体化、大型化过程开始出现，公共经济成为一种主流的生产组织方式。而到了文明起源或国家出现以后的夏商周时代，"最关键的就是变以往集体劳动为个体劳动"，私人经济才开始出现，相应地，"只适合个体家庭居住的'排房'与'套房'"也出现了。于是，在以族外婚为主要目的的聚落群的社会结构之内，出现了作为私人经济单位的家庭，私人经济正式出现。

"想象的共同体"。正是基于这个原则,儒家抛弃了以物物关系为基础的老子学说中的宇宙起源论或公理知识体系,构建了以道德为基础的良知目的论或天理知识体系。① 正是由于他们的坚持,数千年来,不仅君子学者不屑于讨论个人私利,而且那些自私自利的商人自己也羞于在大庭广众之下讨论个人私利。

但在商人与资本家的资助与施压下,刚刚进入文明进程的近代西方学者却开始把"个人权利"放在了社会公德之前进行讨论,甚至还有人将其视为社会科学研究的基石,从而削弱了社会科学的人文特征与人文知识的文明价值。这样的理论研究,不仅扩大了个人主义的"恶"的影响力,产生了许多追求个人利益的"学者",带来了严重的价值观危机;而且,以此为基础的政策与制度,往往也只是固化了原有的强者生存格局,难免会激化社会矛盾,从而不断引发人类文明的倒退与社会秩序的崩塌。②

确实,古希腊早期的哲学家苏格拉底也是以高尚的道德追求与人文关怀为起点开始其理论探讨的,柏拉图也主张利他主义的思想培养与制度构建。③ 然而,从亚里士多德开始,人文知识与公共经济渐渐被冷落,"学者"的关注点开始转向了个人主义思想与公理知识体系,从而使得希腊文明一蹶不振,再也没有复兴。当然,虽然远离了制度构建的方向,但耶稣、圣保罗等人的人文情怀与利他主义公共经济理想奠定了基督教兴盛的道德根基与哲学基础,并在罗马帝国崩塌时让一批批基督教后继者面对日耳曼人的进攻,挺身而出,保护弱者,保留了公共经济思想与人文知识体系的火种。

只不过,腐败的罗马教廷败坏了基督教的道德基础,黑暗的中世纪窒息了欧洲学者的人文思想,从而也割断了地中海文明的血脉。当近代科学

---

① 库朗热(2006:221)深知:"城邦根据宗教而建立"。文明的制度构建源于信仰,成于城邦(国家)。因此,孔子不信神,却利用神的权威,利用天意来改造人性,传递需求信息。相反,古希腊哲学家,尤其是亚里士多德,不信神也抛弃了神,从而摧毁了希腊文明赖以存在的基础,尽管他们奠定了作为科学基础的公理体系背后的哲学思想。

② 见库朗热(2006:序,370)对误解希腊罗马史实的纠正。他认为,正是卢梭、孟德斯鸠误以为希腊文明中存在个人自由,并主张模仿古人,才导致了法国大革命的流血暴乱与法国社会的长期徘徊不前。事实上,无论是早期的希腊经典作家,还是先秦的中国诸子百家,在反对个人私利、保护群体利益、主张精英利他方面是基本一致的,而近代欧洲人继承的只是罗马的劫贫济富、抢劫帝国边缘农业成果的传统,中国中世纪后期却一再重现了"劫富济贫"的均田制模式。

③ 见库朗热(2006:334)对三个人思想转向的分析。

最终抛弃了上帝之后，耶稣与圣保罗的利他精神与人文情怀也被随着"洗澡水"一起倒掉了，近代西方学者只是从残存的希腊哲学片段中选取了公理知识体系来重建欧洲文明，却没有继承轴心时代的奠基人苏格拉底与柏拉图的人文关怀与道德理念。① 于是，面对着腐败的罗马教廷，马基雅维利与霍布斯只是呼吁世俗强权的介入，而斯密与洛克则只是回应着自私商人的贪婪需求，只有德国的牧师与哲学家试图传承集体主义的利他精神与人文关怀的价值理念，这种传承却淹没在了重商主义与市场经济的滚滚洪流之中。正是在这个背景下，自私的资产阶级精英提出了自由与权利的要求，力图对抗残存上帝的国王不得不答应了他们的要求。于是，自私的"权利作为一种正当性理论，为后来的立宪政治提供了政治正当性基础"，而"其中原有的公共善逐渐褪色"，日益与个人的自由、个人的意志选择相关联（许纪霖，2017：300）。以至于，在欧洲，独立的、关注弱势群体的公共社群主义的思考消失了，由国王资助的国家社群主义也昙花一现，由资本家资助的呼吁给予商人精英自由与权利的学者逐渐成了近代西方社会科学的主流。

以自私的经济人为假设前提的新古典经济学就是在这样的背景下获得成功、并成为资本主义经济的坚强后盾与"现代文明"的理论支撑的。在这里，所谓对机会平等的追求，从小处说，是为经济精英和政治精英争夺权利与利益提供空间与机会，是个人主义利益的集中体现；从大处讲，是两类强势精英勾结在一起瓜分公共利益，并通过独占制度安排的机会垄断性地优先分享公共经济利益的寡头行为。在这个过程中，一方面，在平等的机会面前，对弱势群体生存保障的关注消失了，圈占公共资源的私人产权与利己精英因为程序的"公平"而获得了道义上的正当性；② 另一方面，

---

① 正如库朗热（2006：331-332）注意到的那样，古希腊能言善辩的辩论家摧毁了旧的信仰，却没有构建新的制度。其结果类似于中国的南北朝一样，他们被野蛮人征服了，希腊文明消失了。这些哲学家或公知们"没有什么固定的学说，只满足于攻击陈旧的成见"。"用柏拉图的话说，他们摇动了从前一成不变的事物"，却没有构建新的理论与学说。"对于古老的习俗见解，他们代之以推理和雄辩，代之以辩证和修辞术"，于是地中海沿岸退回到前文明状态。
② 在人类文明的初期，比如在古希腊，最初的所有权其实是不能交换的共有权，是小公经济的公共资源所有权，其实质是一种主权，见库朗热（2006：71）的论述，关于这个所有权的共有性质，柏拉图的《礼法》如是说："你不是你家产的主人，你甚至不是你自己的主人。你连同你的产业都属于你的家庭，你的祖先，以及你的子孙全体。"

本来应该服务于公共经济利益的政治精英的贡献被否定了，追求个人利益的经济精英占据了政治舞台的核心与社会舆论的主流，并通过预算与议会控制了政治精英提供公共产品的方向。精英阶层的勾结吞噬了弱势群体的生存机会，也使得原有的保护弱者的社会原则与文明理念纷纷让位于个人权利原则与适者生存理念，从而使得服务于个人主义的市场经济理论逐渐成了人类文明的核心价值观。①

作为一种对这些精英阶层赤裸裸的堕落与自私的应对，近代中国的学者被迫提出了良知论。"良知论遂逐步替代公理论，成为近代自由学说的主要学理资源。"当然，"良知说之所以替代公理说，乃是与另外一个重要观念——公意的出现有关"（许纪霖，2017：302）。尽管"公意"的概念存在种种问题，但公意问题的提出仍然标志着部分近代西方学者对弱肉强食世界的不满，标志着少数利他知识精英对弱势群体生存问题的关注。仅就问题的提出而言，以卢梭为代表的欧洲学者的公意讨论还是有其积极意义的，它引导了后来者对民意、民主等与弱势群体相关的公共产品需求偏好显示机制的讨论。

另一方面，正是这些对精英个人利益的强调与对弱势群体利益的保护的冲突才引发了欧洲近代史上的共产主义运动，也构成了现代社会中民主与宪政的两难悖论。② 很显然，立宪派对权力来源合理性的回避已经表明，他们不愿意关心弱势群体的需要与决策权力，而是更愿意强调由付费者或经济精英对供给者或政治精英进行约束的重要性。而能够约束政治精英的只能是人数较少、势力更大的经济精英阶层或资本家阶级，这就是立宪派

---

① 事实上，在近代以来的西方经济学中，对古典文明最大的冲击来源于理念的改变，来源于财产获得合理性或合法性的理论基础的改变。自重商主义出现以来，贵族的家庭世袭不再是财产合法性的主要来源，正如库朗热（2006：1984年版前言，15）所说："家产'不再来自于宗教，而是来自于劳作'。"这些古典经济学理论摧毁了家庭或公共经济组织的经济基础或理论合法性，公共利益成了无源之水，征税逐渐成了非法的或不正义的行为，以至于国家的合理性与合法性只得由市场失灵推出。但事实上，公共经济的经济合理性首先来自自然资源，这是家庭、氏族、国家共有的基础，也是公共经济先验存在的基础。

② 许纪霖（2017：310）写道："民主的正当性与立宪的正当性，构成了自由主义和民主主义的分野。尽管学者们总是将民主与宪政相提并论，"不过，一旦落实在政治实践层面，便立刻显示出内在的二歧性：民主派注重人民主权，相信只要权力来源于人民，政治的正当性便在其中。而立宪派则认为，最高权力究竟来自哪里，这并不重要，重要的是立宪，权力要受到宪法和法律的限制"。

教授布伦南反对民主派普选的主要理由（Brennan，2016）。

而在中国，由于深受近代欧洲中心论的影响，许多中国学者始终无法摆脱西方宪政政治正当论这个思想镣铐的束缚，[①] 于是唐文明（2011）、康晓光（2012）、陈祖为（2012）、秋风（2012）等国学大师都试图将儒学思想纳入某种宪政的轨道，而忽视了儒学的核心恰恰是要求精英帮助大众提供弱势群体需要的生存型公共产品的正义理念。更为悲催的是，许多人不理解宪政内含的公共产品供求协调机制（宋丙涛，2015）的本质，反而把限制政府的执行力当成了目标，从而抑制了公共经济效率的提高与国家治理绩效的改进。他们既看不到荷兰、波兰等议会制国家亡国的悲剧，也看不到缺乏强政府的欠发达国家并未发展成功的窘境（Acemoglu，et al.，2008）。

其实，只要从公共经济学的角度对西方的宪政内涵进行分析，就可知道，表面上对政府权力的限制机制，实际上是公共产品供求双方讨价还价的机制。现代宪政的优点就在于公共产品供求双方协调带来的供求吻合，而不是一味限制供给执行者带来的行动无效。但宪政的优点只在英国的预

[①] 对此，柯娇燕（2017）曾经指出："第三世界社会科学的吊诡在于，某些忽略了'我们'存在的理论对于理解我们的社会是极为有用的。究竟是什么原因，使得欧洲的圣哲们在实证阙如的情况下，能够形成如此超凡的洞察？我们为什么就不能回以凝视（return the gaze）？很显然，他们可以'洞察'我们的原因是因为他们掌握了话语权，他们掌握了话语权的原因是因为他们掌握了现代科技带来的极为有效率的杀伤力。我们不能'回以凝视'的原因是缺乏自信，缺乏自信是因为缺乏话语权、缺乏现代科技带来的经济实力与杀伤力。"因此，她接着写道："我们惊讶地发现，……很多全球史家一方面宣称抗拒着'欧洲中心论'，然而又在分析问题时极度依赖根植于欧洲早期现代或现代经验的概念和价值，特别是对社会科学的认识论的继承，这种矛盾的做法构成了全球史的陷阱。我特别注意到中国和印度，很多来自那里的历史学家质问我，全球史是不是一种新式的帝国主义武器？使用欧洲或北美的理论，重构世界其他部分的历史，贬低其他国家的国族史。只要全球史的存在基于本雅明、柏格森、法农、福柯、葛兰西、哈贝马斯、亨廷顿、马克思、波兰尼、沃勒斯坦的理论和模型，来自亚洲、非洲或拉美历史学者的质疑就会一直存在。当然，如果说我们这些英语世界的学者一点也没有吸收欧洲之外的传统思想进行历史变迁的理论建构，似乎也不是这么一回事。以中国为例，我们也知道像王夫之、顾炎武、章学诚那样的早期现代思想家们的出色贡献。……然而，当我们提到这些人时，通常都是将他们视作某类文明的思想代表，而不是人类文明的一部分。我们为什么不像利用希罗多德的学术作品一样利用司马迁的呢？为什么不像利用康德一样利用章学诚呢？因为社会科学领域只有一套话语体系，这是一套以欧洲的思想家群体为谱系构建的话语体系，于是全球史家需要探究促使他们成为人类历史的单一时期的后代的全球变革动力。但只要我们还带着观察者-被观察的社科范式的镣铐，这就仍然是遥不可及的。我们需要摆脱镣铐去进行思想的飞翔与历史的重构。"

算革命中因为殖民地贸易的存在而碰巧实现了，而宪政对执行者执行效率的羁绊却在大多数宪政国家的发展中都被慢慢体验到了。需要说明的是，英国的宪政是典型的大纳税人机制，是付费的经济精英与供给的政治精英之间的内部交易，该交易自然地把所谓的民主的暴政或弱势群体的需求排除在外了。并且，英国的成功只是经济精英与政治精英联姻导致的局部人优先发展的成功，是劫贫济富商战模式的副产品，而不是人类文明演化的必然。并且，这样的成功，往往是以其他人的损失为代价的（比如，英国产业革命时期东欧的农民、伦敦的童工、北美的黑奴以及印度与中国的工人），因而并不是一个可以作为终极目标或样板范式的文明模式。

因此，即使这个"部分人先富起来"的策略是对的，但若没有"先富带后富"的实现，没有工业反哺农业、宗主国反哺殖民地的跟进战略，就不可能进入强弱共存的现代文明秩序。然而，在如何把更为广泛的弱势群体也包含在发展成果外部性的共享者之中、如何让先富者带动后富者方面，除了被动地接受民主运动带来的弱势群体的决策参与之外，西方的主流学者几乎没有在这些方面提供任何有价值的贡献。作为一个例外或非正统尝试，马克思、恩格斯关心弱势群体的努力最后也只能在东方"善"（仁）的土壤中生根发芽、开花结果。以至于，古代中国的儒家经济思想与马克思主义的集体主义价值观的结合就成了现代文明转型尝试中的一道独特的风景线。

其实，根据宋丙涛（2015）的早期研究，即使价值并非全部由劳动者创造，即使上帝并不存在，但无主的太阳能与共享的知识是客观存在的，这个客观存在在财富创造中的作用及其外部性是客观存在的，于是用共享的资源与知识给弱势群体提供生存必需品是有一定的经济合理性的。因此，与马克思劳动创造价值理论相似，太阳能的外部性特征实际上为中国传统经济思想中的天道天命理论提供了经济合理性依据。以至于，"在古代中国，有两种不同的权威：一种是士大夫所代表的道统，另一种是王权所代表的政统，其权威的源头，都是超越性的天命"（许纪霖，2017：324），都是天理世界观的体现。因此，天命道统的经济合理性就是自然资源的共有权（库朗热，2006：71），就是累计知识的共享特征。也正是因为这个原因，天命道统追求的目标，并不是士大夫自己的个人利益，而是全体人民的公共经济利益，是"弱者也生存"的普适价值。

相反，近代的宪政虽有相互制约的双方，但双方都以自己的个人利益为行动目标，因此难免有利益交换的腐败，难免有出卖第三方的合谋。很显然，这是两种完全不同的博弈模型：在宪政模型中，博弈双方都是为自己而进行交易；而在天命模型中，士大夫是为弱势群体的利益而进行抗争。于是，虽然宪政中所谓的代理人更为上心，目标却可能是错误的；天命模型中的士大夫，由于明确了"天意即民意"，目标不大可能错误，但缺乏博弈积极性。当然，在历史的现实中，具体的执行过程与效果因为取决于各种各样的条件而变得非常复杂，因此与理论模型的设想会有较大差距。特别是，无论是执行者还是决策者，无论是士大夫还是"真龙天子"，完美的利他精英并不存在。以至于尽管"按照儒家的看法，道统高于政统"（许纪霖，2017：324），因而可以像议会一样监督约束政统，但在实践中，道统的拥有者并不总是存在的，甚至经常是缺席的，于是作为第三方助手的法家的介入就是不可避免的。

总之，东西方两种模型中博弈机制本身并没有区别，有区别的只是引导政统提供公共产品的方向有差异，有区别的只是参与博弈的行为主体的身份与积极性有差异。一方面，东方模型提供的是弱势群体需要的生存型公共产品，西方模型提供的是经济精英需要的发展型公共产品；另一方面，西方模型中的约束者是为了自己的利益而参与博弈，东方模型中的儒家与法家都是为了他人的利益而参与对决策者、执行者的约束。因此，最终的效率、效果比较就会是一个差强人意的结果：东方模型的结果（更多人口共存——"仁者人也"）更具有社会正义感，但效率稍差；西方模型的结果（更多人均收入——经济者富裕也）更有效率，但正义缺失。

事实上，在中国传统的公共经济模型中，天道代表大众的生存型公共品需求，君主代表公共品供给决策者，供求均衡依赖天道对君主提出要求、君主遵从天道来实现。早在夏商时期，人们对这个天道的认知尚不清晰，鉴于消费者主要关注的是天灾问题的解决，因此主要是通过占卜问卦来发现问题、进而探知天意。而到了商末周初，制度构建者已经意识到君主的供给积极性对问题的解决非常重要，因而开始构建天命德行来约束指导君主的供给行为。然而，无论是商朝的天帝，还是周朝的帝德，解释权都在供给者或供给决策者一人手中,供求关系难免也是单向的交易机制,而不是双向的博弈机制。直到汉代儒家思想成为道统以后,真正的供求博弈思想与机制才最终形成,士大夫作为消费者的代言人确保了黄河文明得以延续至今。因此,"许倬云先生说,董仲舒将孔子放上王者的宝座,执行褒贬的权力,'如此,儒生操持了批评论断现世界的权力,而儒家的经典成为评断事务是非长短的依据,儒家为汉室的政治肯定了合法性,可是也相对地把知识分子提升到与政权抗衡的地位'。儒家的道统,对皇权的政统来说,是一种目的论的制约"(许纪霖,2017:325),这是一种治理绩效的评估。即儒家的约束对供给决策者或王权的限制更为关注公共产品提供的绩效,而不是关注供给者的产生过程与决策过程。因此,与西方的精英代表自己的利益参与博弈不同,儒家知识分子是作为第三方代表来评判政府的供给行为的。[①] 因此,这两类表面上看起来很相似的博弈机制的实际道德意义与普适价值却完全不同。

作为传统思想的推崇者,许纪霖先生不知道西方宪政的程序性正义恰恰来源于其目的非正义,不知道西方对过程的苛求只是为了掩盖一个自利的结果或部分人优先的非正义规则,反而指责为目的服务、以绩效为标准的儒家模式缺乏具体的程序与制度。[②] 很显然,西方这样的结果自利、目的非正义的规范过程只具有暂时的文明价值与部分的社会正义,没有理由成为评判、贬抑儒法思想的标准。特别是,只服务一小撮精英的公共经济体制如何可能实现人类文明的制度性正义?付费者决策的机制充其量只是一个符合基本经济理性的低级设计而已。这样一种建立在私利界定基础上的经济合理性,既不是人类文明的本质,更不是社会结构的基石,因而不具有普适的价值。

其实,不同意个人产权具有社会正义性的蒲鲁东(2000)也像库朗热

[①] 当然,从技术上讲,生存型公共产品的供给情况具有客观的评价标准,由知识精英来代为监督评价是切实可行的。
[②] 由于深受近代西方理论的影响,许纪霖不理解公共产品供求结构的复杂性与东西方约束机制的差异,他写道:"儒家以蕴含着天理的天下来限制王权为核心的国家,但这种限制只是一种目的论的宪政,而非制度性、程序性的宪政。""它所缺乏的是宪政所必需的政道,即制度性、程序性的规定。宪政所追求的乃是政治正义,但因为儒家宪政是一种目的论的、伦理为中心的宪政,因此它在意的是实质的(目的论)正义,所谓天下为公,而忽视了程序正义的制度设计"(许纪霖,2017:326)。

(2006) 一样早就意识到，宗教信仰才是早期的公共经济制度的理念先驱。①他甚至注意到，中国的孔子是利用神意或天意来代表民意与公共经济利益的。② 蒲鲁东惊诧于中国人早就知道，博弈模型的目标是服务于人类的需要，而模型中的"天"就是民众对公共产品需求偏好的显示，"道"就是公共经济供求双方的一种约束机制。蒲鲁东（2000：48）更是惊诧于中国人从未放弃的集体主义信仰与社会主义关怀，他一针见血地强调："政治经济学趋向于把利己主义神圣化；而社会主义则侧重于颂扬公有"。他认为，推崇社会正义与保障弱势群体生存的中国古代文明早已包含了当代社会主义的某些要素，因此从儒家思想通达社会主义的桥梁本来就是存在的。以至于，当马克思主义者的社会主义思想在欧洲各地渐渐消失时，它在中国的发展却从未有过动摇。

当然，正如库朗热（2006：214、217）所述，古代希腊文明的传统思想也是强调公共利益与集体生存的社会正义观。③ 而通过对柏拉图与亚里士多德思想的比较研究，肖瑛（2017）认识到，在古希腊哲学家的思想中，"家庭和国家是'社会'的主要表现形式，因此，在一定程度上，个人同社会的关系，可以转化成个人在家庭和国家这两种不同社会形式之间的位置的问题"。以至于，为了强调国家或集体的利益，柏拉图几乎忽视了家庭存在的必要性，只是因为技术性的原因，他才不得不在法律关系中保留了家庭关系的位置。肖瑛（2017）指出，为了处理家邦（即家与国）在统治模式与目标上的对立，柏拉图讨论了贵族制与家长制，并正确地指出"家庭

---

① 蒲鲁东（2000：前言，2）写道："如果追溯一下人类对上帝的观念的衍变情况，就可以看出这种观念首先是社会性的，这意思就是说，与其说它是某种个人的观念，不如说它是集体思想信念的表现。"

② 蒲鲁东（2000：前言，5）在注释中写道："中国人的传统中还保留着某种大概消失于公元前5、6世纪的原始宗教的遗迹。尤其令人惊奇的是，这个奇特的民族在抛弃自己原始的宗教时，似乎已经懂得神明并不是别的，只不过是人类的集体的我；因此，2000多年以前中国人流行的信仰就已经达到西方哲学的近代水平。例如，《书经》上说：'天视自我民视，天听自我民听'。"

③ 库朗热（2006：214、217）强调："国家利益高于一切这句格言，是古代的产物。""古人认为，在面对国家利益时，可以放弃所有的法权、正义和道德。""古人，尤其是古代的雅典人，他们鼓吹社会的重要性与权利，这大约是由于古代社会所具有的神圣特征罢。""城邦不但管理人的精神，而且管理人的肉体，它将教权与政权集于一身，比近代国家的权力不知大了多少。"

的目标是私利，城邦的目标是公同善"。于是"家邦之间就在目标上表现为私与公的对立"，而"只有控制了私人的和家庭的利益，才能不仅保护个人而且保护城邦"。很显然，柏拉图关于家国关系的观点与商鞅等人削弱家庭影响力的措施有异曲同工之妙。特别是，为了追求种群生存与国家强盛的目标，"柏拉图强调，'若不让私人生活臣服于法律，就会危及公民在公共事务中遵守法律的意愿：不受规制的私人生活就会像疯狂繁殖的癌细胞一样行动'，势必会妨碍公民们'在作为共同体的公共生活中遵纪守法'"（肖瑛，2017）。为此柏拉图甚至强调，"孩子不是家庭私产而是城邦公产"，而"财产虽然表面属于家庭，但最终还是城邦的，城邦保留对家庭财产的最终决定权"。总之，"柏拉图的所有努力就是消除家庭对城邦的各种反动，使之完全成为城邦目标自我实现的工具"（肖瑛，2017），从而像儒家和蒲鲁东一样倡导了社会主义的价值观。

同时，像孟子与荀子的争论一样，柏拉图在人性问题上认识到"人的二分和人的灵魂的二分表现为家和理想城邦的二分"。"在柏拉图的理论中，人的'两重自然'的预设决定了家庭与城邦之间的对立关系。"当然，"把家庭置于城邦的工具性位置，在苏格拉底时代是一种大胆且曲高和寡的主张"，在柏拉图时代则是一种理想机制设计的建议。而到了亚里士多德，"他用共同德性的概念来跨越亲属关系的亲疏远近禀性，而把友爱引入到城邦成员之间"，以便实现利他合作的公共经济目标。很显然，无论是儒家诸子，还是古希腊圣贤，他们都意识到，从个人主义到集体主义的飞跃，从家庭到国家的升华，是人类文明认知的"关键一跳"（肖瑛，2017）。

其实，像肖瑛（2017）一样，许多社会学家都注意到，人类文明制度与动物"自私基因"之间的张力与矛盾，但大多数经济学家对此无动于衷（只有财政国家论与实验经济学是少数的例外），甚至把"自私的基因"当成了文明社会制度构建的起点。[①] 以至于很少有经济学家利用自己严谨的分析工具对古典经济思想中的个人与国家之间的关系进行梳理。庆幸的是，社会学家从来都没有忘记社会本身的价值，也没有放松对社会价值观的关

[①] 比如，在研究思想史的过程中，社会学家注意到"家邦关系是柏拉图和亚里士多德的核心论题之一"，但经济学家却只关注希腊半岛商业经济的繁荣（肖瑛，2017）。

切。① 同时，他们意识到，近代以来，在欧洲军国主义与个人主义的强势影响下，中国学者对文明本质的认识曾一度出现了重大偏差，他们注意到有人试图否定儒家传统思想的当代价值。② 确实，在这些为精英个人权利进行鼓吹的近代中国"学者"看来，国家或封建主拥有绝对的产权（或主权）是不可接受的，但资本家拥有绝对的产权（或主权）是正当的。这样的论证逻辑与理论体系不仅在经济学教科书中比比皆是，甚至在社会学的教材中也大行其道。正是因为这个原因，在片面强调"使个体从传统社会"的"整体"中解放出来、片面强调"个体从传统的专制统治之下解放出来"的"现代化运动"中，不断上演着供过于求背景下的战争悲剧与竞争闹剧，并在产权保护正义性与市场竞争有效性的理论预设下不断重复着循环论证。更为可悲的是，对私人产权的过度界定，特别是对本来属于共同所有的公共资源的过度产权界定，不仅带来了大量的不必要的诉讼费与军备费用（陈平，2018），而且使人将资源与精力浪费在个人私利的争斗与局部利益的竞争上，也进一步泯灭了作为文明基础的利他心与社会性。

确实，鉴于近代以来欧美中心主义的绝对话语权，总有人把人类社会的文明演化错误地总结为"社会主体由过去一元走向多元"的进程。事实上，人类文明演化的真相是，各地不断由过去松散的"主权多元"与"庄园林立"变成国家主权统一条件下的"产权多元"与"公司林立"。并且，在每一个庄园内部或公司内部，公共经济运行要求的强制力的统一与"一元化"领导同样是必不可少的。③ 同时，作为技术条件与规模经济的必然，以国家为单位的公共经济体的规模越来越大，国家内部政府干预的事情越来越多，国家治理的集权趋势愈演愈烈，这些趋势都已成为全球一致的文

---

① 江畅（2018）指出："人类进入文明社会之后，核心价值观的社会认同问题一直都存在。"
② 例如，江畅（2018）曾提到，有些学者嘲笑"传统社会基本上是一种个体没有从整体中分离出来的社会"，以至于"在这样一种社会结构中，社会要求个体把整体的价值观作为自己的价值观"；他们也看到，有人误解、甚至否定公共经济运行必须的强制力的垄断与统一，并且正是这种误解使得学者们总是指责传统文明社会结构中的集权努力，"无论从中国还是西方历史来看，传统社会的种种不同形态大多具有专制的性质"。
③ 正是由于欧美学术界自由主义传统的强大影响，Cohen 和 Elman（1977）在讨论国家起源的人类学基础时曾经发问道："具备了什么样条件的人群才可以组建国家？为什么人类愿意放弃平等的地位而进入一个等级森严的国家组织？权力或强制力出现的背后逻辑或合理性是什么？"

明演化特征。相反，在古代的所谓专制帝国中，由于交通通信条件较差，很多人并不知道外面有什么可选的公共经济体制，也没有动机去进行选择，因此才出现了所谓的一元政体与专制国家。因此，对传统文明"专制"特征的很多指责实际上是一个主观认知问题，[①] 而不是一个历史事实的客观判断问题。从这个意义上讲，现代社会虽然"为人们的价值选择和追求提供了更大的空间"和技术可能，但作为公共经济体制的一种模式，西方文明与西方学术体系却并没有为人们提供更多的多元化选择与包容性环境，相反，"唯我独优"与"精英优先"构成了所谓的西方宪政文明的核心理念与政治实践。因此，尽管社会学家约翰·麦休尼斯（2009）认为，与传统社会相比，现代社会强加给人们的限制更少，但他无法证实这个"随心所欲"的判断。相反，一个合乎逻辑的推测是，即使有干预的意愿，古代的政府也根本无法干预人们的日常生活，因此，除了技术的限制之外，古代人在制度的意义上要比今天的人们更为自由。

正是在欧美中心主义的话语体系中，魏特夫误解了东方文明蕴含的多元主体共享公共经济利益的理念。在没有理解古代文明内涵的前提下，居高临下的"魏特夫认为，东方专制主义起源于治水社会，在治水社会中只有'软弱的财产权'，'国家通过财政、司法、法律和政治措施，限制了私有财产的发展'，国家可以随时侵占财产权，'只要国家愿意，家庭公产就像其他公产一样是可能被侵占的'"。（转引自邓大才，2018）且不说他对历史事实的判断是否正确，即便历史果真如此，我们也必须知道，这样一种国家利益高于一切的制度（库朗热，2006：214）不恰恰是各古代文明的制度追求吗？更何况，没有超越的国家主权，就不可能有私人的财产权，正是国家的法律制度规定了私有产权，也规定了它们之间的边界。至于治水一类的公共经济活动本身，没有国家统一的主权，没有垄断的强制力，就根本不可能有集体行动的逻辑与公共经济的绩效，更不会有人类文明的诞生。大禹治水是如此，诺亚方舟也是如此，秦汉帝国是如此，大英帝国也是如此，所有出现了文明政体的社会都是如此，唯一不同的只是强制力的来源不同。事实上，恰如后面的理论所强调的那样，不受约束的国家主权

[①] 而在有意误导认知的过程中，孟德斯鸠的不负责任与信口雌黄是最为主要的原因之一。（王绍光，2011）

或强制力的出现是人类文明诞生的第一个前提条件。[1]

实际上，这些学者在论证自己的观点时，往往自觉不自觉地把早期英国人、欧洲人留下的文献当作了真实的历史，甚至是人类社会发展的基本规律。殊不知，口口声声说尊重私人财产权的英国绅士们从来都没有尊重过印度人、印第安人的土地所有权。更为重要的是，很多学者不知道或不愿意知道，正是由于英国国王征收了全世界最重的税，才有了英国的崛起（宋丙涛，2015），正是英国国王过于忽视封建主的产权（主权）与利益才有了大宪章运动，学者们却言之凿凿地把大宪章当作英国尊重财产权的依据。当然，这些习惯于听别人讲故事的近代学者，也从来没有去考察一下比英国更为尊重本国产权的威尼斯、荷兰共和国甚至中国的宋朝为何先后亡国了。

三 多元现实与二元理论[2]

事实上，在近代以来的西方学术体系中，公共经济领域中主体多元化、需求多元化与供给单一化之间的矛盾带来的困惑一直是存在的（宋丙涛、潘美薇，2019），比如，"共和与立宪的论战，是一场民主与宪政之争"（许纪霖，2017：152）。[3] 而民主与宪政的矛盾其实就是精英群体与弱势大众关于公共产品需求差异的冲突，西方的大多数学者不理解或不愿意理解这两个概念背后的利益冲突与学术意义，反而稀里糊涂地把民主、宪政归为一

---

[1] 由于缺乏公共经济理论，曹正汉（2019）不知道强制力的必要性，也不知道社会凝聚的基础是公共经济体制的公共产品供给行为，因而提出了"强政权、弱国家"的概念："何种因素能够将一个文明团结成持久的整体？这一问题曾经是欧洲思想家遇到的最关键的哲学和社会学问题。欧洲学者在思考这一问题时，发现了政治权力既集中又分散的重要性。麦克法兰引用托克维尔的话，指出：'（在国家体制上）有两个缺点需要规避：一是政治权力集中于一点，一是政治权力分散于全国各地。如果将一切都捆扎成一个包袱，则一旦散捆，一切将四分五裂，国将不存；如果权力高度分散于各地，国家的公共事务显然受到阻碍。'不难看出，托克维尔的观点与'强政权、弱国家'的观点有相通之处。"

[2] 本节的部分内容以《公共产品供给与基层治理经验：理论逻辑与历史逻辑》为题在《地方财政研究》2019年第10期上发表过，作者为宋丙涛、潘美薇、杨梅。

[3] 慕尼黑大学的Claude Hillinger教授在1990年代那场著名的布坎南与马斯格雷夫的财政学基础之争的辩论现场指出，公共财政的本质是宪政自由，而不是民主。他强调，民主与自由，不仅不是一致的，而且是利益根本对立的。（布坎南、马斯格雷夫，2000）

类。甚至还有一些学者仅仅以欧洲的历史为参照系发表评论，随意在科学与神学、理念与法律之间进行切换，有意混淆公共产品供给者、执行者与消费者之间的身份，尽管缺乏逻辑一致性，却还能够理直气壮地误导读者。①

一方面，这些作者忽视了欧洲的宗教改革正是人对神的扬弃、正是世俗制度对神权体制的替代，反而把神权与宗教当成了近代文明的内核；② 另一方面，这些作者又明目张胆地颠倒黑白、肆意篡改现代文明的本质与意义。③ 比如，他们不仅否认近代欧洲精英们构建新型公共经济体制方面的努力对美国制度的影响，而且强调美国体制是古老宗教与传统文化的结晶，但对这些古老传统中的集体主义内容与利他道德意义却并无认知。④ 而当他们说"国家的繁荣，不是靠一小撮精英成就的；国家的繁荣，来自每个人对神明的敬畏和深植于人内心的自由的种子"（钱立峰，2019）时，他们忽

---

① "好奇的芦苇"公众号上钱立峰的一篇文章《究竟什么才是国家成败的决定因素？》就是这样的一个典型。该文作者一方面不理解西方自由理念提出的反宗教背景，反而用自由的理念来攻击制度的构建，用神的存在来导出人的自由。例如，他写道："我们必须承认，人类社会是观念的产物，法律制度再好，都需要依靠具体的人来执行，如果一套法律体系与国民的固有理念和思维方式毫无契合，就一定会像无源之水、无本之木，无法在该国落实；没有自由的国民，再完善的制度和法律体系，都无法使国家走向文明和繁荣。"他不知道，理念也需要首先变为制度，更不知道理念是法律制度培养的产物，反而把理念归结为神的赐予："美国立宪者却实实在在地遵从了神的指示"，"正如拉塞尔·柯克（Russell Kirk）在他的著作《美国秩序的根基》中说：上帝是秩序与正义的源泉，法律来自于上帝。柯克把美国秩序的根基铆钉在《旧约》之中，他不无洞见地指出：从'走出埃及'到耶路撒冷，从希腊到罗马，从中世纪到宗教改革，美国秩序的种子在西方历史的长期演变中不断孕育成长。"他还强调："神与人的圣约（Covenant）被记录于《圣经》《旧约》（Testament）之中，《旧约》是被保留至今最早的神与人的约定。犹太人根据圣约行事，相信自己是神的选民。"
② 钱立峰（2019）写道："美国人把法律看成人与神立约的产物：首先，法律只有来自上帝，才能成为秩序与正义的源泉，立法者追求的是公正而非权力；其次，法律只有被信仰，才会被无条件地尊重与服从，人们也才会以遵纪守法为荣。""如果法律不来自于神的立约，而仅仅听命于统治者的意志，这样的法律要么沦落成恶法，要么形同虚设，或被潜规则代替。"如果作者是对的，我们只要追问一句，美国人在哪里找神并与之签订圣约？为什么和神订立了圣约的犹太人没有成功，而是被中东人与欧洲人赶来赶去？
③ 例如，钱立峰（2019）说："保守主义学者刘军宁先生指出：美国的制度不是进化的，而是神明的；不是世俗的，而是宗教的；不是科学的，而是道德的；不是现代的，而是传统的；不是民主的，而是共和的。""在我们的印象当中，美国秩序是美国国父们在费城横空创造的妙想，但事实却是，美国秩序是对传承数千年的人类智慧和自由理念的保守；我们误以为美国是各国现代政治制度的楷模，但实际上，美国只是最好地保守了人类的古老智慧。"
④ 正如库朗热（2006；1984年版前言，10）对孟德斯鸠的批评，他"根本没有正确地衡量存在于古人和今人之间的这道鸿沟"。

视了国家就是限制单个人自由的制度①，忽视了文明正是一代代利他精英构建制度的努力的结果，甚至那些作为敬畏对象的信仰与神灵也是早期利他精英创建的制度的一部分；当他们说"国家沦落之时……不会有横空出世的超级英雄来救危难于水火"（钱立峰，2019）时，他们无视了人类历史的真相就是一个个像大禹、诺亚一样的人类英雄拯救了人类、初创了文明。到最后，这些作者服务于一小撮自私精英的无政府主义本质与反社会、反文明本质终于暴露出来，像所有近代商业精英的代言人一样，他们"梦想拥有能够保障私有财产、市场交易、个人自由的制度法律体系，并为之不懈努力"（钱立峰，2019）；他们根本没有想过，如果公共经济的参与者（公务员）也都把自己的利益摆在首位，如果学者也只关心自己小集团的利益，有利于市场交易的法律体系从何而来呢？如果没有利他精英制定的法律，谁来保护社会秩序与他们的私有财产呢？

正如库朗热（2006：211-213）对希腊文明的分析所表明的那样，人类文明的诞生恰恰在于社会、政府对个人自由的约束，②并且法律体系要约束的恰恰是那些有能力摧毁秩序的私有财产拥有者。同时，法律体系本身实际上是一群"无恒产、有恒心"的利他社会精英努力构建的产物（宋丙涛，2016）。对于人类社会与文明秩序背后的复杂利益关系，少许清醒的西方当代政治学家已经窥到了一丝端倪，并在讨论民主与宪政的关系时进行了梳理（Brennan，2016；Caplan，2007）。而在中国，这些关系更是早在先秦时期就受到了学者们的关注。中国的诸子百家早已理解了不同群体在公共经济体制中的利益诉求差异，甚至还有人从供给决策与供给执行相分离的角度去讨论背后的细节：一方面，他们关注精英群体作为决策者有可能对大众利益造成损害的事实，因而反复强调决策者要加强对需求者偏好的

---

① 见汉密尔顿等（1980）美国建立者的论证。
② 库朗热（2006：211-213）指出："在这种原则上建立起来的社会，个人自由是不存在的。""公民在一切事上都须服从城邦。公民完全地属于城邦。""身体属于国家"，"财产受国家支配"，"私人生活亦不能摆脱国家的支配，"比如要不要结婚这类事。"这种专制权力无孔不入，直至鸡毛蒜皮的事。""国家不容许人对它的利益漠不关心。哲学家和研究者不能引入山野"，"不能拒绝担任官员。"陶渊明一样的个人自由是不存在的。"国家认为，公民的精神与身体都属于它，所以它要塑造他们的精神与身体，使之对国家有益。""个人无信仰自由的权力。他必须信仰和服从本邦的宗教。""因此古人既不知道什么私人生活自由，什么教育自由，也不知道什么信仰自由。"

认知；另一方面，他们也强调对参与供给执行的精英私利行为的限制，确保消费者的利益不会在执行过程中被侵犯。他们甚至意识到，"中国古代政治权威的来源是双重的：天道和民意"（许纪霖，2017：152），天道就是供求交易的制度安排，而民意则是公共产品消费者的偏好显示，天道是为民意显示服务的。

因此，中国先秦时期的学者认为，"天道是权威的终极的、超越的源头，但在现实世界之中，天道又只能经过民意体现，民意与天意内在相通"（许纪霖，2017：152），把起源与目的结合起来，从而奠定了目的论的哲学根基。而在执行层面，他们一方面强调制度安排的供给执行目标是决策者认知的民意或公共产品偏好；另一方面，像王安石、张居正与雍正皇帝一类的决策者又明确把中央政府的工作重心放在"治人"方面，① 即明确法律条例的目标是规范公共产品供给执行者的行为，而不是作为公共产品消费者的百姓。李向平（2006：335）清晰地分析了中国先秦学者在公共产品供给者认知方面的贡献，② 特别强调了古人对供给者"大公无私"的要求是一种天道安排。他隐约意识到，大公无私要求背后的经济合理性既源于天地本身的资源属性，也源于这个资源具有可共享的公共属性。

确实，东西方文明演化路径的最大差异就在于对外部可共享资源属性的认知上。在文明诞生的初期，东西方都把人间制度归结于这个外在资源的神性上，并利用这个外在资源的神性来构建公共经济体制。③ 但在中国，有关公共产品供求体制的探索很早就摆脱了宗教与神学的影响，从而认识到天地是资源供给的源泉，并直接以天地带来的资源属性为依托，构建了

---

① 见彭凯翔、林展（2020）对清朝律例制定时间与内容的分析。
② 李向平（2006：335）写道："从古典文献看来，天命、天意的结构特征就在于它的大公无私。《庄子·大宗师》：'天无私覆，地无私载，天地无私贫我哉？'""《礼记·孔子闲居》：'子夏曰：'敢问何为三无私？'孔子曰：'天无私覆，地无私载，日月无私照。'''""这'三大无私'的超越性价值源头，自然非'天'莫属。'天'是'公'的起源。"
③ 李向平（2006：353）写道："在人类历史上，'宗教一直是历史上流传最广、最为有效的合理化工具'，历来都是合法化最适用的工具和手段。""它让人们忘记这个秩序是人创造的，以为它是神的建造。宗教成为人类社会的神圣正当性的表达工具，专门的合法化形式。"他（李向平，2006：379）写道："经典文献中所谓的天道者，实乃一种神道设教的把戏，企图假借圣人的形而上的道德力量来肯定理想的秩序，来规范人心与人行。"当然，我们必须理解，西方的宗教是规定普通人的人心与行为，中国的宗教是规范精英或者公共产品提供者的人心与行为。

以儒学为核心的、以保护弱势群体为目的的供求关系理论。①

显然，儒家的传统经济思想几乎就是一套完整的公共经济理论体系（见第三篇的相关分析）。从基因传承制度到利他偏好培养，从生存资源的可共享属性到亲缘利他的外向型扩展，郭店楚简上"性命论"这短短几个字，几乎讨论了公共经济学所有最为核心的命题。② 更为可贵的是，儒家学者同时也注意到了需求的存在及其与外在资源供给之间的矛盾，并指出了用礼义秩序来改进体制、缓解矛盾的努力方向。③ 同时，儒家诸子都清楚地意识到，供求关系的核心是天道与人道的对接，是供给者了解需求者偏好的手段与制度。④ 天是外生的条件，道是人间的价值，天道是一种君子认知的公共经济规律，是圣人（利他精英）供给公共产品的制度安排。⑤ 事实

---

① 李向平（2006：179）一直在用"象征交换"来表示公共产品的交换关系，正是从这个意义上讲，"人天关系之间的象征交换关系，几乎就等同于从天命、天意那里获得了能够整合天下的'天命之子'的权力"。这是公共产品供给者必需的强制力，但深受新古典影响的社会学家不知道，市场交易的出现摧毁了早已存在的东方的有效的公共经济供求交易机制。同时，他（李向平，2006：185）知道，由于强制力的存在，供给者的约束问题一直存在。"虽然是王者受命为天子的象征交换过程，但是他所获得的资源及其价值一旦成功就无可替代。""荀子对此曾有极其深刻的论述。《荀子·解蔽》认为：'圣也者，尽伦者也；王也者，尽制者也；两尽者，足以为天下极矣。故学者以圣王为师。'虽然是尽伦尽制者，人间却可以学而习之。"他（李向平，2006：212）强调："虽然天意不可改变，但却能够改变承受天命的人。"换句话说，供给者是可以改变的，需求决定供给。

② 李向平（2006：384）写道："中国人最初把苍苍上天作为灾福之源，以之为至高无上之神灵，尔后演进为抽象之观念，则不视为具有人格之神灵，而意以为溥溥自然之公理，于是揭其起伏常有之现象，以为人类行为之标准，以为苟知天理，则一切人事，皆可由是而类推。""郭店楚简《性自命出》反复中说的就是这个道理。'性自命出，命自天降。道始于情，情生于性。始者近情，终者近义。知情者能出之，知义者能纳之。'"他（李向平，2006：357）还说："所以，今人要论及传统中国的社会秩序，非礼莫属。'秩序'一词虽然晚出，但是，这个'礼'字，却是最能够包含秩、序二字的深刻意义的。""而儒家正是以建立秩序为终极关怀，由此而发展为一套思想学说，以之作为准则的行为模式。儒家的思想之所以能于传统时代脱颖而出，数千年来一直成为国家的意识形态，相信这是主要的原因。"

③ 李向平（2006：358）指出，关于礼义与秩序的关系，荀子讲得很好："人生而有欲。欲而不得则不能无求。求而无度量分界则不能不争。争则乱，乱则穷，先王恶其乱也，故制礼义以分之，以养人之欲，给人以求。"（《荀子·礼论》）"欲望、秩序、礼义、和谐，这是荀子关于秩序的基本论点。荀子的这个秩序内涵是权力政治，注重的是强制性的认同。"

④ 李向平（2006：187）分析道，为了解决这个复杂的供给垄断与供求约束关系，"文献记载，'君，神之主也'；同时也强调，'民，神之主也。'进而主张，'夫民，神之主也，是以圣王先成民而后致力于神。'这就构成了一种神与君、君与民、神圣资源与权力资本的复杂关系，它将随着王者受命或革命的状态而不断变动"。

⑤ 李向平（2006：385）认为："至于道，需要强调指出的是，它不是天道，而是人道。"

上,"在儒家以前,天是某个能赏善罚恶、有无上权威又神乎其神的客体。后来儒家才隐约发现,这样的客体并不在天上,它就在人间,就在人的心中;它就是社会,就是人的社会性"(李向平,2006:391)。或者说,它就是公共经济体制得以运转的利他心,是集体主义的价值观,是利他心带来的强互惠!当然,"现实社会和现实的人,还不完全具备天的资格。儒家相信,自己的使命就在于使人得以成为完人,① 成为真正的社会人。它把这个使命托付给了天下认定的圣人,让圣人作为中国人的精神楷模"(李向平,2006:391)。

相反,作为一个对照,当代欧美学界以个人主义理论与自利的政治人假设为基础,学者们根本没有意识到供给决策者、供给执行者、消费者之间的差异与联系。一方面,民主与宪政都被他们当成对供给决策者进行限制的机制;另一方面,这些名实不符的机制又被精英群体所利用,以便为自己的小集体利益服务,供精英群体在内部显示公共产品偏好或利用第三方的无知或无参与权进行利益交易。这样的制度安排彻底阻断了弱势群体公共产品偏好显示的途径,也忽视了执行者与决策者的差异,因此才有了共产主义运动与无产阶级革命对个人主义与资本主义的反动。尽管以非付费人投票为间接手段的民意表达逐渐进入公共产品的交易机制,尽管19世纪中叶以后的欧洲政治中有了一点点多元公共产品协调机制的影子,但集体主义的价值观与社会主义的制度观始终未能在西方的学术界占有一席之地,对弱势群体救助的关注始终未能超过对市场经济发展条件的强调,以所有人为消费者的公共经济理论始终未能在西方经济学体系中得到充分的发展。

正是由于这些理论研究上的缺陷,关于如何从公共产品提供者的角度处理与需求者或消费者之间关系的问题一直没有得到很好的讨论,于是才有了发达国家内部持续的竞争与发达国家之间不断的战争,并且大多数无谓的斗争往往都是在资源供过于求的背景下发生的,从而使得自我标榜为资源配置学说的西方主流经济学在一次次危机面前、在女王的斥责声中、在国会的听证会上信誉扫地、尴尬至极。

---

① 天和完人都是指有足够利他心的人或圣人。

事实上，在现有的西方经济学体系中，经济学家根本无法想象，利益协调的难点不是虚心倾听对方，而是要在多元供给者与多元需求者构成的网络中去尽可能地寻求妥协方案。正是由于这个复杂的动态均衡很难实现，中国的古代圣贤老子才会感叹"治大国如烹小鲜"，一代先师孔子才会反复强调中庸之道的核心地位。确实，由于供给的产品只能是一个，公共产品必须由消费者共享，因此只是考虑到不同消费者的需求差异的协调，供给者就已经焦头烂额。因为需求差异既可能是贫富之间的差异，也可能是老少之间的不同，还有可能是纳税人与不纳税人之间的利益纠葛，更可能是精英与大众之间的认知差异。不理解这个公共产品需求方面的多元、多层结构，许多近代西方学者都试图寻求一个公意的公约数来简化处理，以便实现公共产品供求关系的均衡，从而诞生了人类历史上最大的学术误解与思想悲剧。

无论是卢梭、洛克与鲍桑葵，还是中国民国时期的学者与当代欧美的精英，都在寻找公意内涵与探索获得公意的机制或途径的过程中迷失了方向，从而滑向独裁与民主悖论的旋涡。以至于争论中会出现各种奇谈怪论："在《强力与自由政治》和《平民主义》这两篇文章中，李大钊分析了公意并不等同于多数人的意志。他认为，民治精神不在多数人的统治，而是看是否遵循普遍意志。普遍意志并非单独意志的相加，而是看是否'真以公共福利为目的之意志。'"（许纪霖，2017：181）但他没有意识到，是否真有此意志是不可知的，公共福利是不可测的。相反，一旦回归到公共经济学领域，一旦回到国家治理的范畴，不仅政府提供的公共产品的多少与绩效是可以测度的（宋丙涛、潘美薇，2019），而且不同的需求者需要的公共产品之间的替代与调整也是可以分析的。在公共经济学的范围内，所谓的公意、众意、民意，不过是不同类型的公共产品的需求偏好而已。我们只要设计不同类型（生存与发展）、不同层面（中央与地方）、不同时期（短期与长期）的公共产品偏好显示机制就行了（这个公共产品的偏好显示其实就是古代的天意认知与卢梭的公意识别，详见后文的分析），从而使独裁与民主的合成悖论迎刃而解。

当然，缺乏公共经济学常识、却又深受西方科学主义影响的西方学者与近代中国学者还混淆了供给者（包含决策者与执行者）与消费者的关系，总是将民主、民享、民治相提并论，甚至把它们的共存当作理想政体的标准。这些学者不知道的是，作为消费过程，公共产品就是让人民来共享的，民享是可能的，这是公共经济外部性特征的典型表现。但在一个文明社会里，供给只能是专业化社会分工之后一小部分人的职业性行为，因此民治是不可能的，或者说根本不是文明社会的应有之义。换句话说，民治实际上是一种人类文明的倒退，并会因为缺乏规模经济效益而导致公共经济效率的下降。

在中国的传统思想中，"君主、民享、吏治"是黄河文明中社会分工的基本原则，恰与欧洲的三分法"上帝、骑士、农民"类似。只不过，欧洲的体制因为作为决策者的上帝的不可证伪而缺乏效率、无法监督，因而带来了一千年的黑暗的中世纪。相反，中国在君主之上还有天命，并且明确指出天意即民意，打通了君主决策的判断依据是消费者的偏好与需求满足，在吏治过程中构建法制，奠定了黄河文明延续数千年的认知基础与制度基础。同样，意识到公共经济对大公无私的需求不可能在人性方面得到支持，于是，在吏治方面，中国的法制一直把"治人"作为核心（张庭、宋丙涛，2020）。而中世纪欧洲的贵族却始终是一个不受约束的执行者群体，根本无法保证其供给行为有效。

正是因为缺乏这些正确的认知，在近代西方的启蒙过程中，学者们提出的民治建议其实是一个倒退的主张，就像中国早期的"小国寡民"思想一样，是一种逃跑主义的无奈。事实上，"民治"意味着公共经济分工的消失，意味着人人参与执行，意味着社会退回到原始社会或前文明状态。中国先秦文献中，往往有"九黎乱德，民神杂糅""天人分裂""绝地天通"的讨论，其实这些都是在国家构建过程中，在由神学转入世俗理论之际，对社会分工特别是供给者与需求者是否分工的讨论。中国古人早就认识到缺乏社会分工的"民神杂糅"是"九黎乱德"的结果，是大公无私者缺乏的产物，也是文明倒退、社会凋敝的原因。确实，民治只有在前文明时代的"小国寡民"时代才有可能。在中国古代，只有观察到相互隔离、老死不相往来的小国寡民场景的第一个哲学家老子才会推崇民享民治的公共经济模式。相反，稍晚一点的中国学者都意识到，独立的乌托邦或鲁滨孙的孤岛是不可能存在的。

第一章 问题的性质与历史的价值

事实上，在黄河文明的成熟过程中，正是因为认识到文明的人类必须生活在复杂的、主体多元的经济共同体中，于是才有了大公与小公的区分，才有了复杂的诸子百家学说的出现。不过，为了将自己的讨论规范在公共经济范围之内，早期的学者将所有的公共产品供给者都尊称为"公"。不管是哪个层面、哪个规模量级的公共经济主体，其公共产品的供给者都被尊称为"某公"。不仅历史上一再出现各类公共经济体的领导人被叫做某公，比如"主公"、齐桓公、晋文公、秦穆公、宋襄公、周公，而且在民间，那些热衷于公益事业或公共经济活动的人，也被尊称为"张公""李公"。当然，由于他们都是公共经济的"职业"从事者与社会分工的当事人，因而就都构成了公共经济理论的讨论对象。相反，无论一个人多么有能力，只要他不从事公共经济活动，就不会成为经世济民学说的主角，更不会被尊称为"某公"。

此外，在这些分析的过程中，对于大多数人来说，特别是对于公共产品的消费者来说，经济行为的利己假设并没有变。但在公共产品的决策中，单个人的私心并不能成为决策的依据，分歧总在大公小公之间，或者说是在我公他公之间。在这样的背景下，仅仅以公的名义提出诉求（就像近代欧美学者那样），并不能自证合法性。特别是，以权谋公之所以也是有问题的，就在于赋予权力的群体那个"公"与所谋利益的那个"公"并不总是一致的。[①] 比如，对国有企业的老总而言，把钱揣进自己口袋里的以权谋私固然不对，但把钱财留在国企内部或分给职工的行为同样是有问题的。

因此，当王明珂（2013）在研究中注意到海外华人对自己身份的认知

[①] 在与芝加哥的方绍伟博士和西安交大的沈陆晓东博士讨论问题时，曾经讨论过一个问题：为什么那些国内的所谓自由派学者很愿意把自己标榜为"公共知识分子"？为什么这些所谓的公共知识分子喜欢"公共"这个词、却讨厌公有制和共产党？为什么这些人一边主张私有化，主张个体自由，骂"公"和"共"，一方面又自己把自己说成是"公共"的？理由或许有二。第一，他们在说假话。比如，曾有一个"学术大咖"一方面在讲台上大谈自由与自由市场；另一方面，一旦谈到其助手离开一事，却又大骂其助手没良心、不忠诚。可见，他们鼓吹的自由是自己的自由，是资本的自由，是大咖的自由，而不是人人都享有的自由，或者说他们并不真心喜欢自由市场，特别是对自己不利的自由市场。第二，公共经济的利益主体过于复杂，三人以上的群体皆为公共，他们只是为某一个群体的利益服务，但他们有意无意不加界定，听的人以为是自己这个群体，甚至误以为公共就是全体。

存在不一致时，①他实际上接触到了民族、国家与身份这些社会学概念的公共经济本质，认识到了不同的公共经济单位的存在及其与个人之间的利益关系纠葛。实际上，身份取舍的差异标志着不同公共经济体制的选择，而成为某个公共经济体制的一员就意味着要享受它所提供的公共产品。类似地，当干春松（2019）对近代以来的思想史进行梳理时，他注意到了西方军事与思想的冲击导致中国学者的彷徨与混乱，注意到了公共经济单位多元化带来的错乱认知与纠结心态。②为此，他努力回归传统学术思想的核心以便理解家国天下体系的多元化意义。他深知，"'天下为公'的目标""让仁爱观念具有超越个人和家庭局限的可能"。他强调，"如果我们转换一下视角，'公'和'私'之间的对立并非如此绝对，'公'和'私'之间因参照系的不同而转换。比如，相对于'家'，个人就属于'私'，而相对于'国'，'家'就是'私'"（干春松，2019）。因此，他意识到，中国的儒家思想很好地把基于血缘的亲情与基于社会的"天下为公"结合起来，进而构建了多元分层的公共经济体制来满足普通人的多样化需求。特别是，像库朗热③一样，干春松（2019）注意到，部落联盟的建立就是家庭共同体扩张之后凝聚力构建的努力过程，这是一个困难的飞跃过程。而儒家学说在汉代与皇权的合作成就了这个制度飞跃的奇迹：一方面构建了强制力的合法性；另一方面通过天道将消费者的约束力制度化。而近代以来的中国学者之所以困惑，就是因为他们在西方启蒙思想（特别是卢梭与洛克）的影响下混淆了供给者、执行者与消费者之间的区别，因而试图把仅适用于公

---

① 王明珂（2013：序论一）写道："在美国，两代之间对于中国人或华人认同的差异，经常是华裔家庭的梦魇。许多年长的华人始终难以明白，为何他们的子女要否认自己是'华人'。"相反，"在东南亚，虽然常受挫于自己的华裔身份，许多家庭坚持华人认同已有数百年历史——是什么力量使他们如此？"
② 中国近代以来的先进知识分子除了"认为儒家思想阻碍了中国的现代化进程"之外，"对传统儒家在'公'与'私'问题的理解也出现了巨大的冲突"（干春松，2019）。比如，梁启超就指责中国人没有国家的意识，缺乏公德意识，忽视了"家国天下"的超越性意义，只有孙中山意识到这是一种早熟的"国际主义意识"。
③ 库朗热（2006：118、121）认为："城邦是一种联合体"，"城邦所不是个体之间的结合，而是团体之间的结合。""古代民族建立正式社会的巨大困难，由此可想而知。"因此，"欲赋予他们某种共同的准则，在他们中间建立权威，使他们服从，令他们以理性取代情感，以公共理性取代个人动机，那必得有某种比自然力量更强大的力量，某种比私利更值得尊重的利益，某种比哲学理论更确定的认识，某种比契约更牢固的共识，这种东西须是在人心中根深蒂固的……那就是信仰。"

务员的儒家道德推广到全社会成员，把复杂的多元模式简化成非此即彼的二元对立模式。换句话说，中国古代文明中的家国天下多元设计，使得近代的知识分子面对西方文化传统中清晰界定国家与市场边界的努力时产生了困惑，忘记或误解了文明演化过程中那次质的飞跃的巨大意义。

确实，在近代西方的二元体系中，当涉及公共产品的决策时，他们总是把公共产品需求者假设为公共的对立面——个人进行分析，并以此建立了公共选择学派。然而，与市场交易模型不同的是，在公共产品的交易或博弈模型中，与供给者对立的"私心"或"消费者偏好"很可能并不只是一个人的"私心"，而是不同人的不同"私心"聚合成的小公——"公意"。并且，不同"公意"的"偏好"方向又有可能不一样，甚至还是截然相反的，于是公与私的对立与交易模型就只有纯粹的抽象意义。真正的具体决策过程，很可能表现为无数个"公意"与供给者统一"公心"的混战或多头博弈，均衡根本无法实现。当然，由于每一个"公意"都是供给者的决策依据，因此缺乏精英利他理论指导的"公意"之间的竞争并不会比个人私意之间的竞争更高尚。于是，布坎南假定的自私的决策者之间的"小公"无序竞争带来的只能是一次次的文明衰落与社会倒退。这正是古罗马文明衰落的理念方面的原因，也是近代欧洲遭遇战争悲剧的制度基础。

当然，尽管没有进行这些详细的分析，但近代西方学者还是意识到了公共经济的存在，甚至像中国古代的学者一样意识到了公与私的对立，尤其是意识到了供给者利他心的存在及其价值。遗憾的是，近代西方的学者使用了错误的概念来表达他们的认知，以至于得出了错误的结论，从而误导了新古典理论发展的方向。

确实，对供给者"公心"与消费者"公意"的误解构成了近代西方政治学与公共经济学发展的直接障碍。许纪霖（2017：182）指出："为什么公意这一观念得以如此迅速在中国流行？这乃是因为卢梭的公意/私意二分说与中国传统的公/私观念有相当的亲和性。"（许纪霖，2017：182）确实，在中国传统的思想体系中，也有"公""私"的概念，然而中国古人话语体系中的"公"与"私"却并不是卢梭话语体系中的"公意"与"私意"。在传统中国的学术体系中，"公"是指"公心"或利他心，是指某一个人对待外部利益的看法，是他不愿占有某个利益的主观意识的表达，是真实存在的心理状态，这是一个符合学术规范的概念。相反，卢梭的"公意"却试图代指公众的效用偏好或消费者对公共产品的需求偏好，由于这个概念所想要表达的对象——大家的需求偏好是不存在的，这个虚构的概念随后引起了一系列的混乱。

众所周知，不同人的效用偏好是无法加总的，因此卢梭的这个"公意"是一个没有意义的概念，或者说根本就不是一个概念。在现实世界中，真正存在的只是某一部分拥有相同"私意"的人的集合，该相同的"私意"或偏好有时就被称为该群体的"公意"。因为本质上不是"公意"，只是不同人的"私意"的集合，因此"公意"的提法就会带来误解。再加上，每个人的私意既是多变的，也是多元的，于是就会存在动态复杂的"私意"组合，不仅拥有相同"私意"的人群组合是经常变动的，而且同一个人的不同"私意"构成的不同"公意"之间也会相互矛盾。或者说，作为"公意"构成要件的同一个人的"私意"可能会相互冲突，从而让每一个人在面对供给者"公心"进行偏好表达时都会朝三暮四、进退两难。在这样的背景下去理解"公意"，去寻找大家共同接受的"公意"，就是一个不可能完成的任务，很难避免政客有意为之的"假托民意"。在这样的情况下使用"公意"的概念，不仅不可能增进我们对公共经济活动的认知，而且会因为其不可知、不可证伪而被别有用心（主要是私意）的人所利用，这正是该领域历经几百年而无法取得进展的主要原因。正因为如此，不仅现实中这样的问题没有得到很好的解决，甚至连问题的性质也没有得到很好的理解，以至于学者会发出这样的疑问："无论是美国道路还是法国道路，他们所面临的真正问题在于：如何从特殊的、异质的私意，走向普遍的、同质性的公意？"（许纪霖，2017：193）

事实上，正是由于认知上的错误，特别是对"公意"的无条件接受导致了民粹主义与军国主义的诞生与流行，并引发了两次世界大战的爆发。幸运的是，"欧洲惨绝人寰的悲剧，使得知识分子们如梦初醒，开始重新思考文明的趋向"（许纪霖，2017：237）。更为可喜的是，近代以来已经有不少中国的学者"与其说是从中国文明特殊性的角度，倒不如说是从整个人类和世界文明发展的视野，比较和思考中西文明的独特性，并通过调和与综合东西方文明以告别19世纪的旧文明，创造20世纪的新文明"（许纪霖，2017：244）。① 特别是，中国的学者已经意识到，"物种有物种的进化规律，文明有文明的进化规律，生存竞争是刚刚脱离禽兽世界的野蛮世界之道，而文明社会则以互助进化为发展之道"（许纪霖，2017：278）。并认为"古代儒家的世界大同理想"已经为人类文明的转型升级指明了方向，"世界大同的理想被重新赋予了现代秩序的正当性"（许纪霖，2017：279）。

总之，无论是天命、上帝还是议会决议，没有有效的公共产品提供，这个政治体制或国家就没有存在的价值，也就没有正当性。因此所谓的政治正当性、国家正当性，都是指这个公共经济组织或原则在提供公共产品方面的有效性或目的正义性。所谓的程序正义或天道天命，只是借助大众偏好或某个程序来确保公共产品供给绩效而已。如果不了解这个目的论意义，只是关注程序的理论模型，难免会被操弄程序的"小人"利用，并服务于自己的私利或小集团利益。至于权力的来源，如对上帝的崇拜、武力的威慑或理论的说服，同样也都只具有工具价值。相反，只有儒家的德性原则与目的导向才是文明的根基，它既可以让供给者通过天意（即民意）来了解公共产品需求的具体信息，比如公共产品需求的类型、结构与数量；也为供给者提供了行为动机，用利他道德或"公心"来确保供给者的行为方向，从而彻底解决外部性问题与搭便车困境。

四　构建制度与共享经济

毋庸置疑，所有进入文明社会的人类都生活在一个个的社会共同体（即公共经济体）之中，但社会共同体的具体形式千差万别。甚至可以说，即使家庭与国家是最具有普适性的共同体常见形式，但不同国家的具体组织方式也互不相同，而近代以来在欧洲出现的民族国家就是其中的一种特殊制度形式或临时性共同体。实际上，在人类文明的发展史上，不仅西亚的伊斯兰教文明与东亚的儒法文明很少有民族国家的特征，即使是南亚的印度文明也很难说是一个民族国家。确实，根据张凤阳等（2017）的研究，

---

① "五四知识分子不愧为轴心文明的子孙，他们的文明自觉，不是从狭隘的民族主义立场出发，不是以排除普世价值为前提，而是从普遍人性和全球利益的视野，重新思考中国和世界的文明前途，人类所能共享的好的价值、好的生活和好的制度"（许纪霖，2017：245）。

民族国家仅仅是近代欧洲在反抗宗教思想禁锢的过程中构建的一种"血缘共同体"。他们指出,"一个民族共同体无论规模有多大,都不可能涵盖全人类,所以,它在本质上是'有限的'",也是非普适性的。特别是,民族一词具有明显的血缘特征,因此它始终是一个非包容的、排他性的小众概念,这一概念与公共经济活动的非排他性共享特征并不吻合。

相反,虽然在中国早期国家构建过程中也有以血缘为基础的分封建制国家的痕迹,但鉴于大禹治水传说提供的共享公共利益的有用经验,天下大同理论与由近及远的禹贡体系完全与公共经济的非排他性共享特征相吻合。因此,中国古代文明对应的概念始终是"天下"共同体,黄河文明强调的始终是一种夏夷之辨价值观。从原则上讲,不仅黄河文明提供的公共经济利益完全可以让天下所有人共享,而且作为社会分工需要的供给执行者的人选,也并不局限于某个固定的家族或小群体,而完全可以由其他更有德(即供给的公共品符合消费者需求)的人来取代。[1]

实际上,正是由于拥有统一管理权的教皇体系未能提供以地域为基础的公共产品,近代欧洲各国才会在国家与宗教的对立中毅然决然地选择了民族国家。但这个过于强调血缘特征的民族国家,却在反抗宗教的过程中将"孩子"(跨血缘普适性)与"洗澡水"一起倒掉了,从而在公共经济体制的普适性方面出现了倒退。[2] 于是,在近代欧洲,"一个个迅速成长的王国正在'撕裂帝国',而护持神圣普世秩序的信念亦随之让位给了诸多新的主权单元'保存其所在实体的民族热忱'。在取向上,这种热忱不是以帝国为载体的'天下主义',而是以王国为载体的'特殊主义'"(张凤阳等,2017)。作为一种新时代的象征,追求普适价值的基督教体制被解构了。相反,以血缘关系、地缘结构为基础的民族身份开始被强调,近代欧洲"文明"就是建立在这样的"血缘特殊性"基础之上的"阶段性文明"或初级文明。正是由于这个原因,一个颇具讽刺意义的场景出现了:源于犹太教

---

[1] 见雍正为自辩政权合法性而创作的《大义觉迷录》中的论述。
[2] 比如在英国,"莫尔的被控和处死象征着一个划时代翻转——基督徒身份的优先性被英格兰民族身份的优先性取代了。由此,'上帝的选民'不再意味着对特定族裔身份的'超越',反倒被用来论证特定民族身份的'优越'"(张凤阳等,2017)。类似地,在法国,随着民族国家的出现,法兰西史官也逐渐取代了教会作为编年史编纂者的地位,五国编年史也取代了教会编年史。

创世纪传说的诺亚方舟故事唤醒了欧洲人关于血缘族群的选择性记忆与优越性偏见,进而挑起了持续不断的民族冲突与国家战争,而它的"始作俑者"——犹太人首先成为欧洲近代民族主义浪潮中被排挤与迫害的对象。

很显然,构建公共经济制度所依据的理论体系对文明体制的选择具有至关重要的意义,① 诺亚方舟创世纪传说的封闭性合作机制与天主教上千年的腐败行为给欧洲的近代文明演化带来了灾难性影响。从公共经济的空间外部性特征来看,狭隘族群理论不仅塑造了国家治理无效的心理基础,而且成了人类最大的灾难——战争频发的理论根源。特别是,缺乏利益共享与制度包容的欧洲民族国家逐渐演变为族群生存竞争的工具,甚至还在生物进化论的支持下把竞争性生存策略视为人类社会的文明模式,以至于在生存资源早已远远超过人类生存需要的情况下,发达国家仍在为了没有意义的生产与市场指标而进行重商主义竞争,甚至不惜发动军国主义战争。

事实上,长期处于基督教神学窒息下、直到中世纪晚期才重新开始文明探索的欧洲人,混淆了文化、文明与民族国家的关系,误解了希腊文明与罗马帝国的价值与意义。② 对此,"钱穆先生指出,中华帝国与罗马帝国的扩张是不同的,罗马帝国是以军事为后盾向外扩张,但中华帝国却是以文化为中心将四边向内凝聚。'中国人常把民族消融在人类观念里面,也常把国家观念消融在天下或世界的观念里。'(钱穆:《中国文化史导论》,第23、132页。)"(许纪霖,2017:57)换句话说,以"劫富济贫"为理念基础的黄河文明是用规模经济效率实现公共经济内生性扩张的典型,它的外部性、共享性特征正是阿西莫格鲁所说的真正的开放性、包容性公共经济体制的特征,是一个只要愿意共享公共经济利益的群体都可以进入的、真正体现了普适价值的文明特征。正因为如此,这个表现为大一统与帝国形式的天下体系才会一再出现,反复成功,并成为东方文明的一种标志。

---

① 李大龙(2020)问道:"为何这些王朝的疆域被认为是中国疆域的组成部分?其内在逻辑是什么?"为什么不以北宋或元朝的疆域为准?对于这些问题的回答,他(李大龙,2020)说:"必须有中国特色疆域形成与发展理论的话语体系做学理支撑。"而这个理论体系就是以公共经济体制为基础的文明国家理论。
② "'民族国家'理论传入中国之后,一些学者试图在'汉族'的视阈下重新构建中国疆域叙述体系,但新建的叙述体系只是在原有叙述体系的基础上混入了'民族国家'概念,不但没有明显的突破,反而造成中国疆域问题研究领域的更加混乱。"(李大龙,2020)因为从文明国家向民族国家的转变,是一种倒退,是从领土国家退回到血缘国家。

甚至可以说，只有"古代中国的天下主义和夷夏之辨，提供了将普遍性融入特殊性、从本土文化上升为普世文明的智慧"（许纪霖，2017：73），只有黄河文明构建了将游牧民族"文明化"、将社会合作长期化的治理体制。正是因为有了这个经验，我们认为，只要我们把文明看作公共经济体制，特殊化约为普世的道路就是畅通的，而天下主义就是这样一种公共经济思想。"梁漱溟将之看作是一种'超国家主义'：'它不是国家至上，不是种族至上，而是文化至上。'"因此"在保国与保天下"的问题上，中国人认为，"'每个人要负责卫护的，既不是国家，亦不是种族，却是一种文化'。（梁漱溟：《中国文化要义》，《梁漱溟全集》第三卷，第162页。）"（许纪霖，2017：74-75）这个所谓的文化，其实就是一种救助弱势、劫富济贫的思想理念，就是一种经过历史验证了的、可以共享公共产品的、公共经济体制构建理论。很显然，这个允许公共产品利益共享的公共经济体制也是现代文明构建者追求的终极目标。

相反，掌握了话语权与枪杆子的近代欧美学者却试图在一个错误的基础上构建现代文明的大厦，以至于"当以上帝为核心的神学宇宙观瓦解、基督教共同体被颠覆之后，现代化的世俗生活需要想象一个新的共同体"时，他们在一个极端反宗教的背景下进行了新公共经济体制构建的尝试，其结果就是现代民族国家的诞生（许纪霖，2017：76）。确实，由于希腊的哲学只是一种理论空想，希腊的文明只是一种城邦层面的小规模初级族群文明，而罗马帝国的实践又缺乏必要的合法性理论，因此近代欧洲的精英们只能在一片思想的荒原上进行最原始的探索。于是，类似于中国先秦时期的欧洲"百家争鸣"的局面就出现了，从主张集权的马基雅维利、霍布斯，到推崇自由的卢梭、洛克，近代欧洲的学术繁荣正是以其充满苦难的、无序的社会现实背景为前提的。正是在这样的背景下，作为一种反对宗教共同体的有效尝试，类似于雅典城邦利益至上的"民族主义诞生了，民族国家替代传统的宗教、天下、王朝共同体，成为现代世界最普遍、最有效的共同体架构"（许纪霖，2017：77）。正是由于这个原因，并不令人奇怪的是，以血缘为基础的民族国家的尝试首先在距离教皇最远的英伦三岛取得了最明显的成功。而其成功的标志就是英国王室家族统治的"早熟"特征与稳定表现，就是以大纳税人机制为基础的英国近代公共经济体制的构建（宋丙涛，2015），该体制既拥有雅典城邦公民的合伙人利益共有理念，也拥有奥尔森提到的合伙抢劫海盗文化的"坐寇"特征。但该体制的致命缺陷是基督教鼓吹的利益共享普适性特征消失了，以邻为壑的小集团利益优先的行为原则埋下了劫贫济富的殖民主义的种子。并且，当相邻的欧洲各地区都建立了这样的竞争性公共经济体制时，各个民族国家之间爆发抢夺生存资源的战争就是不可避免的了。

事实上，公共经济利益本来就是没有边界的，或者说，一个没有边界要求的公共经济体制本来是符合公共经济的外部性特征的，关键是如何构建远近亲疏的利益分配与合作共享体制模式。因此，李向平（2006：240）意识到，"这是一个社会秩序的设计问题"。他（李向平，2006：241）强调"在新生的个体面前，社会秩序是一个外在于他们并早已确立的事实。'对于中国的文人士大夫而言，'天下'是一个模式，'国家'也是一个模式，并且都是高于个人的存在，都是外在于自己的历史的产物，都对个人存有各种价值标准"。① 而这个价值标准就是"大道之行也，天下为公"，就是夷夏之辨，就是作为公共产品供给者的君子的利他心。② 相反，如果我们只是局限在现代经济学的范式中进行分析，如果我们把产权技术视为人类文明的唯一标志，那么我们就会发现"在天下与国家之间缺乏一个清晰边界"。

因此，在传统的黄河文明中，家国天下是蕴含在天下体系之中的，③ 从而为摆脱了任何一种小公意义的普适性公共秩序的追求提供了可能的实现路径，以至于"天下一家者，本来是自然特征的宇宙观，却因为其独特的秩序意识而变成了中国人的国家观念。国家天下化，包含宗教和道德秩序，包含所有的人群"（李向平，2006：240）。于是华夏圣贤在模仿天地资源的共享特征的过程下构建了无边无界的天下理念与王朝体制。

---

① 根据库朗热（2006）的研究，古希腊文明的核心特征也是这个外在于个人的国家的存在。
② 在李向平（2006：242）的分析框架里，"这个'大同'的价值框架，是用修身、齐家、治国、平天下的功能主义逻辑来加以说明的，是一个逻辑紧扣着下一个逻辑的象征性交换关系结构，终止在平治天下的价值实现"。
③ 李向平（2006：237）指出："在天下主义的框架里，通过个人道德修养与王朝政治秩序的分离，将天下主义、天下大同的秩序追求及其意识形态的防御性，巧妙地转化成了个人对于德性、道德不朽及其价值符号内化的追求，同时也在个人的道德修养内涵之中渗透了道德公共的秩序要求，导致个人道德行为的公共主义形式。"

确实，在地中海文明的演化进程中，由于自然环境与生存条件的缘故，早期的利他精英更多地注意到了交换机制在公共经济活动中的支撑作用。① 但由于神的主导，该机制只是一个典型的公共产品单向交易机制，不仅公共产品消费者的偏好显示不在被考虑之列，而且消费者在供给者——神面前也没有讨价还价的机会。换句话说，这是一个公共产品供给者单方面指定的"格式合同"，公共产品的消费者只有绝对服从，才可能得到必需的公共产品，并且是否做到了绝对服从的话语权也掌握在供给者——神及其代言人手里。显然，这个人类早期被神圣化了的虚构"交易"本身，为3000多年后公共财政体制的出现提供了思想渊源，也为文明体制的程序公平偏好奠定了基础。或者说，传说中的"交易"本身已经为大规模的人类合作、为公共经济体制的欧洲变迁暗示了一种可能的发展方向。

然而，即使交易的思想早已出现，但正如库朗热（2006）与赫拉利（2017）反复强调的那样，地中海沿岸各文明的内涵仍是集体合作，而不是个人交易。② 以至于，为什么有些地方的人（比如古代中国）拥有更好的合作技巧，另一些地方（古希腊、古罗马）却在内部纷争中走向衰落，关键不在于市场交易的机制，而在于利他精英编造的合作机制赖以构建的"故事"以及以此为基础创建的思想体系。③ 确实，在人类创建文明、构建体制的过程中，理论认知、意识形态或思想理念在凝聚人心、保证合作成功方面的作用极为显著。赫拉利强调，作为理论认知的原始形式，神话传说在

---

① 对此，赫拉利（2017：84）写道："在传统诠释中，诺亚虽然奉命拯救整个生态系统，但目的是保护神和人类的共同利益"，在这个体系中，"非人类的生物本身并没有价值，它们为了人类的利益而存在"，或者说，它们只是人类族群追求自己公共经济利益的筹码，"因此，人类就这样自己谈成了一场'农业交易'。根据这项交易某种宇宙力量给了人类控制其他动物的权力，条件是人类要对神、自然以及动物本身履行某些义务"（赫拉利，2017：85-86）。

② 赫拉利（2017：119）写道："我们征服世界的关键因素，其实在于让许多人类团结起来的能力。如今人类完全主宰地球，并不是因为单个人比单个黑猩猩或狼更聪明，或是手指更灵巧，而是地球上只有智人这个物种能够大规模而灵活地合作。""历史已经提供充分证据，点出大规模合作的极端重要性。胜利几乎永远属于合作更顺畅的一方；这只不适用于人与动物的争斗，也适用于人与人之间的冲突。因此，罗马之所以征服希腊，不是因为罗马人的脑子更大或制造工具的技术更先进，而是因为他们的合作更有效"（赫拉利，2017：120）。

③ 比如和谐中庸与推理辩论，二者的优劣对比关系见第二章的分析。

保证合作顺利进行方面功不可没。① 对于部落社会集体行动中的共享习俗,② 现代经济学的个人主义方法与市场经济逻辑是无法解释的,于是人们不得不求助于社会学的方法与理论。③ 但实际上,合作的逻辑与基础恰恰在于公共经济的共享特征。因此,没有构建公共经济共享机制的部落或物种先后都消失了。

当然,对于那些文明演化进程中的人类祖先而言,没有这个理论认知的部落就不可能有这个共享机制的构建,人类文明的产生都是从对公共经济的认知开始的。而延续了四千年的黄河文明也正是从这个简单的公共利益共享认知开始的:"大兽归公,小禽私之。"④ 春秋诸子的公共经济思想只是对这个公共经济实践经验的总结与规范而已。确实,华夏大地上流传数千年的诗经与各种各样的神话传说,既是中国古人探索公共经济活动经验的总结,也是孔孟诸子构建经世济民理论体系的历史起点。⑤ 尽管希腊神话与传说也在讲述着非常类似的人类公共活动经验与教训,但希腊哲学家,

---

① 库朗热(2006:121)写道:"古代民族建立正式社会的巨大困难,由此可想而知。"因此,"欲赋予他们某种共同的准则,在他们中间建立权威,使他们服从,令他们以理性取代情感,以公共理性取代个人动机,那必得有某种比自然力量更强大的力量,某种比私利更值得尊重的利益,某种比哲学理论更确定的认识,某种比契约更牢固的共识,这种东西须是在人心中根深蒂固的。那就是信仰。……信仰是我们思想的产物,但我们不能随心所欲地处置它。它是我们的作品,对此我们并不知道,它出自于人,而我们却以它为神。它是我们自身力量的反映,但它却比我们更有威力。"因为它是经验的累积,因为它是想象的产物。"它要我们服从,我们就服从;它说你应当做,我们就照办。人固然可以降服自然,但却总是他自己思想的奴隶。"
② "观察现存的狩猎采集部落,结果同样支持这种观点……,如果猎人猎到一头肥鹿回来,每个人都会得到一份。"(赫拉利,2017:124-125)
③ 库朗热(2006:121)指出,"在古代人那里,宗教观念是社会发生与组织的力量",是强制力的来源。"据印度、希腊和伊特鲁利亚的传说,是神将社会的法律传授给了人。这种神话传说包含着一定的真理。社会法律是神的作为,但这个有力而慈悲的神,不过是人类自身的信仰而已。"
④ 《诗经·豳风·七月》。
⑤ 神话学家邓迪斯(2006)说,神话是最初的尝试经验,因为成功了才传承下来,因为有用才得以传播。J. W. 罗杰森认为,正是因为服务于公共利益,"除作为人类创造力的体现之外,神话还一直被视为社会的产物,它将共同价值和理想具体化"(邓迪斯,2006:83)。贝塔佐尼更是强调:"神话不是纯粹杜撰的产物,它不是虚构的无稽之谈,而是历史,它是'真实'的故事而不是'虚构'的故事。尽管"所有这些事件都发生在极为远古的时代,但现在生活的源头和基础都是由此而来的,整个社会的结构也是以此为基础的"。"神话是真实的历史,因为它是神圣的历史,这不仅取决于它的内容,而且取决于它具体发出的神圣力量。"(邓迪斯,2006:125)

特别是苏格拉底、亚里士多德等人因为辩论的偏好而把自己的关注点转向了物理关系与思辨逻辑，有意忽略了两河流域与埃及文明的公共经济实践经验（米罗普，2020），虽然奠定了科学的基础，却错过了以人文知识为基础的文明理论体系的发展机会。[①]

确实，人类早期神话中的人物往往是利他精英，是英雄，是强互惠的坚定执行者，是早期文明理论与实践的奠基者。关于中国古代文明蕴含的人类社会价值理念，许纪霖（2017：19-20）曾借用列文森的话指出："在古代中国，'早期的'国'是一个权力体，与此相比较，天下则是一个价值体'。作为价值体的天下，乃是一组体现了自然、社会和人类至真、至善、至美之道的价值，其体现在人间秩序上，便是一套文明的价值以及相应的典章制度。顾炎武有'亡国亡天下'之说：'易姓改号，谓之亡国。仁义充塞，而至于率兽食人，人将相食，谓之亡天下。'（顾炎武：《日知录》卷十三，《正始》）。"很显然，许纪霖强调的"国"与"天下"正是拥有崇高价值内涵的公共经济体制或人类文明理念。其中"国"是公共经济供给执行的主体或交易平台，是一个公共产品提供者的行为主体，"国"有边界。而天下则是"国"提供的公共产品的经济利益辐射范围，是使公共产品外部性得以共享的大公群体。在古代中国，无论是何民族，无论身居何处，只要认可了"天下"的价值观，就都是天下的一部分。因此，许纪霖的所谓"价值体"，其实就是公共产品供给者与需求者共有的关于供求关系的认知理念及其继承群体。

在这个中国古代文明的认知体系中，对拥有垄断强制力的公共产品供给者——"国"进行约束的行为规范来自公共产品消费者的偏好，并被称为道或天道。"天下之价值来自超越的天道，而从西周开始，天就被认为内在的具有德性，而天道与人道相同，天意通过民意而表达，天下也就因此拥有了既超越又世俗的伦理价值。"（许纪霖，2017：20）由于天道是约束国家作为公共产品供给者的供给行为的，因此作为公共产品的需求表达与效果判断的标准，天道只能来自作为消费者偏好表达的民意。

事实上，作为人类文明的早期探索形式，神话与宗教首先预制了公共

[①] 苏格拉底的学生色诺芬曾经沿着公共经济的道路进行了探索，却未被地中海沿岸的文明实践者所关注。（张今泽，2020）

经济必需的体制构件,[1] 而强制力正是其中"关键性一跃"的必要部件,[2] 当然,利他偏好培育同样是体制构建成功与否的关键步骤。事实上,尽管早期的政治精英都知道利他心与强制力的必要性,但一方面大多数的富人都无法理解利他心和自己利益的关系,另一方面利他心的存在又是解决公共经济外部性问题的必要前提,于是虚构宗教理论与心理强制力就成为早期人类精英探索公共经济制度的共同努力方向。[3] 换句话说,几乎所有的人类文明起源都是从宗教文化开始的,而几乎所有的宗教都主张用利他心去关爱弱势群体,用外在的神力来约束人类的行为。"三大一神教都具有阿摩司和以赛亚关心的平等与社会主义伦理精神。犹太人乃是古代世界中第一个建立社会福利系统的民族,这点让他们的异教徒邻邦感到欣羡"(阿姆斯特朗,2013:61)。然而,鉴于人所具有的动物本能,人类总是在灾难挑战面前才会接受制度创新,因此宗教文化同样是人类应对自然挑战努力的产物。

五 编撰历史与传承文化

事实上,在公共经济制度诞生的前社会状态,人和动物并没有本质的

---

[1] 库朗热(2006:155-156、165)指出:"在罗马与斯巴达或雅典一样,国家完全服从于宗教。"宗教才是公共经济体制的核心,所谓的国家是个工具性外壳。因此,古代的宗教不是理论,而是实践与制度。"古人的宗教则指礼节、仪式,外在的庆典形式。在古人那里,教义无足轻重,重要的是仪式,它是人人必须遵守的东西"因此,宗教就是行为规范,就是公共经济活动的规则,不需要理解,就像皇粮国税一样,执行就是。"人相信神是存在的","他们最大的忧惧,就是开罪于这些无形的神。""教政与政权的结合并没有令人惊奇之处,社会在最初时代都是如此,或因人类处于幼稚时代,他们只服从宗教或因人类的本性,他们只接受精神的支配。""宗教既管理政府、司法和战争,教士自然同时就是执政官、审判官和军队的统帅。亚里士多德说:'斯巴达王有三种职务:主持祭礼,指挥军队,审判罪人。'"

[2] 阿姆斯特朗(2013:36)早就注意到,神的出现与公共经济需要的利他精神与强制力的出现密切相关:"这些早期的神话故事显示出耶和华信仰从一开始便采取暴力镇压和否定他人信仰的手段",同时,"借着呼风唤雨,耶和华取代了暴风之神巴力,并且证明他滋养大地的本事和战争一样"。

[3] 阿姆斯特朗(2013:54)写道:"先知的特质不在于神秘的启迪,而在于服从"。"先知们发现慈爱才是他们最重要的职责,这个认识逐渐成为轴心时代宗教的主要特色。"(阿姆斯特朗,2013:56)而库朗热(2006:211、156)认为,"城邦根据宗教而建立","在这种原则上建立起来的社会,个人自由是不存在的"。"公民在一切事上都须服从城邦。公民完全地属于城邦。""宗教对人来说是一种可见的物质关系,是控制人的链条。人类出现后,就被统治在宗教之下。"

区别，特别是和群居的食草动物并没有本质的区别。如何用集体行动的方式来适应不同的环境并确保种群生存延续下来始终是人类和其他食草动物一样的首要群体行为目标。当然，各个动物种群适应环境的能力主要依赖于凝聚在基因密码上的经验积累。但正如李建德（2019）所强调的那样，适应性是人类社会演化的核心概念，由于基因传承难以适应环境条件的迅速变化（黄凯南，2006、2008），因此很多个体生存能力卓越的物种先后灭绝了，只有那些群体适应能力强的物种才保留下来。而人类就是个体基因并不具有先天生存优势的物种之一，人类不仅演化出群体适应能力，而且通过知识积累与制度构建的方式创造了一种文化基因。于是制度变迁与文化积累逐渐成为人类弥补个体基因缺陷（Arrunada, 2008）的一种后天群体优势，从而提高了人类的生存适应能力（李建德，2019），作为文明之源的神话传说与宗教传统正是这样一种文化构建的结果。[1] 很显然，在人类社会的发展过程中，随着文化的繁荣，自私基因的作用逐渐被利他道德的影响抑制了。[2] 再加上，"文化演化不受世代生命长短的限制，因此演化速率远较基因演化为快"。[3] 因此人类的社会性才得以延续，奇妙的文明才得以诞生。

我们认为，文明的产生是人类社会理性演化的结果。事实上，由于没有利他文化的群体都消失了，因此我们观察到的群体的精英才都具有足够的道德与动机去构造传播利他文化。而文明延续的正能量特征又进一步确保了利他偏好的延续（如社会压力下的投票行为），于是，利他文化演化就

---

[1] 埃力克（2014：6）认为："文化变迁对人性的影响是人类独有的，其重要性不亚于来自祖先代代相传的遗传信息。我们所有共享的文化是无法遗传的，例如社会习俗、信仰、制度、艺术等等。"

[2] 埃力克（2014：36）写道："有时很难了解天择到底是如何让我们形成某些特质，其中最棘手的问题就是了解无私的行为与假想的自私的基因之间的关系。假如天择让人类演化成比别人更会繁殖，以延续个人特质，那我们又如何说明利他行为的演化呢？""人的'自私'基因怎么可能让它发生？利他行为起源的问题是研究社会性生命体行为的重要一环，常引起讨论，特别是人类，由此可见大家对天择如何运作的意见多么复杂与分歧。"

[3] 埃力克（2014：59）指出："文化是非基因（外基因）信息，存在于故事、歌谣、工具、习俗、道德、艺术品、口述历史、书籍、电视节目、计算机数据库、卫星影像、电子显微照片等等。""如此大量的外基因信息之演化——文化演化，使人类与众不同，文化演化的基础是基因演化，尤其是脑与舌的演化，但自此之后文化演化的速率却是快如闪电。这样快速的演化使得人类族群的文化（非基因）分化速率远超过任何迈尔过程的分化速率。"

逐渐战胜了自私基因的演化，人类才成为万物之王，文明才成为人类社会的历史现象。当然，在这个过程中，文化演化的另一个特点也并非无关紧要，"文化演化也可以传递后天获得的特征"（埃力克，2014：60），甚至可以反哺文化母体，这使得文化传播的累积性特征更为明显，不仅传播的速度很快，而且传播的内容更多。特别是，在文化传播的过程中，人类发明了更为有效的传播工具——文字，从而使得文化传播更为准确有效。文字的出现是一个文明演化与社会演化的分水岭，文字使文化演化的累积性更为便捷可靠，历史从此取代了神话传说，法律从此替代了宗教信仰，文明逐渐升级了文化。[①]

确实，在所有延续下来的文化特征中，利他偏好是其中最为关键的内涵，[②] 正是利他偏好奠定了文明演化与社会演化的基石。关于优秀传统文化的利他主义内涵，郑也夫（2015：3）曾指出："绝大多数人都会同意，后天的影响在某种程度造成了人类行为的变化"，他反问那些新古典学者道，"假如（人类）本性利己，为什么在现实中其行为呈现出几种利他的特征"？何况，不仅是人类，实际上几乎所有拥有生存优势的群居动物都演化出了一定的利他心。不过，只有人类是通过基因之外的文化传承的形式来传承利他道德、实现社会演化目的的。或者说，对人类来说，利他心是自然演化（基因）与社会驯化（文化）共同作用的结果，因而应该被称作社会演化，并因其跨血缘传播而更为有效。当然，对群内利他（这是迄今为止仍在起作用的利他活动的主要类型）来说，文化本身就是一个工具，它可以使利他文化在群内保留下来。而对群外利他的扩展来说，一种更为高级的人类文化形式就是必需的，它需要更为复杂的知识体系（哲学）与传播形式（教育）的结合才能成功，因而是人类文明演化进程中的一个小概率事件。因此，郑也夫（2015：46－47）指出，由内向外的群体利他是亲缘利

---

① 埃力克（2014：254）意识到，文字还可以保留公共经济制度："威尔斯美妙地简述文字所扮演的角色：'文字把协议、法律和戒律记录下来，它使得一个国家能够比旧城邦成长得更壮大，也使得历史意识能够连贯。'"

② 埃力克（2014：298）指出："同理心和利他行为常在施惠者不可能得到回报的情况下发生，的确，谨慎的心理实验指出，许多人类的援助行为，跟实际繁殖层面或希望得到其他回报无关。心理学家贝森与同事的研究显示，援助的终极目标可以单纯地只是要改善他人的福利，无关任何施惠者实质上、社会上，或心理上的回报，甚至不是为了行善的乐趣。也就是说，世界上有纯粹利他的行为存在，而且就我们所知，只有人类才有这种行为。"

他的一种社会扩展形式,扩展的远近及其脱离血缘关系的程度则是文明演化进程的标志。而柏拉图和孔子创建的教育体系、他们分别构建的"金人银人铜人"和"君君臣臣父父子子"的社会体系与家国伦理道德大概就是这样的一个利他文化扩展的高级尝试。

毋庸置疑,基因或亲缘利他是所有群居动物的生存基础,是群内利他的主要表现形式,而只有非亲缘社会利他文化的产生才是人类文明产生的条件。因此,尽管人类的基因属性或许处在靠近自私动物性的一端,但人类的社会属性在文化制度或强互惠的作用下,超越了所有的群居动物,位居最靠近利他社会性的一端。正如郑也夫(2015:53-54)所说,"作为合作性动物,因人类不具备蜜蜂和蚂蚁那样顽固不化的合作基础,他就必须在更大程度上依赖其他类型的利他作其合作的基础。互惠利他正是这样的东西(威尔逊,1978:第七章)"之一,而人类社会的利他道德正是确保利他合作的工具性制度之一。关于人类社会性的文化属性,"迈尔对此作出这样的解释,人类的文化群体是生物的世界中唯一的成为选择对象的群体,原因是它通过文化手段对群体内的行为实行了奖惩,抑制了极端自私的行为"。而郑也夫也通过博伊德(Robert Boyd)的实验成果强调了报复与惩罚背叛的社会性文化的重要性,即有责任的精英会通过强互惠式报复或惩罚背叛者来强化社会利他文化的传播。

而关于中国古代文明构建过程中的社会性利他文化的诞生过程,我们可以从诸子百家学说的内涵中略窥一斑。比如,郑也夫(2015:58)指出:"置身于'春秋无义战'的孔子、孟子,不可能天真到对'恶'视而不见。相反,他们对'恶'的了解比我们深且广,从'恶'出发展开他们的说教更容易,而他们知难而上,选择了从'善'出发。"因为从善出发是引导、是教化、是社会性利他文化的构建,而从恶出发是阻止、是制裁、是个体性私利的界定。[1] 这正是孔子、柏拉图教育理念、各类早期哲学家的哲学思想与今天的文艺作品主题始终坚持正能量的真正原因。正如郑也夫(2015:58)所解释的那样:"他们为性善奠基,一方面是因为他们对人性有信心,另一方面是因为他们怀抱的是'治国平天下'的雄心,他们是知行合一的

---

[1] 现代经济学与古希腊的修昔底德的做法,甚至是以科学实证为由进行传播与教唆。(哈蒙德,2016;熊金武,2019)

伟人，他们有超凡的洞见，却不是沉溺于认识论的智者，不必在乎立论所面临的反例"，也不必在乎理想有时会缺乏现实的可操作条件。

当然，更为重要的是，诸子百家都推崇性善论，是因为他们依据的哲学基础是以目的论为基础的人文知识体系，而不是以实证总结为基础的科学知识体系。在这个哲学体系中，人们试图通过自己构建的社会性利他文化（即赫拉利所说的"编故事"）来影响更多的精英成为利他的精英，来改造人类的生物性以产生更多的社会性，从而为人类文明的演化奠定基础。事实上，作为最杰出的哲学家，孔子－孟子非常清楚人与人的不同，也深知人类社会与文明体制也应该允许不同类型的人存在，但他们的理想是用教育来改变人的自私性、用分工把这些离散的人组织起来，他们的目标是构建以社会性利他文化为基础的文明体制。因此，他们会在精英平民区别对待的基础上，对精英的利他要求制定更高的标准，"君君臣臣父父子子"就是建立在精英利他服务社会发展的基础之上的社会分工原则。而"穷则独善其身，达则兼济天下"的原则更是为不同时期、不同条件下的精英利他行为制定的更有针对性的行为规范。总之，传统儒家思想中的性善论既是试图对精英利他偏好进行社会引导的思想改造理论，也是希望用社会文化来增加利他倾向的君子行动策略，更是为社会精英的"强互惠"行为提供技术指导的制度构建原则。

关于社会性利他文化对于人类文明演化的意义，郑也夫（2015：59）还在达尔文的笔记中找到了相关的证据。郑也夫认为，尽管没有下肯定的结论，但达尔文在笔记中提出了"社会本能"的概念，以便缓解他提出的自私本性的不利影响。[①] 确实，人类的社会性很难说是一种本能，但人类天生就具有社会性已经在心理学家的研究中得到了某些验证。[②] 当然，根据我们的观察也可以发现，一个人的社会性偏好与他的生存能力往往呈现一定的负相关关系：个人的生存能力越弱，社会性越强；相反，个人的生存能

[①] "达尔文说：'首先，社会本能使得一个动物在过群居生活时感到愉快。'这种本能就是愿意走近他人、愿意与他人结伴、交友、交流、交换……他愿意这么做是发乎内心的，不由自主的，非如此不快活的。"（郑也夫，2015：66）
[②] 见加州学者关于婴儿选择愿意帮助别人的布娃娃的实验。当然，一个婴儿选择愿意帮助另一个布娃娃的布娃娃，表明这个婴儿有社会性或合作偏好，但不能作为他/她本人善或有利他偏好的证据，因为合作偏好是自私基因进化的有利于自己生存的选择。

力越强，社会性就越弱。因此，所谓的社会性很可能既是生存压力的结果，也是利他文化影响的产物，是人类在生存中对群体依赖程度的社会化反应。正是因为这个原因，我们认为，郑也夫或许误解了人类个性与人类社会性之间冲突的性质。[①] 因为个体与集体之间的冲突实际上是生存抉择中的两难，是个人生存目标与集体生存目标的冲突，或者说是短期利益与长期利益的冲突，而不是自己与自己本能的冲突。当然，解决冲突的办法，是构建处理人与人各种利益关系的社会制度，而制度成功的前提则是构建制度的精英拥有关心弱势群体、关注长期利益的利他社会性。当然，一旦社会性利他文化形成了，它就会对自私的基因演化产生抑制作用。[②] 或者说，一旦有了好的文化，基因演化的重要性就会大大下降，从而受到抑制。很显然，没有文化、没有社会、没有合作，人类在生存竞争中就没有任何优势。但有了文化之后，人类的基因演化就出现了停滞，甚至会在某些方面出现倒退。这或许也是人类社会制度变迁与自身基因演化的基本规律。类似地，一旦在应对挑战的过程中构建了一个好的制度，其他方面的制度变迁就是不必要的，或者说会受到抑制。中国古代文明演化过程中的帝制是如此，今天的英美宪政也是如此，旧制度在应对旧问题时的成功会抑制它在面临新问题时构建新制度的创新能力。

关于社会性文化传承的技术手段，前面我们已经提到了文字的作用。正是文字的发明使得人类获得了类似基因的信息复制能力，[③] 而印刷术与互联网的出现更使得社会性文化的复制与传承效率超越基因成为可能。正是依赖于文字的发明、印刷技术的改进与互联网技术的突破，精英利他的社会文化与人类社会的合作技巧才得以传承下来。但也正是由于这个原因，文字的出现一方面在某些地区成就了文明的延续与复兴，另一方面也在其

---

① 比如，当他（郑也夫，2015：67）说"我们常常将自己面临的困惑归结为文化与本能的冲突，很多时候其实是只看到事情的表面，真正发生的是本能与本能的冲突，是生存中的两难"时，他可能混淆了两个概念的性质。
② 郑也夫（2015：124）提到了社会文化对人类基因演化的抑制作用："人类学家认为，我们找不到过去十万年来人类体型和大脑变化的证据。而这在生物的世界中恰恰是正常的，即成功地适应环境后，将发生的正是停滞，而不是持续的变化或进化。"
③ 郑也夫（2015：129）指出："生物进化所以依据并集中体现于基因，在于基因有一个伟大的功能——复制。文化若企图在一定程度上取代基因，它就必须有另一套突变和复制某种特征的能力。"

他地区摧毁了文明的根基——神话、信仰与宗教,并使教条主义成为人类文明的痼疾与毒瘤,从而使得文明的转型更为困难。[①] 印刷技术与自媒体时代的到来,在增加文化多样性的同时,也使得利他精英与利己精英的文化影响力纠结在一起,加大了文化退化的风险与文明演化的困难。很显然,教条主义的痼疾与传播技术的创新,既会加快新思想产生的速度,也会固化旧思想的韧性。

例如,正是为了传承先祖们的治国理政经验,从东周开始,一卷卷经史子集就开始被固定下来了,成为经典,贵族们从小就开始唱诗诵经,准确记忆这些"历史经验",它们逐渐成为传统王朝治国理政的教条。毋庸置疑,《尚书》之后的书面化传承方式,意味着文本替代了诗歌的功能,虽然使知识的传递更为精确,但也使得创新更为困难,特别是使得"具体问题具体分析"几乎变得不可能。正是拜文字所赐,我们今天仍能看到《尚书》中的治国经验,但也是拜文字所累,一代代的腐儒庸师阻塞了多少个新的治国经验的诞生。不过,从文明演化的绩效来看,文字的贡献仍然是利大于弊,因此文字对文明的贡献无论如何是不能磨灭的。特别是,读书与写书不仅成为人类文明史中最为重要的公共经济活动之一,而且它也使得跨越时空的生存经验交流成为可能。同时,也正是因为书中记载的历史经验可以被后人反复地验证与借鉴,因此经典著作——《圣经》、《古兰经》、"四书五经"等才会被后人尊崇、背诵、传播与解读。也正是因为这些经典所带来的经验屡试不爽,所以才会有不同地域的人们在遇到一个巨大的挑战与问题时,第一个想到的解决办法就是重读经典或托古改制。中国文化的精髓——孔孟之道是诉诸复古、恢复旧制,而当欧洲面临中世纪后期的无所适从时,那里的精英也是从古罗马、古希腊的历史故纸堆中去寻找答案。但不管是孔孟的黄金古代与克己复礼,还是欧洲中世纪的文艺复兴与希腊回归,其想要实现的都是如何用旧的经典来解决当下面临着的新问题,用传统的社会性利他文化来服务当下人的公共经济需求。

然而,在这个过程中,面临着社会规模扩张带来的新要求,以血缘利

[①] 巴伦认识到,"文字的发明给神话带来了浩劫。因为,它使神话的内容在某种程度上永远固定下来成为可能"(转引自邓迪斯,2006:272),或者说,虽然它使历史经验的记录更为准确,但也使后来的人们根据所面对的问题的需要进行调整更为困难。

他为出发点的社会性利他文化很快就遇到了一个巨大的挑战：如何跨越血缘利他的藩篱，充分实现公共经济空间外部性特征带来的利益共享？

确实，"从血缘迈向地缘，是人类的社会关系不断扩展，走向复杂化的一个最重要的里程碑"（郑也夫，2015：263）。但地缘化是一个漫长的转型过程，正如裴安平（2019：309、254）所指出的那样："所谓早期国家，实际就是由不同血缘的聚落组织相互在利益的基础上结成的同盟。""夏商周的国体虽然已经地缘化，但政体却还是血缘化的，基层组织还是血缘化的。""聚落群聚形态的研究也表明，整个殷墟就是一个以血缘为纽带的聚落集团，下属的109个'族邑'聚落遗址又都分别近距离相聚为聚落群和聚落群团。""世工世族"是以血缘为基础的社会分工的基本格局，也构成了部落联盟与城邦联盟社会难以前进至社会性利他结构的障碍。因此，尽管血缘利他是社会性利他文化的早期渊源，但以普适性利他为基础的社会性利他文化才是人类文明的基石，中国的儒法国家与西方的一神宗教正是这种普适性利他文化演化的两个方向。不幸的是，基督教的发展突破了血缘利他的限制，却没有构建地缘组织的框架，欧洲人不得不在"黑暗的"中世纪与宗教圣光中挣扎徘徊。

事实上，人类的普适性利他文化，几乎都是从神话与宗教开始的。在谈到文字与神话的出现时，赫拉利首先提到了精英们无中生有的创造力的关键性作用，[①] 他（赫拉利，2014：34）写道："通过文字创造出想象的现实，就能让大批互不相识的人有效合作，而且效果还不止于此。正由于大规模的人类合作是以虚构的故事作为基础，只要改变所讲的故事，就能改变人类合作的方式。"换句话说，正是以新故事的构建为基础，"智人就能依据不断变化的需求迅速调整行为。这等于开启了一条采用了'文化演化'的快速道路，而不再停留在'基因演化'这条总是堵车的道路上。走上这条快速道路之后，智人合作的能力一日千里，很快就远远甩掉了其他所有人类和动物物种"。然而，文字的出现特别是印刷术的改进也使得许多虚构

---

① 赫拉利（2014：24-25）认为认知革命的核心是想象力，语言与文字的存在只是帮助我们储存想象力构建的故事。他写道："智人主要是一种社会性的动物"，"智人也能够发展出更紧密、更复杂的合作形式。"

的故事成为了"历史",① 但不明就里的历史学家对真实性的苛求使得新故事的出现与新文化的诞生节奏在一阵狂奔之后陷入了长期的停顿与徘徊。

尽管赫拉利（2014：102）指出，由于文字的出现，由于人类的想象力，数千年前的各个地区都出现了文明的"星星之火",② 但可以燎原的文明并没有成为一个人类社会的普遍现象。正如赫拉利（2014：106-107）所说，无论是《独立宣言》，还是《圣经》，这些都是人类虚构的故事，都是制度创新的基础。但不是所有的新故事都有利于公共经济制度的创新，不是所有的制度创新都是有利于推进普适性利他文化创建的。确实，尽管"这种由想象所建构的秩序绝非邪恶的阴谋或是无用的空谈，而是唯一能让大群人类合作的救命仙丹"（赫拉利，2014：108），但无数先贤圣哲炼出的"救命仙丹"都没有在非血缘利他文化创新方面有所突破，进而也就无法在消融种群矛盾方面有所进展，当然也就无法救命，甚至还会像"民族国家理论"那样害了许多人的卿卿性命。正是在这些错误的竞争理论与族群理论误导下，现代人类在资源早已超过了生存需求的背景下，仍无法构建一个和谐相处的人类命运共同体。很显然，在一个历史更为"真实"、交往更为密切、关系更为复杂的当代世界，编写一个有利于利他文化传播的新故事、新理论的任务仍然任重而道远。

正是在这个意义上，正是在人类文明转型的迫切需要下，蒙蒂菲奥里（2015）指出，历史的真相本身并不重要，历史思考与历史写作才更为重要。换句话说，作为社会文化的重要组成部分与传承工具，"历史"的价值

---

① 米罗普（2020）对泥板文字作用的研究发现，文字的书写方式也是创新的来源。
② 赫拉利（2014：102）写道："虽然人类的基因演化仍然一如既往慢如蜗牛，但人类的想象力却是极速奔驰，建立起了地球上前所未有的大型合作网络。"文明的演化就是这个文化演化过程的自然结果："在大约公元前 8500 年，全球最大的聚落大概就是像杰里科这样的村落，大概有几百个村民。而到了公元前 7000 年，位于今日土耳其的加泰土丘（Catal Höyük）城镇大约有 5000 到 10000 人，很可能是当时世界上最大的聚落。再到了公元前 5 世纪到公元前 4 世纪，肥沃月湾（Fertile Crescent）一带已经有了许多人口达万人的城市，而且各自掌理着许多附近的小村庄。在公元前 3100 年，整个下尼罗河谷统一，成为史上第一个埃及王朝，法老王统治的领土有数千平方公里，人民达数十万。大约在公元前 2250 年，萨尔贡大帝（Sargon the Great）建立起第一个帝国：阿卡德帝国，号称拥有超过 100 万的子民，常备军队达 5400 人。在公元前 1000 年到公元前 500 年之间，在中东开始出现大型帝国：亚述帝国、巴比伦帝国和波斯帝国。这些帝国统治人数达数百万，军队人数也有上万人。到了公元 1 年，古罗马统一了整个地中海地区，纳税人口达 1 亿。有了这些钱，古罗马得以维持人数达 25 万到 50 万的常备军。"

不在于真实，而在于用虚构的故事去影响后世、影响未来，去传递更为普适的利他社会文化，去构建人类命运共同体。这或许就是《圣经》《尚书》等并不真实的"史书"存在的理论意义与现实价值。正如蒙蒂菲奥里（2015：前言，10）所说："尽管《圣经》主要不是作为历史来书写的，但它仍是我用来讲述这个故事的历史来源。"犹太人逃生的历史过程乏善可陈，但他们讲故事的能力或想象的能力才是关键，而正是靠这个能力，用几个拼凑的历史故事把整个西方世界组织在一起，在两千多年的时间里维持了西半球文明的火种与种群的延续。类似地，这个道理也可以用来解释中国古代不断出现的各种经典注释与古书伪造现象，因为这些伪书的出现正是各代圣贤构建新文化、增加新故事、重塑社会性的创新尝试。①

但具有讽刺意味的是，不仅当代的大多数历史学家认为自己的任务是"求真"，而且越来越多的哲学家也放弃了想象的能力而投身到"求真"的洪流中去。更具讽刺意味的是，自从印刷术出现以来，像圣彼得、圣保罗那样随心所欲地"修改"《圣经》、像孔子的学生那样根据当下的思考来编撰《论语》的机会越来越少了，历史"真相"的追求与传播阻碍了历史的进一步发展，任何一种新故事新理论的出现都更加困难了。新的故事编撰者，不仅要与传承得越来越准确的古人经典相竞争，而且还要征服越来越多的当代"求真者"。

确实，历史真相与历史经验是重要的，但用历史经验服务现实问题的人类思考或许更为重要。同样，能够帮我们传递故事信息的工具——诗歌、文字、书本或网络是重要的，但对急需构建新型公共经济体制的当代人来说，虚构故事的能力很可能更为重要。② 面对迫在眉睫的危机，《旧约》中的故事或许不是历史，但这个虚构的故事使犹太人完成了集体行动、服从指挥的任务，达成了种群生存的目标。类似地，战国时代的中国学者未必

---

① 同样《圣经》"这部跨越许多年代、经由众人之手编写的神圣著作包括一些可考证的历史事实、一些不可考证的神话故事、一些无限美好的诗歌，……它的大部分内容不是叙述历史事件，而是揭示更高的真理——一个民族和他们的上帝的关系"（蒙蒂菲奥里，2015：18）。

② 蒙蒂菲奥里（2015：20）写道："对自己的上帝——雅卫——的崇拜将以色列人团结在一起——他们在一座可移动的圣殿里敬拜上帝，圣殿是一个供有神圣木匣的帐篷，此木匣以'约柜'著称。"确实，为了生存而团结，为了集体行动而虚构权力是人类社会早期的主要任务，"面对亡国灭种的危险，希望'和其他民族一样'的以色列人决定推选一个由上帝选择的王"（蒙蒂菲奥里，2015：23）。

尊重历史的真实性，他们的"伪造""编撰"也增加了我们今天认知夏商周三代史实的难度，但他们编撰《尚书》、删减《诗经》的成果却成了秦汉精英治理国家、传承文明的理论依据与制度基础。

确实，在自然科学的领域中，研究者倾向于获得绝对的真知、构建一个可以推广的模型。可是，在人文思想领域，思想一旦成了知识，知识一旦形成了模型，思想就消失了，这是人文知识体系的悖论，也是人类文明演化的悖论。历史一再表明，宗教、哲学与道德都在努力引导精英利他，可一旦利他文化成为制度，制度就会成为精英们操控的利己工具。正是为了解决这个难题，柏拉图才会试图消灭家庭，老子才会试图放弃国家，佛陀才会想要放弃组织，僧侣才会想要放弃繁衍后代。但思想与制度的悖论从未被打破。休斯顿·史密斯（2013：55-57）指出，制度化的悲剧在印度的种姓安排方面表现最为突出。种姓原本是一个社会分工的方式，就像其他文明的封建贵族制度一样，是效率提升的工具，可一旦制度化就逐渐变成公共经济体制进一步改善的障碍。印度的婆罗门（也称"见者"），本来是选拔培育利他精英的手段，就像柏拉图对哲学家、孔子对君子的制度安排，但制度化后的见者就像天主教的主教们一样很快就堕落为只求获得利益不求付出的利益既得者群体。休斯顿·史密斯（2013：84-85）认为，正是为了解决婆罗门教、印度教僵化的社会分工模式，释迦牟尼才创立了佛教，但拒绝制度化的佛教无法在传承方面获得成功，以致佛教早就在其起源地印度消失了。人类文明的演化悖论，就像自私的人性一样顽强地"阻碍"着文明演化的进程。

第二章 动态多元方法与集体合作理论

文明演化的研究曾经吸引了无数学者的关注，然而，一个能解释文明演化规律的理论却一直没有出现。历史学长期停留在对历史事件进行描述性记录的阶段（North，Thomas，1970），马克思的唯物史观构建了历史发展的动力机制，并使技术决定论成了文明演化研究的主流，但马克思对黄河文明演化过程的特殊性却语焉不详，以至于新制度经济学的发展使之遭遇了前所未有的挑战。制度变迁理论（诺斯、托马斯，1999；拉坦，1994）奠定了新制度经济学的基础，并用新古典模型来解释诱致性微观经济制度变迁，却无法解释强制性的公共经济制度变迁，特别是它不能用利益关系与动力理论来解释市场制度与国家制度的出现（爱泼斯坦，2011；宋丙涛，2015；李建德，2019）。

很显然，为了得到一个文明演化的理论，我们必须把尽可能多的人类文明都纳入我们的研究视野之中，换句话说，我们必须像 Henrich et al. (2001) 的拓展性实验所尝试的那样把农耕文明、工业文明，甚至是把那些仍处于渔猎、游牧与丛林之中的前文明社会中的人与制度也作为我们的研究对象或素材。确实，要想得到一个尽可能普遍的普适性理论，我们就需要分析尽可能多的人类文明类型与进行尽可能多的制度构建尝试，并把影响各个文明模式生成的外部环境条件也纳入我们的研究范围。[①]

众所周知，大多数急功近利的经济学家不屑于做这样长期的制度变迁研究。然而，不幸的是，当下的历史学、考古学研究也同样无法为文明演

[①] 因为"从发生学的角度上讲，文化生成必定受制于自然环境，亦即在原初的状态中自然环境可能是唯一的解释参数（或外生变量）"（黄凯南，2006）。只不过，这个外生的环境在人类处于相互隔绝的早期仅仅限于自然环境，等到人口的增加使人与人的交往特别是人与人的资源竞争不可避免时，这个外生的环境已逐渐演变为更加凶险的人和人竞争的地缘政治环境。

化的研究提供有效的帮助。特别是，由于深受经济学带来的自然科学方法论的影响，许多人文学者也开始把科学的手段当作目的，把作为工具的器物当作文明制度的标志，试图以器物的考古为据来修改历史，并进行因果关系的推导，严重误解了人类社会发展的基本逻辑，误导了文明探源的研究方向。鉴于考古成果可遇不可求的性质，鉴于考古材料的物理特征与人类文明演化的社会特征的巨大差异，以考古材料为据来修改主观历史故事的做法很可能对文明演化的研究没有帮助，甚至会带来更为恶劣的影响。

确实，在自然科学中，由于研究的对象是物与物的关系，研究的过程是完全客观的。因此研究者确实可以事先设定目标，然后创造性地设计实验、规划物体的运动路径，来获得实验结果。因为这个原因，实验者设计的目的验证与第三方进行的因果推断就是一种非常好的研究方法。在这样的过程中，当实验者对实验对象相互关系进行讨论时，"理越辩越明"的研究逻辑是成立的，希腊哲学的辩论与推断就是有用的。但如果把这些方法用来研究人的行为，特别是实验者把自己的目的当成实验对象的目的进行验证的做法，必然会带来严重的失误与偏差。考古学根据发现的材料进行的经济行为推断就经常犯这样的错误。比如，研究者往往以今天看到的考古现场这个局部事实为依据，以今天的历史理论与社会目标为基础，通过还原因果推断的方法去进行解读，去揣摩古人的行为动机与社会关系，这很可能会误解古人的制度结构与行为模式。

正是由于这个原因，在研究人类社会的历史演化规律时，社会演化的方法或许更为可靠。该方法从古人生存的行为动机出发，强调生存动机与环境条件的决定性作用，它强调在既定的生存目标下去讨论条件与手段，再去解决问题。该方法更为强调时空条件的组合，主张在当时的地理气候条件下去讨论人类的生存模式（制度）选择。我们认为，关于人和人的关系以及人和物的关系，"理越辩越明"的研究逻辑并不总是成立的，特别是当辩论者本人也是利益相关方时更是如此。一方面，辩论者本人的主观心理不可能靠辩论显示出来；另一方面，辩论本身也可能改变人的主观心理状态，进而改变辩论的对象与结果。雅典城邦与希腊文明的失败教训很可能就是政治辩论与利益竞争的恶果（哈蒙德，2016）。由于人关心的公共利益具有一个很特殊的共享特征，而合作会使公共利益增加，分裂会使利益减少，但辩论可能会改变合作与分裂的组合。确实，由于公共利益是没有边界的，因此以个人利益为基础的辩论只会增加分裂，使公共利益减少。甚至即使社会崩溃了，每个人在其中的贡献与应分配利益多少的理也不可能明了。所以，"理越辩越明"对人与人的利益关系而言，是不存在的。正是因为这个原因，希腊哲学家的辩论技术独领风骚、享誉全球，却没能挽救希腊文明的悲惨命运；也正因为此，睿智的孔子面对口若悬河的弟子时才会说"讷近于仁"。孔子很清楚，共享的利益不能靠口舌之争来分清你我，于是儒家学说就倡导中庸与和谐。正是赖于中庸的协调功能，黄河文明才幸运地延续了两千多年。大家耳熟能详的六尺巷的故事就是一个儒家解决共享利益争端的典型案例，而中国领导人在处理外交事务与领土争端时强调要搁置争议共同开发的智慧正是儒家思想的当代体现。

对此，当代学者赫拉利（2017：124）也指出："最后通牒博弈影响深远，不仅动摇了古典经济学理论，也建立起近几十年最重要的一项经济学发现：智人的行事并不是依照冷冰冰的数字逻辑，而是根据有温度的社交逻辑。"这个数字逻辑就是私人产品交易的计算逻辑，而社交逻辑则是难以区分产权归属的公共经济活动过程中的共享逻辑。但对共享利益的公共经济活动应该从何处入手进行分析呢？行为目的与人性假设很可能是一个绕不过去的起点。

一　集体面相与利他假设

以梁漱溟为代表的传统学者，早在一百多年前就开始借用西方近代的科学知识体系来讨论中国古代的治乱循环。他们引入了一些西方的概念与术语，却没能加深时人对中国传统国学的理解。当他（梁漱溟，2019）感叹"历来大乱之所由兴，要不外'人心放肆'那一句老话"时，当他说"人心放肆便是其礼俗失效之征。礼俗实为此社会构造社会秩序之所寄托"时，他已经意识到了当时社会现实问题之所在，意识到了社会关系的失序是近代中国的关键症结。但近代西方的社会科学体系并未能提供一个合适的分析工具来探讨人心失序的原因，奠基于近代欧洲的个人主义方法论无法回答欧洲"劫贫致富"的殖民政策如何可以解决半殖民地中国实现富强的问题，以至于全球弱势群体的公共经济利益如何得到保护的问题长期得不到回答。

事实上，尽管个人主义方法论与新古典经济学几乎构成了近代欧美社会科学的共同基础，但展现在文明历史中的人类行为的逻辑完全是由集体主义的文化取向与社会主义的价值理念共同塑造而成的。于是，作为社会"科学"的一个重要组成部分，当20世纪跃居核心地位的"西方"经济学长期将自己的学术目标锁定在研究独立的、自私的个人经济行为上时，关于社会性的利他文化与结构性的制度变迁的研究一直没有获得太大的进展。

如前所述，在有史以来的大多数时间里，人类都是社会性的群居动物，甚至可以说正是进化或演化出了社会性，人类才进入了文明。因此，研究文明演化、研究历史上的人类社会行为本就该从人类的集体行动逻辑开始，而不应该只关注独立的个人行为。何况，作为记录人类历史行为轨迹的历史文献，其中提到的大多数概念、理论与制度，也都是为这个集体行动提供指导的工具，而不是为了给个人致富提供帮助。因此，以个人主义为基础的市场经济学或新古典模式根本无法分析人类文明的演化进程。事实上，新古典经济学中简化的理论模型只是试图告诉我们，如果有了市场经济，经济发展的效率必然会迅速提高，而对人类社会为何要发展市场经济、如何才能得到市场这样的制度变迁逻辑却总是三缄其口。

更有甚者，为了实现模型化与数学推导的方便，新古典经济学将现实生活中复杂的双边经济关系与多元经济结构逐渐简化成单一经济主体的自我决策过程。于是，在经济学模型中，一个关于波澜壮阔的人类文明演化进程中的社会结构与集体行为的历史演化过程消失了，只剩下一个孤岛上的个人利益最大化选择的预案推演。哈耶克、布坎南这些现代市场经济的坚定拥护者敏锐地观察到了这个简单的最大化选择模型可能带来的危害，却没能提供一个新的发展方向与逻辑基础。特别是，布坎南的公共选择理论进一步扭曲了我们对集体行动的研究，他试图将市场交易模型扩展至政治领域的努力误导了我们对政治活动中人类社会最基本的集体行动逻辑的理解。

事实上，这个扩展带来的方向误导与简化悖论，近年来已经引起了许多学者（霍奇逊，2008）的担忧。但布坎南的极端个人主义视角使他无法接受历史上存在过的非个人主义经济活动事实,更无法接受社会现实中存在的集体行动逻辑。① 因为他知道,"如果共同体在某种意义上作为先于或独立于其个人成员的有机体存在,而且如果进一步假设该共同体具有自己超个人主义的目标,交易的视角显然就垮掉了"(布坎南,2008:112),新古典经济学就难以为继了。但在人类的真实历史上,这样的"垮掉"却一再出现,② 只是他们不愿意看到,因而有意视而不见而已。

然而,真实的历史展示的正是这样一种共同体的集体行动逻辑,文明演化正是从这些超个人主义的集体选择与种群生存目标开始的。种群生存竞争与集体主义价值观不仅曾经是所有古代哲学与道德的核心,而且也是拥有社会结构的蚂蚁与人类能够成功"统治地球"的主要逻辑(Wilson,2012)。确实,集体生存是人类社会行为的首要目标,特别是在前现代社会的公共经济活动中,农战与商战都是为了生存,例外的目标几乎是不存在的,唯一重要的只是在当时的自然条件下为了生存而进行的内部分工合作与外部竞争适应(李建德,2019)。当代经济学家一直困惑于人类为何在可以搭便车时却选择了集体合作行为,③ 困惑的原因就在于新古典经济学假定的个人决策在先的理念已经成了经济学家的思维定式。但库朗热(2006)对古希腊、古罗马的研究早就表明,人类文明的诞生是一个集体主义优先的制度构建过程,文明人类正是依赖于合作的威力才得以生存下来延续至今的。威尔逊(Wilson,2012)的研究也表明,作为最为成功的地球生物,人类是靠群体内的分工合作来维持生存的,因此文明的演化逻辑必然是集体分工合作在先、个人分离决策在后。换句话说,现实中的人类行为首先是公共经济利益导向的,而不是个人利益最大化导向的。更何况,在文明演化的任何阶段,生存条件与生存的机会从来都不可能是交换的对象。

当然,并非所有的经济学家都没有意识到国家体制或社会结构的重要性。当新制度经济学一再强调市场交易是现代经济增长的根本动力时,爱泼斯坦(2011)讨论了市场从何而来的问题。他指出,市场其实只是国家

---

① 他的美国同行哈佛大学的马斯格雷夫曾指责他,说他在集体行动逻辑方面的贡献远不如奥尔森的理论切合实际。(布坎南、马斯格雷夫,2000)
② 比如罗马对希腊城邦的替代,比如法国对威尼斯、荷兰等共和国的摧毁,比如明朝对宋朝体制的反动。
③ 见实验经济学近二十年来的反复尝试。

提供的公共产品而已。而霍奇逊（2008）在回顾经济学说史时也一再强调，直到第一次世界大战前，作为全世界首屈一指的经济研究中心，德国曾经拥有20个甚至更多的致力于研究国家治理的经济学学术中心，形成了坚实的集体主义研究传统，并留下了大量的历史学派文献。类似地，美国学者在早期对经济发展原因的研究也是从社会组织结构开始的，[①] 作为美国经济学派成熟的标志性人物，康芒斯（Commons，1951：59）一针见血地指出："英国经济学家将私人产权视为理所当然的法则，把它当做亘古不变的事物本质"是明显违反事实的误导，因此认为"不需要对其进行调查研究"的观点，如果不是无知，那就是赤裸裸的欺骗！（转引自霍奇逊，2008：176）美国法学家肯尼迪（2011）指出，美国司法领域对个人主义的支持是美国南北战争的成果之一，换句话说，是赤裸裸的武力干预才奠定了美国新古典经济学的历史事实基础。同样，大家习以为常的英国私人产权的确立，也仅仅是二百多年前才开始的英国圈地运动的产物（许志强，2018；雍正江，2017），而不是更早的英国人先知先觉的预设。

可悲的是，仅仅一百年之后，美国的当代经济学家就开始重复英国经济学家的老生常谈了，开始把产权私有制度与个人主义逻辑视为当然的"神的旨意"与西方的文化优势，因而只是关注个人利益的追逐细节了。1934年康芒斯的《制度经济学》曾经试图做一些哲学思考和理论阐述方面的努力，但不幸的是，康芒斯的努力并未得到后人的关注。相反，随着对经济起飞过程的遗忘，随着历史特性的消失，公共经济与私人经济的界限逐渐被模糊，美国当代学者开始直接把新古典经济学运用于公共经济领域或关于国家体制构建的讨论，进而成就了公共选择学派的昙花一现。事实上，德国历史学派与美国旧制度学派学者的贡献不仅表现在他们对集体经济或公共经济的重视上，而且还在于他们意识到了不同的经济问题需要借助不同的经济理论。正是这种问题意识，确保了爱尔兰历史学派的经济学家虽未能对经济学理论产生重大影响，却敏锐地观察到了古典经济学的巨

[①] "《美国社会学杂志》（*American Journal of Sociology*）在1899年和1900年刊登了一系列文章，统称为'关于主权的社会学视点'。康芒斯（1965，pp. 3 - 4）在这些文章中声称，个人是由制度塑造的，而'那些被确定下来并被接受、代代相传并塑造了每个个体相互之间的交易（的东西），就是制度。'"（转引自霍奇逊，2008：175 - 176）

大缺陷。①

因此，当熊金武（2019）从宗教改革和启蒙运动的角度开始论证现代经济学的科学化努力与经济人假设的合法化过程时，他没有意识到后来学者将微观个人经济关系扩大到宏观经济领域时可能会犯的"误导性"错误，也没有意识到休谟的"利己心才是正义法则的真正根源"的论述可能带来的政治灾难。事实上，正是这个错误使得美国在国际组织中公然坚持美国优先的非合作战略，正是这个灾难使公职人员必须具有的公德伦理与"德上法下"的传统治理智慧受到冷落。虽然公共选择学派找到了一个构建模型的逻辑起点——自私的政治人，但经世济民学说对公共经济理论的重要贡献渐渐被遗忘了，你中有我、我中有你的公共经济学与市场经济学的差异也消失了。于是，复杂的文明演化进程逐渐变成了简单的个人选择，精英与大众在制度变迁过程中的角色差异也被忽略了。新古典经济学总是用"每个人"都一样的"原子化"科学思维定式来概括复杂多变的人性特征及其活动规律，进而推导出"私利即公益"的荒唐结论（熊金武，2019）。事实上，尽管斯密教条曾经为以商业立国的大英帝国的国家财政提供了新的财源，但解释市场经济私利行为的微观经济学不可能为解释国家治理行为或构建公共经济学理论提供任何帮助。

关于市场经济与公共经济活动的关系，霍奇逊（2008：312）的警告是值得重视的，尽管"古代的市场在经济上是重要的，但他们并不是经济协调的主导形式"，更不是人类文明演化的决定性因素。熊彼特也断言，人类文明的历史就是一部财政史，而不是一部市场经济史，因此研究人类文明的经济学首先应该是一部公共经济学。更何况，"政府的起源在历史上和逻辑上都先于交换和市场的出现：政府体制和正规的法律体系是发达的、持久的市场的必要前提条件。与奥利弗·威廉姆森著名的'一开始就存在市场'的观点相反，……我们就可能同意杰弗里·英厄姆（Geoffrey Ingham，1996：264）的观点：'从历史性和逻辑性来说，从一开始就存在政府！'"

---

① 1845年到1849年，一场灾难性的饥荒在爱尔兰的土地上蔓延，爱尔兰人民的生存受到了威胁。但所谓的市场经济学理论反对食物救济与政府干预，爱尔兰的经济学家第一次对市场经济的"霸权"行径进行了反抗，身处生存陷阱漩涡的爱尔兰历史学派断然拒绝了古典经济学的教条，给出了切合实际的政策建议。

（霍奇逊，2008：356）因此，解释政府与国家是如何诞生的公共经济学才是文明演化的理论基础，更是未来经济学的发展方向或新的增长点。

或许正是由于经济学自身的这些理论缺陷，实证主义的历史观才会日渐繁荣。"对于'过程派'的学者（以历史学家为主）来说，解释派学者从问题的提出开始就已经出现了偏差。"① 但缺乏理论模型的"过程派"的所谓"事实"并不能说明任何问题，因为"社会科学范式的背后不仅仅是一些客观事实，而且是具有不同意识形态的人看问题的方法，并且每一看法都是误区和事实的混合，非常复杂"（赵鼎新，2015）。令人遗憾的是，不仅解释过程中"误区与事实的混合"会成就某些错误的观念，而且这些错误的观念会在教条主义与功利主义的支持下误导学术与政策。② 以致"最可悲却不可避免的情景是，主流社会观念和主流学术观念合流，学术降为权力的附庸和帮凶"（赵鼎新，2015），或者沦为纯粹的利益争夺的工具。

萨格丁（2016）从爱泼斯坦的"蚂蚁陷阱"中也看到了社会"科学"的方法论危机，他看到了学术研究中无法摆脱的公共经济悖论——学术是公共产品，因而无法在市场经济的背景下正常提供，但充斥着教材与学术刊物的理论体系是市场经济的，提供这些理论体系的学者是按照市场经济模式学习、求职并进行课题研究的。他指出，行为经济学家确实从理性假设后退了，但古典与新古典经济学的个人主义被保留了下来，只关注统计多数市场大众的、服务于少数商业精英的经济学家们仍顽固地占据着主流的学术阵地。尽管缺乏历史的证据与道德的优势，但他们拥有一个先验的、

---

① 对此，赵鼎新（2015）指出："当提出'为什么古代中国走向了统一，而中世纪欧洲则没有？'这样一个问题（李约瑟之谜就是另一个类似的问题——本书作者注）时，我们已经假设了这两个地区在绝大多数方面处于相似，因此可以通过比较方法来寻求导致案例之间差异的规律性原因。过程派学者认为这种提问方式本身就已经脱离了历史情景，并认为支撑解释派学者貌似合理的解释背后经常是牵强附会的证据。"

② 赵鼎新（2015）指出："一旦一种观念在社会上或者学术圈盛行时，它都会引发两个导致事物走向反面的机制。（1）在社会上，一种观念一旦在社会上取得优势，无论是真诚信徒还是机会主义分子都会不遗余力地把这一观念在思想上和实践层面做大。其结果就是不断显露和放大这一概念的误区，所带来的负面（甚至是灾害性）后果反倒（原文为'到'——本书作者注）'证明'了其它观念的正确性（知识分子关于股市与房市的讨论、关于通货膨胀的概念都有此效果——本书作者注）。（2）在学术圈内，某一观念一旦占领了学术市场，无论是它的真诚信徒还是跟风者都会不遗余力地围绕这一观念的研究做到极致。（资本、社会资本、产权、宪政都是这样的例子——本书作者注）学术与经验事实的关系越来越不切合，从而为其它观念和理论的兴起铺平了道路。"

深受自利精英与中产大众"共同拥护"的错误观念：以个人行为为基础的理论总是优于集体行动的逻辑，前者控制了发达国家"社会主流的观念"。尽管像一百多年前的库朗热一样，萨格丁再次研究了立法过程，并且发现古典文明时期规则的制定者是拥有利他道德的政治精英，是公共产品的经营者，[①] 而不是自私自利的商业精英，但近代的西方"文明"，从制度到理念都是商业精英及其代理人的"不文明杰作"（劫贫济富）的产物。以至于，当资本家控制了政治工具与话语体系时，资本家的"强盗逻辑"（劫贫济富）渐渐成了社会科学的主流与政治领域的价值观，程序规范（但不符合社会正义）的"圈地运动"与效率优先的产权理论"洗白了"近代欧美资本家的原始资本积累过程。

幸运的是，马克思早在19世纪就呼吁，欧洲需要一场社会革命，社会科学需要一场思想革命。爱泼斯坦在21世纪再次呼吁，经济学需要一场学术革命，人文学科需要一次道德反思。近年来，越来越多的当代学者（Di Tella et al.，2015）注意到了集体主义利他文化的意义。他们指出，现实中的经济精英或政治决策者为自己的利己行为寻找心理慰藉的现象证实了利他文化存在的价值。这些研究者明确指出，传统的道德文化对自私自利的个人行为本来是有抑制作用的，只是现代经济学鼓励精英多获得报酬的自私激励理论摧毁了作为人类文明演化基础的利他主义价值观。[②] 实验经济学证实，大多数人生来是有自私倾向的，但在文明社会的文化熏陶与舆论压力下，他们认识到利他行为是应该提倡的，因而也不得不从事一些利他行为，以便获得社会的认可。不过，"为富不仁"的奸商与"十恶不赦"的贪官不断出现的现象表明，自私的"动物本性"随时都准备"复辟"。在这个背景下，新古典经济学给这些自私的精英送来的"枕头"——用自私的经

[①] 库朗热（2006：141、166、361-362）指出："为了得到保佑，人们就对这些神举行了祭礼。"这是一种公共产品的供求关系。因此，早期的"王者不需要物质上的力量，他们既无军队，亦无钱财的支持，支持这种权力的是一种信仰，这种信仰深深地影响了人心，它的权威是神圣而不可侵犯的"。正如"耶稣基督对他的门徒们说：'你们去教训天下万民。'……这些门徒与古代的犹太人一样，……相信每个民族都有自己的神，向别人传授自己的神，无异于将自己的财物和自己的保障让给别人，这样一种传教既不符合义务也违反自己的利益"。

[②] 近年来，中国金融学专业培养了一批批技术精湛的电子金融诈骗犯，这实际上是这个理论模式的必然结果。

济人假设为自私自利的行为正名（中性化处理），进一步鼓励了商业精英的自利行为与政治精英的贪腐动机，从而导致了社会矛盾的激化与人类文明的退化。事实上，还有很多人（Levine，1998；Rotemberg，2005、2008；Ben-Ner et al.，2004）都意识到了利他信念在强互惠行为中的重要性，他们强调，其他人共有的利他文化对个人行为的利他指向至关重要。总之，无数的研究表明，市场经济对利他心的不利影响主要来自新古典经济学对自利行为的中性假设，当人类社会不得不反复努力用利他文化与社会制度来抑制利己心的扩散时，市场经济的发展与新古典理论的传播却通过"合法化"个人主义与利己心而对文明的现代演化造成了毁灭性打击。

我们认为，利他行为是一个人类社会中存在的、却尚未得到很好解释的文明基因，这类行为或这类典型事实不仅对人类文明的演化、对国家的形成至关重要（Putterman，2016），而且很可能构成了公共经济学未来发展的突破口。众所周知，自然科学方法论的基本假设是基本粒子的同质性，其特征是统计类似或统计一致。但现实社会中的人是互不相同的，是有巨大差异的。并且更为重要的是，恰恰是这个差异，特别是具有利他心的少数精英的例外特征，构成了人类文明演化的动力，构成了文明演化成败的关键。无论是古代的孔子，还是近代的马克思，这些伟人都是利他的精英，都是不可模仿的例外，都是统计中并不显著的存在。但在制度变迁与文明演化的过程中，正是这些统计上无意义的少数人的利他行为与道德榜样通过学术传承与制度延续的方式，改变并推动着具有统计意义的大多数人的生活方式、行为模式发生变化。因此，要研究人类文明的演化规律，要探究文明演化的路径模式，我们必须从少数精英的利他行为动机与人民大众的集体行动逻辑开始。

确实，由于市场化改革与独生子女政策的叠加，自私自利的个人主义已经对黄河文明的伟大复兴产生了不利影响。[1] 再加上，近代以来的西学东

---

[1] 张娜（2020）曾指出："在处理整体与部分的关系，或曰国家与个人的关系问题上，柏拉图的天平过于倾向整体而忽视了组成整体的个体。柏拉图重视整体、强调国家利益为重的思想与当时的社会风气有直接的关系。古希腊社会曾兴起过一场智者运动，这场运动终结了以宇宙生成论为主体的自然哲学，开阔了以人和社会为中心的新的哲学领域。普罗泰戈拉提出'人是万物的尺度'的著名命题，但他所说的人是指个体的人，这就容易滑向相对主义，使人们更加看重自己的私利而不顾他人与国家。《理想国》中所述的大量不义现象，归根结底就是人们将个人的私利置于社会与国家公利之上。针对智者们所宣扬的此种学说与日益败坏的社会风气，苏格拉底与柏拉图起而抗争，高扬道德的大旗，强调城邦整体的利益。"

渐过程削弱了中国部分学者的自信心与独立性，不管正确与否，不管美国人自己相信与否，美国人设定的体制模型与思想理念都成了被教条主义接受并顶礼膜拜的对象。然而，这些教条的始作俑者——不负责任的"西方主流经济学者，逃避现实，退回到数学上的抽象研究以及一个人为的公式化世界里去"（诺夫，张春霖，1991），以至于他们不得不承认，西方主流经济学存在着某种可称为"经济理论的危机"的东西。[①] 事实上，这个危机不仅表现为20世纪60~70年代和21世纪初的一系列重大政策失败，而且表现为面对危机时经济学家们的无所适从与固步自封。

同时，由于技术的进步（复制与传播更容易）鼓励了教条主义者的"学术"行为，资本家的经济实力固化了个人主义与利己假设的学术地位，因此新思想出现的机会更少了，经济理论创新的成本更高了。以至于，尽管早已有人认识到"个体行动是内嵌于各种由社会文化演化和生物演化生成的互动关系中（例如，各种社会制度和基因库），个体的本质只有在这些互动关系中才能得到界定"（黄凯南，2008），但以集体经济行为为对象的研究范式始终没有出现。现有的制度经济学只是关注什么样的制度才会带来经济增长，而忽视有利的制度是如何生成的以及由谁构建的这样一些关键性问题。

当然，确有少数的研究（宋丙涛，2015；宋丙涛，2016）试图在黄凯南演化理论的基础上进行制度变迁过程的解释性尝试。这些研究指出，无论环境决定的群体竞争格局如何变化，任何一个社会内部的所谓制度演化过程，都是社会内部的精英主观建构的过程，就像商鞅变法、耶稣立教一样，而不可能是一个自然而然的客观过程。只不过有的构建恰好适应了当地的环境需要而得以延续，有的构建尝试因为不符合环境条件而被淘汰。正如"传统的均衡理性""将人视为神"一样，历史中的人们正是把构建制度的精英尊为神，耶稣、女娲、炎黄等都是这样被神化的。有理性的利他精英就是神，但不是所有的个体都是有理性的利他精英，所以以人人平等为基础的个体主义还原论不能解释制度的由来。同样，把自然尊为神灵、

[①] 尽管"关于危机的程度和性质还有激烈的分歧"（丹尼尔·贝尔、欧文·克里斯托尔，1985：269），但"在这些日子里，越来越多的经济学家费尽心机致力于废除我们的大学教科书中仍然深信不疑地加以宣扬的东西"（丹尼尔·贝尔、欧文·克里斯托尔，1985：271），这个现象本身已经表明了危机的存在与对新理论的期待。

只承认基因传承与自然选择的演化群体主义也无法解释人类文明演变的规律，只有以利他精英为核心的集体行动逻辑与社会演化理论才能为我们提供新的可能。

确实，在公共经济制度探索的过程中，只有利他的社会精英才会创造性地探索各种可能的制度安排，并且只有那些经过反复尝试被证明是有效的制度与经验才会固化为文明模式。尽管所有的传统文化都包含了必要的公共经济内涵与集体主义价值观，但缺乏正式制度约束的文化体系并不能保证公共经济效率的稳步提高，因此并非所有的文化现象都可以演化成文明模式。因此，尽管对公共经济制度的探索与生存之道的尝试遍布于各个时代、各个地区的经典文献与神话传说之中，但文明演化并不是一个普遍现象。正是因为这些原因，那些构成了少数几个古典文明理论基础的经典文献，才会成为后人顶礼膜拜、争相传颂的对象。儒家学说与圣经文本是这样被神化的，希腊哲学与罗马法律也是这样被教条化的。以至于，每当一个民族的生存遇到难以克服的困境与挑战时，试图回归传统、求助于旧日的精英、试图从经典文献中寻找解决答案的做法就会成为普遍的现象。

因此，所谓的文明演化不外乎就是人类寻找种群生存方式的探索过程，只有那些成功地应对了各种生存挑战的群体才能够延续下来，并创建一个文明模式——成功的公共经济体制。汤因比的应对挑战理论对此给出了精确的描述。他强调，人类的一切文明成就都与挑战与回应直接相关。正是意识到了文明的公共经济背景与公共经济的外部性特征，汤因比坚决反对历史学界盛行的根据国别研究历史的做法。[①] 他指出，欧洲没有一个民族国家能够独立地说明自身的历史问题，因此，应该把历史现象放到更大的范围内加以比较和考察，这种更大的范围就是文明。此外，还有学者（摩尔根，1997；宋丙涛，2001）指出，只有在那些最先在私人经济与公共经济间实行了专业化社会大分工的群体中才出现了文明的萌芽，更准确地说，是那些少数人首先从集体性生产劳动中分离出来专门从事公共经济活动的群体最先看到了文明的曙光，并以社会管理结构的形式表现出来。公共经

---

① 在《历史研究》一书的开头，汤因比（2010）就尖锐地指出，以往历史研究的一大缺陷，就是把民族国家作为历史研究的一般范围，这大大限制了历史学家的眼界。换句话说，欧洲的民族国家并不是一个讨论文明演化的适当的经济主体。

济活动的专业化分工带来了效率的提高，经济效率的提高导致了常设性的社会管理组织的出现，这个不断细化的管理组织就是国家。但这个组织结构的效率是如何不断提高的却需要一个全新的公共经济理论来予以解释。

众所周知，现有的（市场）经济学是用利益（成本与收入）变量来研究人在文化与社会中的可预测行为，由于大多数人有类似的行为，故经济理论大多为统计规律。但大多数人的具有统计规律行为实际上是文化、制度影响的结果，而决定文化与制度的却是少数的利他精英，因此经济学就必须关注这些少数精英制定制度、引导群体的公共经济行为模式，研究这个模式的效率改进过程。确实，文明演化关注的是社会组织的发展，而不是个人的市场经营行为。因此，在未来的经济学研究中，我们必须将经济学的研究对象界定为人类群体，而不是单个的人，应将研究对象界定为社会人，而不是动物人。与此相一致，在定义人性时，我们定义的是人的文化性与社会性，而不是人的基因性与生物性。[①] 对人的行为模式的研究也必须在精英与大众之间、利己与利他之间做出区分。当然，由于利他的社会性是文明演化的基础，这个社会性本身虽然十分重要，对它的研究却又严重短缺，并且严重依赖于学术研究"编的故事"或构建的理论假说，因此，对少数精英利他社会性的研究就应该成为文明演化研究的关键。

关于理论假说的价值，霍奇逊（1993）曾引用马歇尔的观点来强调假说先于事实而存在的必然性与可能性。他认为，"事实"是有意识选择的结果，了解了这一点就会知道，坚持让事实说话往往会带来误解。因此，霍奇逊与马歇尔二人都反对天真的经验主义者，因为这些经验主义者通过声称真理仅仅基于事实自身，从而隐藏了理论选择和安排那些事实的理论假说。确实，经验主义作为一个认识论是有缺陷的，并且归纳本身作为方法论也是脆弱的。事实上，正是由于正确地认识到了经验主义的局限性，马歇尔才试图构建一个全面的概念框架，以便在这个框架之内建立自己的理论假说。以至于在评价历史方法的时候，马歇尔正确地指出，理论分析对于搞清楚历史中的因果过程是必需的，或者说，理论假说的构建是第一位的，没有理论的经验探索是没有意义的。同样，施穆勒也承认，纯粹的经

---

① 关于研究对象的取舍，孔子曾指出，自私的天性是天生的，是生物本能，既不需教，也不该教。

验工作是存在局限性的，科学必须同时依赖归纳和演绎，并将其作为研究所必需的过程与手段。类似的还有韦伯，他反复强调有必要用先验的理论概念来理解和解释长期的社会经济现象。①

确实，正是因为有了正确的理论认知，古代中国的学者才特别强调利他与合作，主张在天性有差异的人的基础上构建合作机制，从而成为公共经济理论的最早探索者。事实上，春秋战国时代的诸子百家，都是从个人主义与集体主义的关系开始他们的学说的，他们论证的重点都在于"公"与"私"的关系。比如孔子、孟子认为，人性本来是自私的，水本来是向下流的，人类的祖先本来也是无序的自然界的一个熵值增加的推动者，但人类文明演化却是一个逆熵过程。我们的先人意识到，为了人类社会的发展，我们才构建堤坝，建立制度，发展理论，推进文明的演化，而不是完全顺其自然地顺从人的"天性"继续在野蛮的动物世界打转。因此，一心追求人类文明的孔子才会"罕言利"。也正是基于这个原因，一代代史学大师都同意，历史学不可能是客观的，历史的精要不是史实的真实性，而是利他道德的传承与合作制度的延续（高专诚，2018）。②

二 一维目标与多元主体

或许，正是由于不能区分精英与大众的行为目标差异、不能理解人类历史的"集体行动特征"与"社会分工性质"，以美国为代表的西方主流历史学家不能解释"维持少数精英统治的社会结构为何能够长期延续"。实际上，尽管精英可能也拥有私心，但精英始终居于统治地位的原因是文明社会客观上需要这个社会分工的执行者，这些精英也总是能在确保个人生存没有危机的前提下从事一些利他主义事业与集体主义行为。③ 由于统治者的治理活动本质上是公共经济活动，而公共经济活动才是人类文明的本质，

---

① 韦伯相信概念首先是解释性的，他写道："概念主要是对经验数据进行理解的分析工具"。（转引自霍奇逊，2008：140）然而不幸的是，由于他未能建立起一套适当的理解历史与经济变迁的元理论，因而给门格尔以及其他人的个人主义方法论让出了重要的理论阵地。
② 见高专诚（2018）对韩非子使用历史典故的分析。
③ 王阳明在岭南平盗成功后与强盗首领的对话中领悟到，即使要做好一个强盗首领，也是需要足够多的利他偏好与集体主义倾向的。

因此总是有更多的精英或统治者的行为被历史记录下来。同时，鉴于这些精英从事的公共经济活动边界的模糊性与对其进行监督的困难性，对他们有更高的道德要求也是合乎逻辑的。而这个道德要求与制度安排的关系，正是古代学者关注的重点，也是历史记录关注的核心，自然也应该成为公共经济理论的基础。中国古代的史学家都深知这一点，因此他们从来都不是仅仅从历史的真实性出发来从事史学创作的，而是从公共经济活动的需要进行历史编纂。司马迁对五帝本纪的重视是如此，孔子、左丘明对春秋王侯的记录也是如此，韩非子对孔子言行的借用更是如此，正如赫拉利所言，一切历史都是"人类的想象"的产物，一切史学都是在"编故事"，但这些虚构的故事构成了现实社会的制度基石。

事实上，正是少数精英的理论研究与制度构建活动决定了人类历史的发展方向，"在新石器时代，就有这种人出现了，他们的原型（archetype）是巫和觋"。[①] 只不过，面临着21世纪全新的文明转型需要，能够应对新挑战的知识精英与理论假说还一直没有出现。特别是在中国，"一百年下来，我们还处于移植阶段，没有真正主动悬出一个理想境界，整理出一套涵盖中西与人类的大系统"。（许倬云，2019）正如许倬云（2019）所说，有"太多西方文化的拥护者与批判者，其实都不十分理解西方文明的来龙去脉；太多介绍西方学派和理论的人，其实没有理解这些不同学派间的渊源与分合转变"。再加上，市场机制的漫延扩张了知识精英们的自私心，"知识已成为商品，也已成为权力的来源"，因此，利他的知识精英一直供给不足，利己的学术败类却层出不穷。以至于，摆脱了孔孟之道的早期学者难免成为苏联教条主义的俘虏，而摆脱了苏联教条主义范式的当代学者又很快沦为新古典经济学的"婢女"，虽然拥护的理论范式换成了新古典经济学，工具换成了数据与模型，但维护主流理论模式、不关注自己面对的现

[①] 许倬云（2019）指出："商代卜辞中的国王顾问——「贞人」，就有着卜和史的性质，他一方面替国王解释占卜得来的答案，另一方面会对自然现象提出理论。商代的贞人们，既解释人事，也解释自然。""犹太教中有几类人有专业的意义，如《圣经》中称之为'法利赛人'、'利未人'者，前者是律法师，后者是礼节师。""另外还有些人被称为'先知'。伊斯兰教的系统中的乌拉玛（Ulama），可称为'教士'、'教师'，权力很大，可管理人生、指导政治、订出礼俗与法律。""还有，印度教中的婆罗门，以及基督教、天主教系统中的天主教神父、基督教牧师、东正教僧侣等亦然。"

实问题的教条主义本质并没有发生太大变化。①

当然，创新是艰难的，用新的体系来研究新的问题更是难上加难。更何况，由于传统儒学在解释与应对内部混乱方面过于成功，中国的知识分子自春秋战国以降已经习惯于注解经典文献，习惯于应用教条主义。以至于，渊博的学识与超强的记忆力一直是秦汉以来中国读书人的典型特征，②就某一个具体的问题进行研究的过程分析似乎与这些读圣贤书的读书人身份和性格格格不入。尽管也有中国学者意识到了经济学转向的必要性与可能性，但教条主义的效率优势与类似习得性无助的思维惯性严重抑制了以公共经济活动为研究对象的中国传统经济学的创新性发展。

再加上，对人文知识的研究来说，一方面因果验证有时需要相当长的时间间隔与相当大的空间间隔，且这个时空间隔要远比大多数的自然科学所要求的更为长远，因而对抽象的能力与耐心也就提出了更高的要求；另一方面，以目的论为基础的利他社会文化的构建与传播却根本不可能进行因果验证，推动人文学术前进的仅仅是人类精英的学术良知。而对拥有外部性的公共经济活动的研究尤其如此。因此，一个公共经济理论创新要成为可能，除了经济条件的改善培育出足够多的利他精英学者之外，在相当大的程度上它还取决于是否能对较长期的客观经济过程进行耐心细致的观察、分析与总结，抽象出理论假说，然后再用逻辑推理的办法来证实它。而对相当长的公共经济体制演化过程的观察与总结，就是历史的方法，因此公共经济理论的创新必须建立在大量历史事实积累的基础之上，这是一个基本的方法论要求。

当然，观察、收集历史事实的过程也不可能是一个中性的客观过程，

---

① 张越（2020）在《范文澜与"汉民族形成问题争论"》中指出："对比60多年前的'汉民族形成问题争论'，一些中国学者对各种民族理论的'追随'或'创新'颇有似曾相识之感。""时下部分学者在有意无意追随'新权威'和'新理论'的同时，一味突出历史上非汉民族入主中原后的非汉化举措及影响，'以有为无'地忽视或无视中国历史上'中国认同'的多重性、开放性和包容性特征。""范文澜在汉民族形成问题上运用斯大林民族定义的同时再三强调汉民族是在'独特的社会条件下形成的独特的民族'，今日一些学者却在'一般'与'独特'已不再成为问题症结的时候似反而忽略了中国历史'独特'的经验，将国外学界某些学者以其殖民扩张历史为基础的若干民族国家理论套用于对中国多民族统一国家历史和'中华民族'的解释体系中。范文澜指出'中国历史需要自己的努力'，一些中国学者则更看重'与国际接轨'而跟从外国学者'发现'中国历史。"很显然，这样的研究"习惯"与"范式"阻碍了学术的创新与中国话语体系的出现。

② 当然，作为过度模仿的手段，记忆是人类合作的基础，见第三章的分析。

受到某些理论观念的影响是不可避免的，但尽量避免已经是众所周知的错误理论的影响是十分必要的。事实上，几乎所有的大师都是从反对前人的一般性理论开始的，他们总是强调新现象的特殊性，然后用一个新的一般性理论来结束自己的研究，亚当·斯密的《国富论》是这样，凯恩斯的《通论》也是这样。不过需要注意的是，能够为新的理论提供灵感的事实，一定是对人类文明的发展构成了巨大挑战的新事实，一定是摆脱了旧的理论框架束缚的新视角下的历史事实。因此，从一个新的角度来审视原有的理论与其熟视无睹的事实往往是理论创新的突破口。然而，转换角度看问题并不是一件容易的事。鉴于大多数学者是经过了严格的学术训练才进入各个研究领域的，他们的头脑中事先必然存在一个成熟的理论体系，而这个理论体系正是约束人类创新性思维的罪魁祸首。于是，真正的理论创新要么来自专门、专业研究领域之外，要么来自交叉学科。

同时，由于我们所关心的人类社会是一个复杂的动态的群体组合，正所谓"名可名，非常名"，因此，任何一次对客观事物的思维抽象都不是一件轻而易举的事。正如哲学家所说的"人不可能两次踏进同一条河流"，人类社会的发展进程也不存在完全相同的因果关系，因此真正的理论抽象就是要剥去复杂多变事物那五彩斑斓的外衣，去寻找那些表象背后的相似特征。换句话说，所有这些抽象过程都是以承认差异、探寻相同点为前提的，没有这个对异同点的区分作为基础，简单地罗列堆砌，根本不可能发现背后的规律。但隐藏在古今中外人类社会中的行为共性或相同点又是什么呢？很显然，寻找这些相同点与不同点，正是我们的研究的起点，也是新的经济理论诞生的前提。

确实，大家都同意，今天的经济学正在酝酿着一次重大突破，而突破必须从方法论开始，而在这个突破的过程中，具有超越肉眼可见现象的想象力是至关重要的。这种想象力既可能表现为对一个理论假说的构建，也可能表现为发现某种历史事实。因此，无论对夏王朝的时空探究，还是对那悠久的历史长河背后的公共经济活动规律的认知，大胆的假设与想象都是一种方法论上的必要。只不过假设与想象之后需要谨慎的论证与推理而已。

此外，在对公共经济活动的研究过程中，与大家习惯的科学研究不同的是，即使我们把研究对象设定为社会群体的集体行为，我们也不可能简单地假设所有的集体都是类似的群体，更不能试图用同一个假说来解释所有的文明演化过程。事实上，对公共经济学关注的社会群体而言，不仅构成集体的个体本身是互不相同的，而且更为重要的是，即使构成集体的个体本身是相同的，集体内部仍存在结构差异问题。换句话说，只要内部的结构不同，即使是同样一群人构成的群体，也是一个不同的群体。在这样的背景下，还要考虑到人的思想是会变的，思想又是会影响行动的。因此，即使对同一个国家、对同一个群体来说，时间也一定会在集体行动逻辑上留下印记，从而带来不同的因果关系。由此可见，关于集体行动逻辑的理论假说就会因为包含了时空因素而变得更为复杂。

因此，在研究之前，首先对作为集体行为的主体的特定群体可能性质进行讨论就是必要的。换句话说，作为一个指向不确定的群体概念，在公共经济领域，如果要分析利益交换，我们就必须首先明确是哪个集体和哪个集体在进行交换，然后再来讨论它们交换的标的是什么，它们在交换过程中的行为特征是什么。如果交换双方的经济主体不确定或者主体是不断变换的，我们就不可能精确地知道成本是多少，也不可能知道收益是多少，对效率的讨论也就是不可能的。[①] 因此，对于公共经济领域的因果分析来说，分析的第一步，就是要搞清楚经济利益主体。搞清楚在某个公共经济活动中，成本是谁造成的，利益是谁获得的。这些对市场经济来说一目了然的问题，对公共经济分析来说却是需要小心地进行甄别的概念与变量。特别是，在公共经济领域，由于外部性与多人决策带来的非效率，关于公共经济主体的利益相关人的讨论就显得更为复杂多元。因此，在讨论之前，首先区分决策者、执行者、付费者与消费者在公共经济行为中扮演的不同角色也是十分必要的。

实际上，现实中的很多问题与困惑，就是来自对公共经济活动主体角色

[①] 美国政治学领域的后起之秀坎普兰（Caplan, 2007）曾提出了著名的选民悖论，布坎南也曾一直有个迷惑不解的问题，即自由交易对双方都有好处，但为什么会有那么多的干预长期存在呢？事实上，坎普兰与布坎南不知道的是，贸易中的交易双方不是所有人，交易者双方都得利，并不意味着社会中的所有人都得利，但对政策进行投票的是社会中的所有人。或者说，现实中还有交易双方之外的其他人存在，而作为第三方，其他人很可能从双方的交易中受损了，比如失去了工作。很显然，这里的交易双方就是两个群体，而投票者是一个更大的群体，这个更大的群体甚至不包含交易双方。不理解这个复杂的群际关系，就不可能把政治问题或公共经济问题中的利益关系、因果关系分析清楚。

的偷梁换柱，从而使得利益关系无法匹配或发生逆转。① 鸦片战争就是一个经典的例子，英国议会批准的战争支出确实给英国商人带来了利润，给英国政府带来了赔款，甚至也给英国普通民众带来了生活水平的提升，却给中国人民带来了难以计量的灾难。可是英国的经济学家和政治家从来没有把英国近代史上给别人造成的成本计算在他们的决策计算之中。② 确实，在人类的文明史上，类似的由一个群体决策另一个群体利益的案例还很多。然而，当历史学家在指责商鞅的农战政策给农民带来了巨大成本的同时，很少有人意识到英国产业革命时期的商战政策给欧洲东部农民的生活带来了什么影响，以英格兰商人或中产阶级群体为利益主体的商战模式却得到了历史学家与经济学家们的共同褒扬。以至于汤因比指出，在过去的五百年中，尽管技术和经济高速发展，但是人类并没有在精神上和政治上取得同样的发展，或者说，人类在有关文明演化的公共经济决策机制与理论思考方面并没有太大的进步。

事实上，比经济主体的模糊带来的分析紊乱更为严重的是，当代经济学对经济行为目标认知的紊乱。在现有的经济学体系中，经济增长本身成了经济学家规定的经济活动的目标，经济行为主体对目标选择的机会消失了。飞速增长的GDP、迅速发展的工业化、急剧转型的城中村，市场经济的巨大吞噬能力，不仅使人类的信仰出现摇摆，甚至也动摇人类对经济行为目标的选择能力。③ 确实，新古典经济学构建的利润最大化模型，让越来越多的人忘记了人类存在的价值与文明演化的意义。越来越多的人忘记了，正是为了追求生存目标，可以让人"死而复生"或持续活着的宗教才会成

---

① 作为人类文明史上最著名的例子，对近代欧洲的崛起的理解背后就隐含了一个天大的误解。西方学者在讨论英国或欧洲的崛起时，总是强调国际贸易、殖民地带来的巨大利益与进步意义。然而，这些分析者没有意识到，他们的分析仅仅是站在英国或欧洲的商人的角度来解读政府的公共经济活动，而忽视了其他利益群体的代价或成本。实际上，在这些欧洲商人、移民者获得发展的过程中，数以千万计的原住民消失了，数以百万计的非洲人死于非命，数以十万计的欧洲童工从未享受过工业革命的成果。

② 作为近代欧洲崛起的先驱，西班牙、葡萄牙与荷兰在各个殖民地的集体经济行为都存在着类似的有意误算，并且正是这些误算的决策结果导致了21世纪的发达国家困局。

③ 据《公司的力量》载："1911年3月25日，位于美国纽约埃克斯大楼的三角女士衬衣公司发生大火。""这场无情的大火和146个消失的生命，撼动了素来人情冷漠的金钱之都。"正是"那一刻，人们重新发现：还有比金钱更宝贵的价值"。这个宝贵的价值就是人的生命，就是人类文明诞生时追求的集体生存目标。实际上，如何生存同样是英国产业革命爆发时、工业文明诞生时英国人努力应对的主要挑战（宋丙涛，2015），商业革命与市场经济本来只是英国人应对挑战的策略与工具而已。

为人类历史上的第一个信仰（库朗热，2006：121、213），有利于更多人活着的中庸之道与和谐社会思想才会成为传承千年的经典思想。① 但重商主义的生存之道迅速扭转了这一切，赚钱与增长本身似乎成为人类行为的最终目标，甚至成了测度文明的标尺。（宋丙涛、潘美薇，2019）

确实，无论当代的富人与经济学家如何宣传，在人类文明演化的历史上，人类行为的目标其实一直是生存，发展与享乐只是一个非常晚近的重商主义生存方式的副产品。② 特别是，只有在生存有余时，人类才会考虑玫瑰花的消费或互通有无的交易，或者说只有互通有无是有利于生存时（这恰恰是亚当·斯密观察到的事实），它才成为人类行为的动机。换句话说，玫瑰花与交易本身并不是人类的原生行为目标，③ 人类并非天生就有互通有无的倾向，互通有无只是人类群体实现目标的一个手段而已。然而，货币与金融的介入彻底改变了人类精英的思考方式，也蒙蔽了大多数学者的学术良知，经济学家构建的经济增长变量主宰了现代社会的灵魂，也重构了人文学者的研究趣旨。类似的变化也发生在科学技术领域，现代科学技术与市场经济增长一样本来只是人类生存的一个手段，现在却成为人类社会的主宰，而工具对目标的替代正在将发达国家引向深渊、将发展中国家引向歧途。其实，任何人类文明的制度模式都必须首先关注人类生存本身，只有在保障了生存之后，其他的目标才有意义、才有价值。④

---

① 蒙蒂菲奥里（2015：129、140、141、167）写道："很明显，耶稣的犹太教并不比他之前和之后出现的其他传道士的犹太教更特殊"，除了他的复活本身。因此他认为，保罗才是基督教繁荣的关键人物，"复活的基督委任他为第十三名使徒，将福音传播给非犹太人"。"保罗将重点放在复活上，在他看来，复活是人与神之间的桥梁。保罗的'耶路撒冷'是天国，不是现实中的圣殿；他的'以色列'是耶稣的任何一个信徒，不是犹太民族"。但复活的传说如此有力，以至于"客居他乡的犹太人也想安葬在圣殿附近，以便审判日到来时第一个复活。于是便有了橄榄山上的犹太公墓"。
② 吴乐旻将它称为"玫瑰花的生产与消费"，见《富种起源：人类是怎么变富的？》，待出版。
③ 但经济学家亚当·斯密的名著《国富论》中有一个经常被引用的论断长期误导了世人对经济行为动机的认知。不知是斯密为了英国利益有意为之，还是其抽象的经济人——产业革命过程中的英国人——生存条件的局限性导致，他说，人天生具有互通有无的倾向。
④ 实际上，早在春秋时期的各次争霸战中，中国人就很清楚人要追求的是生存目标。因此，当楚庄王在邲之战大胜晋军时，他没有乘胜追击，更没有把晋军赶尽杀绝。这是那个时代对同类生存权利的尊重，也是那个时代生存条件的反映。到了战国时期，由于人口增加，资源不足，一国人口的生存往往以另外一国的生命为代价，于是各国之间的战争开始以杀人为目的。最为典型的战例是长平之战。长平一役，秦兵尽俘赵卒四十万，被俘赵卒悉遭坑杀。很显然，秦国人追求的是本族群的生存目标，在资源不足的条件下，共同生存成为一个奢侈的目标。20世纪欧洲的两次大战正是中国战国时代族群生存概念的滞后反映。

众所周知，亚当·斯密在《国富论》中，一方面虚构了商业社会中具有互通有无倾向的经济人（Morgan，2006）；另一方面，他也分析了关注现实生存目标的国民，并指出，对现实中的国民而言，国防是比富裕（市场经济增长）更为重要的目标（Olson，1963）。但在大多数新古典经济学者看来，亚当·斯密对于国家与公共经济体制的讨论是没有价值、不值一提的。确实，由于虚构的经济人没有生存保障的后顾之忧，故可以随心所欲地在虚构的行为中展示市场经济规律的作用，因此，在新古典经济学体系中，亚当·斯密关于国防与财政的讨论被忽略了，只有关于市场与交易的讨论被强调与无限放大了。但在真实的古典工业文明中，在真实的西欧崛起过程中，没有哪个个人是可以脱离集体行动来独立生存或发家致富的。事实上，近代英国的发家史就是一部皇家海军直接参与掠夺的战争史（Tilly，1992），[①] 作为古典政治经济学的代表，马克思的阶级斗争理论、马尔萨斯的人口理论都强调了生存竞争的背景与集体行动的逻辑。何况，在人类社会早期，由于技术的限制，个人单独提供自己的生存保障几乎是不可能的，因此集体生存保障就成为人类追求的第一个必需的公共产品。

同样，正是因为生存特别是共同生存始终是人类行为的首要目标，对生命、生殖的崇拜才会成为一个跨越时空的普遍现象。[②] 在中国，从西北地区的女娲传说，到彩陶文化中发现的蛙形图案；[③] 从小河墓地矗立着的生殖崇拜木雕，到康家石门子岩画中的生殖舞蹈造型，对生存目标的渴望无不表现得淋漓尽致（刘学堂，2016）。因此，我们认为，人类文明演化过程中制度变迁与技术进步的首要动机曾经是并且仍然是种群生存，这是我们理

---

① 西班牙、葡萄牙与荷兰的掠夺过程因为没有处理好国家与商人的利益关系而缺乏可持续性，未能带来工业革命（宋丙涛，2015）。
② 在挪威首都奥斯陆，有一座著名的"维格兰雕塑公园"，也称"人生公园"。在这里，人们可以通过观看一系列雕塑群像领略生命的价值与意义。公园里分布着用花岗岩、青铜、铸铁塑造的192组650个人体雕像，包括人的婴儿、儿童、少年、成年到老年等各个阶段，通过"生命之柱"、"生命之泉"、"生命之桥"和"生命之轮"四部分呈现"人生"这一主题。它是世界上最大的雕塑公园，作品由挪威雕塑家古斯塔夫·维格兰（1875~1948年）在1906~1943年完成。
③ 中国的原始夏民崇拜蛙神，把它当作女神的象征，因为蛙冬眠夏出，民以为它具有死而复生的神力；又因它肚瘪肚圆，永无止息，民以为它具有周而复始的生殖神力。其原始宗教隐含着信仰：只要虔诚祈祷，就可以具有蛙神的生命神力，其目的在于祈求个体和氏族长生不死。这自然繁殖神力的魅力，既是延续的祈求，也是增殖的渴望。

论假说的核心,也是我们理论演绎的起点。只不过,对大多数的弱势群体而言,行为动机就是自己的生存;但对利他精英而言,他们不仅要关注自己的生存,还必须关注弱势群体的生存。

很显然,不理解集体生存目标在人类行为中的基础性决定作用,就无法理解人类文明演化过程中的各种信仰与制度的意义,不理解信仰的诞生逻辑就无法理解人类文明的由来与去向。事实上,在人类文明的萌芽期,图腾[①]与巫术曾经是指导人类社会行为的一个普遍手段,人类文明的这个"幼稚"方法也曾经受到启蒙思维的无情嘲笑。但今天我们已经知道,正是世界各地普遍存在的图腾与巫术奠定了文明诞生的制度基础与认知前提,正是人类早期模仿自然界拥有超强生存能力的动物的方式推动了早期最为先进的"科学技术"的诞生。(库朗热,2006:121)

换句话说,早期的文明古国无一不是在宗教与巫术的帮助下构建起来的制度模式,[②] 而这些制度成功的原因是因为它供给公共产品的效率,效率的关键则是建立了独立的以专业化分工为基础的公共经济制度——以巫师集团为主的治理体制。正是这些专业化的统治集团或公共经济体制的效率优势决定了该群体能生存下来并被历史所记录,甚至发展壮大成为一个文明古国。由此可见,不仅从一个非市场经济的角度进行分析是必要的,而且首先建立一套关于公共经济效率的元理论也是至关重要的,或者说,在收集历史事实、进行历史分析之前,先有一个关于人类社会集体行动逻辑的理论假设是基本的前提。

三 集体交易困境与机制设计尝试

正是因为文明演化的公共经济背景以及公共经济研究者面临的诸多困难,尽管现代文明已经成为全球的共同追求,但对传统文明向现代文明转

[①] 生殖图腾都是原始人类将繁衍多子的意念施与繁衍能力很强的动物之形上,一旦这种意念与形相符合,便形成一种追求繁衍的共生意念。为了种族的繁衍,为了有更多的人狩猎和耕种,原始祖先们便把对生殖的情感内力移植到蛇、鱼、蟾等一些繁衍能力很强的动物身上,并将其膜拜为氏族的图腾,所以,这些氏族的图腾其实是他们对生殖繁衍意念的寄托。

[②] 中华始祖炎黄部落战胜蚩尤部落就是一个典型的例证。而商人部落的取胜、周姜部落联盟的取胜都是这一故事的延续。

型过程的认识，学术界依然没有取得太大的进展：不仅未能提供对文明转型的解释，而且对现代文明经济内涵的解释也乏善可陈（宋丙涛，2015）。曾经名满天下的新制度经济学（North，2005；诺斯、托马斯，1999；Acemoglu et al.，2008；Ogilvie，Carus，2014）已经将制度的内涵从产权扩展到了议会，从开放性、包容性制度扩展到了普适性制度，但他们的研究既未能解释符腾堡与荷兰早期强势议会在经济增长与国防保护方面的失败（Mokyr，1999；Kindleberger，1975；爱泼斯坦，2011；Ogilvie，Carus，2014；Song，2015），也无法解释所谓的普适性制度（比如美国的民主制度）为何不愿让外部的经济主体共享制度带来的公共利益，从而引发全球冲突。

当然，新制度经济学家之所以未能在解释现代文明的转型方面取得进展，很可能是由于那些在新古典模型影响下成长起来的、处于强势垄断地位的现代经济学家，根本不屑于对长期屹立于东方的农耕文明的成功经验予以全面的研究，从而导致了对重农主义与重商主义内涵与关系[①]的误解。因此在经济史学家不断还原现代文明诞生真相的过程中（霍布森，2009；赵林，2005），现代经济学家在提供文明转型解释方面的无能为力日渐凸显。

事实上，几乎所有的人类经济活动都是从公共经济行为开始的，而公共经济行为模式的制度化则标志着古代文明的诞生。但只有当人口由于生存能力的提高而出现大规模增长时，人与人之间的竞争才成为生存保障的主要挑战，兼顾集体内外复杂人际关系的社会结构与公共经济体制才成为人类文明探索的主流。

确实，在文明演化的过程中，文化的积累首先带来了人口的增加，人口的增加带来的是内部协调的困难，不同意见的协调与统一在人数增加的背景下逐渐成为不可能，于是人类原有的社会集团开始分裂。随着人口的

---

① 重农抑商的重农主义和重视贸易顺差的重商主义，只是人类在当时当地的条件下探求生存之策的理论总结。只不过，在目前流行的以亚当·斯密为奠基人的现代市场经济学体系中，重农主义是作为重商主义的对应理论而出现的。或者说，在欧洲中心论的体系中，重商主义作为一种理论是先于重农主义而出现的。但如果研究者的视野并不局限于欧洲中心论的范畴，那么，在全球范围内，无论是作为一种公共经济学思想，还是作为一种国家治理政策，重农主义或重农抑商的理念早就在古希腊与先秦中国存在了，这正是农战与商战国策的理论逻辑。

继续增加与集团的不断分裂，集团之间资源占有方面的竞争关系开始成为主要的挑战，地缘政治关系开始紧张。尽管人与自然的关系——技术的进步（比如工具改进）不断缓解着紧张的地缘政治关系，但集团之间紧张关系的挑战与应对仍然成了不可逆转的文明演化的主要动力。随着群体竞争的加剧，各个群体的有识之士都先后认识到，群体的大小对群体的集体生存能力或竞争能力有着重要的影响，于是各个人类社会的内部扩张与外部兼并就成为人类社会发展进步的一个主要特征。正是在这个背景下，应对内部关系的产权制度与应对外部关系的主权结构很快就成为各个早期文明社会结构的核心内涵，而以人际关系协调为核心的希腊哲学、中东宗教与东方儒学的出现正是各地精英为实现人际关系协调而不断努力探索的产物。

实际上，在人类文明的演化过程中，这些先贤精英探索的第一种人际关系协调机制其实就是各种公共产品的交换机制，而最早出现的机制几乎都是以安排祭祀活动为主要职责的宗教仪式。尽管早期原始崇拜的祭祀远不如宗教伦理时代的交换更为"文明"，但公共产品交易的性质已经表现得一清二楚。[1] 尽管后来更为"文明"的宗教伦理制度带来了执行效率的提高，但供求关系的关联性与对立性也逐渐消失在错综复杂的假象之后，从而给识别真问题带来了相当的难度。事实上，作为公共经济机制的一个早期尝试，在用虚构的强制力维持公共产品交易这一点上，儒学、基督教与伊斯兰教的作用并无太大区别。[2]

然而，正如我们前面提到的那样，公共经济制度的变迁从人类文明的萌芽时期就开始了，并且是从公共经济活动与私人经济活动之间的专业化社会大分工开始的。然而，正是这个社会分工使公共经济制度效率的进一步提高遇到了难以逾越的障碍，并使得人类社会从神学宗教向农耕文明的转型、向工业文明的转型成为十分困难的小概率事件，甚至让后来的模仿

---

[1] 赵林（2005：111）指出："祭祀即向神灵奉献牺牲以换取神佑，这是人与神之间的一种赤裸裸的物质交换关系，远不如宗教时代的祈祷活动来得高尚纯洁。"库朗热（2006：297）指出：在过去，"社会关系由举行祭祀的义务而定。宗教（公共经济活动或集体生存——本书作者注）的需要使某些人治人，使某些人治于人"。这是一个低层次的稳定的公共经济关系，是供求分工的安排。

[2] 三者的区别仅在于，儒学把思想体现在内政秩序制度化中，基督教关心内政外交却不能把思想转化为行动，伊斯兰教直接用思想来激励武力以确保公共产品的提供与必需的强制力。

者都很难如愿。

那么，为什么公共经济制度变迁与效率的提高会如此困难？

答案在于外部性的存在、委托代理关系的存在以及利益关系的复杂性使得交易过程对技术的要求过于苛刻，从而使利益均衡的博弈很难实现。

众所周知，市场经济中所谓的"市场"结构"有效"是指供求双方在市场上就产品质量和价格进行讨价还价的过程是有效的。并且市场经济的效率就来源于这个"讨价还价"的过程，讨价还价是市场机制效率的源泉。而市场交易的前提是产品产权的界定，如果产品的产权无法事先界定，交易就无法进行，因为谈判者无从判定自己的收益。

而对公共经济活动来说，交易机制有效运转的困难首先就是产权界定的困难，从而使得公共产品供求双方的诉求很难吻合，利益无法保证。其次是需求者内部结构与供给者内部结构的复杂多元，这也进一步加剧了困难的程度。由于产权界定的困难与经济主体的多元，不仅消费者并不愿意、多数情况下也不会轻易显示自己的偏好，即使显示了偏好，多元化的需求结构也不可能在公共产品的一维（或垄断）供给模型中得到充分完全地满足，因此公共产品的有效交易几乎是不可能正常进行的。

确实，公共产品边界的无法界定使得供求双方不能进行一对一的讨价还价，也无法进行公共产品的单个消费，购买者必需作为一个整体来与供给者进行谈判，并共同占有或消费这个公共产品。公共产品的不可分割性使得它的需求者从来都是一个群体，作为需求者的群体与供给者的讨价还价需要解决两个问题：一是需求者自己内部的统一与一致，这个过程由于需求结构的多元与合作博弈均衡实现的条件过高而很难完成；二是谁来代表群体与供给者进行谈判。实际上，第一个问题几乎没有引起学者们的足够重视，以至于至今都不是主流思想关注的核心。而如何解决代理人的忠诚问题则始终是人类历史上所有学者的研究对象，对明君贤臣的依赖几乎是古代思想家的共同主张。

当然，作为这些困难的另一个结果，不仅集体内部的协调困难重重，而且在付费的购买者协调成功并完成购买之后，如何阻止没有付费的外部人的消费同样是一个相当困难的任务。这就是外部性与搭便车问题。在现实中，大多数社会都选择了将强制权力赋予公共产品提供者的办法，以确保先付费后消费的经济交易模式能够持续下去。然而，这个办法很容易导致合同违约的出现，也就是存在拥有了强制力的供给者在获得付费之后提供劣质公共产品，甚至不提供公共产品的可能性。由于得不到必要的惩罚，很多供给者最后都变成了"合法的"掠夺者或非法的黑帮（奥尔森，1995）。而外部性带来的执行过程中对强制力的需要以及强制力本身的巨大副作用正是人类历史上公共经济制度一再出现极端无效状况的主要原因，更是人类文明演化进步的绊脚石。当然，为了约束明君贤臣的行为，早期的精英们尝试了从宗教威吓到法治国家的一系列解决办法，而在这些办法中，确保供给者具备事后（收税）有所作为的公共诚信是第一要务。

确实，公共产品的多方博弈与多元性质给实现交易的成功与结果的可持续带来了巨大的困难。大多数的现有经济理论尝试都是把三方博弈模型转化为二元模型，虽然方便了分析，却带来了严重的脱离现实的问题，从而使得文明演化过程中的分层多元关系与体制始终没有得到很好的理解。

我们认为，从供给的角度来看，公共经济活动中至少存在决策者与执行者两类经济利益主体，决策者负责获得消费者或付费者的偏好信息，执行者负责根据信息提供产品。因为执行者也有自己的利益，因此它存在提供不足与偷工减料的可能性（所谓的贪官系统化风险），尽管存在技术障碍（信息不对称），但逻辑上决策者可以对执行者进行直接约束；同样，决策者对消费者的满意度也很难及时足量掌握（所谓无能的昏君），再加上，决策者也有自己的利益。何况，决策者获取信息、监督执行者本身也需要成本，因此决策者的积极性也经常会受到抑制（所谓无德的昏君）。最后，从技术上讲，一方面，来自消费者的压力往往有着巨大的时空距离，该距离随着国家规模的增大而增加；另一方面，消费者的信息本身也存在着复杂的内部结构与偏好差异的不确定性（所谓的刁民与劣民），消费者群体的内部矛盾也会随着人数的增加而变得更为复杂，这些技术困难也会使得决策者的主观积极性进一步受到抑制。

事实上，即使不存在任何责任心问题，消费者关于产品需求的多元与产品提供的一维模式之间的矛盾也足以抑制任何有效的供求关系的建立。因为，不仅精英与大众存在两类公共产品需求结构的矛盾，即生存型公共产品与发展型公共产品的竞争，而且每一类群体内部也存在大量的需求结构差异，甚至对任何一个人而言，也存在需求结构在时间与空间上发生变化的可能性。因此，在公共产品的需求端，从理论上讲就存在着无穷多个需求者群体，而公共产品供给者只能有一种，供给的同类公共产品也只能有一个。再加上，在现实生活中，由于经济利益主体是多元的，一个公共经济的利益相关者是谁也经常是不清晰的，甚至是经常变动的或有意被误导的。特别是，在决策者与执行者那里，这种偷梁换柱的事情经常发生（所谓的信息不对称），而我们又没有可能揭穿他们的谎言，因此无效就是难免的。

总之，上面的分析表明，**不仅文明的转型是异常困难的，而且文明的诞生与延续也是一个几乎不可能的小概率事件。然而，人类文明不仅确实发生了，而且出现了延续数千年的东方文明与效率极高的当代文明，因此，一个关注非统计规律的小概率事件逻辑分析就应该成为我们的努力方向。**

事实上，已经有越来越多的学者（Bonney, 1995; He, 2013; 宋丙涛，2015）认识到公共产品交易的机制的构建标志着文明演化的进程，而从封建国家到税收国家、从税收国家再到财政国家的转型正是人类文明不断演化的标志。换句话说，尽管异常困难，但人类还是不断发明了卓有成效的机制来解决社会分工条件下公共产品供求双方的交易问题与合作关系持续问题。或者说，人类不仅发明了解决公共经济问题的办法，而且这个机制能够长期运行，甚至得到了传承与传播，那么，在它的背后就一定存在符合经济学理性的集体行动逻辑与公共经济规律。

众所周知，在市场经济中，价格决定是主客观价值（成本价值与效用价值）双方逼近的讨价还价过程。但在公共经济中，需求曲线只是个准需求曲线，公共产品的价格甚至不能由拍卖机制来决定，因为按照新古典的"经济人"假设，没人愿意显示自己的偏好，他们都在等着"搭便车"。然而，不仅公共经济活动真的发生了，而且越来越多的实验经济学研究证实，在一个拥有文明历史与社会文化的群体中，即使知道自己的付费购买会让不付费的人"搭便车"，还是会有相当一部分人愿意付费购买。很显然，在公共经济领域，新古典的"经济人"假设是不合适的，或者说不应该成为理论模型的假设前提。

当然，对于那些付费者中的富人而言，根据经济学的成本收益基本原理可知，只要这个人认为公共产品给其带来的效用大于其所支付的成本，其付费行为就是符合经济理性的。并且，一般而言，只有对那些能力较强的社会精英，特别是经济精英来说，这些公共产品的效用才会大于他支付的较高成本。正是由于这个原因，无论是农耕文明的专制国家还是工业文明的宪政模式，贵族精英与经济精英首先站出来构建制度并主导公共产品交易活动就是符合经济学理性的。同时，鉴于利他偏好或者说利他的人类社会性在公共经济解决方案中的重要性作用，从孔孟到柏拉图的古典哲学家们都把他们的毕生精力投入对利他精英的教化与培养上就是可以理解的。从某种意义上甚至可以说，这些思想家创造的利他文化构成了人类文明得以诞生和延续的认知基础。

很显然，沿着公共产品交易的思路来看，公共产品的定价是由那些能够买得起公共产品的消费者中最富裕的人的出价来决定的。这就是博弈论中的"大猪原理"或者是奥尔森的"集团中的精英角色理论"。由于需要更为迫切，尽管最后会因此而不得不付费，富人往往还是选择了显示自己的偏好。确实，为了效率，也为了自己的利益，这些公共产品最迫切的需求者宁愿付较多的成本，并愿意和供给者进行谈判，形成所谓的次优方案。这就是英国的宪政特征，也是西周共和制与古希腊城邦家长会议运作的基本经济逻辑。[1]

当然，由于公共产品的需求结构与地缘政治结构密切相关，而公共产品的需求结构往往又决定了供求双方的博弈能力，因此，在人类的历史上，在大多数的情况下，正如孟德斯鸠所言，战争的威胁往往会使得这个机制向专制主义演变，而不是议会主义。因为专制提供了在战争时期至关重要的统一的执行效率和集中的税收机制。相反，只有长期没有战争威胁的地方才能摆脱这个滑向专制体制的趋势，使得家长的联合、贵族的结盟保持常态，并使得议会主义成为一种制度尝试，而英国的近代文明就是这么一个例外的地缘政治格局的产物。（宋丙涛，2015）

---

[1] 库朗热（2006：221）写道："城邦在最初不过是家长们的联合，我们有证据证明，曾有过一个时代，只有家长是城邦的公民。""所以亚里士多德又说，真正公民的人数不多。""讨论城邦政务的议会，在古代只有家长或被称为'父'的人能参加其中。"

四 文明的制度内涵与文化的技术特征[①]

当然,要解释文明的发展进程,就必须首先对文明的概念进行辨析。不过,关于文明,即使在同一个学科内部,学者们的看法也是众说纷纭。然而,既然不同的学科都来讨论同一个概念,那就表明,至少大家对文明都有一个大体一致的认知。比如,大家都承认,文明是一种状态,在这个状态中一个人离开群体无法独立生存,因此群体内部的合作是必需的;又如,文明是一种行为模式,一群人生存的同时也应该允许另一群人生存,因此地缘政治结构是需要的。

特别是,对于最先出现的古代文明而言,尽管学者们有着各种各样的争论,却都有着相当类似的看法,比如文明是指人类更为开化的行为方式,是与野蛮相对立的状态,是一种集体生活的社会秩序(马克垚,2004);比如文明是一种复杂的以专业化分工为基础的社会结构(张渭莲,2008:8),而以生存保障公共产品为供给对象的公共经济机制——专制国家则是古代农耕文明最为典型的形态。正是在这个意义上,人们对文明的判断才有了大体一致的认知基础,国家才会成为大多数人判断文明有无的标准。[②] 当然,关于近代西方文明的国家特征,尽管内部结构有些许差异,人们同样有着比较类似的观点,比如把它视为一个拥有历史久远、空间固定、超越个人之上的制度与权威的政治组织(斯特雷耶,2011:序),其中文字、司法与财政制度意义重大(斯特雷耶,2011:23)。他们甚至指出,以市场秩序公共产品为供给对象的公共财政体制的出现预示了近代文明的诞生。

确实,在规范的公共经济体制出现以前,地球上不同地区的人类都尝试了摆脱族群与部落模式而实现公共经济活动效率提升与生存能力提高的各种可能(比如,神学宗教、封建庄园和部落联盟等)。然而,无论是何种尝试,在专业化的基础上实现有效分工是这些制度构建的核心诉求。在这

[①] 本节与下一节的主要内容曾以《国家治理结构的转型动力分析:精英利他假设与集体行动逻辑》为题在《经济管理》2016年第12期发表。

[②] 关于人类的共同生活模式的讨论,尽管社会学家、政治学家、人类学家有一些分歧,但大家都有一些共同的认知,认为稳定的内部结构与和谐的人际关系是一种文明的表现,而国家(state)就是这么一种稳定的组织结构或状态(state)(Gledhill,2005)。

个漫长的试错过程中，不仅关于制度内涵的认知是文明诞生的基础，能积累认知经验的文字的出现同样是必不可少的条件。

正是在这些研究的基础上，**我们认为，只有以规范的专业化分工为基础的、以可共享外部性的连续区域为边界的非血缘型公共经济体制——国家的出现才因为提高了公共经济活动的效率，而成为文明诞生的标志。因此，文明的制度内涵是公共经济体制，并表现为国家的形式，文明的效率基础是专业化社会分工。**毋庸置疑，文明的诞生是人类社会发展史上最为伟大的突破，[①] 也是一次典型的经济效率革命，它标志着人类彻底摆脱了自然状态，成为独一无二的高级物种。

总之，我们认为，作为人类社会发展的制度保障，文明是一个超越血缘、超越宗教的地域性公共经济体制，文明是用政治取代战争、用和谐共存取代生存竞争的一种人类社会有组织生存的状态。因此，与当代西方学者对近代欧洲民族国家诞生的强调不同，文明的经济内涵从来都不是以血缘为基础的民族经济共同体，而是以地域为基础的人类命运共同体。确实，早期的古代文明与国家，大多只是以地域为界的公共经济体，而不是以宗教或血缘为基础的利益集团（尽管族群与宗教也是公共经济体）。该命运共同体通过强调公共产品消费权的普适性使得公共产品的外部性问题得以解决，最终使得公共产品提供的规模经济效率得以实现。换句话说，平等对待辖区内的所有居民几乎是所有古代文明的基本内涵与典型特征，以至于古代文明不仅具有宗教与血缘上的普适性，而且具有时间与空间上的连续性，因而拥有了超级的同化能力（赵林，2005）。相反，近代以来，以欧洲为中心的民族国家概念的提出与宗教意识的强化，不仅引发了人类历史最为惨烈的生存战争，而且在生存资源充裕无忧的背景下，仍然引发了宗教冲突、民族矛盾与国家战争的频频爆发。

由此可见，从公共产品的共享特征来看，文明应该具有典型的非血缘特征与空间连续特征，[②] 文明的社会应该为辖区内所有人提供基本的、均衡的生存型公共产品。因此，那些以血缘为基础的庞大帝国或者那些以宗教

[①] 见题记讨论，文明，而不是工业革命，才是人类历史上唯一的一次大事。
[②] 尽管各个国家在征税原则上是否采用居民管辖权规定各异，但地域税收管辖权确实是没有任何争议的基本原则。（王传纶、朱青，1997：31-33）

为基础的军事集团，甚至包括那些以商人为服务对象的商业城市共和国，无论是如何的穷兵黩武、战无不胜或富可敌国，都难免成为短命政体，而无法成为真正的文明榜样。更有甚者，仅仅以血缘为基础来提供公共产品的希特勒第三帝国、欧洲移民建立的早期美国、种族隔离时期的南非甚至根本不具有任何文明的内涵与价值。换句话说，文明的核心内涵是公共服务对象的普适性，文明诞生的基础是公共产品的提供效率，而文明的表现则是公共经济体制在空间与时间上的连续性。确实，早在20世纪末，希克斯（1987）就明确指出，作为非市场经济体制的典型，习俗经济与指令经济都曾在人类早期发挥过重大作用，并使专制主义表现为一种革命性的制度变迁，他甚至特别强调，中国的官僚体制标志着古代文明达到了一个前所未有的顶峰，而不是制度失败的特征，其道理就在于此。

然而，由于公共经济理论的缺乏，作为经济学分支的财政学不得不把自己关于国家经济活动的解释建立在政治学与社会学的基础之上（马斯格雷夫等，2003；井明，2003；刘清亮，2008；冯俏彬，2005），关注制度变迁过程的制度经济学家不得不把意识形态作为国家制度更迭或者是强制性制度变迁的动力源泉（Weber，1949；North，2005）。正是在这样的背景下，文化决定论开始出现在经济发展与历史变迁的研究文献之中，并使得对公共经济制度的讨论长期隐含于文化、哲学与政治之中。以至于，在关于文明的讨论中，欧洲中心主义者一直把东方的古老文明（官僚体制）排除在外，而只强调欧洲近代文明的价值与意义：一方面，他们（孟德斯鸠等）无视东方的经验，声称在欧洲之前、之外并不存在另一个国家诞生的模式，认为中国和其他欧洲国家的经验不相关（斯特雷耶，2011：7；曹小文，2021）；另一方面，他们（汤因比、亨廷顿、韦伯等）又试图用文化、宗教来代替文明，然后从文化的角度强调欧洲文明的优越性与独特性。

确实，尽管文明与野蛮的对比最迟在3000年前的青藏高原附近与地中海周围就同时开始了（陈淳，2007：11），但由于受欧洲中心论与现代政治学的影响，很多欧美学者都认为希腊文明才是人类第一个真正的文明雏形，同时否认青藏高原附近的文明演化中专制帝国的积极意义（戈登，2005；易中天，2007）。至于已经有了民主政治的希腊与罗马为何会先后转向专制的贵族寡头统治或帝国专制，他们却无法给出令人满意的回答，大多数的当代历史学家甚至只是无奈地将之归于人性的堕落与历史的倒退。

事实上，不仅当时的历史学家西塞罗对这种"倒退"进行了赞扬，而且他还清楚地指出了古希腊、古罗马民主政体被专制政体替代的历史必然性。（摩尔根，1997：332）另外，早在一个多世纪以前，库朗热（2006）就曾对欧洲弥漫的古希腊、古罗马幻想进行过抨击，并指责了孟德斯鸠与卢梭"托古改制"企图的危害。① 很多人都认为，即使古希腊与古罗马曾经有过民主的实践，但那也是其专业化分工以前的失败教训，而不是地中海文明需要传承的成功经验。②

欧美学者之所以会犯这样的低级错误，除了库朗热指出的研究方法错误外，③ 近代西方学者对文化、文明概念的混淆也起了推波助澜的作用。

确实，近代西方学者对于文明概念的理解首先是受技术决定论与意识形态的影响而从文化开始的。著名英国学者泰勒（Edward B. Tylor）在其经典的《原始文化》中指出："文化或文明，就其广泛的民族学意义来说，乃是包括知识、信仰、艺术、道德、法律、习俗和任何人作为一名社会成员而获得能力和习惯在内的复杂的整体。"（转引自庄锡昌、顾晓鸣、顾云深，1987：98）在这里，不仅作为技术基础的知识被排到了第一位，而且文明与文化是一个可以互换的同义语。上述定义在文明与文化之间的混淆对学术界产生了长期的影响（赵林，2005；王锦贵，2004；冯天瑜等，2005），

---

① "正是由于对古代城邦制度的错误观察，近人常图谋复辟这些古老的制度。我们对古人的自由抱有幻想，仅此一点就足以使近代的自由陷入危险之中。最近八十年的经验足以证明，近代社会进步的极大阻力之一，就是因为在人们的心目中，古希腊及罗马时代留下了一个挥之不去的影子。"（库朗热，2006：导言，2）

② 其实，"雅典政治的浪漫化在西方政治思想中是很晚才出现的。18世纪中叶以前，'民主'是一个具有否定意义的术语，并且人们通常引用古代雅典的实例来说明民主的缺陷"（戈登，2005：96），雅典的陷落就是最典型的证据。相反，直到那时为止，专制政府一直是一个值得效仿的模式，不仅西方文明发源地的古代希腊、古代罗马人都羡慕地把东方的专制帝国称为文明的社会（加亚尔等，2000），而且东亚大陆的帝国专制文明也是从民主共和制演变而来的，未能实现文明演进的美洲各前文明部落也普遍实行的是部落民主制。另见王绍光（2011）的分析。

③ 库朗热（2006：导言，1；1984年版前言，10）指出："这种以近代人的眼光与事物来看待古人，误解他们就在所难免了。""耶稣会、普鲁塔克和卢梭是这些古人幻想的罪魁祸首。""历史学家的任务，就是要使人们能够正确地看待这个一去不复返的世界，要梳理清楚这个古代世界的建立原则，展示它得以协调的正确逻辑。"古希腊人和古罗马人肯定为人类做出了贡献，但我们不能以今人的眼光来评估祭祀对古人的重要性。孟德斯鸠的最大失误就在于他"没有正确地衡量存在于古人和今人之间的这道鸿沟"。

很多中国学者不仅始终认为中国在近代的失利是科技落后的结果,[①] 而且在与西方文明进行对比时往往关注的是文化的差异（赵林,2005）。[②] 尽管中国人在近代的屈辱源于与传统文化无关的战争失利（农战模式输于商战模式）,但中国的学者不仅将之归结为东方文化的劣势,甚至还将西方文化的先进性上推至古希腊时期,并认为现代西方文明就是因为近代的"思想、政治变革把许多新内容注入到传统的基督教价值系统中,从而使西欧社会完成了一场近代意义上的宗教－伦理价值系统变革"（赵林,2005:286）。这种混淆不仅导致了对现代化转型的误解,甚至导致有些学者把黄河文明的伟大复兴等同于中国传统文化的复兴。[③] 因此尽管从戊戌变法开始,我们对传统文化是应批判还是弘扬的争论就没有停止过（赵林,2005:导论,15-16）,但我们很少触及古代文明（农战模式）与现代文明的（商战模式）公共经济效率对比的本质,更没有指出中国农耕文明与西方工业文明的纵向传承关系与横向互补关系（国家治理模式现代化的内涵）。相反,我们习惯于在伦理价值体系的基础上把西方文明与中国传统文化或文明横向对立起来并强调文明的文化冲突特征,并且相对于我们对东方传统文化的批判,我们对东方农耕文明长期成功的公共经济体制（儒法国家）原因关注太少。

其实,这样一种学术传统不仅影响了我们对文明演化的认识,而且误导了大多数发展中国家的现代化转型。受这些思潮与理论的影响,当西方具有利他文化偏好的政治家真的试图向东方传播现代文明时,他们选择并带来的往往是西方的传统文化与宗教教条,而不是作为现代文明基础的公共财政体制。以至于"在工业世界征服和同化农耕文明的过程中,就不可避免地出现了一种'泛西方化'的趋势"（赵林,2005:288）,该趋势只是在文化上全面否定东方的本土文化,却并没有帮助当地的精英构建新的更有效的公共经济体制。相反,随"泛西方化"或"买办化"而来的"文化

---

① 尽管洋务运动失败了,尽管政治体制曾经被反复讨论与尝试,但时至今日科技是第一生产力,生产力才是国际核心竞争力的观点并没有改变。
② 很多中国学者都认为李约瑟之谜是"比较科学史领域中最诱人的一个问题",也是"文化与文明史中一个最大的问题"。（李约瑟,1986:56、36）
③ 这些学者以生产力决定论为基础指出,中华民族的伟大复兴关键在于中国传统文化中的根本思想和方法是否有利于发展先进生产力,更具体地说有利于发展科学技术这一第一生产力。（姜岩,2003）

抑制"效应导致的自尊心、自信心的丧失进一步推迟了当地现代国家体制的构建，进而阻碍了大多数发展中国家的追赶步伐。

鉴于文明与文化的混淆已经带来了这么多的误解与误导，许多学者都试图厘清这两个概念。① 在这些研究成果的基础上，历史学家们首先对文明的内涵取得了比较一致的看法。正如夏鼐在《中国文明的起源》一书中总结的："现今史学界一般把'文明'一词用来指一个社会已由氏族制度解体而进入了国家组织的阶级社会的阶段。"（转引自李玉洁，2002：23）尽管有时人们会把技术标准与文化因素加上，但在国家的社会组织结构才是文明的象征这一点上历史学家们（朱乃诚，2006）大体取得了共识，他们意识到国家作为"执戈捍卫之城"（冯天瑜等，2005：1）实际上是一个典型的地域性公共品的提供单位，因而成了文明的核心标志。

事实上，尽管在不同的历史时期，作为公共经济体制具体体现的国家治理结构本身不断发生变化，但以分工为基础的专业化的国家政治制度（公共经济体制）作为人类文明诞生的标志从未改变。无论是早期国家的出现，还是近代国家制度的变迁，文明的形态无不与国家体制的具体内涵密切相关。② 如果认识到了文明的这些内涵，那么很显然发生在欧洲的近代工业革命与出现在古希腊、古罗马的民主制度就都不可能是人类文明的起点，因为在近代国家在西欧出现之前的三千多年以前，作为文明形态具体体现的规范国家就已经在地中海沿岸与青藏高原附近出现了。

当然，文明与文化之所以被混淆，一方面确实是学术界认知水平受局限的结果；但另一方面，也很有可能是西方某些政治家有意无意引导的结果。由于近代文明在欧洲表现为民族国家的形式，它所提供的公共产品主要是种群的生存，甚至是以血缘为基础的小型种群的生存，因此在确保种群生存的过程中，特别是在近代欧洲的崛起过程中，公共经济体制的效率

---

① 赵林（2005：5）曾指出："德国社会学家巴斯将'文化'界定为'人对自然的支配'，将'文明'界定为'人对自身的支配'。"并且，赵林（2005：4、14）通过追溯词源认识到"'文明'一词最初是与'城邦'（polis）相联系的"，强调文明是关于人与人的关系，是关于城邦组织与政治生活的公共经济活动的规则；"而'文化'一词则源于'耕作'、'养殖'和'崇拜'"，因此描述的是属于人与物的关系中的私人经济活动。

② 正是在这个意义上，将对文明的讨论集中在国家体制上是非常恰当的，而把文化与宗教当作核心却有离题之嫌。

优势就主要体现为争夺资源的战争能力上（弗格逊，2007）。于是，任何一个族群的政治家对他们自己构建的有效率的公共经济制度就天然地具有保密的倾向，他们不大可能把一个有效的新文明——新的公共经济体制拱手送给自己的竞争对手。以至于，当西班牙、葡萄牙开始征服全球时，推广与传播基督教文化、遏制伊斯兰教文化就成了欧洲人对外扩张的重要目标之一，文明的扩散从来都不是近代欧洲文明扩张的特征与目标。更有甚者，欧洲人"把自己的文化影响强加于非西方国家和地区"（赵林，2005：导论，15）的目标最终是通过"不文明的方式"——即依靠枪炮与战争摧毁当地的文明基础之后才得以实现的。

确实，尽管能够让英国的枪炮所向披靡的是他们自己构建的更为有效的公共财政体制（宋丙涛，2015），但由于早期欧洲人扩张的目的仍然是与其他种群争夺资源，因此当英国人发现了一个更有效的公共经济制度与竞争手段时，他们当然不会把这个国家体制的秘密示人，更不可能在被他们占领的地区构建这个新型的公共财政制度或近代文明体系，因为这会使自己培养出一个竞争对手。不仅如此，英国甚至从来都没有想把使自己成功的现代文明模式——公共财政体系传授给欧洲大陆的法国、德国、西班牙、意大利、俄国等传统欧洲强国，甚至它也从来不愿意在自己的美洲大陆殖民地建立类似的公共经济体制（弗格逊，2007：80）。相反，英国人利用自己先进的公共经济体制的效率优势先后战胜了同属于基督教文化圈的西班牙、荷兰、法国，并将后者的殖民地收入囊中。因此，作为后起之秀的美洲殖民者只能依靠自己的尝试来建立一个更为有效的公共经济体制，而不明就里却盲目推崇自由与民主的法国实际上经历了五十多年的血与火的革命洗礼都没能成功实现文明转型，德国、意大利、西班牙更是用了一百多年的尝试才逐步认识到现代文明的本质是以"宪政"为基础的公共财政体制，而不是效率低下的基督教新教伦理。

正是由于这个难以示人的种群生存竞争背景，当欧洲人凭借新的公共经济体制在全球竞争中获得了决定性的胜利之后，他们当然并不愿意把自己有效的公共财政体制[1]强加于被占领地区，而是更加热衷于用基督教与西

---

[1] 一个在近代的种群生存竞争中拥有比较优势的公共经济体制，以纳税人决策为基础，以大纳税人的公共产品需求偏好为导向，以市场扩展为目标。

方文化来腐蚀当地的传统文明体系与公共经济制度,并把教化的重心放在构建有利于扩大本国市场规模的微观交易机制上。而这正是美国当局在全球极力推行新古典经济学模型的主要原因,也是敏锐的东方学者认识到"文化溶血"不可能实现的真正背景(赵林,2005)。正是从这个意义上说,赵林(2005:324)对泛西方文化的批判就是有意义的,他"不是一般性地批判现代性",而恰恰是要在批判文化殖民的基础上追求现代国家治理体制的再次构建。

最后,尽管作为人类社会发展的标志,生产工具,特别是工具材料的改进一直具有无与伦比的重要性,但无论生产工具有多么重要,只要它没能带来公共产品生产的专业化分工的改进,文明就不会诞生,它在文明演化中的贡献与价值就是相当有限的。因此,这些劳动工具作为技术进步的结晶,无论多么重要,也只能是人类社会发展与进步的渐进性标志——不同文化的标志,而不可能是人类社会发展的革命性飞跃——文明出现与演进的标志。于是学术界普遍用这些工具标示前文明时代的各个文化分期,比如仰韶文化、龙山文化、旧石器文化、新石器文化。相反,近年来学术界的一些跨学科研究者随意命名各种各样的文明的习惯实际上是不合适的,甚至是相当不严肃的。按照学术标准,只有在技术的变迁比如青铜器带来了国家与公共经济体制的专业化分工和效率的明显提高之后,我们才把此后的人类发展成果称为文明,比如青铜文明。并且在这些文明诞生之后的两千多年里,那些未能实现国家建制与公共经济专业化分工的游牧民族的生活方式仍被称为游牧文化,而不是游牧文明。同样,在一个文明社会的内部,采取相同生产技术与方式的人群被称为同一个文化族群,生产生活方式差异较大的则被称为不同的文化族群,而所有拥有国家建制的民族则都被认为是文明的民族。

当然,由于近代文明的核心是公共财政制度,因此无论文化与政治制度的学习是否到位,缺乏公共财政制度的发展中国家都无法解决落后国家真正想解决的问题——国防效率或种群生存竞争能力迅速提高的问题。事实上,不仅以甲午战争失败为标志的中国洋务运动的失败是传统公共经济体制——专制政体的失败而不是儒教文化的失败,以英国人的入侵为标志的伊斯兰世界的衰落同样是传统的政教合一的公共经济体制的失败,而不是伊斯兰教文化的失败。很显然，英国人构建的公共财政体制（商战模式）在战争动员方面比东方传统的帝国官僚体制（农战模式）和政教合一的专制体制具有明显的效率优势。①

确实，由于公共经济体制的比较优势最终只能体现在战场上，落后国家的有识之士的认识提高也首先来源于战场上的对比。比如，正是"这场（甲午战争的——本书作者注）惨败使中国的一些有识之士意识到，中国落后的根本原因似乎不在于军事上的落后，而在于政治体制方面的陈旧"（赵林，2005：导论，16）。然而，政治体制的陈旧并非必然表现为对官僚体制的坚守，而很可能来自对现代经济中公私经济关系的无知导致的公共经济体制改革的迟缓。

何况，今天被全世界津津乐道的所谓文明古国无一不是在早期的种群竞争中获胜的群体构建的体制，而获胜的关键就是他们建立的以专业化分工为基础的官僚体制的效率优势。也正是在这个意义上，世界各地的人类祖先才会在经过了反复的实验之后都得出结论，在提供维系种群生存的公共产品方面，松散的部落民主体制远不如集权的专制政体更为有效，因此专制的集权统治才会成为世界各地成功的民族殊途同归的共同选择，并成为人类历史上第一个文明的政治体制类型。② 正是为了追求部落种群的生存，古希腊与古罗马的政治家才会百折不挠地进行了反复的政治改革，试图放弃原有的部落民主政体，通过构建集权专制的政体而进入古代文明社会。

---

① 因为公共财政体制在国家支持企业、企业创新技术、技术支持国家的良性循环中实现了市场经济与公共经济的共同发展，经济实力为战争提供了持续的支撑。
② 人类最早对这个问题开始有意识的理性思考，是从埃及法老开始的，但表现为统治方式的探索。埃及第18王朝法老埃赫那吞（Akhenaten），反思了希克索斯（Hyksos）入侵带来的第13~17王朝的混乱割据历史，在公元前1375~前1358年主张改革多神并存的宗教混乱局面，他认为神作为秩序与部落生存的保护者，应该统一起来凝聚力量，内部的冲突与斗争削弱了埃及应付外敌的力量。然而由于传统势力的反对，再加上埃及的地缘政治对统一并非迫切需要，因此，一神教的改革失败了。但这个尝试被抓到埃及的犹太人，特别是摩西留下了深刻的印象，由于犹太人的颠沛流离和门户洞开的中东缺乏任何地理屏障，因此一个精神的凝聚力就是非常必要的，于是一神教的尝试便在中东如火如荼地展开了。上帝诞生了，犹太教、基督教与伊斯兰教也先后出现在这片动乱不止的热土上。而作为一个反例，无论是早期的雅典城邦，还是后来的波兰王国，缺乏集权统治的公共经济体制的民族都无法在原始的生存竞争中获胜。

总之，人类文明的演化历史实际上就是专业化的公共经济制度诞生与变迁的历史，而由于国家政治制度曾经是公共经济制度的核心内容，因此人类历史才长期表现为年鉴学派不愿意承认与记录的"君王历史"，[①] 历史学家们才会对专制君王的战争与统治活动非常感兴趣。以至于无论是阿庇安的《罗马史》、修昔底德的《伯罗奔尼撒战争史》，还是希罗多德的《历史》、司马迁的《史记》，所有这些著名的史书都是关于国王与战争的历史；无论"传统史学基本上表现为族类记忆和国家记忆，而族类记忆以皇族为中心，国家记忆则以王朝为中心"，还是"现代史学"开始"向现代主权国家记忆和公众自身记忆发展"（陈淳，2007：9）。对种群生存的关注与对能确保种群生存的更为有效的公共经济制度的追求始终是文明世界的人类精英们殚精竭虑追求的目标。而人类社会发展过程中一个更为高级的文明形态的出现当然就会表现为更为有效的公共经济体制的出现，发源于英伦三岛的工业文明正是这样一次公共经济制度变迁的结果——全新的更为有效的公共财政体制带来了公共经济活动的效率提升。

当然，尽管战争胜利曾经是近代文明的主要表现形式之一，但近代文明作为一个更为有效的公共经济制度，其商战模式提供的公共产品却并不仅仅只是生存保障，甚至主要不是生存型公共产品。特别是，鉴于重商主义生存策略的特殊需要，英国提供的生存型公共产品是通过市场交易获得的，于是市场扩张过程需要的经济发展条件第一次成了国家或公共经济体制重点关注的核心，商人资本家成为以资本主义为标志的现代早期治理模式的主导力量。因此，尽管表现为战争的胜利，但近代文明的核心竞争力不是战争本身，而是支持战争胜利的公共财政体制与市场经济条件。换句话说，尽管在近代似乎"谁征服了海洋，谁就可以征服整个世界"（赵林，2005：271），但不是为了市场经济发展、没有提供经济发展条件而只是征服世界的民族与国家，并没能率先进入工业文明或资本主义社会。蒙古帝国、阿拉伯帝国、西班牙、葡萄牙甚至法国都是这个领域中典型的反例。因此，英、美等国在现代化道路上的领先首先是它们的公共经济制度变迁的结果，它们对世界的征服也是现代文明带来的军事实力的结果，而不是

[①] 正如年鉴学派所抨击的那样，"旧史学有偏重政治史、郡王史的陋习"（布罗代尔，2003：中文版序，2）。

现代文明变迁的原因。

五 文明演化逻辑与制度变迁机制

关于近代文明的生存竞争特质，或许米勒（2002：36）的看法是切中要害的，"工业革命的巨大成功震撼了世界的每一个角落"，因此工业文明（商战模式）在与农耕文明（农战模式）的"争辩"中获得了巨大的胜利。然而，工业文明在军事竞争中的胜利并不意味着古希腊、古罗马文明的胜利，更不意味着基督教文化的胜利，也不意味着工业文明具有优越的正义价值。事实上，不仅古希腊、古罗马文明是典型的古代文明，因此其继承者希腊、意大利、甚至法国[①]也像中国、土耳其一样在与这种工业文明的"争辩"中遭遇了失败；而且基督教文化本身也和东方的伊斯兰教、印度教、儒教一样是一个集体主义文化，因此是与市场经济发展所赖以为基础的私人产权制度和个人主义文化格格不入的。[②] 而借助于市场经济获得成功的工业文明并没有在人类文明的发展方面做出太大贡献。

同时，从人类文明的演化角度来看，尽管在与工业文明的"争辩"中处于下风，但传统的黄河文明却是更为原初的文明、更具生命力的文明，是更好地传承了利他文化（儒法结合），因此更为符合集体主义价值观的文明。并且，由于黄河文明解决的公共经济问题具有时空上的普适性，因此黄河文明才是真正的普适性文明，因而很可能会为未来的现代文明转型提供可资借鉴的理念基础。[③] 当然，由于黄河农耕文明在当代的"争辩"中失败了，因此它必然被工业文明所取代就成为人类文明演化的一个必然趋势。

---

① 虽然谁是古希腊、古罗马文明的直接或主要继承者，可能会有争议，但近代文明发源地英国的公共财政体制的核心——议会更多地源自日耳曼，而不是古希腊、古罗马，却是学术界早就达成的共识。（戈登，2005：316 – 317；基佐，2008：42 – 43）

② 米勒（2002：120 – 121）用大量事实精确地说明了，西方的传统文化也是集体主义文化和独裁专制政治，而不是希腊文明的民主精神，但米勒没有认识到，现代西方文明的本质是集体博弈的公共财政机制，而不是市场上的个人主义文化，他误把适合商业活动的个人主义文化当成了个人主义文明或现代文明。

③ 不了解文明演变的这些经济内涵与历史背景，亨廷顿却借助奈保尔之口，在宗教文化的意义上，强调普世文明是西方文明的独特产物（亨廷顿，2002；米勒，2002：31 – 35），并试图以此文化的标准来贬低东方文明的存在意义。

但是，如果我们承认文明的演化其实就是公共经济体制的选择与变迁，那么我们就会同意，在现代化的转型过程中，国家之间就既不会有观念上的文明冲突问题，也不会有概念上的文明共存问题。[①] 相反，任何一个想对人类文明的现代化转型做出贡献的研究，都应该虚心吸纳两类文明的优点，为建立超越性的全新体制提供理论支撑。事实上，从逻辑上讲，一旦新的更有效率的公共经济体制出现了，所有的群体[②]都会愿意选择这个新体制，唯一的问题是教条主义的障碍。在这一点上，已变迁成功的发达国家与尚未变迁的不发达国家之间并不会有大的分歧或差异。真正有分歧与冲突的是不同国家之间的公共经济利益，[③] 特别是作为现代文明先行者的发达国家的某些政治家一再宣称的小群体利益优先的政治目标会激化国家之间的利益冲突，从而削弱现代文明的普适性价值。因此，从公共经济学的角度对文明演化的机制与体制变迁的路径进行分析就显得尤为重要，同时从利他文化传承的角度对中国传统文化中的普适性价值与共享性特征进行分析也是迫在眉睫的。

确实，尽管工业文明的诞生似乎一直是人类文明演化史上的一个谜（宋丙涛，2015），但只要人类的公共经济活动也试图用最低的成本追求自己的目标，那么任何一个制度变迁的过程就应该都能够用经济学原理来进行解释。而下面关于文明演化过程中制度变迁的假说就是我们努力的一个方向。

假说一：文明转型的经济效率逻辑。

我们认为，尽管人类文明诞生的条件从来都与人均收入没有太大的关系，但公共经济活动的效率始终是人类文明出现的前提条件。比如，在传统的农耕文明中，正是社会管理活动的内部分工与细化提高了生存型公共品的供给效率，从而才使得以人口为测度指标的早期文明成为一个普遍发

---

① 因此我们既不同意亨廷顿的有意扩大矛盾，也不同意米勒的有意掩盖差异（亨廷顿，2002；米勒，2002）。
② 当然，各个群体何时认识到这一点，这个社会的精英何时能说服本国的统治集团执行改革方案，不仅取决于这些民族在旧文明中的成功经验凝结成的传统体制的维持与抵抗能力，而且取决于这些精英对问题本质的认识以及提供的改革方案在多大程度上维持了从事专业化公共经济活动的统治集团的相对地位。
③ 就像不同消费者在拍卖行竞争相同的私人产品一样，他们的冲突不是对产品本身有成见，而是对产品的利益归谁有竞争、有矛盾。

生的长期现象。然而，公共产品的供给效率依赖于作为文明基础的公共经济机制的运行效率，而公共经济机制的运行效率又分为执行效率与决策效率两个层面。由于早期的公共产品需求结构相对单一，决策效率的改进没有太大的空间，因此执行效率的高低就成了文明诞生与演化的关键。而公共经济的执行效率首先取决于供给者拥有的强制力，因此在古代文明的创始期，强制力的构建就成为一个文明能否诞生的关键，而祭祀仪式、常备军、税制与科层官僚体制的出现都因为能极大地提高强制力的稳定性而成为古代文明演化的标志。

假说二：文明转型的生存竞争逻辑。

当然，尽管事后观察到的结果是效率高低决定了文明的演化，但在具体演化的过程中，只有当效率的提高与应对生存挑战的任务密切相关时，与效率提高密切相关的机制才有可能成为新制度的选项。因此，尽管贵族集体决策（原始民主）模式曾经是最早的公共经济决策机制，近代英国的实践也表明这个机制在显示公共产品需求偏好方面更有效率，但因与早期生存挑战没有直接关系，成功的传统农耕文明都先后放弃了这个无效的决策机制。以至于在文明演化的漫长历史中，公共经济机制一直没有在供求关系吻合的决策效率方面有所改进。相反，早期农耕文明精英们的努力主要集中在公共经济执行效率的提高方面。只有在一些农耕条件薄弱的地区，只有当重商主义生存模式成为一种应对生存挑战的策略以后，与重商主义相关的议会集体决策才成为一种更为有效的决策机制，并在市场经济的国际竞争中脱颖而出。[1] 换句话说，无论是东方的重农学派，[2] 还是西方的重商主义，其实都是生存挑战的应对策略，而不是经济发展的路径选择。

假说三：文明演化的集体行动逻辑。

鉴于经济效率的基础性作用，文明的演化确实遵循着从无序到有序、从低效到高效的普遍规律。即公共经济机制效率的高低决定着人类文明演

---

[1] 重商主义的策略对发展型公共产品提出了新的要求，特别是由于有利于经商的公共产品需求结构具有多样性的特征，因此与需求的偏好显示相关的决策机制的效率改进才逐渐成为社会精英们关注的焦点，议会预算机制的构建才成为近代工业文明爆发的突破口（详见后文的分析）。

[2] 实际上，在西方文明的早期，无论是古希腊还是古罗马，都有类似的重农主义思想与政策。（巫宝三，1982）

第二章 动态多元方法与集体合作理论

化的可能性,演化过程中低效的文明会不断被高效的文明所淘汰就是一种普遍现象。而淘汰有两种可能的方式:一是低效的文明无法应对新的挑战自己消失了,比如古希腊、古罗马的消失;二是低效的公共经济机制的升级换代为高效的公共经济体制,比如秦汉帝国对周朝封建制的替代。然而,无论是文明的诞生还是文明的演化,制度变迁的动力都蕴含在以集体生存为目标的集体行动逻辑之中,而该逻辑成立的前提则是人性的差异分布。

确实,集体行动逻辑是一个清晰有序的内部结构与利他文化相互作用的产物,而不是一群乌合之众的天然堆积。为此,我们需要一个更为复杂的公共经济行为模型来解释这些有序的负熵集体行为背后的逻辑与理性。[1]

在这个集体行动模型中,我们认为,人类社会是由能力(智商或情商)有高低、品德(德商)有差异的四种人组成的。即能力高低与品德好坏的交叉组合。当然,对立的双方在一定条件下可以转化。比如能力既取决于基因传递,也取决于学习。学习可以改变能力(智商与情商),也可以改变品德(德商)。[2] 于是,社会上的四种人可以描述为:利他的精英、自私的精英,利他的大众、自私的大众。同时,我们认为,在文明演化过程中,生存目标决定集体行动方向,技术条件与资源环境决定行为选择的空间。如前所述,现实中的经济目标分为两类,即生存目标与发展目标。并且,对一个成功的文明社会来讲,生存目标始终是一个优先目标,只有在生存得到保障的前提下,才有可能去追求发展的目标。而在人类社会早期,由于每个人的独立生存几乎是不可能的,因此如何用集体行动的方式来适应不同的环境并确保种群生存延续下来,已经成为人类的一种凝固在基因、文化(Kosfeld, Rustagi, 2015)与历史记忆之中的集体追求,并成为文明社会集体行动逻辑的依据与起点(张庭、宋丙涛,2015)。

以上面的假设为基础,我们认为,人类文明的演化包含着以下变迁规律。

其一,精英选择制度,制度影响大众,是任何一个成功的集体行动的

---

[1] 这意味着,并不是所有的人群都符合这个假设,只有成功地构建了文明社会的人类群体的行为才符合这些特征。

[2] 实际上早期的哲学家孔子、柏拉图、摩西与耶稣都是试图用教育的方式来改变人的德商,并获得了相当大的成功。

基本模式。确实，即使在一个追求集体生存目标的集体主义文化中，面对原有的制度环境，个体之间的行为模式也并不一致。我们认为，大多数人的经济行为受惯性控制，只有少数精英才会在面临挑战时依据掌握的信息进行理性的分析与冒险的决策，因此关注集体行为的我们不得不把自己的分析重点集中在少数精英的公共经济行为上。我们认为，在一个成功实现了文明尝试的社会中，人民群众并不是通过自己参与公共产品的供给来决定历史的，他们往往是在需求端发挥作用，因此精英主导供给决策的模式成了公共经济机制变迁的主流。[①] 换句话说，无论环境决定的群体竞争格局如何变化，任何一个社会内部的所谓制度变迁过程，都是该社会内部的精英面对新的挑战尝试新制度时的主观选择或政治决策过程。只不过有的尝试恰好适应了当时的环境、满足了人民群众的需要、解决了当时的问题而得以延续，有的决策不符合要求而被淘汰。历史上，成功的有理性有担当的精英往往被尊为神，但不是所有的个体都是有理性有担当的精英，所以以人人平等为基础的个体主义方法不能解释有效制度的由来与精英利他文化的产生。[②]

近年来，已经有越来越多的研究者为制度变迁中的个体动机研究提供了素材。[③] 他们认为，制度变迁是特殊的外部环境下人们追求生存可能性最大化努力的一种尝试，因此社会分工与社会组织的出现实际上是一个稀缺

[①] 确实，各个个体的行为选择也并不一致。一般而言，"大多数个体的认知都受到这种社会制度的塑造，只有少数的文化精英会对此进行反思"（黄凯南、黄少安，2009），而恰恰是这少数的精英创造或改进了制度。精英主导集体决策，文化演化利他偏好，社会理性主导集体行动，最后引发制度变迁与文明转型。

[②] 根据黄凯南（2008）的研究，许多学者注意到了这样一个追求集体生存的集体主义人类文化的意义，"Wright（1945）指出，通过引入群体选择，利他主义者就能够在群体选择中保留下来"，进而突出了利他主义对于种群繁殖、群体生存的价值，但不仅"没有详细探讨群体间的关系"，更没有在探讨利他主义的群体利己内涵的基础上进行群体内部选择的集体博弈分析，"并且将群体类比于个体，这很容易造成误解"（黄凯南，2008），特别是莱特（Wright）根本没有解释群体内部的权力结构与政治制度的演化与选择。Maynard Smith 的干草堆模型虽然更加系统地考虑了群体内的集体博弈过程（黄凯南，2008），却没有考虑集体内部博弈均衡与制度变迁、文明演变的关系。

[③] 在一篇关于非洲某些地区制度产生不足原因的分析文章中，研究者（Mayshar et al.，2016）既否认制度是生产力发展的产物，也否认剩余产品存在是社会分工的前提。他们认为，社会分工的出现依赖于季节性作物的可储存性特征，并强调正是可储存性食物的出现对分工的保护者提出了需要。

的小概率事件。比如，对于私有制与强制力的产生而言，[1] 他们的研究发现，即使有了高产的农业生产技术，技术与产权也不会成为必然的选择，许多非洲妇女宁愿选择种植不易储存的低产作物，目的只是为了生存而躲避掠夺者。[2] 确实，即使有了技术，制度的变迁也未必会发生（Besley, Persson, 2009、2014）。他们的研究还发现，只有当可储存的谷类农业生产率远远高于不可储存的根块类农业时，该地区才会发展出来复杂的社会结构，以便用制度的力量来抑制掠夺者。[3] 换句话说，在对制度质量缺乏稳定预期的条件下，一般大众宁愿选择生活在低质量、但更有安全感的原始社区，而不愿冒险进入大型文明社会。因此，只有当自然界的风险加大时，或者文化的发展使得精英的利他偏好成为一个稳定的预期时，支持制度变迁的选择才是理性的。

而灾害或外部的生存压力一方面将会改变这些成本收益条件，另一方面也会推动利他主义文化与利他精英阶层的产生（黄凯南，2008；黄凯南、程臻宇，2008），进而有利于制度变迁的发生。因此，汤因比总结的应对挑战文明理论是有着坚实的事实与逻辑基础的。不过，生存环境的挑战只能激活群体演化的过程却无法决定制度变迁的方向，只有群体内部的精英利他偏好的分布才决定制度变迁的方向，或者说个体选择和群体选择的力量对比决定了社会制度演化的方向（黄凯南，2008；黄凯南、程臻宇，2008）。

其二，精英具有认知理性，社会具有演化理性，这是对文明社会演化历史的总结。事实上，即使精英有动机构建制度服务大众，但如何保证这

---

[1] 亚当·斯密曾认为农业带来剩余、剩余带来社会分层。他甚至认为产权保护的需要来自游牧者的羊群。马克思特别是恩格斯也强调了剩余的重要性，即先有剩余后有阶级分化。柴尔德认为，农业带来剩余，剩余带来专业化分工。所有这些都是技术决定制度，我们认为，制度决定技术，先有内部分工与合作，然后有剩余。Lenski（1966）也认为，先有农业生产率提高，然后才有管理剩余的分工。

[2] 在研究中，他们引证阿西莫格鲁和罗宾逊的观点，认为近东地区先有定居后有农业，同意分工分层是剩余产品的因，而不是果。但他们的贡献在于，发现了关键不是农业，而是农业中特殊作物的性质，特别是储存食物如何带来社会分层的机制与过程。

[3] 这些研究者意识到，制度出现的机制与路径是不清晰的，是需要解释的谜，并认为这个制度变迁的核心决定因素是外在的地理环境导致的农业产品的特征。比如，他们发现，在今天的马拉维，仍然存在一个奇特的现象，那些缺乏保护的单身妇女，宁愿种植苦毒木薯，而不愿意种植其他更为优良的植物。其中的秘密在于，木薯收获很容易，但吃起来很麻烦，因此自动抑制了外来的盗抢动机。

些精英能够做出理性的选择、选择合适的制度引导人类社会的发展进步向文明社会的方向演化？

我们认为，文明演化的奇迹其实只是社会演化理性的自然结果。当然，所谓的演化理性其实只是一个事后观察的结果而已，而不是一个事先的选择。事实上，优胜劣汰的社会演化只是保留成功者，而理性的精英有更多的成功机会，因而有更大的可能性被观察到。因此，我们看到的历史过程实际上只是一个历史真相的局部而已，[1] 是社会演化的结果而已。从结果来看，各个成功的群体中的精英，都是具有认知理性的个体，他们不断改善自己的认知能力，并在已知的方案中做出了正确的选择，进而带领本族群进入了文明。相反，那些因选择失败而被淘汰的精英很少能够被我们观察到。事实上，当一个制度在尝试中获得优势之后，不仅本群体的人会采取一切措施试图将这个成功经验传递给后代，而且外部的竞争对手与旁观者也力图模仿这个经验。因此，作为成功榜样的文明，更容易生存下来并得以扩散，这就是儒法国家不断被重复、被学习的原因。当然，作为成功经验的拥有者，利他动机不足的人往往不愿意和外人分享这个成功的经验，于是我们看到了许多治理知识传递过程往往具有十分神秘的垄断性与排他性特征，从巫术、祭祀、图腾的神秘仪式，到世袭贵族与封建国家的秘藏图书，都具有排他性的垄断特征。[2]

其三，能力德行随机分布，竞争结果优胜劣汰，是社会演化进程的基本模式。根据前面的人性假设，即使精英有选择制度的能力与理性，但我们仍然无法肯定这样的精英具有追求群体生存目标的利他倾向，[3] 从而愿意选择有利于群体生存目标的制度模式。那么，社会精英何时才会做出利他的努力？精英为何会做出利他的努力？

关于第一个问题，演化经济学的研究成果（黄凯南、程臻宇，2008）告诉我们，在个人独立生存不可能的早期，当外部的压力足够大且群体间

---

[1] 无论是个体还是集体，历史上一定还存在着各式各样的人类生存方式，只是因为失败了，未能被历史所记录而已。

[2] 不仅早期的巫术、文字的使用者被局限在一个小圈子里，在把法律刻在泥板上、铸在铁板上以前，法律的知情权也曾是贵族的特权。

[3] 尽管从边际效用递减的规律中可以推断出来精英会有更大的利他可能——新增加的财产的边际效用较低，因而自私的激励较低，但这里我们仍假定精英的利他倾向是正常分布的。

的人员流动极低时，精英提供公共产品的活动就会因为需求强烈而盈利丰厚。于是富有集体荣誉感的利他偏好就可能得到演化，此时利己的偏好就会受到抑制。相反，利己的偏好就会得到演化，集体获取资源的能力就会下降。而以人地关系为对象的技术条件与以集体关系为对象的地缘政治则决定了群体间竞争带来的压力是否足够大，并进而决定了利他偏好是否能够成功演化。

关于第二个问题，我们只要假定，人群中利他偏好与利己偏好的德行（德商）分布是随机的，人群中的能力（智商与情商）分布也是随机的，且异质性是一个基本特征，[①] 那么利他精英的社会演化就可以被推论出来。由于能力与德行在不同的人身上的分布是随机的，因此哪一个团队更加适应环境的挑战并不能事先知道。但在个人独立生存是不可能的条件下，当能力集中在不愿合作的利己精英身上时，由于有能力的精英在内部竞争中拥有遗传优势，拥有合作倾向的弱势群体会趋于消失，从而使得该团队因缺乏合作者而渐渐变小，最终在集体竞争中消失。[②] 相反，当能力集中在利他精英身上时，强互惠将会出现。此时，利他的精英在保证自己生存的前提下为集体提供公共产品，靠利他奉献组织内部合作，合作团队不断扩大，从而确保了集体生存竞争能力。同时，更为重要的是，利他的精英有能力对那些不参与合作的人进行惩罚，确保群体的合作偏好与利他文化得到延续。由于德行与能力的耦合，该团队在群体竞争中不断获胜，最后导致拥有较高利他合作倾向的社会群体得以保留下来，从而使得以利他合作为标志的文明社会的道德特征得到演化。[③] 利他精英的合作行为不仅实现了自身

[①] 事实上，把人与人假设为一样的，既是新古典经济学的核心基石，也是近代启蒙运动与教权、皇权斗争的哲学工具，更是平等主义的有力武器。当然，中国古代也有类似的追求，"己所不欲，勿施于人"从否定的意义强调了推己及人逻辑的正义性。然而，这一思维模式的相反推论并不必然成立，"己所欲，强加于人"的思维很可能会造成独断的管制模式，因为这个结论同样是基于人与人都一样的假设而进行推论的结果。不过，无论在儒家思想中，还是在马克思主义的思想体系中，差序结构都是存在的，只不过与自由主义者强调的以自我为中心的产权理念不同，孔子与马克思认为，真正的君子或先锋队是要求个人奉献的利他化安排，即对精英的利他道德要求与成果共享制度，以此服务于公共经济的运行或共产主义制度。

[②] 叶航曾介绍说："根据鲍尔斯和金迪斯的计算机仿真，一个完全自私的人类族群，由于无法建立稳定的合作秩序，最终会趋于灭亡。"（金迪斯，2005：导读一，19）

[③] 达尔文也曾在《人类的由来》中指出："道德水准较高，多数人奉行道德规范的部落，绝对比其他部落更为有利。"（金迪斯，2005：导读二，31）

的生存演化，而且会激励更多的社会精英模仿他们实行强互惠利他策略。当然，利他心与精英的耦合并不是一个非常普遍的现象，因此，不仅人类文明的诞生并不是一个普遍现象，即使有了文明的存在，文明的长期延续也不是一个普遍性事实。

不过，正如孔子与柏拉图同时意识到的那样（张庭、宋丙涛，2015），精英的利他倾向是可以培养的，并且，尽管各个时代的文化精英都知道，集体主义文化与利他主义道德的宣传并不会使所有人都放弃自利的行为模式。但他们清楚，只要这样的宣传能够影响足够多的精英成为利他的，该社会就能够有更多的机会生存下来。特别是在外部竞争压力增加时，这样的宣传就更加必要与有效。

当然，由于公共经济的核心特征是外部性，因此，作为精英构建公共经济制度的努力方向，强制力的构建就成为文明诞生的关键。事实上，不仅所有的文明都是从神话传说开始的，而且几乎所有拥有强制力的宗教文化都无一例外地有着类似的利他主义道德主张（张庭、宋丙涛，2015）。尽管与正式的制度相比，宗教劝善的成功率更低，但早期的宗教确实用此办法培养出了一批批的利他精英，构建了一定的制度强制力，并引领各自的群体渡过了生存危机。

第二篇
黄河文明史实与夏朝创世逻辑

漂流的黄土地　迁徙的古文明

在对黄河文明起源的研究中，农耕文明与中原文化几乎是无法绕开的两个基本特征，但本篇的研究表明，在黄河文明演化过程中，这两个特征实际上是黄河文明演化到中期之后才出现的现象，而不是黄河文明起源阶段的特征。特别是，在黄河文明发育成长的第一个千年中，中原地带还只是一片沼泽地，既无文明也无农业。尽管黄河文明作为华夏文明主体地位的认知几乎是一个学术界的共识，但以中原文化为中心的黄河文明只是东周以后、南宋以前的持续1500多年的一个历史样貌。

众所周知，战国以后才慢慢形成的中原文化中心是以中原农业中心的形成为前提的，但中原农业中心的形成不仅仅是气候干冷、沼泽干涸的产物，也是夏商以来黄河中上游水土流失、数千年来黄河慢慢搬运黄土的结果。但黄河可以搬运黄土也不仅仅是自然力发威的结果，更是夏朝文明聚集的大量农业人口在黄河中上游刀耕火种、反复开垦的结果，是以夏人为主体的华夏祖先破坏黄河中上游流域植被导致黄土流失至下游的人为努力的产物。正是由于黄河中上游在公元前2500~公元前1500年的过度开发，才有了黄河文明的诞生，但也导致了黄河文明与黄土农业沿黄河的迁徙。从那时起，黄河携带的黄土急剧增加，进而在漫滩湖泽的"东海"逐渐淤积出一个中原农业区——黄淮海平原，中原才有机会成为华夏的经济核心区域与文化核心地带，并从战国开始成为文字历史的创作地，成为黄河文明成长壮大的新中心。

本篇将以这个新的历史想象为基础进行公共经济制度变迁过程的实证分析。理论的创新往往来自对历史事实的重新认知，因此尽管文献的历史、考古的历史都不可能是绝对真实的历史，但当它们提供了足够多的新史料与新经验数据时，我们的规范分析与理论构建就有可能获得新的突破。因此，本篇的历史考证既是上一篇理论假设的印证，也是下一篇思想史梳理的准备。

第三章　黄河文明起源的时空逻辑

关于历史的可靠性,在《史记》的修订前言中,修订者引《汉书·司马迁传》称司马迁"辨而不华,质而不俚,其文直,其事核,不虚美,不隐恶,故谓之实录"。这些评价表明《史记》所记事迹比较准确,但对于这些事件发生的时空关系是否可信却不置可否,根本未予关注。事实上,从《春秋》到《史记》,虽言实录,但因旨在劝善,重在资治,因此往往重事实正误,轻时空考证。"不虚美,不隐恶"更是表明了其重在德行、不考时空的特征。对于《史记·五帝本纪》,《史记索隐》同样写道:"本其事而记之","而帝王书称纪者,言为后代纲纪也",《史记正义》解曰:"德配天地,在正不在私,曰帝"。所有这些认知也都表明《史记》所记重在德行事迹,不考时空方位。至于夏商纪年,虽为口传历史,但因笃信鬼神,其事迹应该不敢造假,[①] 但发生地点却语焉不详。

事实上,关于历史研究中材料的真实性问题,邓小南(2017)通过对

[①] 研究古希腊城邦历史的库朗热(2018:160-161)对传说有类似的观点:"为了美化城邦神的信仰,无意的错误、轻信和夸张是可能的,但有意的说谎则是不可理解的,因为这是一种恶,是对神圣史记的侵犯和对宗教的歪曲。""对于欲弄清古代的历史学家来说,他们有理由相信,虽然史记中存在着可商榷的错误,但决无胡编乱造的事实。""它不会随时代的想象而发生变化。""因为撰写史书的教士,与在节日中主持礼仪,讲述故事和唱圣歌的是同一个人。"后人对古罗马历史进行了考证,发现修昔底德、希罗多德等史学家的书中所写的内容基本是正确的。因此,他(库朗热,2018:158)写道:"(或许)语言可因风俗与信仰而改变,但祷辞的词与调始终如一。""那些传说故事,因离我们今人的习惯及思想与行为方式太远,使人很难相信它们是真的,或且认为只是些古人不切实际的幻想罢了。"但"这种史料由教士掌握,况且宗教出于自身的性质禁止更改任何事实,所以它是一成不变的。"(库朗热,2018:160)因此春秋战国时代的人们看到的夏典、商典应该是可信的,但周礼世俗化之后,他们进行新的编撰是可能的,很可能掺入了他们自己的政治要求。

一些宋朝的历史资料的分析指出，[①] 所有的历史材料其实都是人类有意选择的结果，选择者的价值观很可能影响了历史资料的完整性。何况，即使当时的记录原件是记载的历史，此后编纂的正史往往也是修正、修饰后的历史，此二者皆是根据需要有意选择的历史，而非真正的历史。对此，欧阳修曾检讨说："事关大体者，皆没而不书"；"事关得失者，皆不纪录"（《欧阳修文萃（卷十奏状）》），以至于道德价值难以传承。欧阳修认为，历史是为政治服务的，事关政治正确与道义选择的事、重要的事，记录时不可遗漏。相反，与集体责任感与社会道义感（良知）不相关的材料即使漏掉了也是可以接受的，[②] 甚至是得到默许的（比如对《诗经》的删减）。因为古代的历史既是法典，更是理论，还是政治，所谓"史者，国之典法也"。因此，传统史学认为，只有可以当作法典与政治模板的事实才能记载进历史，只有可以为后世师表的人和事才能进入历史。

正是由于这些原因，中国的历史，尤其是早期的历史往往拥有两个基本的特征：一是所记大事基本准确，二是对时空关系很少考证。然而，近代以来的科学观极大地改变了中国历史的研究现状，以真为主的历史考证逐渐成为史学主流，正是在这个追求"真"的考证过程中，时空的考证或时空的真相逐渐进入了历史的视野，甚至被当成唯一的标准，用来否定许多"大事的真实性"。再加上受王国维的"二重证据法"的影响，于是，以不重时空的历史文献与重时空考证的考古工作的对照为目的的当代历史研究难免遭遇"驴唇不对马嘴"的尴尬。然而，只要我们拨开近代欧洲史学才开始的历史研究中表面求"真"的纷乱迷雾，回到历史研究的真实目的，我们就会发现，所谓近代的欧洲"科学史观"并没有走出为事先定好的意识形态目的服务的旧辙（库朗热，2006：序），发生变化的仅仅是东方精英确定的天理观人文知识体系变成了欧洲精英确定的公理观科学知识体系，

[①] 赵汀阳（2019）也说："在理论上说（实践上或有偏差），历史记载的是值得一个集体去追忆的事情或需要继续保值的经验，正是历史叙事创造了集体经验和集体记忆，也就是一个文明的生命事迹，既包括辉煌成就也包括苦难教训。如前所论，历史做不到如实，甚至人们也不愿意历史完全如实，而更重视拥有精神和思想附加值的历史，因此，历史总是创造性的叙事，是文明基因的生长形式。"

[②] 只是近代以来，深受西方科学知识体系影响的中国历史学家才会把绝对真实性当作历史学科的追求（李时岳，1991）。

人文知识体系关心的大众利益变成了科学知识体系关心的小众利益。[①]

一 黄河文明起源的时间逻辑

毋庸置疑，就像欧洲人18~19世纪在埃及、中东考古中表现出来的寻根执着与宗教狂热一样，[②]中国人的夏商周断代工程与中华文明探源工程同样是崛起之后的中国人表现出来的文明寻根与文化寻祖热情。正是因为这个背景，我们认为，不管是历史记录、考古遗存，还是传说文献，作为古人最为重要的经验记录与理论思考，都会给我们的文明反思提供素材。

同时，我们认为，近代以来的西方学者以及受其影响的中国学者的"疑古思潮"，其实是作为竞争对手的科学知识体系构建者为了维护自己理论的竞争力、政治的正当性而有意歪曲对手理论的不正当竞争的产物，是意识形态竞争的一部分。[③]关于政治体系的垄断性竞争行为，周人处理商朝甲骨的做法或可提供一些佐证：[④]商朝人的鬼神崇拜模式曾被周人全面模仿，但周礼早期的典籍对此只字不提，并在后来悄悄地用礼仪全面替代了这个模式。同样，商朝拥有甲骨文，构建了自己的典籍系统，但这些甲骨文与典籍系统对夏朝的信仰体系与贡赋模式只字不提，商朝统治者同样想竭力消除夏朝神话与禹贡体制的影响。类似地，虽然汉承秦制、唐承隋制，但继承者都在努力消除前人的积极影响。为了使自己的理论模型与政治体系的合法性不受质疑，极力诋毁前人的经验、磨灭对竞争对手的记忆是各个后来的公共经济体制与理论构建者惯用的伎俩，也是一个需要垄断强制力的公共经济体制演化过程中的普遍规律。因此，19世纪以来，西

[①] 在这些欧洲中心主义与科学决定论的学者看来，研究的价值与意义不是对问题本身的关注，而是西方同行的接受："而在西方学者眼里，中国学者思考的问题和研究的方法已经过时，他们认为我们仍然在做不恰当、不值得做或已被证明是无法做到的事情。""如果有一些人固守这种或那种旧观点，干脆会被逐出这个行业，此后没有人再理睬他们的工作了。"（陈淳，2007）

[②] 为了印证《圣经》中的故事，西方学者的狂热表现可见Walton（2006：15）

[③] 关于这个不正当竞争手段，只要看一看西欧学者追溯古希腊、古罗马民主史时，把传说当文献、把文献当体制的论证过程就一目了然了。

[④] 王晓辉（2015）指出："由新石器时代晚期至夏、商时代初期，商人逐步接受了其东方与南方早已存在的龟灵观念，并从那里取得了以政治势力保证的贡品。"

方学者以科学知识体系的考古方法论为由来抵消削弱中国古代文明中人文思想影响的伎俩同样是后起之秀稳固自己合法性策略的一部分。不了解这个政治背景与竞争策略，而只是盲目地跟随科学知识体系的脚步亦步亦趋地进行人类文明起源的研究，是注定无法理解黄河文明起源的真相与价值的。

因此，我们认为，根据文字与考古材料之外的证据，从历史的现场考证开始对黄河文明的研究就是必需的，或者说，尽管比较可靠的文字史料大多来自汉代，已经发掘的考古现场主要分布在中原地区，但正如唐晓峰（2018）强调的那样，中国的文明起源既不是从秦始皇开始，甚至也不是从商朝的后期开始，而是从更为原发的夏朝初期开始，从夏文明构建的空间可能性出现开始。①

关于黄河文明探源应该从何时开始的问题，几乎所有关心该问题的学者都认为，作为科学知识体系在历史学中的映射的考古学，是一个绕不过去的讨论起点。但我们认为，很可能恰恰是考古学的科学方法损害了它在文明起源研究中的可能作用。② 以至于孙庆伟（2018，前言：3-4）曾指出："在探索夏文化的过程中，刻意追求文字一类的证据，实际上是对考古学研究方法的不了解和不信任。""这种思维方式导致的结果就是大量研究者围绕二里头遗址和二里头文化大做文章，企图从遗址性质或文化分期上来解决夏文化问题。"③ 确实，将夏朝的出现、黄河文明的起源研究仅仅局限在中原地区的考古材料与传说文献的印证上，很可能误导了对黄河文明起源与夏朝建国历史的探索。

作为一个尝试，本书关于夏朝历史的探讨主要采取以集体行动逻辑为

---

① 秦始皇只是改变了国家的内部管理模式，即用郡县制替代了封建制，而不是第一次创建了拥有强制力的国家或公共经济体制。（唐晓峰，2018）

② 孙庆伟（2018：扉页、前言，1）曾引征傅斯年先生的话批评道："以不知为不有，是谈史学者极大的罪恶"（傅斯年《战国子家叙论》），又引用邹衡的话指出："夏文化不是没有发现，而是用什么方法去辨认它"（邹衡《对当前夏文化讨论的一些看法》）。邹衡指出，尽管"在古代文献记载中所见夏商两族活动范围内即在黄河中下游的中原地区，已经不太可能再发现什么新的考古学文化了"（转引自孙庆伟2018：前言，1）。

③ 孙庆伟（2018：前言，1-2）指出："导致这种局面的根本原因就在于探索夏文化的方法出现了偏差。""换言之，尽管以王陵、文字等'铁证'为主要依据的'都邑推定法'在某些情况下能够有效地解决夏文化问题，但它却不能算作考古学研究——道理很简单，作为一门学科，考古学不可能把自身的研究基础建立在那些可遇而不可求的遗迹遗物之上。"

基础的制度变迁分析方法。我们假定，作为黄河文明的历史起点，第一个王朝国家一定是存在的，它的构建者的制度创建行为应该符合本书第一篇讨论过的制度变迁规律。而拥有如此丰富的传说文献与甲骨文材料的商人竟然没有只言片语来歌颂自己祖先创建国家的丰功伟绩，那么，依此就可以断定，这个作为文明起源的王朝国家就不可能是商朝的国家。于是，我们暂时根据传说文献把这第一个构建国家的王朝命名为夏就是合乎逻辑的。但同时我们也认为，这个作为起点的夏王朝的创始地不可能是洛阳盆地的二里头，因此以二里头考古为主线来为夏朝断代实际上是选错了方向。为了寻找夏朝起源的时间节点与空间区位，为了解释黄河文明诞生的经济逻辑，本篇将要摆脱那些"可遇不可求"的所谓考古"铁证"发掘方法与思维定式带来的束缚，借助更多的集体行动逻辑与制度变迁规律来探索夏朝建国的历史过程。因此本章的研究更像是一个理论逻辑的推演分析，而不仅仅是一个基于历史材料的真伪考证。

（一）研究黄河文明的起源为什么要从夏朝开始？

尽管"上下五千年"已经成为形容黄河文明历史悠久的习惯性表达方式，但在学术界，关于黄河文明诞生的时间一直是存有争议的。一方面，深受西方科学观影响的近代考古学家往往只愿意承认出土甲骨文所揭示的三千多年前殷商之后的黄河文明，只愿意承认有文字记载的黄河文明的"信史"；另一方面，对华夏文明充满自豪感与自信心的许多学者试图将黄河文明上推至仰韶文化早期，[①] 他们认为，上古时代的天文学知识表明，"靠天吃饭"的华夏农耕文明至少在6500年前就已经诞生了。

确实，确凿的文字材料是文明存在或诞生的重要证据，完备的天文知识更是农耕文明诞生的基础条件，但这些条件是不是文明诞生的充分必要条件是不清楚的。事实上，文字是文明传承经验的最佳方式，却未必是文明出现的必要条件；天文知识是农耕文明的必要前提，却未必是文明诞生的充分条件。在"抬头看天，低头种地"、掌握天文知识到文明体制的出现之间，有一个漫长的社会结构构建与关键性的王权权威（公共产品供给执

[①] 在这些自信的学者中，天文考古学家冯时是一个典型代表。冯时试图根据考古发掘的物质材料重建上古思想史，并在思想史的基础上重建上古史。（冯时，2017）

行强制力）诞生过程。① 同样，在文明形成和用文字记载文明体制，并用适当的载体把这些文字保留下来之间也同样有着漫长的技术变迁过程。因此，坚持用文明成熟后的确凿记录材料来证实文明诞生的做法并不是唯一可靠的研究方法。真正的文明很可能诞生在这两类典型的史实标定的时间之间。

当然，在黄河文明肇始的过程中，天文学确实是祖先创建的第一个最为有用的科学知识体系，以此为依据来构建作为文明内核的公共经济体制是一个合乎逻辑的推断。特别是，在黄河文明的诞生过程中，天文学与作为人文知识体系的政治思想的关系非常密切，中国古代的圣贤往往通过天象、气候与农业生产的关系来论证政治制度的合法性，从而形成了政治理论这个主观知识体系的第一个客观知识基础。在这个政治思想中，源于天文认知的天命理论与神权权威，一方面为政治制度的建立提供了坚实的合法性基础与制度逻辑，另一方面也为社会分工条件下的公共经济活动的正常进行提供了必需的强制力。因而天文学成了统治者试图垄断的最早的官方知识体系，② 并通过授时封地（时空规划）与天命神授（时空关系）的形式固定下来。因此，我们认为，天文知识是农耕文明起源的初步动因，因而也是黄河文明起源的第一推动力。

更为重要的是，天文知识还为文明诞生提供了供求关系协调必需的公共品。根据以前的分析可知，公共经济活动持续进行的关键是跨越时空的供求双方的诚信（宋丙涛，2015），儒家学说也认为信（横向关系）与孝（纵向关系）是文明存在的基本前提，正所谓"国无信不立"。但在认知"信"这个抽象的概念时，天文学的知识为中国古代的圣贤们提供了第一个可以印证、可以观摩的客观对象，即周而复始的天体运行规律实际上构成了中国人认知"信"的物化对象与道德标准。换句话说，中国古人正是基于对天（太阳）的观察认识了"信"的内涵——"周而复始，如期而至，信也"。基于这个认知，中国人以天为榜样构建了"信为神灵，祭祀为约"

---

① 在讨论国家与社会的关系时，Gledhill（2005）曾经批评学者们在讨论国家起源时使用现代的规范标准去框早期的国家萌芽状态的社会结构、去判断国家的形成阶段。

② 无论是西水坡的考古发现，还是孔子、司马迁的从业经历都表明，与国家治理相关的知识体系，包括天文学，始终是一小部分执政者集团垄断的小众知识。

的原始信用概念与公共经济体制。① 由于天地的信用具有不受公共产品供求双方（统治者与被统治者）控制的特征，因此双方的合作契约就需要在天地面前互相发誓，就需要通过"祭祀天地"建立信义与权威，以便在人间构建文明体制赖以运行的信用关系。《易传·象传上·贲》曰："刚柔交错，天文也；文明以止，人文也。"其中的天文，即天象，其中的人文乃人间信用关系，并成为文明体制得以建立的人文知识基础。因此，冯时用天文学来判断文明的起源是有一定道理的，天文学用客观可证伪的知识体系构成了中国古代文明演化必需的人文知识基础，从而使与天文学相关的天道天命理论成为政治合法性的判断标准与公共经济活动的指导原则。

当然，在中国上古的思想中，靠观察天象构建天象图来奠定政治合法性的公共经济理论只是天文学的价值之一，而依赖天文知识构建历法来指导原始农业生产是天文学的价值之二。

根据汤因比的挑战—应对文明理论，农耕文明实际上是人类应对自然挑战的成果。因此，文明不可能出现在根本没有生存挑战的地区，也不可能出现在挑战过于严酷的地区。这样一来，只有在需要人工种植、但农业条件又不太好的地区，或者说只有在需要克服自然环境挑战、又能够克服自然环境条件挑战的地方，文明才可能出现。于是，四季分明的低纬度地区就成为人类文明诞生的最佳实验场，同时，与农业相关的天文学知识的出现就成为成功应对天灾、发展出农耕文明的前提。因此，冯时（2017）指出，1987年中国考古学家在濮阳西水坡考古遗址中发现6500年前的天象图墓葬具有重要的文明标识意义，它标志着华夏先民已经具备了文明演化的科学知识基础。② 但若以此为依据就下结论说，中国早在6500年前就进入了农耕文明社会，却难免有失严谨，难免会犯以条件代替结果的错误。

确实，华夏先民很早就拥有了丰富的天文学知识，甚至也把它融进了

---

① 这是与西方，特别是犹太圣经中的约柜不同的信用体系构建过程，很显然，与《圣经》中空口无凭的约誓相比，中国的天道更为可信、可见，因而成为体制构建过程中更为有效的理论基础与思想渊源。
② 根据冯时（2017）的考证，该遗址的墓主人周围分布的贝壳图案、人殉造型恰是一幅天象图，而这个天象图与从战国时期的曾侯乙墓出土的漆盒上的天象图是完全一样的。这个发现表明，6500年前中国人就拥有了完整的天文学知识，这样的天文学知识很可能为华夏农耕文明提供了技术基础。

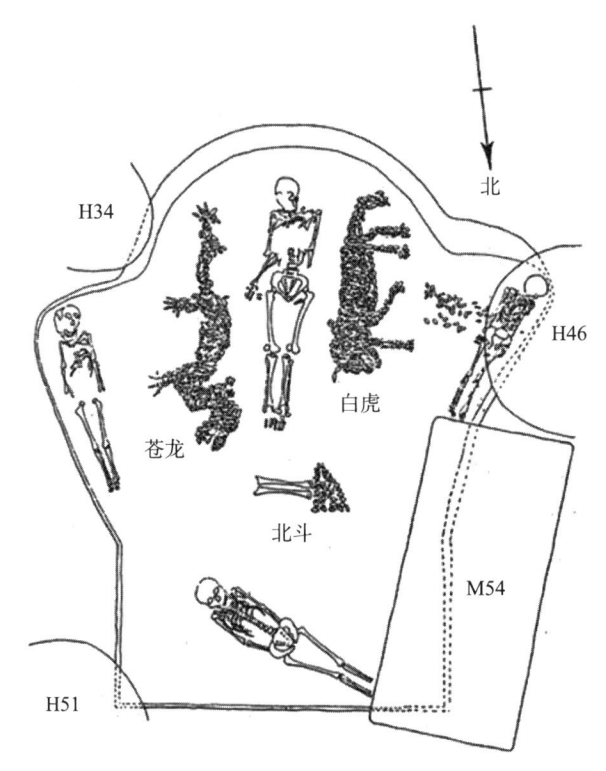

图 3-1　濮阳西水坡考古遗址墓葬示意图
（引自冯时，《中国天文考古学》）

图 3-2　曾乙侯墓出土漆盒（引自冯时，《中国天文考古学》）

自己的原始宗教与政治思想之中。但我们认为，掌握了天文学知识与正确的政治理论，并不意味着可以成功地构建文明体制。事实上，文明作为一个石破天惊的体制创新，不仅需要必要的知识，还需要行动的能力，更需要一定的机遇。因此，尽管在东亚大陆上早就有了各种各样的知识体系（红山文化、西水坡文化）与体制尝试（良渚体系、金沙体系），但截至公元前2000年左右，把一个合乎经济规律的政治理论与一个拥有强制力的政治体制完美结合起来的可持续文明模式一直还没有出现。甚至可以说，即使在某些地区曾经有过原始文明（良渚或金沙）的辉煌，但这个文明与今天的华夏文明也并没有直接的传承关系，因此不可能是黄河文明的起点与源头。

相反，公元前2000年前后的大禹治水传说，尽管尚未得到考古材料与历史文献的确证，却提供了黄河文明肇始的一个绝佳的历史机遇，并构成了今天华夏文明的人文知识基础。换句话说，正是黄河上游大禹部落的治水努力及其随后建立的禹贡赋税体系，才真正在天文知识与公共经济体制之间建立了联系，并传承至今。因此，尽管天文学是政治理论的基础，但天文学并不是文明的标志，政治理论本身也不是文明，真正的文明是指以强制力为基础的公共经济体制，是以政治理论为基础提供公共产品的社会结构。因此，天文学的存在只能表明农业文明的探索开始了，作为一个可持续的公共经济体制的典型，只有大禹治水之后构建的夏朝才是黄河文明的第一个政体，因此我们对黄河文明演化历史的研究只能从夏朝开始。

当然，也有学者认为，中国早在夏朝之前就已经完成了国家创制，[①] 而夏王朝只是建立了更为稳定的世袭制与和谐共处的公共经济体制而已，因此夏未必标志着第一个王朝国家的诞生。确实，正如良渚遗址、金沙遗址所展现出来的惊人成就那样，这些学者对夏王朝是不是中国大地上第一个国家建制尝试的质疑是有道理的。今天的考古学研究早已证明，在公元前6000年至公元前4000年的东亚大陆上有着众多的文明构建尝试，甚至有多个出现了国家建制尝试的早期文明中心。然而，对于延续至今的黄河文明而言，那些早期的文明尝试都是一些不相关的邻近地区的"文明浪花"，并没有对后来的华夏（黄河）文明发展产生实质性影响，因此并不是黄河文明的起点。相反，只有大禹治水带来的国家体制才既能与早期的天文学知

[①] 郭静云（2016）写道："根据考古资料，在夏王国之前，早已有几个发达的文明，并且长江中游地区具有国家性质的社会已有千余年的历史。"

识、天命理论相契合，又能与此后的商周政治相链接，甚至构成了孔孟学说中和谐共存、天下一家的哲学基础，从而奠定了华夏文明的制度基础与知识体系，因其长期在黄河流域发展而被称为黄河文明。换句话说，构成了今天的华夏文明，甚至是东方文明基础的知识体系与制度框架都蕴含在大禹治水传说以及夏禹构建的禹贡财政体制之中。因此，无论东亚大陆上曾经有过多少文明尝试与文化类型，但真正的黄河文明的起源只能是大禹治水的传说与夏王朝的建国努力。

(二) 夏朝存在的理论逻辑与历史可能

可是，夏朝真的存在吗？自从疑古学派出现以来，对于夏朝是否存在的争论从来就没有停止过。然而，下面的证据表明，夏朝不仅一定存在过，而且正是黄河文明创始的起点。

首先，从传说文献来看，不仅古本《竹书纪年》设有夏代纪年的专章，而且明确夏为第一个世袭相传的政权。同时，中国早期最可靠的历史文献《史记·夏本纪》同样有夏朝始末的清晰记载。尽管有些微差异，但没有直接关系的《夏本纪》与《竹书纪年》对夏代的主要描述是基本一致的，这些证据表明夏朝的存在并不是纯粹的后人想象。① 特别是，在《竹书纪年》中出现的主要水系，是"河"，就是今天的黄河。而在《史记·夏本纪》中出现的地名也有"夏居河南，初在阳城"，以及"洛水之北"等，这些地名都可以相互印证。当然，需要注意的是，由于传说的携带者可能经历过多次迁徙，而地名随迁徙者而迁徙的事情又经常出现，② 因此这些传说文献中出现的地名未必就是今天地名所指的地方，甚至也不是有文字记载的历史开始时的地名所在地。③ 因此，仅仅根据传说文献中的地名与当代地名的对

---

① 正如杨育彬（2002：263）指出的那样："尽管有些疑古派否认夏王朝的存在，但安阳殷墟甲骨文的出土，……证实了《殷本纪》的可靠性。推之，司马迁所写的《史记·夏本纪》也是有一定根据的。"
② 比如，新西兰、纽约、温莎与新郑等。
③ 从逻辑上与命名学规范上讲，黄河东西走向的地方都有可能叫河南，而南北走向的地方都可能叫西河。换句话说，不仅黄河下游的洛阳附近属于"河南"，河套地区与青海地区也都有大量地区可能被叫作"河南"。今天的青海东南角就有黄南州河南县。类似地，山西的人可能把山陕之间的黄河称为"西河"，而陕北、内蒙古的人则会把宁夏境内的黄河称为"西河"。

照关系来判断古人的历史轨迹并不可靠，但相互独立的文献传说内容与地名的相互印证表明，一个与"河"相关的夏朝文明肯定存在过。

不仅如此，出土于不同地区的西周时期的青铜器铭文与简帛等其他考古材料也印证了这个传说文献的描述。[①] 对于一个如此复杂重要的文明体制的构建过程来说，很难相信这么多不同时期的人能无中生有地伪造出这样有系统性关联的材料。此外，尽管殷商甲骨文对夏朝的历史性贡献只字不提（后文将专门解释其中的原因），但在殷商所用的甲骨文中，表示过去的"昔"字就是三道波纹，因此用"旧日发生的水患的追忆"来传递洪水肆虐的史实信息（冯时，2011：191），同样为可能存在的前朝及其奠基者大禹的治水事迹提供了旁证。当然，作为夏朝体制构建过程的记载，传说文献中的非核心部分确有文献形成时期的人添油加醋的痕迹，因此对照相关证据对文献内容予以甄别、对夏朝的体制构建过程予以澄清是必要的，但因此而否定夏朝的存在是不合适的。

其次，战国时期，各个诸侯国为了证明自己的合法性，纷纷将自己的祖先与夏朝联系起来，同样暗示了华夏文明传承中夏朝的创世纪王朝性质。[②] 事实上，作为后世有文字记载的历史的开始阶段，战国时期的各个国家都试图合法化自己的政治存在。在进行合法化论证时，夏朝是它们溯源的共同选择，[③] 这一方面佐证了夏朝作为华夏文明肇事者的史实；另一方面也因战国的地理分布特征而使得后人有了夏朝以中原为中心的错误印象。然而，在这些包含错误的文献中，我们却可以读出某些正确的信息来。例

[①] 西周中期青铜器豳公盨器底的铭文也有类似的对夏朝诞生过程的描绘："天命禹敷土，随山浚川，乃差地设征，降民监德，乃自作配享民，成父母"。（《豳公盨》，转引自孙庆伟，2018：87）同时，上博简《容成氏》也提到有关"决河之阻，东注之海，天下九州乃'始可处也'"的有关内容（李零，2002；转引自孙庆伟，2018：87）。

[②] 根据平势隆郎（2014：126-127、129、130）的研究，"在秦国整理的律法（律令）当中，有律法规定秦国女子所生之子为'夏子'。……由此可见，秦国将自己的特别地域称之为'夏'，……这种说法可见于下面的秦公镈铭文"。并且"'下国'之中被称为'蛮夏'的地方在《左传》中是'夏'、'东夏'之地。""《左传》中被定为'诸夏'之地的中原一带，到这里却被秦人称作'蛮夏'。因为秦才是真正的'夏'，而非中原地区。中原的那些国家擅作主张，自称为'夏'。"

[③] 根据近年来的考古发现可知，不仅齐灵公、秦景公这些大国的诸侯在自己的祭祀性青铜器上一再提及夏禹来证明自己的合法性，而且那些像曾（随）侯、豳公一样的小邦主也在自己的青铜器皿上与夏朝建立链接（陈民镇，2019）。

如，尽管有晚一些的商周存在，人们仍然舍近求远去夏的遗产中寻求政治合法性，这里面很可能暗含了一个史实：夏朝不仅是最早的王朝，而且夏朝的建立有着相当正义合法的理由。尽管编造的创世故事或合法性依据各不相同，但对三代本身的存在却没有争议，并且在三代之中，后世各诸侯国都试图从夏代开始追溯自己的合法性也有相当高的一致性，这些利益相互不一致的战国人伪造相同历史的行为同样表明了夏王朝不可替代的创世身份。

关于历史上反复出现的伪书的史料价值，王明珂曾指出，"我们经常会陷入古人的谎言之中"（王明珂，2013：序言一，3），但如果我们了解了古人制造谎言的规律，了解了古人有意创造出一些并不真实存在的故事的原因，我们就能够合理地推出一些史实。比如，"族群认同是人类资源竞争与分配的工具"（王明珂，2013：序言一，5），人们制造并保留某些传说很可能是为了获得资源的使用权。根据这个逻辑，我们相信，战国时代的所谓诸夏各国并不一定是夏人的后代，但战国群雄之所以都诉诸夏朝的德性来确认自己的合法性，背后一定有着当时人的理论逻辑与认知惯性。[①] 因此，我们有相当的把握推论，在东周的政治认知中，夏朝是一个公认的历史存在与德政榜样，是一个可以利用的历史资源。也正是根据这个逻辑，我们认为，把战国时代编辑的文献"视为人们在其社会情境下，循着既定模式对过去的选择性记忆、失忆与想象"的结果，进而把它视为过去历史的部分重现就是合理的。[②] 由于文明或王朝国家都有相应的公共经济体制与思想，当体制出现危机、思想出现混乱时，大多数精英都试图借助旧思想重构旧体制，因此，他们对历史事件本身的记忆就有相对可靠

---

① 王明珂（2013：序言一，4、5）指出，由于"族源认同的根基情感来自成员共同的族源记忆"（4），因此，"为了现实利益，个人或群体都可能改变其祖源记忆"（5）。比如，个人的改姓与被赐姓，以及群体的构建创世纪传说。同时，由于处于空间边缘的群体在享受公共利益时具有一定的飘忽性与不稳定性，因此"在族群边缘，人们强烈地坚持一种认同，强烈地遗忘一种认同"，这就是人类历史上的"历史记忆与失忆"（5），并表现在我们的文本创造与神话传说之中。

② 王明珂（2013：30）意识到，关于文明起源与王朝建立过程的研究，"事实上常是历史学家在无数社会记忆中选择'有历史意义'的材料，是考古学家与民族学家重新定义'典型器物'或'文化特征'，来筛选有价值的材料（同时忽略其他材料），如此建构起来的一个民族起源与迁徙历史，以解释或合理化当前的或理想中的族群分类及族群关系"。

的信息在里面。①

更何况，对作为夏朝创世缘由的大禹治水传说的考证工作近年来已经取得了丰硕的成果，② 越来越多的研究（孙庆伟，2018）表明，大禹在文明肇始过程中的主要贡献是构建制度与树立道德榜样，③ 从而印证了战国群雄纷纷攀附夏朝的合理性。特别是，禹在公共经济体制——食物再分配体制方面做出的原创性贡献，很可能构成了黄河文明延续千年的体制核心与哲学基础，也使夏朝获得了以德治国的合法性。④ 因此历代圣贤对禹的奉献精神、利他德性的强调就有相当多的史实基础。⑤

最后，全球各地古代文明创世传说中的治水情节也旁证了夏朝诞生于大禹治水这一因果关系是可信的。再加上探究地震与大水发生的地质考古证据进一步印证了大禹治水创世事件的可能性。⑥ 确实，几乎所有流传下来的文明创世传说都是从精英应对洪水的治理故事开始的（朱大可，1993）。不同的只是，大多数传说中的精英都是通过缺乏逻辑的个人体验与神谕预言来应对挑战的，都是借助外生的神力的帮助来治理洪水的。但大禹治水的传说具有明显的逻辑可行性与历史合理性：一方面，大禹治水的措施与方法（挖沟排水）完全符合黄河流域松软黄土的特点与条件；另一方面，大禹治水的传说含有明显的制度构建（杀防风氏）与社会合作（涂山会盟）的要素。这些传说的内容与文明演化的理论模型不谋而合，与国家治理的

---

① 王明珂（2013：21、23）曾指出："许多民族志显示，以忘记或虚构祖先以重新整合族群范围，在人类社会中是相当普遍的现象"，这就是"结构性失忆"与"谱系性失忆"。而每一次的重大社会危机，比如衣冠南渡，比如列强入侵，都会使得这个重构成为必要。但在重构的过程中，巴特利特的"心理构图"意义重大，或者说"我们是在自己的心理构图上重建过去"。
② 例如，已经有越来越多的证据表明，"发生在尧舜时期的这次大洪水具有三个显著特征，即水大、时长、地广"，而大禹治水的主要工作就是在大山之间，沿河疏通河道（孙庆伟，2018：89）。
③ 孙庆伟（2018：93-94）写道："《国语·鲁语上》记'鲧障洪水而殛死，禹能以德修鲧之功'，豳公盨铭文也反复称颂鲧之'德'和禹之'明德'，都可谓是一语道破，大禹治水成功的关键不在'术'，而在'德'也。"
④ 鉴于"民以食为天"在黄河文明模式中的基础性地位，我们认为，大禹通过"烝民乃粒，万邦作乂"（《尚书·禹书·益稷》）来获得政治合法性是顺理成章、符合历史逻辑的。
⑤ 正如孙庆伟（2018：83）所说："大禹治水同时兼有传世文献、出土文献和考古学证据，所以不能轻易否定它的历史真实性。"
⑥ 尽管推测的大洪水或大禹治水的时间与现有的研究结果并不完全一致，吴庆龙等（Wu et al.，2016）近期进行的地质考古初步证实了这场大水的可靠性。

制度构建需求高度相关。只是大洪水（作为生存压力与天灾代表的典型性史实）发生带来的体制建构尝试所具有的文明肇始意义还没有被学者们充分认识到。①

总之，我们认为，夏王朝的建立与黄河文明的诞生是一个国家治理体制构建的过程，大多数考古学家把青铜器与玉器当作文明的标志的主要理由是，生产这些高档的物品需要复杂的社会分工（其实是劳动分工），而复杂的社会结构往往是制度构建的标志。然而，一方面，并不是所有的制度构建都会演化出文明；另一方面，像宗教、股份制公司这样的横跨全球、规模巨大、结构复杂的制度也并不是国家或文明体制。因此，用考古学上的器物类型来判断文明远不如用传说文献中的治理经验包含的文明密码更为可靠。

事实上，大禹治水的创世纪传说很可能构成了黄河文明起源与演化的双重证据。一方面，从黄河上游来看，大禹治水证实了从天象学到天道天命理论的人文知识体系的客观发展路径，从而使利用地理优势成功应对了黄河上游、中游天灾的大禹（详见后文分析）能够构建提供公共产品的公共经济体制，并获得垄断强制力的合法性；另一方面，从黄河下游来看，上游的公共产品提供对下游有一个负的溢出效应，从而威胁到下游以商人为主的渔猎族群的生存，于是作为夏朝存在的直接见证者与继承者——商朝的统治者，不仅缺乏动机宣传夏朝的建国事迹与治理制度，而且还会反复攻击夏朝的后人，② 并以贬义的"鬼方"等称呼来抹杀夏人的德治贡献，从而造成了仅存在于下游中原地区的古史文献材料中的记忆断裂（见后文关于王明珂贡献的讨论），并使得此后始终以中原为核心腹地的文明传承者无法根据自己的历史地理体验来对接来自西北的祖先的早期创世历史传说。

---

① 尽管孙庆伟 2018 意识到夏王朝是一个地缘社会组织，但他仍然只是在文化层面上讨论夏禹的贡献，而没有上升到文明起源的国家制度构建层面。以至于在讨论夏朝的可能性时，尽管孙庆伟（2018：389）知道"'夏'是一个地缘性的政治实体，而非一个血缘单纯的氏族"，但他讨论的对象仍然只是夏文化，使用的术语仍然只是夏文化，而不是夏文明，孙庆伟和邹衡的讨论还局限于夏王朝核心区与王朝管辖区域的文化差异。

② 关于夏商之间的关系，严文明（2002：272）指出："在夏代开国以后的一个相当长的时期内，国力甚弱，而东方夷人的势力十分强大，成为夏的严重威胁，有时甚至夺取夏的政权，则应是一个历史的事实"。很显然，这里的"东方夷人"很可能就是在大禹治水过程中受到影响的商人的祖先。

(三) 为什么夏朝留下来的痕迹如此之少,在创世传说中的地位却如此之重?

如前所述,我们认为,以考古学方法为主来寻找夏王朝建立或黄河文明起源证据的做法很可能是走错了方向,这个方法论本身就是科学方法论入侵"人文研究"领域的典型。尽管中东文明早期留下来的可视信息印证了早期中东文明的辉煌,[①] 但从逻辑上讲,人类文明的早期肇始者没有动机将自己的制度模式或治理经验用青铜器或泥板保留下来(米罗普,2020),按照本书第一篇的分析,他们不仅没有传播扩散的意识,反而有垄断保密的动机。[②] 因此,以器物或其他文化特征来界定文明核心地区可能是非常危险的,或者说,很可能恰恰会把边缘地区认定为核心地区(王明珂,2013)。比如,当未来的考古学家在香港、印度、南非发现大量的西方文化元素(比如西装)时,若以此为据认定这些地区是欧洲文明的发源地就是一个天大的学术笑话。器物类型往往只能用来判断文化关系(详见下一节的分析),而不能判断制度构建与文明起源过程。用这样的物化证据研究逻辑来探究作为文明源头的夏王朝的起始时间难免会犯"以不知为未有"的错误,特别是当部分器物(主要是青铜器与玉器)被赋予了特殊的制度意义,并被用来判断文明的存在时,错误甚至有可能是一种"系统性偏差"。[③] 确实,不是所有的文明构建者一开始就主动选择了客观上适宜保存的材料来记载公共经济活动及其制度结构,并且选材的方法也不会直接决定公共经济体制的成功几率。

当然,一个存在了数百年之久的王朝,一个文明的创始者,按道理会应该留下一些蛛丝马迹,因此,夏朝直接考古证据的缺乏是需要解释的。幸运的是,不同学科的发展、越来越多的材料正在给我们提供更为合理的

[①] 由于深受欧洲中心主义的影响,欧洲历史学家在中东地区考古发现的青铜文明模式与研究路径极大地塑造,甚至框定了近代以来中国学者的研究思维。

[②] 王明珂(2013:37)正确地指出:"强调文化特征以刻画族群边界,常发生在有资源竞争冲突的边缘地带;相反的,在族群的核心,或资源竞争不强烈的边缘地区,文化特征则变得不重要。"

[③] 例如,当"牙璋"被认定为玄圭并成为国家建制的象征时,玉器考古材料就成为文明起源的判断标准(孙庆伟,2018:434);当青铜器成为文明判断的标准时,青铜器考古就成了文明探源研究的核心。

解释空间。

第一，传说文献中关于大禹"随山刊木，奠高山大川"（《尚书·夏书·禹贡》）的说法反复出现，这些信息表明，作为黄河文明肇始的夏王朝最常用的记载工具很可能是木器，而不是石（玉）器或青铜器。作为木器时代（而不是新石器）的标志之一，用木头祭祀，在木头上画符记载，曾经是最为流行的方式之一。① 只是因为木头易腐烂且能被作为烧火材料使用而未能保留下来（下面提到的火葬也许是另一个理由），以至于华夏文明的早期历史似乎成为杜撰的历史。很显然，人类从树上走下来的经历与随处可见的、更易加工的木质材料的存在，都暗示着一个木器时代的长期存在与木质典籍广泛流行的可能性。② 确实，《史记》与《竹书纪年》都同样提到夏朝，如果没有典籍，口耳相传不可能历时两千年左右仍如此准确。而"典""籍"的字源同样暗示了早期记录材料是容易制造、但不易保存的木器、竹器的可能性。

第二，张多勇、李并成（2016）对义渠族群的研究无意中暗示了另外一种可能，即火葬的风俗很可能构成了夏王朝制度构建相关材料保存下来的障碍。③ 既然火葬风俗使得比夏朝晚了将近一千年而且拥有八百年历史的义渠人几乎没有留下任何史料和考古材料，那么更为早期的、更为短暂的夏朝没能留下来足够多的证据就是可以理解的。更何况，义渠戎族继承了

---

① 库朗热（2006：158）也提到了古希腊城邦时期用木头和石头进行祭祀的事实。他指出："希腊、罗马、伊特鲁利亚，无不都有自己的礼记。有的写在木简上，有的写在帛布上。雅典人为礼记的长久起见，常将它们刻在铜片或石碑上。"

② 对于这些木质典籍存在的可能性，赵敏俐（2018）指出："以上著作都明确记载这些名言均出自《夏书》，而不是口传，这显然不会是当时人或作者的向壁虚构，而应该有明确的历史传承"。"现在虽然还没有发现夏代的典册文献实物，但是却发现中国很早就有了毛笔类的书写工具。"此外，尽管我们发现的殷商文字只有甲骨文，但《尚书》记载的"有册有典，殷革夏命"，表明商朝也是有典籍的。"有幸的是，甲骨文虽然很少记载除占卜以外的事情，却无意中保存了'册'字和从'册'的字。"这些古文字中包含的信息足以证明，以竹简与木简为主要载体的夏商典籍是存在过的。

③ 张多勇、李并成（2016）指出："义渠是商周时期西北地区古老的一支民族，也是华夏诸国所攘灭的最后一支戎族。"而"《墨子》云：'秦之西有仪渠之国者，其亲戚死，聚柴薪而焚之，熏上，谓之登遐，然后成为孝子'。可见义渠风俗重火葬，未能留下墓葬，使义渠国文化研究缺乏有力的考古资料，加之历史文献对义渠戎历史的记载也只是只言片语，这就使在中国有过八百多年历史的民族政权，为人所知者甚少。"而且"这些义渠城址大都选在河流交汇的河谷地带。陇东、陕北地区，年降水量在 400－700 毫米之间，河谷地带自然条件优越，地势平坦，水资源丰富，土地肥沃，利于发展农业生产。"

陇东、陕北地区很早就有的农耕习惯，① 无论从族群来源（详见后文对夏人后裔的分析）还是生活习惯来看，这些被叫作义渠的戎族都很像是夏人的一支，② 因此用他们的例子来推断夏朝的风俗习惯及其典籍遗存情况并不完全是一种杜撰。

第三，根据逻辑分析可知，夏朝的替代者商人有相当强的动机去摧毁、消灭夏朝存在的痕迹，尤其是夏朝的德政。因此，根据考古遗存来分析夏朝的历史就是一个错误的研究方向，③ 而依据同样来自西北的周人与秦人的相关记忆与追述来重构夏朝的历史应该是更为可取的。不幸的是，流传至今的关于夏朝的记录主要是由战国时期的中原人完成的，而这些中原人大多是商人或东方夷人的后代，因此重构中难免夹杂了周人的记忆与商人的涂改，从而显得漏洞百出，不足为信。④ 然而，正如王明珂指出的那样，只要我们站在古人的立场上来还原他们的心路历程，还是可以将一些重要性信息昭示天下的。

例如，"根据战国文献记载，中国北方与西北的戎狄是周人的主要敌人。……但是，在西周彝器铭文中，周人的主要敌人却来自南方与东方。"（王明珂，2013：47）很显然，这些不一样的"史实"或"记忆"揭示了战国学者的心理倾向：作为东方夷人的后代，这些捉刀的商人有意把周人

---

① 周新郢、李小强、赵克良（2011）将正宁县宫家川仰韶文化早期史家类型（距今约6500年）、吴家坡仰韶文化庙底沟类型（距今约5500年）、宁县阳坬仰韶文化半坡晚期（距今约5000年）、镇原县常山下层文化（距今约4800年以内）、西峰南佐仰韶文化晚期（距今约5500～4500年）、灵台县桥村齐家文化（距今约4000年）和合水县鱼儿坬齐家文化（距今约4000年）等史前人类活动遗址进行作物种子分选，发现栽培作物数量占绝对优势，其中黍（糜子）、粟（谷子）、水稻、大豆等多样化农业有所发展，到仰韶文化晚期，随着本地区聚落数量的增加和聚落规模的扩大，这里已经是原始农业的中心。
② 薛方昱（1988）认为义渠人属于汉藏语系的犬戎，而潘政东、常步才（1999）则认为义渠人属于羌戎，武刚、王晖（2013）也持此观点，认为是东羌。何况，"薛方昱《义渠戎国新考》一文，还提出了义渠都城在今甘肃宁县庙咀坪一说。认为，'义渠'一名，疑为古羌语，其意为'四水'，义渠国都所在地的今宁县庙咀坪（今宁县城西1公里），恰有四条水相汇，也证明义渠一词在古羌语中为'四水'之意"。（张多勇、李并成，2016）
③ 王明珂（2013：序论一，3）认为："无论是历史还是考古学上对华夏的溯源研究，都有一些基本假设"。比如，"华夏的子孙永为华夏，溯其本源可知其流裔"。比如，古人的遗存材料可以直接用于追溯民族的源头，但"这些对于民族的基本假设都是似是而非的"。
④ "事实上许多联系商代之羌与现代藏、羌族的'羌族史'，便是如此被民族溯源研究者建构出来的。""一部由商代到汉代的'羌族史'，所反映的不是某一'异族'的历史，而是华夏西部族群边界形成与变迁的历史。"（王明珂，2013：51）或者说商人、汉（中原）人将夏（西北）人后代羌族化了，在这个过程中，夏王朝的历史记忆被有意抹去了。

的敌人写成西方人——甚至写成周人自己的近亲,从而使自己更容易成为华夏的正宗、文明的继承者。但西周时期周人自己的铭里,他们力图强调自己与文明的起源——夏、农业、定居相关,并记载了大量与东方夷人的冲突,同时突出了周人的"'西土之人'的自我意识"。(王明珂,2013:148)① 这种西周人与东周人的认知差异或史观差异恰恰印证了战国文献的"局部可信性"。这些商人后代、姜齐后人纷纷自称"华夏"而不是"华商""华周",② 从中就更可以推出,他们推崇的农耕文明、定居与和平的生活方式,既不是商人的遗产,也不是周人的首创,而应该是来自大西北的更为远古的夏人典籍。换句话说,中原的"华夏"后人试图忘掉商周的"不堪"历史,反而努力有选择地记住"夏人的事迹"的做法是包含着相当多的历史信息的。当"许多'历史'被建构,更多历史被遗忘"(王明珂,2013:157)时,③ 只有夏禹的王朝(夏和禹均来自四川与陕西交界处)成为对中国古代文明影响最为深远的价值符号与合法性依据,战国人这样的重构努力表明,夏禹一定在黄河文明起源过程中做出了巨大的贡献。

第四,尽管夏朝的政治遗产得到了继承,但在资源与利益的竞争中,周商的后人并不会轻易地把机会留给作为竞争者的夏人的后代。于是真正的夏人的后代很可能渐渐被边缘化、野蛮化、夷狄化了,这些新的文明继承者坚持用戎狄或羌来称呼这些"被野蛮化"的夏人。④ 以至于,夏人的"羌"名本来只是商人的蔑称,却在战国时期不断被中原地带的文化人或重

---

① 王明珂(2013:148)认为:"强调本身'农业、定居、以德服人'的族群本质,使周人与渭水流域所有务农的人群甚至与东方的商人成为一体(这是自己的政治正确性),并排除经常迁徙、不以种植为主要生业、好以武力侵夺的人群(这是自己的祖先近亲)。强调'西土之人'认同,周人与西方各族群为一体,包括在文化、经济生态上与周人有相当差异的族群,而排除东方以商人为主体的人群。"(括号内文字为本书作者注)

② 王明珂(2013:155)指出:"关于一族群(或民族)起源的历史记载是一种社会记忆,或历史记忆,它所表现的是人们合理化其当前族群性质、族群关系的表述,其中经常充满虚构与修饰成分而不一定是历史事实。虽然如此,透过文本分析(也是记忆分析)来诠释人们'为何要留下这些记忆',以及对真实的过去人们'为何失忆',我们可以读出当时人的认同与认同变迁。"

③ 王明珂巧妙地利用了战国时期重构的文献来推测更为久远的历史,他(王明珂,2013:156)见解独特地认为:"在考古与历史资料的结合上,最有意义的不是能互相印证的考古资料与历史记载,而是两者间的矛盾。"

④ 王明珂(2013:194)写道:"'羌'这个字作为一种人群称号,最早出现在商代甲骨文中。"从那时直到近代,羌并不是一个民族,"而是代代存在华夏心中的一种华夏对西方异族的'概念'。这个概念表达着'西方那些不是我族的人'"。

构者所强化。"虽然学者们[①]的意见有些出入，但基本上他们都认为羌在殷的西方，地理位置大约在河南西部、山西南部与陕西东部。"并且"许多卜辞内容都说明，在商人眼中，羌是相当有敌意的西方人群"（王明珂，2013：195）。[②] 而"在周人克商之后，'羌'在历史文献上消失了数百年；这也证明'羌'只是商人的异族概念与称号"（王明珂，2013：196）。事实上，作为他称族群名称，羌人有显著的畜牧业特征，即养羊的人。很显然，无论是夏人后代的野蛮化过程——因气候变化而丢失了文明内核、重归农牧的状况，还是继承了商人蔑称的战国政治语境都表明，一个真实的夏朝虽然是存在的，其历史却有可能被有意篡改了。而夏朝后人的野蛮化、游牧化（见下一节的分析）"倒退"，恰恰使得这些篡改显得更为"真实可靠"。

二　黄河文明起源的区位考证

（一）夏朝建国西北的理论逻辑

当然，如果我们承认，延续至今的黄河文明是由商朝之前的夏王朝创建的，那么，对这个王朝构建的公共经济体制的发生地点进行考证就是必要的。只不过还需先讨论考证从哪里入手。不管我们是否愿意承认，迄今为止最为可靠的文字记载主要来自春秋战国时期，并且大多数材料都是关于政治合法性的论证材料。换句话说，今天的历史学家与考古学家使用的夏朝线索，大多来自这些目的是论证合法性的"宣言书"。然而，根据王明珂的研究，这些战国时代的诸侯国，为了各自的政治合法性而构建的夷夏之辨模型很可能有意重构了以中原为中心的夏朝历史。这样做，一方面可以巩固自己的华夏正宗地位；另一方面也力图将西北地区特别是长城之外的竞争对手排除出去。

当然，从文明演化的角度来讲，文明的核心是政治理念的革新与经济体制的构建，而理念与制度很难留痕且具有可迁移性，因此很难在考古材

[①] 见陈梦家（2004）；李学勤（1959）；白川静（1958）。
[②] 一些卜辞"记载被俘的羌人如何在商人的祖先祭祀中如牛羊般被宰杀，成为宗教仪式中的牺牲"。因此，"在商人眼里羌人不仅是敌人，也是可以被视为'非人'的异族"（王明珂，2013：195）。

料上留下痕迹，从而增加了我们的考证难度。更何况，黄河文明也只是在东周之后才有了夷夏之辨的理论体系，在秦汉之后才有了大一统的官僚体制。换句话说，政治家与思想家比较在乎的"中国"概念与"华夏"意识是战国之后才有的，并且确实诞生在中原地区。但把黄河文明的起源与夏朝国家的诞生也放在成熟的"中国""华夏"文明的语境中、放在与"近代西方"文明体系相竞争的语境中进行讨论，难免出现"驴唇不对马嘴"的时空错位。因此，即使中原文化中心论能解释后来大一统国家体制的转型，却无法解释黄河文明演化的源头与夏王朝诞生的逻辑。

事实上，根据陈立柱（2002）对汉代文献的研究，在战国之后被称为夷狄的，后来所谓匈奴、戎狄等西北地区的族群很有可能是早期夏王朝创建者夏人的后人，是游牧化了的夏朝遗民。[①] 而其中，作为最为重要的文化遗存形式，匈奴的祖先崇拜、城庙一体传统很可能来自早期的文明创世经历。[②] 我们认为，汉代的史官应该不会有动机特地为匈奴重构和夏人相关的文化特征，因此，这些记录应该是基本可信的。换句话说，匈奴的核心文

[①] 陈立柱（2002：815）指出，"龙自古以来是中华民族的象征"，更是华夏文明的象征，然而龙同时也是匈奴的图腾。研究表明，"匈奴也有龙祠。《汉书·匈奴传》有匈奴'五月大会龙城，祭其先、天地、鬼神。'《后汉书·南匈奴传》说：'匈奴岁有三龙祠'"，而"但使龙城飞将在，不教胡马度阴山"的诗句更是表明，匈奴的圣地被称为龙城。因此陈立柱得出结论说，"匈奴有如同夏人一样的祭龙风俗无可怀疑"，他们和夏人之间应该有着紧密的文化传承关系，因此，有很多人都推断匈奴很可能是被商战败后向北逃跑的夏人的后代。随后，陈立柱（2002：815）还进一步指出："《汉书·匈奴传》：'父死妻其后母，兄弟死皆取其妻妻之。'这一风俗上古华夏族也风行。上文引夏桀之子妻其后母即一例。"这些类似的文化习俗同样表明了匈奴与夏人同宗同源的可能性。此外，陈立柱还从日月崇拜中发现了匈奴与夏人的类似性，比如"《史记·匈奴列传》载：'单于朝出营，拜日之始生，夕拜月'"；"祭拜日月乃天子之事，匈奴单于与中国古帝王一样。"最后，陈立柱还提供了匈奴人和中原地区的夏人后代类似的祖先崇拜证据："龙城，……照《史记》、《汉书》的记载，应该主要是祭祖先的。匈奴乃一游牧民族，祭祀地点为何以'城'相呼？一些考证龙城的学者说：'所谓的"龙城"不过是五月大会举行仪式的处所，其地并没有真正的城郭存在。'"（汪维懋，1983；转引自陈立柱，2002：816）。特别是"蒙古苏联考古学家于本世纪60-70年代，在蒙古中、西部发现几处没有任何日常用具的匈奴城址，其中一处称为'高瓦-道布'"，其实是"一座庙宇"。"联系上文'深入匈奴，燔其龙城'，匈奴有祭祀祖先的'龙城'，不容怀疑。"（陈立柱，2002：816）

[②] 库朗热（2006：128）对希腊城邦的研究有着类似的发现，祖先崇拜是宗教信仰的起源，早期的城是一个用于祭祀的圣地。"对于古人来说，什么是城的概念。城的周围是神圣的城墙，中央是祭坛，它是宗教的处所，接待城邦中的人与神。"但城中住神是必需的，住人不是必需的。没有人可以叫城，没有神却不可以。因此，城不是战争的产物，却是战争中必须保护的。"但使龙城飞将在"的"龙城"就是匈奴人祭祀祖先的圣地。

化与生活方式与早期的华夏族群有着天然的近似度，后来的某些差异很可能是南迁之后生活环境差异以及文明演化需要造成的。很显然，匈奴人虽然在汉代已成为游牧民族，却有着早期文明制度构建过程中的某些文化特征，这在非常重视祖先崇拜的早期先民中不能不说是一个谜。

而这个谜团的合理解释或许是，农耕定居生活因为有利于积累资产与知识，因而在夏朝初期诞生了文明。但在夏朝末期，当夏朝战败、夏朝后人被迫逃向大漠深处时，他们无法在已经变得更为干冷的西北地区维持农耕文明而不得不游牧化，游牧化的夏人渐渐成为匈奴并进一步北迁，并因为颠沛流离的生活方式而导致文明体制与知识难以完整传承下来，甚至出现了"再度野蛮化"（梁启超语，用于表达近代中国人向西方人学习战争技术的思想导向）。但在野蛮化的过程中，可能会有部分祖先遗产与传统文化得以保留下来，匈奴的种种奇怪文化现象或许正是这样一个倒退过程的产物。① 事实上，青海地区的齐家文化、马家窑文化与卡约文化的关系也有类似的所谓"文化退化"或倒退现象。何况，汉代正史对匈奴的各种野蛮描述，既有像塔西佗在《日耳曼尼亚志》中描述日耳曼人那样有一定的真实成分，也有商人与战国历史重构者（殷商甲骨文呼之为"鬼方""戎狄"）的歧视性偏见与仇恨的成分在内。因此，即使匈奴因为生活环境的艰难而"再度野蛮化"了，也不能抹去他们可能曾经是文明创造者夏人后代的史实。

石峁古城的发现更进一步提供了农业文明与游牧文化相互转换的证据。可见，在秦汉大一统出现之前的黄河文明肇始的过程中，农耕与游牧生活方式的交替出现、文明与野蛮政治制度的反复尝试或许是一个常态（中东的文明或许有类似的历史事实），而西北地区位于农牧交界线上的特殊位置

---

① 关于黄河文明创始者——夏人后代的去向，杜金鹏（2002：614、615、611）进行了大量的研究，他强调"徐中舒先生则考证认为，夏人南迁者为越，北迁者为匈奴，西迁者为大夏，可谓抓住了事物的本质"。"夏人虽然失利于中原，但其拥有的先进的青铜文化（主要是社会组织能力），仍为四夷土著所望尘莫及。因此，夏人所到之处，往往与当地土著文化上层融为一体，并极大地推动了当地的社会发展，故'禹迹'、禹裔遍九州是不难理解的。"同时，尽管"山东地区也有关于夏人的传说，但山东至今未见有二里头文化因素，说明夏人并未向东方海岱地区逃亡，这与史载商人起源于东方正合"，也与上面提到的商人对夏人的残酷追杀有关系。他写道："不少学者已经指出，江淮地区发现与二里头文化相似的文化遗存，恰好印证了古文献记载中的'桀奔南巢'。二里头文化因素在江淮地区的大量涌现，与相邻文化之间的一般性交往与影响已不相适应。"

恰恰提供了这种反复尝试所需的绝佳空间与条件。而这些文献与考古证据表明，后来所谓的"中原人""中原文化"在早期的夏朝建国过程中，未必是真的居住在中原、发生在河南，中原文化很可能仅仅是战国时才开始的中原黄土文明追求政治合法化的一种历史重构的产物。① 确实，正如王明珂（2013：158）的分析所指出的那样："西周铜器铭文记载的是西周时人认为重要的社会记忆，而先秦文献对西周的描述是战国至汉初时人对西周的回忆与记忆。""那么西周金文与先秦文献两者间的'差距'，应更能表现华夏与华夏边缘形成这样巨大的人类社会变迁。"很显然，西周的我族认同是以西方为核心的，② 而到了东周，渭水流域的西周邦国就被遗忘了，中原成了战国人我族认同的核心，并奠定了中国古代文明历史中中原地区及其文化的核心地位。③ 当然，西方与"北方部族的游牧化也促成或加快南方诸夏、华夏邦国贵族我族意识的凝聚"（王明珂，2013：167），或者说确认了中原诸侯夏文明合法继承者的身份，并通过长城的物化象征，把凝聚的核心确定为中原。④ 这当然是中原地带的原住民，特别是殷商后代的贵族遗老乐于看到、乐于重组的历史记忆，也是中原文化中心论的历史渊源。为了维持

---

① 尽管"《禹贡》空间界分与贡物描述中，保留了大量龙山时代的讯息"，但战国时代的修订者补充之后的"《禹贡》将黄河中下游河道三面环绕的冀州视为九州天下的核心，所有贡道最终通过黄河抵达冀州西南角的帝都"（李旻，2017）。以至于不断有人（孙庆伟，2018）试图在中原地区寻找夏朝建立的证据，并把中原沼泽地带的洪水涨落视为大洪水事件。而徐旭生先生也曾考证大禹治水的地域，认为"主要地是治黄河下游的水患，施工最多的地方在兖州。而在豫州东部及徐州的部分平原，可能也曾施工"（孙庆伟，2018：89，脚注1）。孙庆伟（2018：89）写道："可见当时遭受水患的地域十分广泛，至少整个黄河下游地区都在洪水的暴虐之下。"

② 因为正如王明珂（2013：162）指出的那样，"西周金文中经常记载周邦国贵族征讨南方、东方异族之事"。

③ 比如，根据西周铭文（王明珂，2013：160），"周人邦国对外征伐的对象很多，而其中被记录得最频繁的是他们与东国、东夷、南国、荆楚、淮夷、南淮夷之间的战争"，主要的敌人在东方，但根据战国文献的记载，他们是在与西方戎狄的争战中失败的，仇家在西方。类似地，甲骨文记载的商人对外征伐的对象也很多，记录的最频繁的是西方或西北方的戎狄，周人记录的文献却说，商人是在征战东夷时被周武王偷袭打败的。

④ 王明珂（2013：167-168）写道："也就是说，华夏对其北方、西北'戎狄'之异族感与敌意，促成华夏认同以及'华夏边缘'意识的出现。"而申侯与犬戎的叛乱以及周平王因此而东迁，不仅割断了西周与东周的历史记忆链条，而且也使得后来的选择性记忆有了道义的基础。因为"华夏认同需要一些'敌对的他者'来强化其边缘。西周亡于戎的记忆，以及春秋时期华夏的驱戎，使得战国至汉代的华夏忘了'戎'原是姬姓、姜姓的盟友或本族支系，而将之视为自周开国之前一直存在的敌对异族。"

第三章 黄河文明起源的时空逻辑

中原文化在黄河文明历史中的中心地位,以中原为中心的战国群雄都重构了自己的血缘关系与历史文脉,以至于毫无关系的吴国也成了周王的嫡亲。相反,不仅原先的华夏嫡亲被边缘化为"匈奴",而且周人的近亲西戎也成了最显赫的苗裔——羌人(大禹出西羌)。正是在这个过程中,周与夏的祖源地——西北地区渐渐变成了边缘地带,西北的夏王朝渐渐变成了中原的夏王朝。但文明身份与文明原发地之间并不等同,无论是谁接过了黄河文明的接力棒,都不能也不应该改变文明原发时的地点与原创者的身份。

幸运的是,大禹治水的传说为黄河文明的起源保留了大量的真实信息,因此从大禹治水事件本身的历史真实性与空间的可能性来还原文明起源过程就是一个正确的方向。当然,还原工作的第一步,就是讨论大洪水的发生地与大禹治水的可能场景。确实,根据汤因比的挑战—应对文明理论,无论是大禹治水的可能区位,还是夏王朝构建的可能时间,都应该和某个重要的灾害事件的时空节点存在联系。因为"频繁的灾变会导致传统宗教权威与政治秩序的崩坏,并催生新的宗教势力与政权"(李旻,2017),也会成为改变制度成本与生产成本对比关系的诱因(见第二章第5节对热带非洲社会组织出现条件的分析)。因此,制度创新的过程需要与一些特殊的灾害事件与地形地理条件相关联,以便获得第三方的社会强制力。而制度创新要求的奇异地形与大洪水发生的特殊地理要求则为我们的研究提供了一些方向性启示。

首先,我们从地质构造的角度来看一下大禹治水神迹的可能性地点及其可能带来的外部性影响。根据地质构造的知识可知,黄河流域能够形成持续数十年的洪水泛滥的地区只有可能是在黄河形成以前就是盆地的黄河中上游的地区,即潘保田(2018)指出的兰州平原、河套平原与关中渭河平原。然而,沿着黄河进行简单的地理考察就会发现,黄河在兰州以前的上游青藏高原台地地区出现滞留数十年的洪水事件几乎是不可能的,不仅高地势带来的高位差势能很容易在山石之间找到出口泄洪,而且几乎每年都会出现的青藏高原东部边缘的地震也会起到推波助澜的作用。(闵祥鹏,2008;单之蔷,2018)因此,连续危害人间数十年的洪水只可能发生在相对稳定的黄河中游,于是河套平原与渭河平原就成为大禹治水最有可能的发生地。[①]

[①] 吕思勉关于大禹治水的解释颇有道理,他写道:"《禹贡》、诸子所言禹事,皆以意敷陈之辞。……禹之治水亦仅限于一隅。"(吕思勉,1982:73;转引自杨栋,2019:121)。

当然，如果大禹是在河套地区或关中地区进行治水，被治理的大水只能被"疏通"到孟津之东的、他们认定的"东海"（见《山海经》关于精卫填海的描述），于是宁夏、内蒙古、陕西等地的居民肯定会从这个天灾应对中受益，并很有可能因对大禹的感恩戴德而成就了夏启的世袭制。但夏朝建立者大禹的丰功伟绩无意中摧毁了商人祖先在河南、河北等中原地区的先商文化聚落点（散居在"东海"沼泽地①、高地上的东夷人，即龙山文化居民），② 甚至导致大批商人被大水淹没或流离失所。如果这是历史的真相，我们不仅可以理解商人对战败者夏人的不合逻辑、不合宗教理念的追杀，而且也可以理解在商人的文献中，已经远遁他乡的夏人仍然只能以非人类的"鬼方"、戎狄的身份作为斗争的对象出现，而不是作为前朝的统治者受到尊敬。确实，如果我们足够细心，可以发现，商人对作为"鬼方"的夏人的斗争旷日持久，商人对这些族群的战败俘虏的处理异常残酷。③ 这些证据都表明，④ 羌人与商人有着不共戴天的仇恨，这些证据很可能印证了我们关于大禹治水的一个猜想：大禹在上游的治水善举，无意中摧毁了商人在黄河下游沼泽地中的渔猎家园，因此商人才会与夏人有着如此极端、超越了神权约束的仇恨关系。事实上，这样的非人道做法，既不符合地广人稀时的古代人际关系逻辑；⑤ 也不符合原始宗教，特别是商朝人笃信的对

---

① 据《说文解字》，"海"本来就是指沼泽地。
② 尽管没有关注大禹在哪里治水以及如何治水的细节，许多学者都讨论了中原地区龙山文化居住地被大水冲毁的证据。（袁广阔，2000：39-44；转引自杨栋，2019：124）
③ 张经纬（2018：134）从甲骨文中得到许多商朝处理不同族群关系的证据，印证了夏商关系的特殊性。比如，殷商甲骨文提供了大量的证据表明，商与羌有着割舍不断的恩怨关系，从而为我们了解夏提供了佐证材料。比如"卜辞中出现频率最高的方国则是羌方，'武丁卜辞所记与羌作战的沚、戉……等，或在晋南，或在河内附近太行山的区域'（陈梦家，2004：281）。殷墟卜辞中还提到十多个与商人发生互动的方国，其中大部分都位于'山西南部，黄土高原的东边缘（晋南部分）与华北平原西边缘（豫北部分）的交接地带'（陈梦家，2004：296）。""这些卜辞记录还揭示，商代后期的'晋南方国常常在或臣或叛的变动中……有些方国如土方、邛方、羌方等则总是攻击的对象'（陈梦家，2004：311）。"
④ 对于这些西北方向的"羌方"，商人为什么要"反复"征伐？"甲骨卜辞给出了一部分答案：作为该地最大的群体，羌方与商人的互动具有代表性意义。商人'卜辞记羌事者可分三类：一、记征伐羌或羌方的……；二、记俘获羌人……；三、记俘获羌人的用途。'（陈梦家，2004：239）"（转引自张经纬，2018：135）而俘获羌人的主要用途就是用作牺牲或用作奴隶。
⑤ 在远古时期，因人烟稀少，不同族群的人们相遇时会相互吸引、相互帮助。只是到了文明时代之后，随着人口的增加、人均资源的减少，人与人的生存竞争才开始变得异常残酷。今日的现代城市人际关系与山村野岭质朴人情的对立是这个故事的现代版本。

生命敬畏、对贵族神化的人文知识体系的常识。作为一个对照的案例，周人在征服了商朝之后，并未残酷镇压商人的后代，不仅允许"十恶不赦"的殷纣王自杀，甚至还封了他的后代为诸侯，还让他们有机会读王室图书馆的治理经典，以至于商人的后代特别是孔子不仅没有怨恨周人的情绪，反而十分赞赏周人的礼仪制度。

很显然，如果大禹疏通了今天黄河中游的河道，然后把洪水引向了东方的大海或大泽，即今天的黄河下游地区。而这个东方的大海、大泽恰恰是商人祖先活动的河南、河北及山东地区，[①] 那么商人的愤怒就是可以理解的，甚至是值得同情的。有了这样一个历史背景，不仅当夏人因为天灾人祸的原因搬迁到晋南、豫西后必然会引起商人的不满以及商人的报复，而且夏朝的亡国与混乱或许同样有外部压力，特别是商人攻击的因素。甚至在夏朝覆灭之后的几百年间，夏人也很难得到商人的原谅，以至于在商人占优的时期，不仅还有对夏人持续的追杀，[②] 而且曾经为华夏文明做出过巨大贡献的夏人在商人的文字中始终被视为"非人类"的"鬼方"，大禹治水的功绩自然也会作为恶行被商人从历史记忆中加以删除。[③]

总之，关于文明起源的研究，无论是空间地点还是时间节点的确定，都要站在历史的场景中去思考问题，[④] 都要从当事人的行为动机与逻辑可能的角度去进行讨论，换句话说，国家制度的构建必须放在当时当地人类应对生存挑战的背景下去分析。[⑤]

正是基于这样的考虑，我们不同意赵辉等人关于黄河文明的文化竞争说。他们认为位于中原的黄河文明是周边各种文化群落施加地缘政治压力的结果，从而用多文化中心论来解释了大一统文明的诞生。很显然，这是

---

① 商文化遗址出土大量象牙器、大量龟甲，而来自西北昆仑山的夏文化只有玉器、石器。
② 少数夏人甚至远逃至北方成为匈奴，更有一部分逃到西方成为月氏。
③ 大禹治水对夏商族群的不同影响可以用第一篇中的多元主体公共经济模型来解释：对一个族群有利的公共经济活动，很可能会构成另一个族群的灭顶之灾。对于同一个历史事件的分析，从不同的占位，或从不同经济主体的角度出发，会得出不同的结论。类似地，对西方世界是福音的哥伦布发现"新大陆"，对美洲人、非洲人来说就是一场噩梦的开始，大禹治水或许也是如此。在黄河上游被视为英雄的大禹，对黄河下游的居民来说可能就是"魔鬼"。
④ 这就是库朗热（2006）、和文凯（He，2013）、霍奇逊（2008）等人强调的历史的方法。
⑤ 正如刘学堂（2016）在研究东西方文明的关系时提出的问题那样：文明起源与传播的动因何在？

欧洲战争国家论（Tilly，1992）的翻版，也是用秦汉之后的大一统理念来解释远古历史的做法，这样的当代理论根本没有考虑4000年前人烟稀少、交通不便、资源丰富的生存条件，只是简单地套用了欧洲近代争夺资源的商战模式与战争行为动机，当然就无法与中国传说文献中的创世事件相关联。我们认为，黄河文明的起源理论必须有合乎逻辑的动机解释，必须有合乎历史地理背景的客观可能，更要与传说文献、考古材料相吻合。

事实上，远古时期考古聚落的不断发现为黄河文明探源研究提供了更多的原始证据，但也给现有的历史理论与传说文献的逻辑链接带来了困难。为了摆脱这些理论困境，学者们进行了各种各样的努力。例如，陕西省考古研究院研究员王占奎指出，"找到真实可靠的线索和证据，是当代考古工作者的使命与担当"，而"透物见人，是考古学追求的境界"。他强调，"'透物见人'的考古学研究至少包括五个推理环节：考古材料特征识别、形成过程研究、从考古材料到人类行为的推理、社会文化行为理论研究以及哲学层面的反思"（陆航，2017）。因此，文明探源研究不仅不能只靠考古材料的"孤证"，也不能仅仅从科学知识体系的角度来判断一个复杂的公共经济体制的构建过程，而应该着重从行为动机与生存逻辑的角度进行人文知识角度的分析。

比如，很多学者把古城遗址的发现当作文明探源的主攻方向，[1]似乎每一个复杂社会结构的存在都必然依赖于城墙的建造，似乎每一次早期城址的发现都会把我们的文明起始时间向前推进一大截。然而，丁山（2002）的研究表明，文明的形式从流动到定居的演化经历了一个漫长的过程，黄河文明"由部落社会演进为封建"，"国家政权由割据而渐集于中央。帝王都邑，遂由流动的而渐趋于固定"，是一个漫长的演变，甚至有反复的过程，直到秦汉才形成了稳定的特征。[2] 以至于，传说文献不仅有"夏后氏十迁"、商人十二都、"周人七迁"（丁山，2002：24）的传说，而且重点关注

---

[1] 遗憾的是，鉴于近代欧洲中心主义的强势影响，作为二代衍生文明代表的古希腊、古罗马模式逐渐成为文明演化理论的标准范式，不仅战争的意义获得了不恰当的渲染，而且与战争相关的城邦、城堡也成了文明存在与否的标志性符号与判断标准。

[2] 丁山（2002：24）指出，在夏朝建国初期或文明诞生阶段，"农业方在萌芽，大部分生活基础仍为游牧，游牧者因水草而转徙，部落之领袖因其族类而亦转徙不定；于是政治中心所在，既无所谓都邑，更无固定可言"。

的都是以德建国的人文知识奇迹，而不是以城建国的科学知识经验。[1] 因此，尽管今天仍有许多考古学家只是从都城区位及环境特点来推断夏王朝的起源地点，[2] 但对围绕夏朝建国与黄河文明起源的考察来说，我们既不能局限于某个文化中心，也不能纠结于都城物理考古。甚至可以说，今天考古学界流行的夏都古城之争有可能误导了我们的研究方向。[3]

对于都城考古的局限性，库朗热对罗马城墙性质的研究或许能给我们一些启示。库朗热的研究表明，人类文明的起源大多是从祖先崇拜与宗教仪式开始的，而城和城墙是作为祭祀地点与宗教标志成为国家的象征的。[4] 但城中是否住人是不确定的，在早期甚至不住人。因此，作为文明标志的

---

[1] 甚至可以说，作为农耕文明的黄河文明不可能是战争的产物，而应该是应对天灾、德行统治的工具，因此许宏强调的"大都无城"或许正是夏朝建国时的真实状态，也是黄河文明的早期特征。

[2] 他们（刘庆柱、韩国河，2016：293-318）一方面把文明的物化载体局于都城、陵墓与礼器文字，并把有容乃大的儒道思想与大一统的哲学理念、政治信仰视为黄河文明诞生时的体制特征。严文明甚至提出"以汉族为主体的、统一的多民族国家的基石"的后现代论点（李新伟，2016）。另一方面又把现代欧洲文明中的民族国家与战争国家论视为对黄河农耕文明起源的判断标准与理论基础。

[3] 比如，当考古学家（刘庆柱、韩国河，2016）指出"地处'天下之中'的中原地区率先进入王国时代，出现了中国历史上第一个王权国家——夏王朝"时，他们可能忽略了如下事实：第一，从纯地理的角度看，站在任何一个地方向四周看，尤其是向天上看，所在之处可能都是天下之中；第二，在没有进行普查性考古以前，中原王国的"率先"性与"第一"是无法认定的；第三，即使有王国出现，且是第一个，未必就是夏朝，未必与今天的文明有传承关系。因此，当考古学家（刘庆柱、韩国河，2016）说，"就目前学术界的一般研究，可以将王城岗遗址、新砦遗址和二里头遗址作为夏代的早中晚三个都邑遗址"时，他们的结论确实超越了手上的证据。事实上，只要我们站在古人的立场进行行为逻辑与动机机制的思考，就会对这三个遗址都是夏都的结论提出质疑，夏朝的建国者为何要反复迁都？如此近距离的迁都是否能够躲避当时面临的天灾人祸？

[4] 库朗热（2006：125-128）写道："罗慕路斯犁出了一条垄，以示城墙的位置。""由宗教礼仪所定下的城垄是不可侵犯的。无论外邦人或公民，都不得穿越其上。穿越此垄将被视为大不敬。据罗马人说，筑城者罗慕路斯的兄弟最后被处死，就是因为犯了这种不敬之罪。""但为了出入城，垄中间留有下几处缺口。罗慕路斯为此将犁稍微提起，其处遂成缺口，这些缺口被称为portoe，意即城门。在垄处或靠后一点的地方，人们筑起城墙。这道墙也是神圣的，谁亦不准动它。""这就是古人材料告诉我们的有关罗马城的奠基礼。""在罗马以前，许多城都用同样的仪式建立。""老伽图为写《起源》一书，曾研究了意大利各民族的编年史，他告诉我们说，凡建城者都举行同样的典礼。""在伊特鲁利亚的礼仪书中，人们可以看到典礼的全部过程。"而所有的仪式都是为了让祖先神来同住，来保佑。"罗慕路斯的追随者都相信已将他们的祖神安放在沟中，爱巴米侬达斯时代的人，也相信可请他们的祖神到新城居住。"因此，"对于古人来说，什么是城的概念。城的周围是神圣的城墙，中央是祭坛，它是宗教的处所，接待城邦中的人与神"。

城很可能既不是战争的产物,也不是主要的居住地,而仅仅是一个宗教圣地。事实上,蒙古国的考古发现已经证实"但使龙城飞将在"所说的匈奴人的龙城,就是一个祭祀祖先的宗教圣地。因此,迄今为止用古城考古来判断文明起源的做法很可能误导了黄河文明起源的相关研究。

相反,如果从行为动机的角度来看,天灾及其应对更有可能是黄河文明诞生的真正原因。沿着这个思路,我们认为,作为农耕文明的黄河文明的起源应该与农业生产的挑战——天灾有直接的关系。这样的解释既符合汤因比的挑战—应对文明理论,又符合中国传世文献中的天灾、天命、天象、天道理论的发展路径。

当然,从治水角度来看,几乎所有的物理证据都表明大禹早期的政治活动中心主要位于黄河中上游的甘肃、青海东部以及银川、鄂尔多斯附近。这些地区不仅周围没有山、缺乏矿,需要从上游获得金属矿物,因而印证了《禹贡》中对梁州、雍州资源禀赋的描述,[①] 而且该地区的位置与影响了整个北半球文明肇始的、来自青藏高原地质灾害的大洪水事件密切相关,因而可以印证大洪水事件的真实性。[②] 当然,发生在约4000年前的这场大水很可能也在今天的黄河下游地区——中原地区肆虐过。但根据近年来地质、地理考古工作者的研究,4000年前的中原地区——河南、河北、山东等地根本不存在今天的黄河河道,而是沼泽湖泊遍布的"东海",郑州桃花峪以东的黄河河道在秦汉以后才慢慢形成。因此在这个下游地区"沿河疏通"河道既不可能也无必要,而竭力论证中原洪水事件曾经发生的研究必然会扰乱对大禹治水与夏朝建立史实的探索。

此外,为了探讨大禹建立夏朝的可能地点,杜金鹏(2002:613)还分析了夏禹部族在夏朝建国之前的迁移轨迹,他写道:"在甘青之界的河湟地

[①] 事实上,"《禹贡》对金属矿藏描述的最详细的梁州是以岷山为中心的空间"布局(李旻,2017),该地区与青海、甘肃高地的文化有明显的考古联系,暗示了夏朝政治创制的空间背景与事件脉络与豫西、晋南相距甚远;更何况,"通过对比岷山和三代政治格局我们可以看到,龙山时代甘青、川西与晋南、陕北的往来规模与紧密程度都要超过三代社会"(李旻,2017)。"作为雍梁二州贡道源头的积石、西倾二山相距不远,都是龙山时代齐家文化分布密集的区域。"(李旻,2017)

[②] 关于大洪水事件的真实性,李旻(2017)指出:"虽然政见不同,先秦诸子都把公元前三千纪晚期作为洪水灾变发生的具体时间范畴。在一个百家争鸣的时代,这种共识只能来自当时共享的社会记忆,而非某个学派为支持其立场而发明的主张"。

区，有禹出大夏、禹出西羌之传说"，由于"汉唐大夏县在今甘肃临夏东南"，"汉代西羌大致分布在兰州至青海湖之间的黄河两侧地区，则禹出大夏与禹出西羌实无大别。《禹贡》说禹'导河积石，至于龙门'，积石就在临夏北"。所有这些证据再次隐隐约约地暗示了夏朝建国于黄河中上游的西北黄土高原地区的可能性。①

当然，在"夏禹传说中，治水赋予王权正当性，而治水所积累的地理知识成为营建新的政治秩序的前提"（李旻，2017）是有一定道理的。因此，后来的执政者为了巩固合法性，在各地都举办过"禹会"以纪念大禹，从而使得禹迹遍地，② 甚至出现了"所谓禹都，可以视为声称继承大禹宗教传统的龙山城邦"（李旻，2017）文化的遗迹所在。只不过，同样开始于秦汉时期的物理空间的构建与隔离——长城，限制了后世学者的思维与记忆重塑，以至于后代学者总认为中原才是黄河文明源头夏王朝的创业地，进而导致在长城以内中原诸夏面前，北方部族所讲述的夏史传说难免给人攀附的印象（李旻，2017），学者在西北地区范围内探讨夏王朝起源时总给人以不够专业的"民科"的印象。

最后，从农业文明诞生所需要的农业条件来看，从乌海市到清水河县，从阴山到榆林，这个适宜旱作农业的黄土高原地区（仅鄂尔多斯市、榆林两市面积就达13万平方公里）几乎与河南省（总面积16万平方公里，平原丘陵仅占2/3）全部农业地区面积相当，很显然是原始农业的理想诞生地，也是生产条件与制度条件的互构使制度变迁更容易发生的地区（见第二章第五节的分析）。这里的黄土高原非常类似于豫西、晋南的丘陵黄土土质与地形，拥有众多的"黄土之丘"，且土质松软，但面积要大得多。同时，虽然该区域今

---

① 尽管未能在学术界占据主流地位，但在对夏禹族源的考证中，还是有一大批学者提供了大禹部落来自西北黄土高原的证据，其中郭沫若在其主编的《中国史稿》第一册中明确指出："土方从甲骨卜辞推测，在商朝的西北方向，估计在河套一带地方。夏后氏当是从这里沿黄河南下到今河南西部属共工氏所在的地区的"（转引自杨栋，2020：101）。

② 对此，李旻（2017）指出："高地龙山政治遗产的其他继承者有与中原并行的社会记忆与叙事传统。《史纪·秦始皇本纪》中的秦诏'西涉流沙，南尽北户。东有东海，北过大夏'来描述帝国的四至。如果把这个北方大夏，以及《史记·匈奴列传》中'匈奴，其先祖夏后氏之苗裔也，曰淳维。唐虞以上有山戎、猃狁、荤粥，居于北蛮，随畜牧而转移'的说法理解为长城内外的农牧社会对高地龙山社会的政治遗产有所传承，那么司马迁的记述与我们通过考古观察到的周人与戎狄在'夏墟'之上展开的祖先政治是一致的。"

天的降雨量只是河南省的一半，但根据气象史材料可知，在 4000 年前的夏朝酝酿期与文明肇始前后，这里的温度与降雨量应该与今天的河南非常相似，年降雨量至少在 500 毫米以上，因而是理想的旱作农业原发地区。

（二）中原文化中心论的影响及辨析

事实上，无论是中原文化中心论的提出，还是二里头夏都与陶寺夏都的争论，都隐约反映了后来影响中国历史发展脉络的大一统文明模式对政治合法性的诉求，更是当代东方学者回应孟德斯鸠以来的西方学者[①]蔑视东方文化类型与东方治理模式的一种抗争。正是在这样的背景下，大多数研究自觉或不自觉地将对黄河文明诞生过程与夏朝构建治理体制的研究放在了东西方文明对立的背景下进行记忆重塑与知识编码，并在孟德斯鸠的影响下将后来的成熟模式——区别于西方的大一统模式当作对历史起源重构的起点。但用这个 2500 年前才诞生的历史模板去倒推 4000 年前夏朝建国与文明诞生历史进程的做法，难免会出现"事后诸葛亮"的谬误。[②] 在这个成熟的、后来的大一统文明模式中，由于天命、天道理论的影响，政治的核心，即统治四夷的华夏中央政府，理应位于春秋以来[③]的"中国"版图的中心——中原。因此，不仅此后的统治者都试图借助天文学观察来确定"天下之中"的具体位置，并用这个"天下之中"的区位来论证其文化传承与文明延续的正统性与合法性；而且学者们特别是近代以来的学者们在讨论华夏文明的起源时，也总会不由自主地按照这个框架去寻找早期王朝的"天下之中"——都城的区位，从而形成了中原文化中心论的历史情结。以至于在学者讨论文明起源的制度构建史的过程中，[④] 后来才出现的关于大一

[①] 孟德斯鸠与卢梭"托古证制"的伎俩早已在一百年前的库朗热的批判中无所遁形，遗憾的是库朗热的研究一直没有得到文明比较领域学者的重视，从而使得孟德斯鸠等人之论横行于世，其对东方专制帝国的污蔑更是影响深远（王绍光，2008）。
[②] 见宋丙涛（2014）对和文凯历史方法的总结，也见于库朗热（2006）19 世纪对德国历史学家的批判。
[③] 这是影响后世的黄河文明文献形成的核心时期。
[④] 如陈星灿在河南大学进行的题为《中国考古综述》的演讲中讲到的，这一领域中的支配性学说的发展，从 1921～1931 年安特生的"文明西来说"到 1930～1950 年代李济的"东西文化对立说"，再到 1950～1970 年代的中原文化中心说和 1980 年代张光直、苏秉琦的多中心论的学说演变。

第三章 黄河文明起源的时空逻辑

统与中原中心论的理念总是或隐或现地穿插其中，换句话说，秦汉之后才出现的大一统中央集权模式对黄河文明起源研究的影响始终挥之不去。

然而，如果我们关心的是黄河文明的起源问题，我们首先就应该在"人种西来说"与"文明西来说"之间做出区分。我们认为，文明是应对当地挑战而产生的办法与体制，由于挑战一定是具有地域性的本土问题，因此原发的文明就是互不相同的地方性文明。当然，作为一种解决问题的办法或经验，任何一种文明也都包含有一定的普适性价值。因此，正如第二章的理论分析所强调的那样，在探索文明的起源时，首先区分文化与文明的差异是十分必要的。否则，我们就无法区分"人种西来说"与"文化西来说"，更无法在"人种西来说"与"文明本土说"之间取得一致。[①]

其实，关于"人种西来说"与"文明本土说"在文化与文明之间的混淆，真正的"罪魁祸首"很可能是考古学大家张光直，因为他的研究对后来的发展方向起了相当大的误导作用。张光直（1994）不仅用小麦的例子把注意力引向注重人与自然关系的科学知识体系的讨论，而且还引征何炳棣的证据将文明起源研究引向人文知识体系中的文化。特别是，张光直先生本人对国家社会阶段的讨论，也同时并列使用了"二里头文化""商文明""周文明"等容易混淆的名词。再加上，在讨论商文明是否成立时，张光直又将血缘、地缘关系的讨论局限于统治阶级或公共产品供给者而不是公共产品消费者的做法，同样误导了后来学者讨论文明时的关注方向。更为重要的是，张光直把产品流通、财富积累当作文明出现的条件，而没有意识到那是一个文明演化的结果或者副产品；甚至还根据欧洲的理论把外部战争、内部分层视为文明诞生的必然路径，忽视大禹治水传说中蕴含的中国模式的独特性，更没有认识到该模式所蕴含的哲学思想与文明价值的独特性。

---

① 比如，一方面，人们试图用层次较低的海岱文化中黑陶的存在来抵消西来的仰韶红陶文化的不利影响（张杰，2015），用多元一体的文化多中心学说来消除中原文化可能西来的尴尬（张清俐，2015），而不顾海岱文化相对于华夏文明的外围特征与落后特征（几乎没有出现国家与城址），不顾传统文化只是其中一支的延续的事实（其他尝试性的构建都失败了）；另一方面，也有人（张清俐、张杰，2015）公开宣称要用"文化材料来解读文明"，相信任何一种文化的存在都可能是文明起源的证据材料。

事实上，对于这些传统研究的诸多缺陷，已经有学者进行了纠正的尝试。[1] 同时，随着四川西部南北通道、大渡河流域的考古发现日渐增多，这些证据与早期西北地区的齐家文化、龙山文化、红山文化、仰韶文化与马家窑文化遗址的连续性分布"史实"正在描绘出一幅迥然不同的西部文明起源场景。特别是，越来越多的证据表明，在西北地区，不仅半地穴式房子的数量很大（已经发现的有这类房子的遗址超过 200 个），而且曾生活在这些遗址的聚落早在 4000~5000 年前就相当活跃。这样的考古遗址分布很难用单调的文化交流传播来解释，相反却渐渐印证了我们将要提出的西北地区黄河文明起源学说。[2]

然而，还需要说明的是，在黄河文明起源的讨论中，特别是在对"人种西来说"的批判过程中，还存在着制度创造与制度应用之间的混淆。其实，在讨论近代工业文明的诞生时笔者之一就曾指出，英国崛起的关键既不是蒸汽机的发明，也不是议会制的发明，更不是市场机制的创新，而是这些对技术与制度的综合应用（宋丙涛，2015），正是因为英国人的成功应用，我们才把它叫作英国产业革命。对于黄河文明来说，类似的逻辑也是存在的。也许文明的体制及其依赖的技术并不是在黄河流域首创的，但不管这些技术或制度来自哪里，不管这些技术与制度是由哪个族群发明创造的，只要它们是在黄河流域应用成功的，那它当然就只能叫作黄河文明。换句话说，尽管在今天的中国境内曾经有过 6~8 个早期的文化中心，甚至是文明模式，但只有黄河流域的文明模式流传下来，得到了传承，并构成了今天华夏文明的基因与内核，因此华夏文明就只能叫作黄河文明。由于文明是一个应对挑战的结果，而挑战的性质具有地域性，挑战的应对措施当然必须因地制宜，因此以地域命名、而不是以族群命名文明是符合理论逻辑与历史逻辑的。

---

[1] 比如，杨雪（2015）指出："过去根据两河地区研究所获得的关于文明起源的相关结论和理论可能并不适用于其他的文明，不同地区、不同的文化传统应该都有各自发展农业以应对不同社会需要的途径。""在考古学领域被广泛使用的'文明'一词，一直强调城市、文字、国家、大型纪念性建筑、以青铜器为代表的冶金术、商品贸易、手工业专业化等标志性特征，很多地区由于缺乏这些特征而被认为是'去文明的'或'非文明的'。"

[2] 近年来已经出现了越来越多的新考古证据，见后面对 Kidder & Zhuang（2015）黄河河道考古，吴庆龙等（2015）的地质考古的卓越工作的引证。

鉴于战国时期的文献构成了华夏文明历史中第一批文字史料，因此平势隆郎（2014）认为，东周时期是中原文化中心论的真正形成时期，而东汉时期的古籍注释运动又进一步固化了中原文化中心论的核心学术地位。特别是，很多学者在战国时代的文献中发现了夏在冀州的描述，然后就在晋南豫西之间开始了冀州与"中国"的争论。① 然而，作为古代"中国"的冀州，很可能既不是今天的河北，也不是历史学家所认定的山西，而是如前所述的陕北与内蒙古中南部地区。② 事实上，后来的考古研究发现，一直到西周时期，在当时的青铜礼器《何尊》的铭文中，"宅兹中国"指的还是关中平原地区。可见"中国"仅仅是一个当时人对自己所在地的泛称。因此，古之冀州更有可能是陕西及其北部的鄂尔多斯地区。

当然，正是由于中原中心论是直到战国时期才形成的理论，因此以它为基础来讨论更为早期的历史时解释力就会变得有限。比如，在讨论周人与西部戎狄的关系时，早期的青铜器铭文就与后来的战国竹简或文献的记载前后矛盾，无法调和。特别是，尽管历史的事实可能是，留在西北原地的人为了适应气候而游牧化、野蛮化并渐渐成为戎与羌，只有南迁的周人

---

① 刘起釪（2002：415-416）写道："目前一般最习于引用的是《说文》解释'夏'为'中国之人也'那一句，因而就以此作为夏族是中原土著即原住在今豫境的证据。"然而"古人所说的'中国'，它的具体地区是不是就肯定为现在的豫境呢？从许多文献中看出，并不能简单地这样肯定，实际在古人心目中所说的'中国'，首先指的是冀州。"比如，"《山海经·大荒北经》：'蚩尤作兵伐黄帝，黄帝乃令应龙攻之冀州之野。'郭璞注：'冀州，中土也。'"再比如，"顾炎武《日知录》云：'古之天子常居冀州，后人因以冀州为中国之号'。可知冀州就是中国之号，中国总称冀州。""而'冀州'之所以与'中国'意义等同，就是由于二词都是指夏人所居地之故。"由此可见，古史文献或传说文献中的夏朝中国、中土，都是指冀州，而不是豫州。
② 实际上，尽管战国时编撰的各种文献，都把"东河"视为当时的黄河东段，即三门峡以东的河道，但前面提到的地理学家的考古材料已经证实，4000年前黄河在出三门峡之后是没有固定河道的，因此在太行山之东是没有河道的，当然也不会有东河。事实上，王青（1993、2002）认为，公元前2600年~公元前2000年，黄河是经徐州从黄海入海的，公元前2600以前或公元前2000年以后，黄河是经河北从渤海入海的。换句话说，在夏朝建国、大禹治水的文明肇始期间，黄河下游并不是一条固定的河道，甚至也不从山西的太行山下经过。于是，传说文献《尚书》描写的西河、东河只能是陕西两边的黄河，而不可能是山西两边的黄河。更进一步，古文献中的"两河间曰冀州""河内曰冀州"等夏朝核心地区也一定是陕北与鄂尔多斯地区，而不可能是山西。因此，《山海经》中的精卫填海，填的就是太行山以东的沼泽地，那时黄河下游地区的河道在多数情况下是不存在的，大部分的黄河水是漫滩乱流的状态，因此太行山以东经常被称为东海。相反，陕西两边的黄河河道却是100万年以来就相对固定的，没有太多变化。

坚持了"西北的"农耕文明,并在克商之后把农耕文明带到中原。① 但战国时代的中原人(原来的东夷人或商人的后代)追述历史时,却有意无意地把这写成西周向东方学习并东方化的结果。② 因此,尽管在西周时的"戎"应仅仅是游牧化、武装化人群的代称,还没有野蛮的含义,但到了讲求夷夏之辨的东周时期,"戎"就成了蛮夷族群的代表之一。

然而,理念的影响是巨大的,尽管他们自己的证据也表明,大禹治水中所说的冀州在陕西,但学者们仍闭口不谈陕西,仍将夏禹活动的核心区定位在豫西、晋南。可见,无论证据如何确凿,战国时期形成的中原文化中心论在当今研究者的思维中始终挥之不去。③（另可参考王国维《西胡考》）或许正是为了维护中原中心论或东部起源论的思维模式,邵望平（2002：501）还从传说文献中找到了证据："《禹贡》：'浮于淮泗达于荷'"。试图用这些证据证明大禹治水的地点是在中原腹地,甚至还在中原的东方。然而,众所周知,荷水是公元前483年吴王夫差为与晋争霸而开的人工河,后世《禹贡》中的"淮""泗""荷"很可能是修订者根据战国时代的地名进行的补充。原文或许应为"浮于淮泗达于河",真实的淮泗均应为雍州境内

---

① 尽管战国时代的作者似乎理所当然地认为,中原地区是农业核心区,考古遗址分布、地理考古证据与气象史材料却一再表明,先秦时期的中原并不适合农耕。同时,《齐史》给我们揭示了一个西来的姜氏教导当地农耕的艰辛过程,由此可知当地(龙山文化与其商人后裔)原先并无农耕文化,更不是农耕文明。

② 王明珂（2013：152）写道："在公元前1300年前后,西方河湟地区与北方鄂尔多斯地区人群的畜牧化、移动化、武装化风气逐渐渗透到渭水流域一带";"克商之前,虽然部分包括姬、姜与戎的渭水流域部族在文化上已有不同程度的东方化,但在周人克商的过程中,事实上姬周率领的是一个'西土之人'军事同盟,其中包括'戎'。"相反,生活在湖泽地区的东方渔民如何会有农业生产经验传授给周人？

③ 比如尽管刘起釪（2002：424、426）写道："《孟子》云：'禹生石纽,西夷人也。'《史记·六国表》云：'禹兴于西羌。'……《后汉书·戴良传》：'大禹出西羌。'""这些材料都说禹生于西夷中的西羌族。"他甚至还提到顾颉刚《九州之戎与戎禹》一文,并着重指出了禹最初是九州之戎全族宗神的可能性,而九州之戎实际是西方戎族的总名,他们的居住地九州,是中国西半部的一个大地名,其境大抵西从今陕甘二省交界处起,北由陇山,南抵秦岭,东达嵩山。但最后的结论竟然仍是夏"以晋境为其主体","我的看法,此时大夏主要还是在晋境"。或许刘起釪自己也觉得这样的推理太勉强了,于是紧接着补充一句："当然,虞与夏也可及于今陕西境,总之是在太行迤西,或近或远"。并进一步论证说："夏族也一样,陕西省境于秦汉时有夏阳县（今韩城）,其取名显与夏族居住活动有关。我们从商灭夏以后较长的历史时期里,凡在陕境和晋境立国者大都自认为夏人这一点来看,也可知这是夏族在此地长期繁衍传遭的结果"。换句话说,在承认了主流观点后,他自己又补充了陕西乃夏朝发源地的证据。

第三章 黄河文明起源的时空逻辑

河流,而河就是黄河。尽管这些学者也知道这些证据颇为牵强,但他们仍然将材料按照对中原文化中心论和东部起源论有利的方向进行解读。至于西部丰富的、复杂的齐家文化遗存因为不利于中原文化中心论,因而并未得到足够的重视与充分的利用。

实际上,由于缺乏对文明与文化关系的学理分析,很多学者混淆了文化与文明的概念。尽管学者们争论的是夏文明的诞生,但字里行间始终在讨论夏文化。例如,王国道、崔兆年(2003)用宗日出土的彩陶盆、鸟纹、石器工具等文化符号来讨论西北地区的文明起源。还有人用天山南北的考古文化来间接印证华夏子民早期在西北进行的文明尝试或佐证"人种西来说"。① 事实上,由于缺乏必要的理论体系,究竟这些文化符号是东进的产物还是西迁的证据,究竟是文化的遗存还是文明的标志,是很难从这些考古材料本身看出来的。它们与后来或此前发生在黄河上游地区的文明肇始事件是否真有因果关系实际上是很值得怀疑的。因此,简单的文化考古成果,② 并不能为我们提供文明起源的充分证据。

然而,鉴于研究方法的局限性与考古发现的偶然性,也鉴于战国时代的文献对早期考古学家"按图索骥"研究路径的影响,在黄河文明探源研究的主流话语中,中原文化中心论始终占据着压倒性的核心地位,二里头文化遗址几乎已经成了夏朝考古发掘与文明探源研究的绝对参照系。因此,每当有与二里头遗址同时期的文化遗址被发现时,总会有人不由自主地沿着中原文化中心论的轨迹去进行解释。③ 比如,当发现有其他地区的二里头

---

① 马健(2017)认为,"公元前1800年前后,哈密绿洲盆地形成了天山北路文化","公元前1000-前800年前后,……,焉布拉克文化在承袭天山北路文化的基础上逐渐发展起来",从而"将为我们理解中国古代文明的形成提供重要线索"。同样,"伊犁河谷早期铁器时代的考古学文化""随葬品中铁器的出现以及彩陶的繁盛"等这些更晚时期证据的出现,再次表明了西域与中原的文化传承与交流关系,或许能提供夏人西迁的考古证据,却无助于黄河文明起源的研究。

② 丁杰(2017)写道:"2017年,中国人民大学和新疆文物考古研究所……在伊犁河谷首次发现了具有明显阿凡纳谢沃文化因素的墓葬",并"将伊犁河谷青铜时代的历史提至公元前三千纪"。类似地,当张春海(2017)兴奋地指出"位于西天山地区的阿敦乔鲁,在距今约4000年前,曾闪耀着青铜文化的光芒,以其较高的文明程度,在亚欧草原地区的文化交流过程中扮演着独特而又重要的角色"时,他并不清楚这些印证了《山海经》记载的许多原始部落的证据是否与黄河文明起源之间真有关系。

③ 陈立柱(2002:808)写道:"关于夏族活动的中心地区,目前大多数学者认为是豫西晋南地区,时间大体是公元前21-前17世纪。"

文化或同期文化遗存时，尽管知道"北方地区在受到夏文化影响之前已有自己的文化创建"（陈立柱，2002：811），尽管没有证据表明北方的本土文化落后于二里头文化，有的学者仍然认定这是从二里头传播过来的，[①] 认为是"夏文化推进到这里与之融合，创造了独具特点的新文化"，并强调"夏文化在其中的重要影响"（陈立柱，2002：811）。事实上，究竟是夏文化向北发展带来了"中国北方青铜文化"，还是中国北方文化向南发展带来了二里头的"夏文化"，这些考古材料本身并没有提供足够的证据。唯一可以确证的，就是二里头文化遗址是首先被当代人发现的，所以很多同期的考古文化也用它来命名了，但首先在当代被发现与它在历史上真的是首先出现二者之间并没有任何的逻辑联系，更无法确认它的夏朝创建地身份。

在这样的背景下，其他学科的学者也很难幸免于中原文化中心论的影响。例如，尽管刘峰桂和冯兆东（Liu，Feng，2012）的证据表明青甘地区的齐家文化才是文化衰落过程中真正的例外，但他们仍然在最后得出结论，认为只有以二里头为核心的中原文化才是一个例外，才是黄河文明的发源地。实际上，如果考虑到当前考古的被动性特征，齐家文化的相对崛起事实与气候变化的证据足以表明，西北地区的例外才应该是黄河文明探源研究者关注的焦点。

幸运的是，苏秉琦（2016）不仅提出了中国古代文化的六大中心学说，否定了中原文化中心论，而且认为在国家形成与文明诞生过程中，北方才是真正的原发地，中原只是迁入地。尽管未能明说，但苏秉琦先生认为国家形成中的文化元素与治水思想一定有着北方的根是确定无疑的。只不过，正是由于未能区分文化与文明，苏秉琦（2016）不愿承认"黄河是中华民族的摇篮"，[②] 而宁愿把黄河视为中华文明诞生的外生条件或变量。[③]

遗憾的是，相信中原文化中心论的学者忽视了这些证据材料中的时空

[①] 陈立柱（2002：811）写道："在北方，二里头文化的影响并不局限于朱开沟一地。在陕西北部（神木石峁）出土的玉石、陶器，内蒙古喀喇沁旗发现的石磬，以及属于夏家店下层文化墓葬出土的陶爵、鬶等，都有明显的二里头文化特征。内蒙古中、东南部地区可能是夏文化向北推进较集中的一个地区。"

[②] 下文提到的地理学家刘秀铭、马明明、吴海斌等（2017）也在强调，中华文明不是大河文明。

[③] 关于黄河文明的称谓的讨论，另见后面刘秀铭、马明明、吴海斌等（2017）的"黄土文明说"。

概念，未意识到自己研究中存在时空逻辑矛盾。① 特别是，尽管这些学者意识到同一个地区在不同时期的气候地理条件可能有着巨大的差异，却仍然得出结论认为，中原地区才是最适合农耕文明发生的地区，② 进而得出结论（张得水，2002：730）："嵩洛地区率先进入文明，建立国家，是与其得天独厚的地理条件分不开的"。很显然，这种忽视不同时期的文献可能采取了不同的地理参照物而直接用战国文献记载来推测夏朝历史事实的做法其实存在着相当大的风险。比如，当张得水（2002）根据《逸周书》中的"洛汭"记载来与二里头遗址进行契合验证时候，③ 他并没有考证这个文献是东周人的记录还是西周人的记录，文献中提到的河洛地区是河南的河洛、还是陕西的河洛。④ 鉴于地名经常因人而变，用文献中的记述来和当下的地名进行对照的做法很显然是不合适的。⑤ 何况，历史学家也写道："二里头遗址第一期至第三期文化都在夏代纪年之内，但第一期不是夏代最早的文化。因此，估计二里头遗址不会是禹都阳城，而是夏代晚期的一个都邑"，或许"有可能为桀都斟鄩"（方酉生，2002：620、622）。也就是说，历史学家也认为，即使二里头真是夏都，那也只能是晚夏南迁之后的桀都斟鄩，而不是夏王朝的诞生地。因此，这样的文化遗址证据对我们探究黄河文明的起

---

① 例如，张得水（2002：729）一再坚持说嵩洛地区"与西亚地区所谓的'新月形地带'即两河冲积平原周围的浅山丘陵区有极其相似的一面。这种环境有利于农业的起源和发展"，并强调"嵩洛地区自古就有'天下之中'之称"。其实，他没有意识到，不仅地球上所有地方的人仰天而看都认为自己是在天下之中，而且，与嵩洛相比，更像"新月形地带"的地区也有很多，特别是黄土高原的地质条件与西亚的两河流域更为相像。更为过分的是，他直接用今天的气候条件来讨论4000年前的农业发展优势。

② 比如，张得水（2002：729）提到，"我国著名气象学家竺可桢也指出，在近5000年中的最初2000年，即从仰韶文化到安阳殷墟，大部分时间的年平均气温高于现在2℃左右，一月份温度比现在高3-5℃。另据孢粉分析，在距今7500-5000年间，我国降雨量也比现在多600毫米。这说明远古时期，嵩洛地区也同样要远比今世温暖湿润的气候特点。"很显然，张得水知道，古代的中原地区应该不适宜原始旱作农业，特别是手工耕作的自然农业。

③ 方酉生（2002：619）写道："《逸周书·度邑解》：'自洛汭延于伊汭，居易无固，其有夏之居。'二里头遗址在伊洛两河之间，洛阳平原的东部，与文献记载是恰相符合的。"

④ 历史学家可能不知道，作为渭河的主要支流，陕西的洛河流域、河洛之间黄土高原的农业条件远优于洛阳附近的伊洛小平原。

⑤ 对于伊洛的地名是原先就有的，还是周人东迁之后重新命名的，是存疑。事实上，加拿大的温莎、澳洲的温莎、美国的剑桥、河南的郑州都是后来人为纪念祖先或家乡而再次命名的。

源来说，没有太大的意义。①

确实，由于缺乏正确的认知理论，即使少数人有了一些正确的史料，也很难改变大多数学者笃信中原文化中心论的惯性思维，也无法改变大多数学者围绕豫西、晋南进行夏朝建国与文明探源研究的传统路径。② 中原文化中心论就像曾经的"地心说"一样坚韧有力，并渐渐成为一种关于夏朝起源研究的"教条"。

众所周知，从统计学与考古学的基本要求来讲，迄今为止的局部考古与被动考古并不足以提供必要的全样本证据或抽样样本证据，③ 因此现有的考古证据并不足以表明，哪个区域是中国新石器时代的核心区域。何况，张弛（2017）一文提供的证据也表明存在青海、东北有一些比豫西、晋南更为"不衰落"的地区。为了解释这些明显的例外，学者就假定这些地区的繁荣是中原文化扩散的结果。④

当然，关于二里头遗址与夏朝的关系，关于黄河文明的中原起源说，最权威的研究当属刘莉与陈星灿（2017）所下的结论，研究对二里头文化的形成进行了详尽的论述。然而，在"中原地区早期国家的形成"一章中，

---

① 正如王克林（2002：251）所说："学者每言夏族活动地域，往往无不强调或概括在今河南伊洛一带地区"，"但这些资料所指的夏人活动的地域，很明显，实是指夏代后期被商覆灭时的疆域，非夏族兴起时前期的地域。而有关夏族前期地域或发祥地，人们却是很少说及并作出确切而正面的回答。"

② 例如，在张弛（2017）讨论4000年前中国史前文化的衰落时，在没有对考古成果进行广泛研究的前提下，就直接下了结论，认定豫西、晋南是"核心地带唯一没有衰落的区域"，而且强调"中国新石器时代传统核心区域中只有嵩山以北的郑洛地区和晋南有所不同"。尽管他也知道，"郑州地区二里头文化时期遗址的数量较龙山文化时期略有减少"，洛阳地区在新砦期和二里头一期时文化遗存也很少，晋南地区在二里头文化时期也已经出现衰落，相反的夏家店文化在二里头文化时期出现繁荣与增长，齐家文化也在二里头之前出现强势发展，但他仍然得出结论：中原文化是核心区域且是唯一没有衰落的地区。

③ 尽管不准确，我们仍可以高铁修建为例，近似地展示中国建筑工地或被动考古分布的"不充分""不均衡"特征。同时我们也必须注意，鉴于以鄂尔多斯高原为核心的黄土高原地区在过去的4000年间出现了严重的沙漠化与水土流失现象，因此，这个过程很可能已经摧毁了早期的文明遗存，从而使得未来的主动考古发现也成为不可能。

④ 张弛（2017）承认，无论是黄河流域，还是长江流域，在新石器时代后期，所有的区域都经历了普遍的文化衰落，只有北方地区、西北地区出现了"半月形地带的兴起"，即"燕辽地区—北方地区—西北地区—西南地区这一半月形地带逐渐兴盛"。比如"从贺兰山以东直到冀西北张家口的北方地区从仰韶晚期开始出现大量人口和聚落，至龙山文化时期达到了顶峰"。只不过，很可能是由于中原文化扩散说的强大学术影响力，张弛也不愿相信西北地区有可能是夏朝文化的发源地，是黄河文明与夏朝建国的发源地，反而总想用中原文化向西北、北方的传播来解释西北、北方地区的逆势崛起。

在知道二里头文化的持续时间大概在公元前 1900～前 1500 年，在与文献记载的前 2070～前 1600 年尚有一百多年的差距的情况下，为了维持二里头是夏都的结论，他们开始在周围寻找更早一点的古城遗存进行补充，而新砦与王城岗遗址的发现就成了夏都中原说的最后两根"救命稻草"。然而，这些考古学家没有思考过夏朝先民的行为动机：夏朝先人为何要进行如此近距离的迁都？这样的迁都是否能摆脱作为迁都缘由的天灾人祸的威胁？他们更没有考虑这个迁都是否与当时的气候地理条件的变化方向相一致。

关于中原文化中心论的形成动机，社会学家王明珂（2013：55）对文献形成逻辑的分析给我们提供了颇有价值的启发。他指出，尽管有可能存在伪造，但文献写作者的材料选择是有一定的规律的，[①] 而战国时代的捉刀者的主要目的就是要把东部人群纳入进来，以中原为中心重塑周人的历史记忆，以便应对西北农业资源凋敝、东方农业资源渐增的特定情境。正是在这个背景下，人们开始讲求夷夏之辨，人们有意忘掉了西北地区的历史，构建了"中原"夏朝的农业定居特征与政治合法性渊源。根据这个认知变迁逻辑，王明珂（2013）认为，华北黄土高原才是早期黄土农业文明诞生的主要区域，公元前 2700 年至公元前 2000 年前后的河湟地区才是典型的原发农业区域。他强调，是随后出现的气候变化导致了西北地区族群的野蛮化、游牧化转型。可惜的是，即使有了这些论述，到了最后，无法摆脱中原文化中心论影响的王明珂也仍然把中原地区当作核心。[②] 确实，中原文化中心论的影响是巨大的，尽管考古学者发现 6000 年前西北地区已是农业区并拥有相当高级的定居文化，那时中原并没有普及农业与定居文化，但在他们的叙述中，河套地区仍只是"被迫建立与中原仰韶文化的联系"，并在"经济生态上与中原仰韶文化的农人非常接近"（王明珂，2013：80-81）。尽管他们发现了许多气候变化的证据，[③] 发现了夏与周或许都是因气候干冷

---

① 王明珂（2013：55）分析道："一个族群的形成，是在特定的社会经济情境中，一些人以共同族源来凝聚彼此，遗忘与现实人群无关的过去，并强调共同的起源记忆与特定族称以排除异己、建立并保持族群边界。"

② 王明珂（2013：76）不愿意承认西北存在文明退化的可能，并强调由农耕到畜牧的转型不是退步，并因游牧部落拥有"分散、平等、自主"的社会结构，而认定为一种进步。

③ 王明珂（2013：86）发现："由许多证据看来，气候上的变化是造成这个人类生态变迁的重要因素。许多古气象学者都曾指出，以全球整体来说，公元前 2000－前 1000 年是一个逐渐趋于干旱的时期。这个趋势，到了公元前 1000 年左右到达顶点。"

而向"东南飞"的农业部落继承者,但他们仍然认为"西北的环境原来就不利于农业"(王明珂,2013:87)。

确实,尽管战国时期各个国家、各个学派重构的历史文献在传承黄河文明过程中的贡献是巨大的,但其构建的中原文化中心论的不利影响也是难以估量的。以至于,尽管多元一体的学说已经形成,但很多人仍把4000年前的气候地理视作与今天相同,以便论证中原地区是夏朝的诞生地,并言之凿凿地指出,中原地区的农业耕地条件构成了夏文明诞生的前提。很显然,尽管夏朝可能是存在的,但正像邹衡(1986)的研究所表明的那样,夏朝的发生地并不必然在中原地区。因为不仅如前所述,作为考古遗址的集中地,中原地区的先夏文化遗存根本不足以支撑一个夏文明的诞生,而且有学者(冯兆东,2017;施雅风,1992)的研究早已指出,4000年前中原地区的气候地理特点根本不适合原始农业的产生,因此在中原地区寻找夏朝建国的历史与黄河文明起源的证据很可能是选错了地方。

(三) 夏朝起源于西北的考古学证据

或许是意识到了这些研究的不足,邹衡(2002)将黄河文明的起源归结为一次突发性事件的产物,以便弱化错误的地理标识对文明探源的影响。例如,他通过引证先秦时最可靠的"科学家"墨子在《兼爱篇》中的论述来强调大禹治水的客观可能性。① 虽然墨子的历史地理知识也未必绝对可靠,② 但他只字未提中原地区恐怕并非疏忽。特别是,墨子用大量笔墨描述发生在今天的甘肃、宁夏、陕北、内蒙古与山西的治水过程与治理效果,却只字未提河南,这应该不是疏漏。墨子的论述传递了两个重要信息:这个事件的发生与中原地区、黄河下游地区没有太多关系;同时,该事件很显然是一次应对挑战的文明创建尝试。因此,根据应对挑战的逻辑,在甘肃南部、青海东部、宁夏与内蒙古中南部去探索黄河文明的起源或许是一个正确的方向。

---

① 比如:"古者禹治天下,西为西河渔窦,以泄渠孙皇之水;北为防原泒,注后之邸,嘑池之窦,洒为底柱,凿为龙门,以利燕、代、胡、貊,与西河之民;东方漏之陆,防孟诸之泽,洒为九浍,以楗东土之水,以利冀州之民;南为江汉淮汝,东流之注五湖之处,以利荆楚干越,与南夷之民。"(转引自邹衡,2002:144)

② 特别是关于"荆楚干越"的判断难免受同时代修订的《山海经》《尚书·禹贡》版本的影响。

尽管单个考古遗址不能独立地证实文明的发源地在哪，但有统计意义的考古遗址的分布可以给我们提供一个大致可靠的方向。已有的考古文化遗存的分布表明，在4000年前后的所谓黄河下游地区，考古发现的先商遗存主要是商文化，而不是夏文化，可见先商时代的中原地区是"先商文化的分布地区，不是夏人活动的范围"。[①] 也就是说，今天被视为夏王朝发源地的中原地区，除了所谓的二里头遗址之外，并没有发现大量的夏文化的活动痕迹。相反，在陕西西部、青海、甘肃与宁夏各地不仅有大量的夏文化传说，而且有大量先商时期非商文化（比如马家窑文化、齐家文化）的考古遗存。更为可贵的是，这些考古遗存甚至有很多地方是可以与先夏传说链接起来相互印证的（比如四面铜人与黄帝传说）夏文化类型。并且，尽管该地区的考古工作尚未得到充分开展，但已有的少量考古发掘足以证明该区域的早期农业尝试是相当普遍的。

第二，青海、甘肃的齐家文化、马家窑文化的长期连续存在也暗示了黄河上游早期先民的活跃与繁荣。关于齐家文化，叶舒宪（2016）曾提出了一系列挑战传统中原文化中心论的质疑，比如，"齐家文化源自何地（西来说）？""齐家文化最终被谁所征服或取代？""齐家文化与中原文化有何种关系"？……特别是，叶舒宪认为，齐家文化的"累退"特征很可能挑战了文明进化论。由于作为农业文明的齐家文化消失后，作为游牧文化的卡约文化才在青甘地区出现，因此，并非只有游牧文化向农耕文明的转变才是历史事实，也存在农耕文明向游牧文化"退化"的可能性。这些证据一方面为上文提到的匈奴夏裔说提供了旁证；另一方面也可以解释西北地区如果是夏朝的起源地为何却没有足够的考古证据，特别是缺乏文字证据。

当然，我们最感兴趣的还是"齐家文化与夏王朝有无关联"问题。虽然"在空间上侧偏于西北的陇原和黄河上游一带，与中原有一定距离"（叶舒宪，2016），但齐家文化存在的时间与夏朝的纪年基本对应这样一种历史事实难免让我们浮想联翩。在这样的考古证据面前，如果没有中原文化中

[①] 邹衡（2002）指出，尽管是被动考古的结果，但"据目前的考古材料得知，先商文化的分布比较集中在太行山东麓一线，也就是战国时期的黄河以北和黄河以西之地。这一地区，不仅没有发现典型的夏文化遗址，而且连文献上有关夏人的传说也很少"。（邹衡，2002：144）

心论的先入为主，我们把西北地区当作夏朝建国的空间场所是符合逻辑的，是符合文明探源学术要求的。

事实上，尽管西北地区是被动考古的边缘地带，但现有的发现还是印证了它很可能是早期定居农业核心区域的史实。比如在分析西北黄土高原上的朱开沟考古遗址时，王明珂（2013：87-89）写道："朱开沟第一段（公元前2100年以前——本书作者注）属于龙山晚期遗存。当时人们过着相当定居的生活，农业是主要经济生业"。并且到了朱开沟第二段（公元前2100~公元前1900年），这里仍是农业定居人群。特别是，"由以上朱开沟遗址一至五段遗存中，我们可以看出以下现象。首先，以经济生业而言，一至三段没有太大的差别。出土的农作工具、大量的陶器、房屋的建筑方式以及随葬猪骨等，都显示当时的人处在以农业为主要生业的长期定居生活中。其次，由一段到三段时期，这种农业定居生活有稳定的发展"。很显然，"鄂尔多斯及其邻近地区考古遗存所呈现的人类生态变化，都印证了"四千年前西北地区高度发达的农业定居文化的存在。

同时，朱开沟第四段之后的变化也预示了可能的夏朝农耕文明晚期遇到的新挑战——气候变冷，这个气候变化解释了主流人群的南迁与留驻人群的游牧化。王明珂（2013：91）发现："公元前1400年左右，晋陕北部山地出现了一些武装化的混合经济人群；他们的出现与他们的文化特质，也能解释鄂尔多斯附近居民的消失"，甚至也解释了随后出现的陶寺文化与二里头文化的兴起。特别是，到了公元前1300年前后，陕北、晋西北黄河两边出现了"李家崖文化"或"鬼方文化"（吕智荣，1991），这些考古证据完全可以与殷商甲骨文中的记载相互印证。同时，1973年内蒙古社科院历史研究所发掘的大口遗址位于该区域东部，属于新石器晚期与青铜器早期的文化序列，该遗址的石器以磨制的为主，包括有用于农业的铲以及加工木器用的斧、锛等（吉发习、马耀圻，1979）。而位于该区域南部的延安芦山峁等聚落遗址的发现，更进一步提供了该地区早期农业文明探索的证据。此外，根据内蒙古文物保护中心吉平（2017）的报告，早在6000年前，河套地区与陕北高原为主就已经开始了农耕文明尝试。例如，距今6000~5500年前的岔河口环壕聚落遗址就是一处典型的新石器时代先夏聚落遗存，该遗址位于内蒙古清水河县黄河与浑河的交叉口，总面积2450平

第三章 黄河文明起源的时空逻辑

方米，具有明显的社会组织结构特征。① 当然，陕西省考古研究院邵晶（2017）的报告更进一步指出，位于黄河之西的石峁古城的时代更接近夏朝的起源。② 公元前2300～公元前2100年前后的石峁遗址表现出典型的强制性社会结构，不仅有完整的内城外城，还有核心区的皇城建制。尽管有了这么多证据，很多学者仍然无法摆脱从中原的角度把西北视为农业边缘地区的惯性，不愿意认可西北地区原发性的农耕文明地位。③

并非不重要的是，很多文献证据表明，西北地区流行的所谓胡人文化恰恰就是考古学中所说的夏文化。在讨论文化差异与文明构建的关系时，徐中舒（2002a：2）曾指出："汉、胡文化的区分，在中国史上不必系于种族的差异"，"现在从许多传说较可靠的方面推测，仰韶似为虞、夏民族遗址"。特别是，从石峁古城以及新疆、甘肃地区的考古遗址来看，作为胡人的夏人与作为胡人文化的仰韶文化，很可能奠定了后来的黄河文明的基础，然后再退化为游牧文化。认为所有的民族都只能从游牧文化进步为农业文明是一种简单的机械进步论。事实上，无论是两河流域、伊朗的波斯人、还是北非的埃及人，都在公元前一万年前后发明了农业，但由于耕作过度，早期的农业耕地又都先后出现了沙漠化，从而使得农业生产无法持续。为了生存，根据当时当地的条件，许多早期的文明社会不得不"再度野蛮

---

① 见吉平在第一届中国考古·郑州论坛（2017）上的发言。
② 见邵晶在第一届中国考古·郑州论坛（2017）上的发言。陕北神木石峁古城发现的、距今4000年前前后黄土高原地区早期先民构建国家尝试的事实为我们提供了一个可能的探索起点。另外，南凯仁（2016）指出："石峁遗址最早建于龙山中期略晚，毁弃于二里头文化时期，距今4300-4000年。石峁遗址是目前所见中国史前最大城址。"这个结论表明，即使石峁不是夏朝都城遗址，也说明夏朝早期黄河上游、中游有大型社会结构存在，这将为黄河大水出现之后，大禹治水与国家的出现奠定组织基础与政治基础，因为"协和万邦"的、大规模的社会组织结构的优势可以弥补工具的缺陷。实际上，根据陆航（2016a）的报道，"在石峁遗址周围数十平方公里范围内，共有十多个小的石城遗址，其面积从几万平方米到数十万平方米"。同时，陆航（2016b）的报道进一步指出，"总面积超过400万平方米，远大于良渚与陶寺古城的规模"，表明石峁时代该社会拥有的人力、物力与组织能力，是国家形成的关键阶段。
③ 王明珂（2013：93、95、129）指出："像李家崖古城居民这样的武装化人群，由公元前1400-前1300年起，沿着今陕、晋、冀三省之北分布。这种人群的出现及其性质，说明了气候干旱迫使农业边缘地区（这是一种中原核心说的歧视性描述——本书作者注）的人群南移。"王明珂还认为，是中原地带"华夏"认同的出现"造成北方人群全面的游牧化"，但无法解释为何"统一他们的是'华夏认同'"，"所有自称华夏的人群都以'族源'来证明自己是华夏"？

化",退回到游牧的非定居状态。这正是古代农耕文明反复"胡化"的内在逻辑,东亚大陆夏朝的后代或许也经历了类似的先构建文明但后来战败退化并回归游牧的"再度野蛮化"过程,而这样的农耕与游牧的反复与"再度野蛮化"过程也只有在西北地区才最有可能发生。

由此可见,"上古文献中一再透露的'大禹出西羌'信息,应该不是文学想象和虚构的产物,而需要结合多方面的证据给予深入考察"。特别是,"以往的研究者把考察夏王朝的重心聚焦在中原文化特别是二里头文化,如今新的学术契机已经显现,希望给夏王朝和夏文化的溯源研究带来新的视角"(叶舒宪,2016)。何况,宁夏、临夏地名的出现与西夏、大夏国名的由来,也不会纯粹是空穴来风与历史臆想,而很可能是当地人或后代人(比如赫连勃勃)对祖先辉煌创制贡献回望崇拜的结果。因此,从满天星斗到月明星稀,从花开几朵到一枝独秀,黄河文明独领风骚是没有错的,但夏朝是否首先出现在黄河中下游平原地区是值得怀疑的。

最后,关于夏朝的西北起源,新石器时期考古发现还为我们提供了更多的证据。比如,考古学家知道,西北的彩陶文化属于夏文化,按照彩陶文化的发展轨迹,作为黄河文明肇始者的夏朝很显然只能来自西北地区。[①]比如,在讨论中国前文明时代的文化源流问题时,陶器、玉器(比如牙璋)、青铜器的类型与饰纹往往是最常见的着眼点,其中玉器很明显是夏文化的代表性器物之一。然而在分析这些不同地区出土玉器的雷同性与相似性时,考古学家总是习惯于用"存在文化交流"来进行解释,并直接假定中原地区是文化的输出方。然而,在交通通信极不发达的新石器时代,一个部落有何动机耗费巨大的资源去和另一个族群进行文化交流呢?这样的文化交流背后的集体行动逻辑又是什么呢?[②]特别是,考虑到这些遗址分布的广度与不连续性(出土牙璋遗址分布示意图见中国社会科学院考古研究

[①] 章玉祖(2012:331)指出:"夏商周三代都是先后自边裔之区崛起而入主中原的国家。就土器文化而言,西北的彩陶文化属夏系文化,东方的黑陶文化属夷系文化。"但他最后仍然回到了中原文化核心论,认为"彩陶文化与黑陶文化势力在中原相遇,由斗争而浑融,不久即在河南地域形成了中原文化"。

[②] 库朗热(2006:226)在讨论古希腊、古罗马文明的起源时曾指出,不要说陌生的外人,即使是内部的非胞族成员也"不准参加祷告","礼节也不得让他们知道"。传统文化,尤其是涉及祖先崇拜的宗教仪式往往是一个保密的、排他性的文化遗产。

所——中国考古网，网址如下：《邓聪：牙璋4500年前首现山东 商代中期从海路抵达香港》，中国考古网，http://kaogu.cssn.cn/zwb/kgyd/kgsb/202206/t20220607_5411516.shtml；新石器遗址分布示意图见史宝琳博士论文：（《中原地区公元前三千纪下半叶和公元前两千纪的聚落分布研究》，博士论文，吉林大学，2014），[①] 考虑到西北地区文化遗存的明显优势，学者们的中原文化输出论又有何道理呢？[②] 或许，考古发现的这些器物类型的相似性与同源性并不意味着不同文化之间的直接因果关系或传承关系，只是反映了一些方向正确的探索过程中的巧合而已。比如，在分子演化学中，学者已经发现，不同生物个体特征的高度相似性（理化性质相似的氨基酸）并不意味着来源具有相关性，换句话说长得很像的两个人并不意味着一定拥有亲缘关系；同时，基因同源性（有相同的祖先）并不意味着后代的基因传承就有能定量分析的变化规律，即同源未必同果。

更何况对文明起源研究来说，排除文化交流对文明起源研究的干扰是十分必要的。因为文化器物尤其是日常器物并不需要垄断与独占，但作为文明体制载体与强制力垄断标志的宗教器物或礼制器物，比如玉器或青铜器，却只能是唯一的、垄断性的。二者的传播形式与发展规律完全不同。因此，陶器的器型趋同或许是文化交流的结果，但玉器与青铜器等神器的雷同却很可能是同一族群扩散传播的结果（库朗热，2006：40、51、62）。

确实，在公共资源如此紧缺的新石器时代，谁会把资源浪费在没有意义的文化交流上呢？更何况，作为祖先生存经验的积累，尤其是集体行动经验的总结，一方面，没有哪个族群愿意和别的族群分享文明的机制（见

---

① 见瓦格纳等（Wagner et al., 2013）论文中的图示，https://www.sciencedirect.com/science/article/abs/pii/S1040618212004594。
② 关于器物类似性暗含的文化关系，孙庆伟（2018：434）的玉器论解释比较牵强。他指出："如果单从玄圭的形制和年代上讲，中原地区、山东地区和陕北神木一带皆有可能是这类器物的发源地，但如果进一步分析，玄圭最有可能是在中原地区起源的。"而针对陕西神木石峁古城发现的大量玄圭，孙庆伟（2018：435）辩解道，"神木石峁出土的玄圭，虽然数量颇不少，但在埋藏和使用方式上却更具特点——迄今为止，该遗址的各类墓葬包括土坑墓、石棺墓和瓮棺葬均未见随葬玄圭的现象，反而在地层中发现被有意砸碎的玄圭碎片"。且不说，"未见未必没有"，并不珍惜恰恰说明是刚开始，更有可能是起源地。何况，即使墓葬中真的没有，即使"石峁先民对玄圭的'土豪式占有'，却又'破坏性'地使用，与中原地区将其视为至高礼器的做法可谓大异其趣"，我们也无法下结论：石峁不是"玄圭的起源地"，而中原地区反而是起源地。

上一章对英国公共财政体制的分析）；另一方面，当代文明冲突的近代史背景也表明，很少有族群愿意主动接受外来文明。关于文化交流仅仅是一个十分浪费资源的小概率事件的观点，早期的文献也给我们提供了一个旁证——在商人占卜用的甲骨文中，几乎没有文化交流的内容，而在作为历史文献始祖的《春秋》《左传》中同样没有文化交流的记录，所有这些文献关心的只是对政治与军事事件的记录与褒贬。事实上，直到东周时期，对各个诸侯国来说，仍然只有内政、国防才是国之大事，即"国之大事在祀与戎"，而很少看到文化交流的记载。甚至可以说，汉代以来的各种文化交流迹象很可能也是一种军事战略与祭祀程序的副产品，而不是文化交流的产物。

事实上，每个族群为了生存，都会尽量保留祖先留下来的生存经验，即文化图腾，并逐渐演变为维持内部团结的祭祀仪式。在此背景下，如果不是天灾人祸毁灭了原有的模式，很难想象一个部落会因为简单的文化交流而进行变革，类似的文化符号往往意味着共同的文化祖先。在持续不断的迁徙过程中，刻画符号与书写文字成了传承祖先文化的最佳途径。于是，一个很合理的猜测是，发明了刻画符号与文字的部落更好地将祖先的文化与经验保留了下来。因此，尽管早期的同一族群后来分散到了各个地区，但一些最古老的文化符号仍然被顽强地保留下来了。这或许就是今天玉器、陶器普遍存在的主要原因。在这些文化传播过程中，其中的一个分支或几个分支相互影响演化出了夏商周的黄河文明，并因他们的文字发明与文字记录而成为所有同宗同源族群的佼佼者，从而留在了"中国人"早期的记忆里。鉴于他们的优越表现与大量遗存，在讨论这些文明与其他同源文化的分支的关系时，很容易把后者与前者的类似祖源文化误当作优秀分支族群的文化扩散的结果。至于文明诞生过程中，不同族群联盟的标志——祖先神与自然神的结盟则是一个困难的组合过程，[①] 而不可能是简单的模仿与交流。

因此，我们认为，陶纹、玉器、青铜器作为与祖先崇拜、神灵图腾有关的文明符号和公共经济经验的载体，根本不可能通过一般的文化交流而

[①] 见本书第三篇对张岩（1999）的引证及对《山海经》怪物的分析，另见哈蒙德（2016）对希腊城邦联盟困境的分析

改变，相差万里的各地（红山文化与越南考古遗址）器物上展现出来的类似性与雷同性很可能是同祖同源人群流散的产物，或者是类似环境导致的类似发明的巧合。换句话说，各自的文化类型实际上都是传自祖先的积累，而不同区域间的类似性或雷同性恰恰表明这些文化传承者有着共同的祖源或类似的环境，只是随着早期人类的大迁移而被带到各地。而这个猜想，也正在被后面的分子人类学的证据所印证。

事实上，正是因为黄河上游考古文化的复杂性，我们认为，这个上游地区才最有可能是黄河文明的源头，而作为夏朝的继承者传至晋南、豫西的文化只是其中的一支而已。[①] 而这些文化混杂与反复的特征恰恰是西北地区复杂文化的写照，而神木县石峁古城展示的具有游牧农耕混杂特征的生活场景就是很好的证据。关于这种西北地区的考古证据与中原文化中心论之间不完全一致导致的矛盾心理，在徐中舒（2002a：597、598、599、604）的研究中表现得非常明显。一方面，徐中舒同意"禹兴于西羌"，"羌是西戎牧羊人，后来在甘肃一带活动"；另一方面他又说"从历史记载上看，夏代的地区不出河南、山西两省"，并指出"伊水洛水一带，土地肥沃，气候好，农业非常发达，直到现在还是一个著名的农业区，这是夏民族活动的中心区域"。徐中舒的论述不仅前后矛盾，而且同样忽视了4000年前的河南不适合农业发展的气候环境条件。正是这种矛盾心理导致了一种奇谈怪论："首先我们讲夏民族向西北边的迁徙。这里是羌族的老家。"似乎在中原发达的"羌族"夏朝统治者接受了秦汉之后的儒家思想，不顾自然条件恶劣，而衣锦还乡、荣归故里。很显然，这样的"西北迁徙论"是明显的倒因为果，是中原文化中心论窒息思想的产物。

实际上，对于文明创始初期华夏民族的活动轨迹，考古学界正在提供越来越多的新证据。例如，根据曾江（2016）的报道，成都平原曾发现了至少八个史前古城遗址，年代都在大约距今4500~3700年的文明起源时期。

[①] 事实上，有学者（邵望平，2002：503）早就指出，"《禹贡》：'黑水、西河惟雍州'……大致与陕西龙山—齐家文化的分布区相当"，这表明，西河是指宁夏段的黄河（"胤甲即位居西河"——古本《竹书纪年》），陕西大部应为冀州，雍州则在青甘宁一带，为齐家文化的核心地带。何况，关于冀州的记载是："'冀州'章：'鸟夷皮服，夹右碣石入于河'"（邵望平，2002：510），一方面夹石很可能就是陕；另一方面"鸟夷皮服"表明早期的渔猎游牧习俗。

他们认为，在这些遗址活动的族群很可能与毗邻的青藏高原的西王母部落有着某种密切的联系，更有可能是华夏早期族群的一支。而四川省文物考古研究院陈苇（2017）的报告也同样提到，在四川的阿坝、凉山、雅安与攀枝花等位于藏彝走廊地区的被动基建考古中，发现了大量新石器遗址。[①]如何解释这些考古遗址现象？按照中原文化中心论的逻辑，这些发现似乎表明在新石器时代后期，有一支族群跨越横断山脉，沿着青藏高原东部从北向南扩散，并带去了陶文化、玉文化。然而越来越多的证据表明，这个中原文化扩散的理论假说是不成立的。

事实上，尽管考古发掘不多，但青藏高原东北部的发现还是表明，人类的活动足迹，特别是农业与牧业早就存在了。这些发现（Chen et al., 2015）表明，早在五六千年以前，人类就一直在黄河上游的青藏高原从事农耕活动，并且至少从5200年前开始，农业就已经成为他们的主要生业了。当然，这些族群大多在河流两边2500米以下的中等海拔地区活动；而到了3500年前，聚落甚至开始向更高的海拔地区扩展，甚至达到4000米以上地区，不过生活方式更加游牧化，或者是农业与牧业混合，与齐家文化、卡约文化的转型非常类似。这些证据与下面在基因测序中观察到的汉藏分离时间也大体一致。

此外，冯时（2017：507-509）通过对不同地区考古发现的器物上的纹饰进行研究也发现了一些规律，他（冯时，2017：507）写道："不同地区、不同时期、不同文化的八角图形表现出了惊人的一致性，显然它们不仅有着共同的含义，而且应该有着共同的来源。"而进一步的研究则表明，首先出现这些图形的地区是长江中下游地区、黄河下游地区，然后才是黄河上游的马家窑文化。相反，一直被视为核心地区的中原地区却相对较晚，并且数量很少，而在西南彝、苗、壮等少数民族的服饰图案中这个图形仍然很常见。冯时认为，这是一种太阳图腾。如果这是对的，那么我们可以得出以下结论以印证前面的同祖同源说与后面的分子人类学分析：一方面，太阳图腾很可能是从云南进入的华夏族群祖先的图腾，[②] 无论是沿东部海岸

[①] 见陈苇（2017）在第一届中国考古·郑州论坛上的发言。
[②] 鉴于人类与地球对太阳能源的终极性依赖，几乎所有的文明探索部落都发明了类似的太阳崇拜原始宗教与图腾，中国各地的探索与图腾只是这个规律的一部分。

第三章　黄河文明起源的时空逻辑

线到达海岱地区的东夷、还在江浙的越人，沿长江而下的吴人、楚人，还是抵达青海东部的马家窑先民以及最后到达中原的华夏主体都曾有过这个图腾；另一方面，随着文明的出现，特别是世俗政权的出现，文明地区的原始图腾（或孔子口中的"怪力乱神"或"鬼神"）最先被放弃或最快被消除（通过删减《诗经》与图案的去魅化），所以这些惊人一致的图腾图案及其代表的文化含义才会有"周边丰富、中原稀少"的这样一种"空心分布"格局。

确实，由于未在文明、文化与人种之间做出区分，关于文化、文明与人种的跨区域关系研究带来的误解影响深远，以至于作为"科学"研究一部分的分子人类学也未能幸免。[①] 作为少数的积极响应者，普林斯顿高等研究院的帕特里克·格里（2018）指出，德国出生但就职于英国的海因里希·哈尔克教授（Heinrich Harke）的研究对比了德国和英国考古学界对日耳曼人进入大不列颠的文化影响。尽管他发现移民存在且原住民也存在，但鉴于现有的民族国家论的不利影响，英国人怀疑移民的重要性，德国人则怀疑原住民的存在性。很显然，在错误的理论影响下，文化与文明史研究的结果确实很容易被人们用来做人种学解释，并在民族国家论的理论框架内引起政治误解与民族矛盾。以至于格里不得不声明说，关于文化认同、宗教与社会价值观，或者政治与法律制度，遗传学不能提供任何信息。

当然，人类迁徙与文化传播并不等于文明起源与文明演化，但人类迁徙的路线与文化传播的途径也确实能够为文明起源的过程还原提供部分证据，因此基因工程学提供的分子人类学信息对我们的文明起源研究来说仍是十分重要的。根据复旦大学生命科学学院参与、美国《国家地理》杂志举办的"人类迁徙遗传地理图谱计划"的研究成果，全世界的人种很可能都来自同一个血缘母体，因此民族性只是一个近代欧洲构建国家时对抗宗教强权的工具，只是一个社会学、人类学概念，而不具有任何文化、文明优劣的意义。而中国科学院昆明动物研究所研究员宿兵等（Su、Xiao，1999）的研究结果更是表明，在目前的中国人中，汉人与藏人的血缘关系最为接

[①] 当代学者曾呼吁历史学家参与基因分组研究，但由于欧洲早期学者（特别是孟德斯鸠与民族国家论）将文化、文明比较与血缘关系联系起来的做法，曾引起了巨大的人类灾难，因此历史学家们对此一直反应冷淡。

近,远超过与苗人、越人的关系。他们认为,汉藏只是在大概 5000 年前才开始分离,这个结论与前面讨论过的考古学关于族群分布和迁徙的证据是基本一致的。根据宿兵的研究,黄种人是在大约一万年前分别从云南、珠江口登陆今天的中国的。其中一支沿云贵高原西侧向北跋涉,到达河套地区,因此黄河中上游的盆地"应该是中华文明的真正起源地",而汉藏人的共同祖先就是先羌。复旦大学李辉的研究则进一步表明,这个人群的一个亚群,在行进中出现了一个突变,并带着这个突变进入渭河流域,成为今天汉族的主流;另一个亚群,因为种种原因向西、向南进入喜马拉雅山脉的北麓,成为藏、彝、景颇族的祖先。[①] 而从珠江口进入中国向东迁徙的人群最后形成了越人的祖先。虽从云南进入、但没有持续北上的另一支亚群在四川附近沿长江而下,形成苗、瑶族的祖先,并在长江下游与南下的汉族结合形成吴人的祖先。

在迁移的过程中,由于不同的族群形成的公共经济体制的效率不同,这三支较大的人群对今天的华夏文明内涵的影响是互不相同的。其中,只有持续北上的族群,发展出了延续至今的原始旱作农业,并因为农业生产的需要而发展出了天文学与治水知识。正是在治水的过程中,夏禹在河套地区与黄河沿岸地区构建了拥有强制力的公共经济制度——国家制度。这个国家制度的出现标志着黄河文明的诞生,为了记下这些精妙的创制成果,各种各样的刻画符号与象形文字被创造出来。夏、周、秦、汉正是这个制度的构建者、传承者与改进者,并在东周、西汉时期成为传承至今的文字材料与制度规范,商人作为挑战者影响了这个制度的发展轨迹,但并没有改变其实质内容与发展方向。今天的主体民族或制度载体被叫作汉文化或黄河文明的,正是源于这个族群在汉水流域或黄河上游地区的成型。根据这个分子人类学研究,今天的福建人几乎都是汉族人逐步南迁者的后代,而早期到达的越人由于缺乏国家体制,因而不具有公共经济的效率优势,在后来的争夺战中又逐渐被赶回了珠江口,甚至是云南、越南。至于商朝的建立者或东夷人的来源,至少有两种可能,一是越人早期北上海岱地区的结果,二是中亚游牧族群沿蒙古高原东进至辽东,然后南下海岱地区的

---

① 实际上,在这些民族的文化习俗中、比如在他们的送魂歌中都有把亡灵送回北方的内容。

结果，但目前的考古证据尚不足以做出结论性的判断。①

总之，关于黄河文明起源地与夏朝国家诞生区位的讨论，传统的研究大多拘泥于某一类证据，比如有些拘泥于文献记录，有些拘泥于考古材料，以至于研究结论往往只是涉及问题的某一个侧面，很难取得整体突破的进展。但一个文明的出现，一个全新的、拥有强制力的体制的构建成功，一定面临着各种各样的困难，一定需要特定的时代背景与环境条件，这个背景条件或许就是这个族群曾经遇到的巨大挑战及其应对的基础。而大洪水的发生与治水的成功，为黄河文明的诞生提供了一个既符合人类文明起源共性（治水）、又别具一格（疏通）的特殊机遇与创新体验。

三 传说文献信息中的西北起源证据

正如第一篇的理论分析所说，对文明起源的考证必须要有一个关键性事件——灾难性事件或挑战来显示人们对密集型公共产品的需要，也为规范的公共经济组织或社会结构的出现提供机遇。而西北地区考古遗址在新石器晚期的变化与大禹治水的传说的结合，恰恰展现了这个事件的发生逻辑与演化路径。根据汤因比的文明演化理论，文明产生是应对挑战的结果，而洪水和战争是最有可能的两类生存挑战与创制肇因。黄河上游大洪水历史事实的认定（Wu, et al., 2016）则为黄河文明的肇始提供了坚实的考古学证据，但该事实表明夏朝的诞生地或黄河文明的起源地最有可能是西北的黄河上游与中游地区，因此陕北、内蒙古的考古遗存被称为先夏文化是符合逻辑的，这些证据印证了夏朝最早出现在西北黄土高原的猜想。

当然，几乎所有的古代农耕文明的制度构建都是从应对洪水的挑战开始的，因此战国的传说文献从大禹治水开始构建中国的国家制度建构历史②与文明起源过程就是合乎一般规律的。对此，朱大可（1993）指出，"几乎

---

① 王沥等（Wang et al., 2000）的研究则表明，2500年前的淄博人和现代欧洲人非常接近，而易华（2016）更是认为商人为印欧人种，还有人认为中原曾经有大量的印欧人种存在，小麦、战车，甚至文字都可能受到这些西方迁徙者的影响，但尚没有能够相互印证的完整证据链条。

② 《尚书》关于合法性的肯定、《禹贡》关于财政体制的描述与《山海经》关于公共经济活动发生空间的描述，都是该历史记载的一部分。

所有的洪水传说都呈现了惊人的统一性",尽管早期的天灾有很多种,但"这些古代种族毫无例外地从上述同样普遍发生的灾难中挑选了洪水",或者说"洪水话语还是被坚定、执拗、义无反顾地叙事着",并被视为文明诞生或国家建构的肇因事件。这些研究从另一个侧面旁证了洪水治理导致文明诞生的大禹治水传说具有最大的历史与地理可信度,最为接近历史事实。

事实上,无论各个版本的传说有何差异,一个基本的符合逻辑的叙事结构始终存在:洪水挑战了人类的生存,人类用不同的方法应对了这个危机,危机的解决导致了国家建构的成功。或许,应对方法的差异是洪水发生时所面临环境条件的差异所致,[①] 这样的方法差异奠定了后来的文明模式(意识形态)分岔的基础(宋丙涛、张庭,2020b)。中国之外的大多数早期洪水传说都提到了"侥幸的人",都选择了漂流器或船只,然后是"双向的拣选"与预言先知。其中,有些传说提到了艰辛的造船过程,提到了契约概念与宗教信念;另一些则提到了葫芦与南瓜的传说,显示了"用自然对付自然"的东方原则。当然,还有一部分传说选择以土掩水或导水入川,显示了以土克水或顺势利导的理念。朱大可(1993)指出,不管路径如何,正是战胜了洪水这个事件使得各个文明得以诞生,或者说正是越过了洪水的黑暗才见到了文明的曙光。因此,从大禹治水的传说开始黄河文明起源的研究是符合文明肇始的规律的。

关于夏朝的龙兴之地与大禹治水的可能区位,也有学者从考古学与民族学相结合的角度进行了探索。李新伟(2016)从各部落领袖远距离旅行的可能与相互交流的动机入手进行推断,从而为《山海经》《禹贡》神话传说的真实性、为贡品或交易出现的可能性提供了佐证。通过这些方法,学者大致推出了夏禹部落的活动范围与空间结构。比如,从史宝琳(2014)论文中提到的文化遗址到《山海经》的四方地理,从《禹贡》的制度安排到雍州的政治核心地位,所有这些证据都表明黄河文明诞生前后的夏人,主要活动在西北地区的甘青宁及陕北蒙南地区。

但根据前面提到的王明珂的分析我们知道,《山海经》《禹贡》都是战国时期历史重塑的产物。由于战国时期《禹贡》《山海经》的收集整理者主

---

① 库朗热(2006)对古希腊、古罗马与古印度的比较研究表明,文明肇始的初始阶段,在信仰祖先神的宗教方面,各个文明还没有分岔。

要生活在中原及其以南地区，他们又认为自己有修补的责任（见后面关于过度模仿的分析），因此难免在编辑遗失部分时以中原为中心进行"补充"重构。在这个背景下，我们可以想象，整理者完全有动机将礼仪之邦的中原及其以东地区——齐鲁（尽管这里没有任何先夏或夏文化）"补充"进来，也有足够的知识和理由将南方核心文化区"补充"进来。确实，从《左传》《穀梁传》《公羊传》等战国文献来看，殷商故地直到此时才被并入"中国"。相反，根据周朝与夏朝疆域图就可以知道，根本没有进入周朝人视野的西北地区，特别是三晋与陕北、内蒙古等被称为"蛮夏"的地区，如果原来的残本中没有，战国时期的整理者则既没有感情动机，也没有足够的知识背景将其"杜撰"进来。因此，我们认为《山海经》中关于西北地区的传说文献应该就是当时典籍残本中的基本内容，这些传说是早期居住在西北的夏人的经验总结与历史记载的可能性非常大，而关于中原、东部、南部的描写应为战国时人"补充"的材料。

对于这些传说文献的可信度，人类学关于文化演化过程中存在过度模仿现象的理论也可以为我们提供一些旁证。[①] 中国人对礼仪的苛求、对经典的背诵实际上是人类特有的过度模仿的一种形式，[②] 而《尚书》《山海经》也是早期先人过度模仿前辈知识的产物。尽管过度模仿在个体发展中未必真的有效，但在群体演化与集体行动逻辑的传承中却有明显的优势，因为它通过过度模仿增进了纵向的交流，形成了群体意识的传承，[③] 提高了社会发展、文明演化赖以为基的公共经济的效率。确实，人类正是在过度模仿这种教条主义的帮助下发展到了现代文明的极致。当然，除了教条主义的危害（见第一篇的分析），过度模仿也带来了伪托与造假的盛行，因为过度迷信先辈，所以力图填补原著残缺的动机就十分强烈，以至于出现了《山海经》《尚书》传承过程中向东部地区、南部地区的扩展性"补充"。在此

[①] 据王志丹、王海静（2017）介绍，过度模仿就是指在不知道有何效用的背景下仍然模仿对方。他们指出，模仿那些似乎完全无用的行为，是人类区别于黑猩猩的发达文化特征，这样的特征让我们能够积累性地保留许多传统知识文化。

[②] 古巴比伦人在泥板上的对照模仿书写也是类似的过度模仿的例子。（米罗普，2020）

[③] 中国人通过纵向的交流来传承经验、形成群体意识的传统在孝道文化与祖先崇拜仪式中得到了充分的展示，参见后面章节对孝道的分析。而古希腊哲学丰富而国家治理理论缺乏的一个很重要原因就是对早期经验的模仿不足，导致中东地区的治理经验没有被传承。

过度模仿的文化场景中,《山海经》等传说文献的失准,也就有了某些合理之处,而不仅仅是战国时期编撰者主观"造假"的结果。①

当然,早期典籍保存过程中反复出现的因绳索腐烂而使竹简顺序错位等情况,既带来了补充修正的机会,也影响了这些传说文献的准确性。② 事实上,早在唐宋以前,学者们就注意到,《山海经》内容的晦涩难懂与早期竹简经常因串竹简绳子的腐烂而顺序颠倒有关。他们已经意识到,每一代的整理者都会根据他所在的时代的知识重新编排顺序,而编排的过程中难免发生过度模仿带来的"赎罪型补充"。几轮下来之后,这些典籍的内容自然会因顺序的颠倒而愈加难以理解。但后人过度模仿带来的困难并不能掩盖这些传说文献本身蕴含的真实信息。郑慧生(2008:3)指出,"自殷墟甲骨卜辞出现以后,人们发现,《山海经》中的一些诡言谲词不可解者,往往能与甲骨卜辞彼此印证,互相发明",由此可见,这些文献传递的信息有相当大的可靠性。

但鉴于上面曾经提到过的商夏交恶的背景,商朝曾长期有意贬低夏朝的影响,因此周朝的统治者刚开始很可能也不重视这个关于西北"蛮夏"地区信息的典籍。特别是,《山海经》《尚书》重点描述了西北地区的风貌与财政体系,而周朝的农业核心地区已经转移到关中,东周时更进一步转移到中原地区,因此这两个典籍的现实意义大大下降,其受关注度自然不高,甚至可能已逐渐退出了皇家文献的核心圈而被置于边缘地位。然而,到了汉朝,或许是因为地缘政治的机缘巧合,张骞的出使西域才使汉朝的上层知识阶层,特别是司马迁了解了西北地区,才让汉朝人意识到西北风土人情的存在及其与《尚书》《山海经》的关系,这两个典籍的历史意义与理论价值才得到一些模糊的认识。确实,如郑慧生(2008)认为的,《山海经》一书虽创作于先秦,却未在先秦的典籍(准确地说是东周的文献)里被提及。直到西汉时期,司马迁才在《史记·大宛列传》中提到了《山海经》。

---

① 关于古代人对传统的尊重,库朗热(2006:158、160)写道:"在古人的心目中,凡古老的东西都是可尊重的和神圣的"。"为了美化城邦神的信仰,无意的错误、轻信和夸张是可能的,但有意的说谎则是不可理解的,因为这是一种恶,是对神圣史记的侵犯和对宗教的歪曲。"

② 据郑慧生(2008:2)考证,"《山海经》创作于唐虞时代,作者是夏禹与伯益。但其书中却出现了不少秦统一后才产生的地名,这应该如何解释呢?颜之推说:'……典籍错乱,……皆由后人所羼,非本文也。'""关于古籍的错乱编次、佚衍窜改,……《水经·河水注》说:'……编韦稀绝,书策落次,难以辑缀。后人假合,多差远意。'"

即使这样，因为与东周的文献过于隔膜，与东周的地理关系迥异，史学家司马迁也不敢完全采信这些典籍记载的内容，这位史学家只是谨慎地承认了《尚书》里的地理知识，而忽略了《山海经》中的怪物描写。① 可见，尽管司马迁写史记，已经完全采纳周公、孔子的世俗人文精神，因而不对《山海经》所说怪物加以评论，但对其中的地理风貌、史实记载还是心有系之、难以忽略。因此，才有思量再三的推断："案汲郡《竹书》及《穆天子传》"所记之事或许并非完全凭空杜撰，而是有一定的事实根据。两千多年后，殷墟的发现与甲骨文的辨识更使得这两个汉代以前两千年的典籍的真实性在汉代以前一千多年的文献中进一步得到确认。② 确实，这些深埋于地下三千年的甲骨文中四方四风的专名竟然与汉代以来才开始传承于世的《尚书·尧典》《山海经》中的某些记载相印证（冯时，2011：280-287），如果不是有真实的历史背景，历史的巧合如何竟能够跨越数千年的时空来相互契合？

事实上，如果能从4000年前的历史背景，特别是母系社会大量存在的背景出发，③ 而不是仅仅以今天的政治逻辑与秦汉以后的治理体制来倒推，很多《山海经》中所谓的怪事或许都可以得到合理的解释。比如，在"帝令祝融杀鲧于羽郊，鲧复生禹"的《海内经》传说中，祝融杀鲧在前，鲧复生禹在后，似乎是胡言乱语。但如果鲧是一个母系部落的首领，④ 是个女

---

① 比如，"《禹本纪》言河出昆仑，昆仑其高二千五百余里，日月所相避隐为光明也，其上有醴泉瑶池。今自张骞使大夏之后也，穷河源，恶睹《本纪》所谓昆仑者乎！故言九州山川，《尚书》近之矣。至《禹本纪》、《山海经》所有怪物，余不敢言之也。"（《史记·大宛列传》）

② 郑慧生（2008：13）写道："胡先生（厚宣——本书作者注）又与十三次殷墟发掘所得之大龟一版（《殷墟文字乙编》4548）卜辞相印证，得出上古民风祭祀有以四方风名为祭的这一风俗，写出了他轰动一时的大作《甲骨文四方风名考》（《责善》半月刊二卷十九期，1940，12）。此文一出，学术界为之一惊，从此大家知道，在远古的民风民俗中，东、西、南、北四方及四风，都有着各自的专名。"

③ 近年来的生物考古发现表明，从母系社会向父系社会的转型经历了两千多年的过程，到西周时期才得以完成，因此夏朝初期的母系社会遗留习惯应该是可信的。（Yu et al., 2017）

④ 此外，《海外西经》之女子国、昆仑山上的西王母以及《大荒西经》所说"女丑之尸"等等，很可能皆为以渔猎采集为生的穴居母系社会的描述。"说穿了，所谓的女儿国，不过是母系氏族社会留下来的一个小部落。人们常说的西王母，就是这样的一个部落首领。"因此，"西海之南，流沙之滨，赤水之后，黑水之前，有大山，名曰昆仑之丘……有人，戴胜，虎齿，有豹尾，穴处，名曰西王母。（《大荒西经》）"（转引自郑慧生，2008：17）都是早期先民在青藏高原从事渔猎采集生活的写照，更有可能是汉藏分离之后（见后文分子人类学分析），甘青东部地区对南上高原的另一支近亲的不断探访、追忆与记述。

性,死后遗腹子为禹,就是完全合理的,不仅可以"鲧复生禹",而且作为一个部落首领的遗腹子,长大后立志干一番事业的事迹,也完全符合历史上的许多将帅精英的后代遭难后励志奋斗的英雄成长模式。

更为重要的是,《山海经》描述的从鲧到禹的转型完全符合人类文明演化过程的生产方式变迁逻辑:作为渔猎采集部落首领的鲧没有意识到农业是未来发展的方向,因此并不珍惜土地,于是才有在治理洪水的过程中曾"窃帝之息壤"的举动。同时沿着来自青藏高原的惯性思维而采用南方水田治理的常用办法——修筑堤坝把洪水挡在堤外也是合乎逻辑的。只不过,在河套平原上,这样的措施因为损害了邻邦的利益、淹没了大量土地而引发众怒,最终导致了政治上的失败。此后,了解了这个"国情"的禹,开始珍惜土地、重视农业,并通过排水疏通的办法将更多的土地从洪水淹没状态下解救出来,解决了许多部落的生存问题,因而受到拥戴,获得了政治上的成功。这样的故事其实正是渔猎采集社会向农耕文明社会过渡的一个痛苦探索过程的缩影,作为早期探索者的代表,最初的先行者付出生命的代价很可能是一个常态(商鞅与吴起就是战国时期探索者付出生命代价的典型代表)。

根据这个逻辑,《山海经》中关于大禹治水过程中的许多奇葩记载,或许正是这个社会转型与生产方式革命艰辛历程的写照。比如,"《大荒北经》说:'……禹湮洪水,杀相繇,其血腥臭,不可生谷,其地多水,不可居也。禹湮之,三仞三沮,乃以为池,群帝因是以为台'"(郑慧生,2008:38)。这样的记载很可能是大禹率领其部落从渔猎采集向农耕社会转型的过程中对沼泽地进行治理的描述,由于原先的盐碱地不宜种植,甚至地下水也不能饮用,因此才有"不可生谷""不可居也"的记载。同时,正是因为这样的农业化转型的艰辛,因此真正的历史事实很可能是我们的先人在各地进行了反复的探索,于是《山海经》才会有反复的类似记载,比如"《海外北经》所记,与此大同小异:'……禹杀相柳,其血腥,不可以树五谷种。禹厥之,三仞三沮,乃以为众帝之台'"(郑慧生,2008:38)。很显然,这样的传说文献表明了农业化转型的重要性与艰苦性,其困难应该绝不亚于当代的中国人历经百年反复而进行的现代文明转型过程。

相反,当"《大荒东经》说:'有困民国,勾姓而食。有人曰王亥,两手操鸟，方食其头'"（郑慧生，2008：18）时，则很有可能是对居住在东方、太行山以东地区的商人祖先——东夷人渔猎生活场景的描述。同样，正是由于夏人初期的活动范围主要在甘青宁蒙地区，因此今天的河北、河南与山东地区才被称为"东之又东"，其相关内容被称为《大荒东经》，并与讲西藏、新疆之间的昆仑山脉的《大荒西经》遥相对应。何况，此时的河北、河南的大多数地区确实为洼地、沼泽地或大面积的湖泊，以至于从太行山上向东望去，确有"一片汪洋"的东海的感觉。① 有了这个背景，再看《山海经·北山经》中"女娃游于东海，溺而不返，故为精卫，常衔西山之木石，以堙于东海"（郑慧生，2008：29）的记载，就是容易理解的。

总之，《山海经》中的《北山经》乃南北向，《西山经》乃东西向，这些区域或许正是早期先民的主要活动范围，因此残破的典籍中保留下来的内容确实更为真实。《东山经》与《南山经》虽文字更为顺畅，但所记内容很显然为战国时期的所见所闻，面面俱到的四方均衡布局概念更是夷夏之辨产生之后的哲学思想与天地人文理念。

当然，真正的国家制度与文明模式构建一定是一个漫长的创新与试错过程，传说文献中的各种复杂过程正是这个艰辛漫长过程长期累积的结果。比如，王晖（2005）指出，在早期的传说文献中，只有到了大禹之后，各种制度才建立起来。特别是，"由于公共事务的繁多，各种官员的设立便越来越多"，为了供给这些官员，"赋税制度也逐步建立起来了"。又比如，王晖独具慧眼地从文献与传说对早期帝王的褒贬中读出制度发展进程的差异、进而读出制度构建的绩效差异。王晖（2005）意识到，很可能是传说中的大洪水引发了社会的变革，变革的结果一方面是没有构建国家制度的其他文化衰落了；另一方面是构建了国家制度的大禹获得了成功，建立了夏朝，并受到后来人的顶礼膜拜与过度模仿。不过，他对时空区位的考证同样受到了现有文献与中原文化中心论的影响，因而把中原地区视为唯一的高原避水圣地。② 特别

---

① 因为不仅此时的黄河沿太行山呈漫滩式北流，而且从汉字"海"的来源可知，"海"本来就是指黄河源头的沼泽地，而当时的河北、河南地区恰恰合这个沼泽地特征。
② 王晖（2005）写道："《吕氏春秋·爱类》云：'昔上古龙门未开，吕梁未发，河出孟门，大溢逆流，无有丘陵沃衍、平原高阜，尽皆灭之，名曰鸿水。'"因此，王晖以《吕氏春秋·爱类》的文献为证据得出结论，认为说大禹治水就是指黄河、长江下游氏族部落迁来黄河中游晋南、陕东一带高地进行避水是缺乏逻辑的。

是，他说中原是唯一的未衰落的高地地区不仅缺乏足够的史实材料，而且与基本的地理框架以及下一章将要提到的史宝琳（2014）的考古遗址的统计学证据相违背。

近代以来，由于国力衰微，学者自信渐失，有关中华上古史的传说文献长期受到了怀疑。以至于"疑古派"的"神话论""后人捏造累积论"等所谓的"科学"史观甚嚣尘上，中国传说文献的学术价值几乎遭到了灭顶之灾，进而严重影响了文明起源与夏朝建国历史的研究。

然而，在肯定传说文献时，我们也必须清楚，一方面肯定上古史存在，肯定传说文献的价值，并不等于否定人种西来说，更不是肯定中原文化中心论；另一方面，肯定人种西来说，并不等于肯定文明西来说。众所周知，在中华远古神话体系中，昆仑山的地位非同一般，除了少数的东夷神话外，大多数华夏神话传说中的神都来自西北或青藏高原，这些信息很可能暗示了早期文明发源的某些空间线索。同时，西王母、黄帝的传说更是与分子人类学的证据、青藏高原长期存在的母系社会的证据材料相互印证。青甘地区的马家窑文化、齐家文化，特别是陶器上的蛙形图案，也与远古的女娲传说相吻合，而湟源县宗家沟发现的大量天然洞穴又与西王母传说文献中的"穴处"描述相一致。[①] 因此，相对于中原文化而言，黄河文明的西方来源学说是有一定的空间逻辑依据的。换句话说，古代传说文献中反复提到的"昆仑之虚""昆仑之丘"表明，黄河文明的早期探索活动很可能与远在西北的昆仑山脉密切相关，[②] 确实发生在西边的黄河上游地区。[③] 而出土有四面铜人的土羌卡约文化与古代传说文献的"大禹出西羌"的空间位置又可以相互印证。因此，夏朝建立前后的国家创建活动主要发生在黄河上游的甘青宁蒙地区基本上是可信的。

同时，正如文献文本研究者指出的那样，这些传说文献实际上是知识

[①] 不过，这些传说中的、位于西方的西王母部落究竟是东西分流时的近亲，还是西逃族群的后代尚有待进一步考证。
[②] 或许不是巧合的是，印度古代文明也是发源于青藏高原北侧的昆仑山下。
[③] 青海省江河源文化研究会学术部副主任程起骏先生曾做出如下的猜测：湟源出土的四面铜人很可能就是传说中提到的"黄帝四面"统治之术的物化遗存，用四面画像的办法来推广中央集权的威慑力很可能是国家创制过程中的一种早期尝试。尽管可能未获成功，但他的尝试还是被早期的传说记录了下来。

传递与记忆过程中传承技术革命的产物，是某些公共仪式的物化遗存。① 而《诗经》《禹贡》《山海经》等传说文献正是华夏族群早期讲述记忆的后期物化成果。② 郭晨光（2017）强调："宗教仪式的准确性、权威性特征首先为文本提供了一套庄严、规范的形式（即'秩序'），使得后者必须忠于前者。通过不可更改的仪式来规范群体的行为，使其遵循规定。这种对规定的遵循，表现在文献传承过程中，即抄本与原本意义诠释和文本形式上都要保持一致"。事实上，战国时期，《尚书》《禹贡》《山海经》的补全过程中存在的过度模仿即源自这个力图"保持一致"与"意义诠释"的追求。③ 此外，正是因为这个过程通过仪式与规范提供了一定的强制力，因此"巫史集团的特殊性一方面被视为一种义务，另一方面又被视为一种非大众的、精英阶层才能享有的权利"（郭晨光，2017）。④ "当宗教仪式'脱巫'之后，即道德文化兴起之际，他们成为早期的史官，秉承了其中的人道思想和人文精神代表的真理"（郭晨光，2017），并逐渐把早期准确记录仪式的规定，"文化化"为公共经济原则与人文知识良知，左丘明、孔丘、司马迁都是这样一些拥有良知、"秉笔直书"的史官的代表。作为公共经济知识的传承人，这些史官都试图"著春秋""规乱臣"，用道德案例指导公共经济活动，并为公共产品供给提供行为规范与强制力。理解了传说文献与历史文本产生的这个背景，我们就能更好地理解神话传说的价值，就能更好地理解《山海经》《尚书》文本提供的早期夏禹活动的历史地理信息的真实性与可靠性。

关于传说文献的上述物化传承过程，赵敏俐（2018）还从文字诞生的

---

① 郭晨光（2017）指出："人们获取知识的途径就是这类人群的讲述记忆。""当文化记忆、知识开始为仪式服务时，仪式就成为人们获取知识的最重要途径之一。"
② 库朗热（2006：156）对希腊、罗马史的研究印证了这个观点。他强调，古代的宗教不是理论，而是实践与制度。"古人的宗教则指礼节、仪式，外在的庆典形式。在古人那里，教义无足轻重，重要的是仪式，它是人人必须遵守的东西。"而早期的历史文献，就是记载这些宗教仪式的教士的作品。
③ 对于早期希腊巫师集团的职业操守与记载可信度，库朗热（2006：160-161）写道："在作为写本的真实史记以外，还有城邦民众代代相传的口述传统。""它不会随时代的想象而发生变化。""这些神圣而不可变的圣曲留住了记忆，使传统永远生动。""因为撰写史书的教士，与在节日中主持礼仪、讲述故事和唱圣歌的是同一个人。"
④ 库朗热（2006：165-166）对教士因主持祭祀活动而拥有的强制力，有着精彩的描述与清晰的认知。

角度对传说文献《夏典》存在的可靠性进行了卓有成效的探索。① 赵敏俐（2018）指出："在中华民族早期的文献中，我们起码可以找到有关夏代曾经存在过典册类文献的记载。《左传》中明确提到《夏书》、《夏训》并引用其文15次，《国语》引用3次，《墨子》引用2次。"② 有鉴于此，赵敏俐（2018）得出结论："中华民族有数千年的文明史，这一历史系统主要是靠典册文献传承下来的。对这个文明史的记载与表述，在先秦的典籍文献中，有相当长的一个时段的记载都是由传说和神话的方式呈现的。"只是到了近代，特别是到了以石器时代为标准的西方文明入侵的20世纪初，中国学者才彻底失去了学术自信与有良知的史学方法，在对中国上古史的研究中，他们才被迫地"用现代的科学方式对其进行实证，这个由传说和神话所建立的中华古史便经不起推敲，因而受到了疑古思潮的严厉批评，进而导致了对它的直接否定，也导致了传统古史观的轰然解体"（赵敏俐，2018）。类似地，文字学者王蕴智（2017）的研究也表明，商朝的文字、数字很有可能是在夏朝文字的基础上改进而来的，并且如此丰富的甲骨文字表明，夏商之交一定有类似周朝金文流行一样的渐进式文字文化改良过程。如果是这样，那么夏朝初期一定有一个文字的创制过程，而"随山刊木"很可能就是创制的肇因。③

确实，"人类究竟从何时开始有目的地用语言来记述自己的历史，这是一个不可能通过实物考古而解决的问题。现在唯一可行办法，就是通过早期流传下来的口头传说，结合相关的文物考古进行推测。而进行这样推测的'合理'依据，是因为在这些口头传说中，包含着大量的有价值的历史和文化信息"（赵敏俐，2018）。"由此而言，记载于先秦典册文献中的早期神话，同样是可贵的历史资料，从一定程度上讲也可以称得上是研究中国早期历史的'信史'。"（赵敏俐，2018）事实上，正是由于记载这些神话

---

① 赵敏俐（2018）指出："从现有的文献记载来看，典册类书写早在夏代就有可能产生。从常理推测，既然早在贾湖遗址、仰韶文化等考古中发现了刻在龟甲、陶器、玉器等上面的符号与文字，从记事的实际需要出发，我们就不能排除当时也许会有文字书写在竹简木牍之上。"
② 当然，古文字中的"符""箅"都是竹字头，这也从另一个角度证明早期西北地区的温度较高且相当湿润，因此竹子和树木一样成为常见的器皿材料与书写材料。只是因为竹简更加耐腐蚀，所以后来的书写载体才逐步集中于竹简，并导致竹简流传下来。
③ 库朗热（2006：158）描述了希腊的类似过程。

的典籍其实是当时的口传信史或有用史，才会被当时的人用宝贵的书写材料记录下来。"《尚书·尧典》所记载的是传说时代的历史，从实证的角度来讲，我们很容易根据文中的语言、词汇、观念而作出判断，证明它不是传自尧舜时代的文献，可能已是晚到战国时代才被人们追记下来或者重新写定的。可是，这篇文献所以被置于《尚书》之首，并将其称之为'典'，这一事实本身就值得我们深思。根据当代学者研究，[①] 文中所记载的历法天象，符合我国四千年前的天象运行情况。""这说明《尧典》的叙述有历史的真实内核，不完全是后人的虚构。"（赵敏俐，2018）更何况，历史的虚构往往是有利益关系与社会目的的人的伪造之作，如果是这样，那么一个合理的推断是，虚构出现在人际关系上的可能性比较大、出现在人地关系上的可能性比较小。以此推之，与《尚书》相比，《山海经》反而更为可信。因此，对待传说文献，"历史工作者如果能审慎地处理，就可以剥开它们神话的外衣，找出来真正历史的核心。一笔抹杀是不应该的"（徐旭生，1960；转引自赵敏俐，2018）。因此，这些传说文献中记载的历史地理信息应该成为我们进一步研究的基础。

无独有偶的是，在美国国民经济研究局（NBER）最近的一篇工作论文中，Michalopoulos 和 Xue（2019）就将民间传说作为研究材料，分析了它们与 Murdock 的民族志中记录的该群体社会经济特征之间的关系。通过对 940 个前工业化民族超过 5 万段文本内容的分析，他们惊人地发现，在 1233 个匹配的文本中，文本中的关键性主题与民族创世之初的自然环境（比如水）或自然现象（比如地震）都密切相关。因此，他们认为，这些看起来似乎不可靠的传说文献实际上是相当可靠的，它们应该能在研究缺乏文本史料的前文明族群的社会特征方面发挥巨大的作用。

当然，如果传说文献在一定程度上是可信的，那么华夏传说文献中的许多地理信息就可引为夏禹建国活动发生的时空证据，或者用来作为证据之一，并以此为基础重构一个夏朝诞生的事件逻辑框架。当然，在重构的过程中，我们必须努力摆脱现有的理论范式的影响，力图从文献本身与考古材料的比对中获得正确的信息，以便重构黄河文明起源的逻辑。

[①] 指竺可桢（1979）；武家璧（2010）。

实际上，夏史研究中经常发生的时空错乱，[①] 早已引起了学者们的注意。针对考古学者的可能偏颇，一代史学大家翦伯赞（2002：62、71、72）曾指出："此种考古学上的缺失，最易使人误会"，特别是，考古学者往往只以手上的有限材料为据进行趋势推断，确定文化迁徙的方向，很容易犯以偏概全的错误。比如，当看到"仰韶以后的文化，皆发现于甘肃"时，就下结论"东夏之族，在仰韶时期以后，即尽族西徙于甘肃"。而实际上"诸夏之族，在传说中之夏代的中叶，即带着仰韶文化沿黄河而东下，分布于河南中部及山东半岛一带"，最后才"成为中国新石器时代中原文化的主人"（62）。同时，翦伯赞也提到："曾有一部份夏族，在殷族压迫下，退回西北老家。"（71）他还进一步强调，"余以为此西退之族，即殷时之鬼方"，他们是"进入中原以后的夏族之退回西北者"（72）。很显然，翦伯赞的论述符合我们前面对大禹治水淹没商人、夏人东迁后与商人冲突、夏人战败后遭人追杀又退回西北的猜测。

根据这个方法，我们就会发现不少学者用春秋战国时才出现的"中国"概念去讨论夏商关系，以至于犯了把夏人后裔及其文化排除在"中国"文明探源的材料之外的错误。[②] 事实上，根据前面的分析可知，战国文献（多为商人后裔所编）之后，真正的夏人后裔往往被视为非"中国"族群，后世文献中的"夏人""夏迹"又只是夷夏之辨中政治合法性争论的产物。[③]

[①] 比如，徐中舒（2002a：11）写道："安先生（Andersson）因此断定鬲器有从山西、河南交界处，向西北传播的趋势，他说：'是则鬲器自山西、河南交界处之发源地，向西北缓缓传播而流入甘肃之中部，盖实可信之事也。'（《甘肃考古记》）"徐中舒（2002a，11）也指出："安先生《甘肃考古记》也曾称引加尔格林（Karlgren）的意见，……'此种文化上之迁移，实由河南而至甘肃'。"（括号内为本书作者注）

[②] 比如，在讨论了《淮南子》《吴越春秋》中关于夏朝城郭的传说后，徐中舒（2002a：12-13）指出："杞、鄫、越与匈奴，据传说都是夏代之后，其文化全与中国不同。"并说："越与匈奴为异文化的民族，历史上有较明白的记载。""《史记·越王勾践世家》说：'越王勾践其先禹之苗裔，而夏后地少康之庶子也。封于会稽以奉守禹之祀，断发文身，披草莱而邑焉'。断发文身之俗，原非中国所有。"（13）

[③] 当然，徐中舒（2002b）也承认："《史记·匈奴传》说：'匈奴其先祖夏后氏之苗裔也，曰淳维。'"（2002b：605）"此据匈奴的习俗附会古代传说，可信的程度自然不多，但此传说绝不能凭空捏造，至少也得像刘聪之称大汉，赫连勃勃之称大夏一样，必有若干事实为其素地。"而"从文字方面讲，匈奴称胡，据高本汉（Karlgren）《分析字典》古代'胡'读 ruo，夏读 ra，发音相同故得相通。从地理方面讲，夏北迁后为大夏（说见后），秦汉间的大夏，据琅邪（琊）刻石在中国正北，适与匈奴址地相同"（2002a：14）。当然，"杞、鄫、越与匈奴既属夏后之后，如果夏代果有类似小屯的文化，此四国分化之后，必不能尽弃旧俗而效胡化。从这一点看，我们认夏为胡化的民族，也自有充分的理由"（2002a：15）。

因此，只是以此为据而进行夏朝构建过程的研究是不合适的。

最后，但并非不重要的是，如前所述，与《尚书》《禹贡》相比，因为不涉及人与人的关系，不涉及政治合法性问题，《山海经》的传说文献缺乏人为造假的动机，因此它对自然界的描述应该更为可信。而《山海经》的地理描述几乎都是以西北地区为核心的，且关于西北地区的记载也最为丰富翔实，从而为夏朝建国区位的判断提供了大量证据。[①] 例如，"《汉书·郊祀志》说：'自古以雍州积高，神明之隩（yu）故立畤（chou）郊上帝，诸神祠皆聚云。'汉代传说既以雍州为诸神祠所聚之地，则《淮南子》所说为众帝所自上下的都广也当在雍州。"（徐中舒，2002a：16）考虑到中国的祖先崇拜，考虑到昆仑山在中国传说中的神圣地位，雍州为祖先生活聚集之地应有道理。何况，《山海经》与《淮南子》都认为都广为"天地之中"（徐中舒，2002b），如前所述，地球上本无天地之中，天地之中很可能是战国时期对自己所处环境的一种正当性称呼，因此后代编撰者将西北之地都广称为"天地之中"只是确认了祖先的生活区域而已。因此，夏朝建国者早期的主要活动区域就在西北的甘肃附近应该比较可靠。类似地，《穆天子传》中关于西夏的相关知识同样为我们提供了一些有用的信息。[②] 由此观之，夏族故地曾在三江源或在黄河上游兰州盆地、海东高原地区附近应是有道理的。只是因为不善战争，难免屡屡战败，不得不到处迁移、多处择都。

丁山（2002）也认为，夏朝建国之后多在周原以西、即今天甘东宁夏一带活动。[③] 对此，丁山（2002：28）还进一步求证："《雅》仿自周，周、

---

① 例如，徐中舒（2002a：16）写道："据《海内西经》说：'后稷之葬山水环之，在氏国西。'郝懿行《笺疏》云（《海内经》笺语）：'其地盖在今甘肃界也。'都广之野后稷所葬，在甘肃界内，正是大夏西迁中曾经寄顿之地。"

② 比如，"就《穆天子传》所载里数计之此西夏东距宗周五千九百里，西距昆仑二千二百里，在阳纡河宗之西，视为大夏故地当无大误，《逸周书·史记解》说：'昔者西夏性仁非兵，城郭不修，武士无位，惠而好赏，财屈而无以赏，唐氏伐之，城郭不守，武士不用，西夏以亡。'此西夏性仁非兵，城郭不修，与《史记·大宛传》所载：'大夏……其俗土著有城屋……其兵弱畏战。'两相对照，也颇有类似之处"（徐中舒，2002a：17）。

③ 丁山（2002：24、27、28）指出："据朱右曾、王国维二君《校辑古本竹书纪年》云：'帝宁居原，自原迁于老丘。胤甲居西河。'"（24）"《礼记·檀弓》：'子夏退而老于西河之上'"。（27）"子夏陵与庙室既在徐水南郃阳县境，胤甲所居西河，亦当求之陕西省郃阳附近。夏后踪迹尝至河西，不独胤甲居西河可考也。河西之地，即《周书》所谓西土，周之发祥地也。"（28）

秦同地。吴公子札观乐于鲁，为之歌《秦》曰：'此之谓夏声，夫能夏，则大，大之至也，其周之旧乎！'（襄二十九年《左传》）其称周、秦之乐为夏声，此尤可证丰、镐、汧、渭之间，本夏后旧地，周因夏后故地；故周初诰命，往往自称有夏。"而"姜亮夫君《夏殷民族考》尝谓周为夏后（《民族杂志》一卷十一期）。""胤甲居西河，是亦可证有夏民族曾居河西，故河西得有大夏之名矣。"（丁山，2002：29）总之，在讨论了《史记》《水经》《禹鼎》中的种种材料证据之后，丁山（2002：40）写道："深疑雍水本名淮水，淮水即《散盘》所称'淮嗣工虎'国也。故汉时武功县犹有淮水祠。《地理志》：'扶风郡武功县有垂山、斜水、淮水祠三所'，赵一清云：'淮疑雍之误'，由《散盘》推之，秦汉以来所谓雍水者，故皆淮水之误。"当然，也存在另外一种可能，即淮雍同字，淮水本名雍水，伊洛江河淮济都曾是崇拜水系的族名，只是夏族南迁之后逐渐变为新迁入地区的地名。因此，一个基本的史实是，尽管许多与夏有关的地名，今天分布在全国各地，甚至海外，但这些地名都来自西北的夏禹发迹地，即曾经是生活在陇西、甘南、陕北地区的夏人族群的族名。

当然，正是由于这些传说文献文本中相关信息的存在，不仅历史学家（陈汉章，2014）一直有夏朝起源于西北的主张，认为黄帝实由西北迁徙而来，昆仑为其奠基之地；而且在关于民间文化的探源争论中，华夏祖先源自昆仑山、祁连山的观点始终是一个余音不绝的存在。由此可知，如果昆仑山与华夏早期文化密切相关，甚至是早期华夏各部落崇拜的对象，自然应该是他们见过的山脉，或者是其居住地附近最大的山系。而现在的青藏高原与昆仑山脉恰为符合分子人类学推断的华夏族群早期的迁徙路线的必经之地（见下一章的详细分析），西北地区的西方正是现在的昆仑山。因此，一个很有可能的历史事实是，当华夏族群的一支继续北上东迁并构建文明、崛起于陇南陇北、发展于陕北、内蒙古之时，西王母带领的另一支近亲族群（与主体汉族最为接近的一支、保留母系社会特征）逐渐向西南、西北前进，在青海西部、新疆南部一带活动，并与从中亚东迁的一支族群混合。等到商周时期，华夏文明东移之时，西王母的族群也东移至青海东部、甘肃南部一带，形成卡约文化主体。而在商周到秦汉的中原鼎盛时期，也还有一部分华夏族群再次退往西北，受到匈奴挤压后，甚至进一步退到今日的阿富汗附近，成为远在西域的西夏与大月氏的祖先。①

确实，正如民俗学者张从军（2004）的研究所指出的那样，中原地区的神确有部分来自东方，②但华夏族群的神话中与创世相关的西王母与女娲等传说却无一例外地与西北的昆仑山紧密地联系在一起。这种传说如此清晰地留在华夏族群的记忆深处，一定是有原因的，一定有着重要的史实根据、图腾信仰与文化意义。因此，我们认为，位于西北的昆仑山与生活在昆仑山的西王母族群，在华夏文明的起源中，有着不可替代的符号意义与不可磨灭的历史价值。或者说，在华夏族群的早期生活经验中，作为生活资料来源的昆仑山与作为社会组织形式的母系社会曾经持续了相当长的一段时间，因而在华夏族群的集体记忆中占据了重要的一席之地。③根据这些研究可以推断，在中国目前的民族构成中，至少有包括汉族在内的三分之一以上的民族，与曾经生息青海地区的古羌族群有直接的渊源，以至于他们的原始神话传说和文化传承，带有鲜明的古羌文化的烙印。很显然，这些来自远古时期的神话传说与文献记载不可能只是战国时期文献编撰者的凭空杜撰。一个合乎逻辑的推断是，夏禹之前的华夏族群的活动范围就是今天的青海东南的青藏高原东部——黄河的上游地区，因此夏朝也只能创建于与该地区相连的黄河中上游的黄土高原地区，而不可能是黄河下游的中原或伊洛平原地区。

---

① 根据刘学堂（2016）的天山东部考古研究、陈发虎等人（Chen、Dong, et al., 2015；董广辉，2018）的河西走廊研究，河西走廊中部火石梁遗址发现的3800年前的文化遗存以及DNA研究的结果都确认，在4000~3500年前的一个气候变动时期，确有人口向西北迁移。而小河考古的材料则进一步证实了东来的彩陶文化曾经达到的最远距离就是天山山脉。而印度文明的考古发现证实，同一时期的昆仑山西坡出现了印度古文明或哈拉帕文化。
② 很显然这是受商朝东夷族群影响的结果，是早期先民从云南沿东海岸北上经历的海洋环境的产物。
③ 最近的生物考古学成果表明，直到周朝建立，父系社会才成为一个社会结构，在夏文明创立的仰韶文化期间，女性的地位并没有下降太多，社会结构甚至长期处于母系社会、父系社会并存的状态。（Yu et al., 2017）

第四章　黄河文明起源的技术逻辑

一　大禹治水的物理逻辑

(一) 大禹治水的空间背景与地理条件

关于大禹治水的真实性，朱大可（1993）的研究为我们提供了许多间接证据。其研究在将大禹治水的传说与全球的洪水神话进行对比后指出，大禹治水与世界各地的神话如西方的诺亚方舟传说都是在公元前1000年前后进入文献记载，当时记载的是之前1000年左右的大洪水事件，这种相隔万里、传承千年的巧合应该暗示了一定的客观史实。只不过，1000多年的时间间隔以及其间可能发生的生态变迁与人口流动带来了故事发生空间的记忆错位，从而使大禹治水的故事与历史的真实之间出现了某些偏差。事实上，在故事的传承过程中，由于人群迁徙带来的空间区位的记忆偏差是最容易出现的，再加上华夏的传说故事进入文献记载时恰好遭遇了政治上的夏夷之辨：一方面，记载者为了政治目的，有主观调整的动机；另一方面，信息本身的不完整也给调整者提供了机会，于是传世文献中难免出现一系列不合逻辑的文本内容。

令人欣慰的是，今天我们可以以更多的考古材料为基础，根据治水技术的可能性与逻辑来纠正这些偏差，还原夏朝建国的真实过程。比如关于治水方法，传说文献中反复提到大禹治水采用的是疏导的方法，而前期共工氏、鲧使用的办法是堵水填湖、围城挡水。[①] 治水的方法为什么会发生这

---

① 王克林（2002：254）写道："有关我国古代夯筑技术和城垣的起源的文献记载，都在原始社会末期为古史传说的治水世家所发明。前者说是共工氏在治理洪水时'欲壅防百川，堕高堙庳'（《国语·周语下》），聚土夯筑土围子所发明的。而后者《吕氏春秋·君守篇》、《世本·作篇》和《礼记·祭注篇》等先秦文献的记载，均说是'夏鲧作城'或'鲧作城郭'，沿袭了共工氏的夯筑方法而起源的。"

样的变化？

早期的文明探源工程没有关注过这个治水方法变化的原因及意义。而四川盆地与青藏高原接壤地带的考古发现，给我们提供了这个变化原因解读的新解释，这些证据甚至还印证了"大禹出西羌"的传说。例如，颜斌等（2019）的研究表明，宝墩文化系古羌文化，同时也是马家窑文化。（江章华，2004；江章华，2015；何锟宇，2016）由于岷江上游就是青藏高原，当"突然爆发的剧烈降温事件对岷江上游自然环境造成重大影响，并引发一系列灾变反应，……迫于族群生存压力，古蜀先民不得不向气候更为温暖湿润、生存空间更为广阔的山外平原地区转移。与此同时，受干冷气候影响，原湖泽密布积水严重的成都平原，地面逐渐硬结，越来越适宜人类的生存和繁衍，从而成为古蜀先民外迁的主要目的地"（万娇、雷雨，2013）。这一迁徙事件，也为成都平原引入了农业与防洪治水经验，促成了长江上游早期治水社会组织的探索，而宝墩文化就是其中的代表。

从目前已有考古成果来看（刘兴诗，1998；李俊、莫多闻、王辉，2005；付顺，2006；孙吉，2006；付顺、李奋生、颜照坤等，2011），宝墩古城并非军事防御设施，而是一个典型的南方防水堤坝。事实上，由于宝墩古城地处于受到洪水侵袭的二阶台地，因此治水防患应是宝墩先民修筑内外城墙的重要动机。另外，从城墙倾角来看，城墙横剖面呈梯形，内、外城墙倾角为 25～40 度，显得较为平缓，外侧斜坡反较内侧缓和，这样的城墙军事防御意义不大，更像是"围堤"性质，其防洪功能不言而喻。再加上迄今为止没有发现宝墩古城遗址的城门，因此很多人认为，宝墩古城是古蜀先民长期与洪水斗争、治理洪水的历史遗迹。[①] 此外，成都平原的其他古城技术大多源于宝墩古城的筑城经验。宝墩古城遗址东北临西河[②]，明显位于古羌民的移民通道之上，因此老家在汶川的鲧，其筑城技术与防洪手段很可能来自古羌先民的这个传统（颜斌等，2019）。很显然，宝墩先民

[①] 事实上，中国汉字"國"的发展演变史，从字形学的角度表明了早期城墙用于防水的功能，早期"國"是在"或"的基础上加了一个半包围结构"囗"，这个"囗"代表的是国都的城墙，不过早期的开口城墙并不具有防御功能，更多的还是防止水患的大坝（张海，2017）。

[②] 很显然，在早期先民的地理概念中，"西河"是一个经常出现的名词，并不限于陕西、山西域内。

的治水失败经历与《山海经》《禹贡》记载的鲧的治水失败经历有着许多相同之处。[①]原来在南方早期治水中十分有用的方法（黄可佳，2016），在面临大洪水无处不在、整个地区一片汪洋的挑战时很可能就不奏效了，先人们不得不反复搬迁，并在新的条件下发明新的方法。而岷江上游与黄河上游的毗邻关系、宝墩先民与黄河上游古羌先民的同祖同源关系都使鲧和禹治水经验与故事的真实性大大增加。

确实，如果不带中原文化中心论的先入为主之见的话，我们会发现，夯筑堤坝、围城挡水是南方农业中常用的水田技术，也是良渚遗址、金沙遗址、城头山遗址等南方早期聚落中常见的治水措施与筑坝技术。但在北方的黄土高原地区，以旱作农业为主的耕作习惯与文化聚落中很少使用这样的技术。然而，如果基于更为宽广的地理视野与空间概念，我们就会发现，与宝墩一样位于第二阶台地上的黄土高原地区或许远比中原的伊洛河谷与汾河河谷更有可能出现大洪水滞留不下的局面，因此更有可能遭遇鲧式的经验主义失败，也更有必要让禹进行疏通工程的改革。更为重要的是，也许只有西北地区黄土高原的土质条件与河道特点才有可能使用木器工具疏通河道。最后，同样重要的是，作为黄河上游的海东甘南地区的羌人与长江上游四川西北的羌人很可能有着共同的祖源，从而提供了夏禹父（母）子被邀来治水的逻辑合理性。因此，大禹治水事件发生的历史可能性与空间可能性就表现在以下几个方面。

首先，从原始农业发展需要的角度来看，只有西北的黄土高原上的旱作农业才有可能需要以排涝为目的的治水，缺乏旱作原始农业条件的中原沼泽地区根本不可能有排水治水的需要。根据现有文献中的传说可知，早期的先民都居住在"丘""原"等高地上，早期的农业是旱作农业，旱作农业的主要特点是"靠天吃饭"，不需要浇灌。而西北的黄土高原今天仍有大量的"原"和"塬"，仍是一个靠天吃饭的旱作农业区。再加上历史地理学家、气象史学家的研究已经表明，因为黄土高原的黄土土质松软，特别有

---

① 巧合表现为，一方面是水文资料记载了西河汛期洪水十分迅猛，最大洪峰流量为年平均流量的172倍（颜斌等，2019），这表明，由于某种原因，这里的洪水流量差距过大，使得修筑堤坝的方法在大洪水来临时很难奏效；另一方面，《禹贡》所载"岷山导江，东别为沱"的传说文献也表明，古羌人先民很可能在青藏高原东部的岷江流域生活过，以疏导为理念的治水实践活动最早就是在这里尝试进行的（彭邦本，2007）。

第四章 黄河文明起源的技术逻辑

利于木器农具的耕作,因此黄土高原才是4000年前最可能孕育原始旱作农业的地区,也是最有可能出现农业文明尝试的地区。换句话说,此时的西北甘宁地区、黄河上游不仅是人类宜居之地,而且是农耕文明最可能的发源地。但同时,我们也可以想象,只有在这样的旱作农业区域,先民们在日常的生产活动中才会根本没有任何与水打交道的经验,当一场大洪水突然降临时,他们到黄河上游的青藏高原地区去聘请治水专家鲧来帮忙也是合乎逻辑的。当然,作为一种基本的人类行为逻辑,鲧直接把自己家乡的办法——"围"和"堵"照搬过来也是正常的,遭遇失败更是不可避免的。

其次,从疏通工程的技术可能性上来讲,大禹治水事件的成功也只可能发生在西北地区的黄土高原上,而不可能发生在中原地区的黄河下游。尽管王晖(2005)在文章中引证了大量文献,提到大禹在全国各地都有工程,功绩卓著,并强调"禹治水的工程量之大,动用人力之多,工程时日之长,应是历史之最了",但从技术条件与经济条件的可能性而言,这些描述均无法得到印证,更不具备成为"历史之最"的技术可能性。地质考古学者的研究不断给我们提供了早期黄河流域地质环境状况的材料,使我们大概能够还原夏朝诞生前后黄河流域的实际地质状况,为我们确认夏朝建国的区位提供了坚实的基础。

比如,现有的考古证据表明,四千年前的中原地区根本不存在稳定的黄河河道,因此大禹不可能在此疏通黄河。其中,王青(1993)的研究更是表明,公元前2600~前2000年,黄河主要是从苏北黄海入海,公元前2000年前后,黄河河水主要是经河北从渤海入海。① 换句话说,在夏朝建国、大禹治水的文明肇始期,中原地区根本没有固定的黄河河道,甚至漫流的黄河河水也不从山西的太行山下经过。② 另外,这些考古证据表明,在

---

① 在谈到中原地区黄河河水漫流且摇摆不定的证据时,王青(2002:772-773)指出:"大量的细粒沉积物重新使海岸淤涨前伸,贝壳堤便停止生长并因此位于陆上。黄河往返改道,交替注入渤海和黄海,河北平原与淮北平原就形成了多道贝壳堤。"王青(2002:773)写道:在"距今6500~4600年,黄河是从河北平原入海的,这时在苏北平原上发育了第一、二道贝壳堤;距今4600~4000年,发生改道从苏北平原入海,这时在河北平原海岸发育了第一道贝壳堤;距今4000年前后,则又改道从河北平原入海"。

② 当然,到司马迁写《史记》的汉朝时期,黄河下游已经有了固定的河道,并从太行山下经过,因此汉代人把原始典籍中的"两河间曰冀州"理解为山西是有可能的,而这个观点也极大地影响了今天的历史学家。

大禹治水、夏朝建国的公元前 2000 年前后，黄河下游的河水经历了从南边入海改道从北方入海的变迁。然而，遗憾的是，这些不利的证据并没有阻止相关学者把大禹治水和黄河下游联系起来。①

事实上，正是这些逻辑混乱的研究引起了"疑古学派"的怀疑：如果大洪水真的发生在中原地区，并且经过大禹治水之后，黄河发生了改道，那么，大禹为何不按照旧河道把水导向近距离的黄海入海，反而"另辟远径"把水导向遥远的渤海？并且改道后的黄河河道是沿太行山向北流经现在的天津入渤海的，大禹为什么不就近沿海岱地区从山东导入渤海？换句话说，在夏朝诞生的木器、石器时代，如果大禹治水是在中原与东部地区疏导了黄河，他为何不选择更易挖土、疏通距离更短的江苏或山东挖沟，却选择靠近太行山的华北平原西部的山石高地区域挖沟排水？

再次，关于大禹治水事件的功效，我们还可以从治水前后文化遗存的变化趋势来进行推断。传说文献的确清楚地记载了大禹治水的效果，② 即"后人得平土而居之""所活者千八百国"。我们不可能找到大禹治水成功及其效果的直接证据，但是，如果大禹治水真有如此功效，周围的人类活动就一定会留下蛛丝马迹。比如，在大禹治水事件的前后，应该存在两个可以在考古遗迹中观察到的历史事实：第一，治水之前确有人口的减少或原始聚落数量的减少，治水之后出现人口增加或聚落数量增加；第二，在大禹治水事件影响的范围内，没有出现人口数量或聚落数量的减少，甚至还有增加，而在影响之外的其他地区，人口数量或聚落数量明显减少。换句话说，大禹治

---

① 王青（2002：775、779、778）写道："我们根据贝壳堤和遗址分布甄别出的距今 4000 年前后的那次黄河改道，在古文献中也有对它的记载。如《尚书·尧典》中曾有'帝曰："咨"！四岳，汤汤洪水方割，荡荡怀山襄陵，好好滔天。'"（775）似乎大禹治水的努力促成了这次改道，地质、考古材料支持了大禹治水的传说。并且还有"徐先生认为经大禹疏导的是黄河下游河道，'大禹在黄河下游，顺它自然的形势，疏导为十数条的支流，后世就叫作"九河"。'这是极有见地的"（779）。王青甚至认为，"在黄河流域这次大洪水就是距今 4000 年左右的黄河下游从淮北平原改道走河北平原所产生的决溢泛滥导致的"，"'大禹治水'也因具有真实的自然背景而成为大致可信的历史传说。《孟子·滕文公上》曾载：'禹疏九河，沦济、漯而注诸海；决汝、汉，排淮、泗而注之江。然后中国可得而食也'"（778）。

② 比如，"《书》曰：'洚水警余。'洚水者，洪水也。使禹治之。禹掘地而注之海，驱蛇龙而放之菹，水由地中行，江、淮、河、汉是也。险阻既远，鸟兽之害人者消，然后人得平土而居之。"（王晖，2005：83）另外，"《吕氏春秋·爱类》云：'禹于是疏河决江，为彭蠡之障，乾东土，所活者千八百国，此禹之功也'"（王晖，2005：83）。

第四章 黄河文明起源的技术逻辑

水的成功应该表现为某个地区史前考古遗址的意外增加或至少不减少上。

幸运的是，即使从现有的被动考古或局部考古的成果来看，这一现象也确实存在，但该现象出现的地区不是中原地区，而是早期文献中的传说暗示的西北地区。从现有的史前文化遗址分布图来看，尽管受被动考古的约束，西北地区的考古工作相对落后，但仍然只有在西北地区的齐家文化、马家窑文化表现出了聚落稳定或增加的趋势，① 即在其他地区尤其是中原地区的聚落数量急剧减少的夏朝诞生前后，该地区保持了聚落数量的稳定，甚至还有增加。相反，中原及东部地区在夏朝建国前后出现了明显的衰落迹象。② 中原的考古证据说明，这些地区确有大洪水出现，甚至严重危害了早期聚落中先民的生存。然而，令人遗憾的是，这些文化缺环也表明大洪水并没有得到很好的治理，其中，"考古学文化断层最明显的算是山东龙山文化和岳石文化的缺环了，两者之间不仅出现缺环，而且文化倒退现象也非常明显"（袁广阔，2002：838）。因此，大禹治水事件并没有在黄河中下游发生，大禹治水之后的夏朝兴起应该与此地无关，或许如前面提到的那样，大禹治水的排水措施很可能恰恰导致了这个地区的衰落。同样，豫西、晋南的情况与此类似，起码看不出大禹治水的积极影响。何况，大禹即使真的生活在豫西伊洛平原，他也完全没有必要奔波数十年来治理洪水，他只要像他的祖先一样带领族群迁移数十里甚至数里距离，移到高台居住即可。考古学家引为夏都的二里头、新砦与王城岗遗址都是这样的地形，这里的"夏朝"同样与大禹治水事件没有任何关系。

同时，只有居住在黄河上游地区的人们，特别是居住在宁夏平原与河套平原的人们才有必要排水保地，以便拯救大面积的旱作农耕文明的土地资源。因此，早期的"羌人"大禹在西北地区治水的可能性更大，因治水成功而构建夏朝的黄河文明发源于西北宁夏平原或河套平原的可能性更大。

最后，对古文献中的传说的甄别正在为我们提供越来越多的、合乎逻辑的大禹治水空间位置的信息。例如，李旻（2017）指出，社会记忆是我们关于古代文明秩序与价值观的知识的重要来源，而中国的文明起源就隐

---

① 见史宝琳（2014：83 - 84）研究中的聚落遗址分布图。
② 袁广阔（2002：838）曾根据考古遗址的变化得出结论："在龙山文化晚期至二里头文化早期阶段，晋南、豫东、鲁及冀南等地考古学文化出现了明显的缺环。"

藏在早期水患治理和以青铜器为标志的权威象征与天下观的记忆之中。然而如上所述，在这些有关先祖的记忆中，事件发生的空间位置是最有可能被置换的。因为每一次的问题与挑战都可能与地理条件相关，又都有可能导致人口的流动和迁徙，而迁徙之后的传说和记忆又很可能与新的地理环境和挑战纠缠在一起。因此，公元前2400年前后开始持续约500年的气候骤变期的天灾，是促使社会结构变迁、文明诞生与族群迁徙的原因。

然而，在面临不同强度的天灾时，人类的应对措施并不都是一样的，特别是在早期技术条件下，先民们主要不是靠进行制度创新来应对挑战，而是根据气候的变化迁移到更为合适的区域。而这两种措施的交替使用带来了早期关于区位记忆的混乱与文献编排的困难。无论是人类非洲起源说，"还是中国人种西来说"，几乎都是一部迁移史。但文明的出现彻底改变了这一切，定居与制度创新开始成为应对挑战的主要方案，迁移渐渐成为一种迫不得已的次优选择。并且在大多数情况下，迁移是长期的气候变化与军事压力的结果，也是制度老化、无法应对新的挑战的产物。于是，作为一种事后观察的现象，黄河文明各时期的政治组织几乎都是在西北或第二阶台地的核心地区创制，应对挑战成功并建国立业。当制度无法应对新的气候变迁挑战时，只好移到洛阳盆地或第二、第三阶台地的边缘地区，以至于洛阳盆地一再成为古代中国的第二政治中心——东都。事实上，有史以来中国的大多数朝代都在西北或东北第二阶台地的高原地带创建并设立都城，到了后期，往往是天灾人祸的压力促使其迁都到第二、第三阶台地交叉地带的洛阳或北京。只有来源于东南方向的商朝、宋朝与明朝是少数例外。因此，夏朝的建国逻辑或许也是如此，最初诞生并建都于宁夏、陕北、内蒙古等黄河中上游地区，随着气候变冷而逐步东展南迁至晋南、豫西地区。从石峁遗址、芦山峁遗址、陶寺遗址到二里头遗址的考古成果或许正是这个建制、迁移的物化载体。从文明演化的逻辑看，夏朝起源于西北，然后再迁居到晋南、豫西盆地是符合黄河文明演化的长期规律的。

当然，大禹治水与夏朝建立的因果关系为我们探索文明诞生的秘密提供了一条可行的研究路径。因此，即使黄河上游的齐家文化在公元前2200年已存在，并持续到公元前16世纪，即使黄河中下游陶寺、王湾三期、山东龙山等文化，也都早于公元前2000年，但我们认为这些考古文化本身证明不了黄河文明的诞生。只有大禹治水与夏朝建立之间的关系才是黄河文明起源研究中最为坚实的主线，因此对大禹治水事件所蕴含的制度构建意义是不能低估的。

确实，从以器物为标志的考古文化分期来看，甚至从作为国家与文明标志的古城遗址的时空分布来看，公元前 2000 年前后的大禹治水事件以及夏王朝的出现，既不是历史的分界线，也不是青铜文化的起始点。但若以制度变迁及其带来的文明模式而言，特别是对于黄河文明的起源与演化的过程研究来说，吴庆龙等（Wu et al., 2016）对大洪水事件的时代推断就是有里程碑意义的。因为应对大洪水事件的方法及其暗含的哲学意义不仅构成了黄河文明的制度基础，而且至今仍是东西方文明差异的历史渊源与思想渊源（宋丙涛、张庭，2020a）。更何况，大禹因为治水形成的权威而获得垄断性强制力，进而导致世袭制度出现（尽管有反复，如有扈氏、益等），是符合第一篇给出的公共经济体制变迁逻辑的，因而是一个讨论制度变迁的切入点。

对此，李旻（2017：305）指出："在周代文献追述中，兴起于公元前三千纪末的夏王朝是王权政治的开端。从考古学的角度看，这个重要的时间点可能与龙山时代一系列政治实验有关。因此，龙山时代作为一个传说时代向三代王朝的转折，为周人提供了想象过去的基石。"只不过，东周时期非常熟悉龙山文化遗产的中原文人，根本没有去过"高地龙山文化"（仰韶文化）所在的河西走廊与河套平原，因此他们对西北地区的考察只能依据古史典籍的记载，因此《山海经》中关于西北河西走廊、青藏高原与陕北地区的地理空间描述应该是古史典籍的基本传承，不大可能是战国后人的杜撰。如果考虑到，中国春秋之后的历史书写主要是应对"人祸"，或为后人处理人际关系提供经验，以至于对人与自然的关系的描述就显得相对不重要，因此对空间与地理可靠性的考证被放弃就是可以理解的。于是，一方面，由于对西北地区的地理知识造假缺乏足够的动机，另一方面把战国人熟悉的东方、南方加进来以满足"东周中心论"的理论要求也没有太大的心理障碍，因此诸子百家的文献中，就既有更接近史实的对西北夏朝知识的传承，也有时人补充的东南夏人后代传说与中原诸夏政治合法性的杜撰。在这样的"周人文献中，夏朝史迹的核心地区是晋南与伊洛"（李旻，2017：305），这样的处理非常有利于东周政治中心合法化的要求，也符合中原"诸夏"的夏夷之辨要求。至于这样的处理是否与史实吻合、与大禹治水的物理逻辑吻合，东周诸子就很难考虑了。据此李旻认为，战国时代以来关于原始建国史的传说拼接了南北不同地区的神话传说、历史知识与政治诉求，这又恰与当代的被动考古发现吻合，从而构成了今天历史学界与考古学界对夏朝早期研究的基础与前提。

李旻（2017：305）写道："二里头政权的建国叙事可从少康中兴一窥端倪。传说夏朝早期，淮河流域的有穷后羿势力入侵，导致夏朝国祚中断近一个世纪，直到少康复国。传世文献中关于太康失邦，昆弟五人须于洛汭的说法都把这个事件发生的背景放在洛阳盆地。"但如果知道了"淮"与"雍"可能是同一个字，知道了洛汭可能是陕西境内的洛河，关于夏发源于洛阳盆地的结论就不会显得那么理所当然了。何况，尽管"田昌五、李伯谦先后提倡的二里头为少康复国之夏，符合当今所知的考古时空架构"（李旻，2017：306），却未必符合后世的考古时空架构，更未必符合远古时期社会结构的真实时空架构。因此，李旻（2017）也承认，《竹书纪年》中关于夏王朝的记载，少康之前比较模糊，之后比较精确，因此他怀疑大禹治水构建的夏朝与二里头的夏朝并非同一个夏朝，而可能是借用了同一个国号，或者仅仅因为"夏"是美好的意思，就继续用了这个国号。而后来的传说在当政者的暗示下，有意模糊了两个夏朝的不相关，甚至后来的商朝、周朝也有意模糊了"东西两夏"的差异性。

（二）大禹治水的气候背景与技术条件

尽管找不到大禹治水与中原地区的任何关系，但到了战国时期，把夏朝的故事与居住地地名进行对应的习惯已经影响了文献的修订与编撰者。于是，战国的学者按照当时的地名与论战需要重新修订了《山海经》《尚书》等典籍文献，使之具有更大的"可信度"与有用性，以便更好地服务于避免"礼崩乐坏"的现实政治或治理需要。一个相对准确的、可以佐证这个惯例的事实是，孔子为了解决现实问题，虽深知自己为商人后代，也知道商人崇信鬼神，但为了提供和谐秩序，宁愿删减《诗经》中的鬼神内容、消除商人文化的影响，从而以周礼为基础重新塑造了华夏文明的主流文化。因此，春秋战国时期的学者著书立说时，与求真求实相比，可能更为注重当时问题的解决。为了实现内部和谐的目标，将当时的政治中心——中原视为夏朝的所在地,并以此来构建《山海经》《尚书》是符合当时学者的历史使命的,因而他们的"伪造"行为是值得尊重的、符合逻辑的"政治行为"或经世济民行为。但今天,在研究夏朝起源的过程中,在讨论大禹治水事件的真实性时,尽量恢复传说文献的本来面貌,特别是被战国修订者修订以前的面貌是至关重要的。

如前所述,关于传说文献中有关西北地区的记载,我们认为,出于尊重原著的本能和过度模仿的习惯,这些不熟悉西北地理的战国以及秦汉时期的修订者很有可能原封不动地保留了许多关于西北地理的记载。换句话说,这些传说文献中关于西北地区的记载应该是比较可信的。[①] 因此,早期的《山海经》很可能是一部以西北为核心、以黄河中上游的山系水系地理为对象的"经济普查数据报告"。其中的西山诸经、北山诸经,不仅结构紧凑,而且几乎不存在任何伪造的动机与条件。相反,以中原为中心的其他各经则空间跨度相当大,也缺乏空间合理性与可能性,很有可能就是战国修订者根据新的知识补充进去的经济常识数据。这些新的材料是战国时期的诸子百家用来帮助君主进行国家治理的工具,但若用它来推断夏朝的历史,难免会误导研究的方向。[②]

因此我们认为,尽量摆脱战国文献中的虚构成分,从与夏朝建国相关的特定事件入手来寻找夏朝的空间区位应该是一个可靠的途径。比如,大禹是否因为治水而获得了建国的机会?如果是,大禹最有可能在哪个地区进行治水?对这些问题的回答是重构夏朝建国过程的历史逻辑与空间逻辑的基本前提。为此,我们应该从具体的技术可能性与生存必要性的角度对大禹治水的真实性进行分析。

众所周知,大禹治水的基本思路是人的居住地不动,将水引走。该应对措施的必然结果就是不分民族、不分部落的广土巨族范围内的公共产品共享。相反,西方类似的诺亚方舟传说是水不动,人和动物移走,其产生

[①] 例如,"《淮南子·天文训》:'昔者共工与颛顼争为帝,怒而触不周山。'高诱注:'不周山,在西北也。'《山海经·大荒西经》:'西北海之外,大荒之隅,有山而不合,名曰不周负子。'""还有,《古本竹书纪年》记载:'殷主(上)甲微假师于河伯以伐有易。'(《山海经·大荒东经注》引)漳河流域虽有关于河伯的传说,然而河伯的原住地却在今山西省太原以西的岚县和内蒙古河套地区托克托一带。"(邹衡,2002:162)

[②] 例如,尽管没有什么确凿的证据,但考古学家(刘莉、陈星灿,2017)仍认为"夏文化早期,其分布面仅局限于……嵩山周围半径大约百里左右的地区";王仲孚(2002)也下结论说:"文献记载的夏人活动的地区主要在豫西及晋南。"

的结果必然是一个小人群的公共产品"唯我独享"或"局部优先"。面对类似的问题，却产生了截然不同的两个方法，原因很可能是在不同的客观地理环境与资源条件影响下，人们进行了不同方向的探索。在此，作为外生变量的地理环境与资源条件是第一决定因素，或者说，文明诞生初期的自然环境对文明演化方向的影响是巨大的，但人的主观选择则决定了最终的发展方向。[①] 为此，张宏彦（2009：49-50）写道："距今7000~5000年间的仰韶文化时期是全新世以来的最暖期"，"在这样一种环境条件下，仰韶文化迅速发展起来，初步形成了以关中地区为中心，东达豫西和晋西南，西至天水，南到汉水上游的文化分布区域。"环境史学家不仅为我们提供了更为长期、更为宽广的环境变化视野，而且为我们探寻大禹治水的背景提供了更为可靠的时间维度、空间维度与气候条件知识。类似地，环境学家马立博（2010：26）也指出："在末次冰期之后，公元前6000年~公元前1000年是以往1.8万年中最温暖、最潮湿的时段。从那时起直到20世纪，虽有一些波动，但随着东亚季风逐渐式微，中国整体上经历了一个越来越干燥且越来越寒冷的过程。"很显然，正是这个温暖湿润的雨季带来了持续的洪水灾害，而此后的持续变冷则又使得不断向南的迁徙成为一种常见的应对措施。确实，公元前4000~前2000年的合适条件使得南北各地都在进行的文明探索，甚至也出现了许多复杂的社会结构。但在持续不断的大洪水考验面前，东方、中原、南方各地的文化探索往往停滞不前，甚至出现了衰落的趋势，只有出现了大禹治水事件的西北文化经济圈出现了国家文明的迅速崛起并长期延续下来。[②] 环境史学家揭示的这些早期的气候条件与现存文献中传说的吻合为我们提供了大禹治水现场的证据材料。

实际上，历史地理学家的研究也一再告诉我们，在春秋战国以前，今天的郑州桃花峪以东的黄河下游河道基本上是不存在的。那时的黄河在经

---

① 对此，张宏彦（2009：49）写道："环境气候的巨大变化，使各地居民原有的文化生态平衡状态遭到极大的破坏，人们或者被迫离开原居地迁往他乡，或者改变原有的经济模式、工具，以适应这种环境气候与植被变化。"

② 对于这个文明体制或社会分工出现的可能性，马立博指出（2010：50-51），"总体更加暖湿的气候、余粮储存的增加以及统治集团的出现，在公元前4000年~公元前2000年的2000年间，逐渐在中国北方形成了一个由数个政权和政权雏形之间相互联系相互作用的系统，史学家张光直将其命名为'中国相互作用圈'。"这就是指东亚大陆上开始出现的社会分工、组织结构与文明雏形。

历了万里崎岖的山路之后，终于在郑州西北的桃花峪冲出大山的羁绊，进入肆意漫流状态，并与整个中原地区、华北地区的湖泊大泽相伴始终。在中原地区，直到战国时期，人为修筑堤防限制黄河进入河道的工程才刚刚开始。即便在此时，所有的工程也都是短距离疏通掩堵，而根本不可能完成导河入海这样的巨大工程。国力强大的秦国晚期修建的郑国渠，甚至曾经是一个被敌国韩国用来弱秦的战争手段。到了国力空前的汉武帝时期，当遇到了真正的洪水泛滥时，所能做的也只是毁堤泄洪，泄洪区的作用也仅仅是丢车保帅而已，根本不可能进行导河入海的工程。汉代之后的政府也经常因为黄河下游的水利工程而垮台，却根本没有因治河成功而建朝立代的例子。

确实，作为古代黄河治理工程的参照物，有史以来的工程记载几乎都在下游地区，但黄河下游水利工程的艰巨与困难，只在一次次失败的教训中更加强化。比如，隋大业元年（605年）、四年（608年）只是修建通济渠、永济渠，就动用了100万以上的人力，造成了"丁男不供，始以妇人从役"（王晖，2005：84，转引自郑樵，1995）的局面，这样的大型工程甚至导致了隋代二世而亡。再比如，根据《后汉书》记载，东汉时，王景与王吴治理黄河荥阳以东千余里，耗费百亿巨资，动用大量人力，历时一年方成，这样的工程也很难说对东汉的衰落没有影响（范晔，1965：2465）。依此推之，比此早两千年又缺乏国家财政积累，只有木器、石器可用的大禹如何能够拥有足够的人力财力完成这样的巨大工程，如何能组织庞大的团队持续工作，甚至还可以在工程完成以后获得权威并建章设制创建国家？根据现在的工程土方计算，如此巨大的工程，在铁器尚未出现的先夏时期是根本不可能完成的。很显然，如果大禹治水是真的，文献里提到的、流传至今的创建国家制度也是真的，大禹究竟在哪里治水、如何治水的历史真相就需要重新挖掘。

当然分析的前提是，我们认为，大禹治水是一个真实的历史性事件，而不是后人杜撰的神话传说。

首先，大禹治水的真实性来源于大洪水事件本身的真实性，只不过大洪水事件与治水事件的空间关系却需要仔细推敲。① 特别是，吴庆龙等

---

① 对此，沈长云（2016）曾用西周时期的青铜器铭文来反驳"古史辨"关于大禹治水是战国时期水利事业在人脑中的反映的质疑，并用甲骨文"昔"字的会意结构，来佐证夏朝时期的大洪水事件。

（Wu et al.，2016）用地质考古的方法推测公元前2000年左右黄河上游因为积石峡地区的地震与堰塞湖而出现了一场大水，这为我们提供了一个有力的证据，这个证据为大禹治水神话的历史存在提供了更为坚实的考古基础。只是，吴庆龙等把大洪水事件的发生地仍然确定为豫西，这也是一种空间错位。实际上，在他们的论证过程中，他们使用了完全缺乏史料特征的地名①来佐证自己的观点，而且也只考虑了大洪水的泛滥，却没有考虑大洪水被治理的可能性及其效果。确实，把黄河上游的洪水与河南二里头的考古遗址联系起来的做法有失牵强，特别是他们一方面认定洪水发生于上游的积石峡；另一方面又认为大洪水在数千里之外的豫西造成灾害的推断更值得怀疑。② 事实上，《尚书·禹贡》与《史记·夏本纪》中的"导河积石，至于龙门"，"浮于积石，至于龙门、西河，会于渭汭"，都没有提到河南，文献中出现的都是陕西的地名。因此，吴庆龙等人的文章中治水与二里头文化的联系颇为牵强，但对大洪水事件的存在性而言，他们的研究提供了坚实的考古材料与空间证据。

此外，郭静云（2016）对大禹治水时间的考证意义重大，她提醒注意《禹时钧命决》记载的"'星累累若贯珠，炳炳如连璧'，描述大约两千年才发生一次的五星贯珠现象。通过历史天文计算程式，可知这种'天命'日期为公元前1953年2月24日；这很难是偶然巧合"，因此对大禹治水事件的时间判断是相当有根据的，甚至可以印证事件本身的真实性。然而，郭静云推测大禹治水的地点在南方可能就有点牵强了。③ 确实，大禹很可能是

---

① 如前所述，地名可能是后来才出现的，传说的所谓地名原来可能只是族名。
② 对此，上海博物馆的张经纬（2016）曾撰文指出，吴庆龙等的文章的前半部分有关堰塞湖的研究完美地揭示了喇家遗址形成的因果过程，因此，大洪水可能发生在公元前2129～前1770年之间的结论是有意义的。但将这个大洪水与二里头的测年联系起来，并断定大禹治水事件与夏代王朝的存在就"隔行如隔山"的嫌疑。
③ 尽管郭静云（2016）对二里头夏城的怀疑是有基础的，但她下面的论证很显然缺乏有价值的信息："考古与地质学材料证明，江汉地区在公元前2300—前1900年洪水肆虐，但从公元前19世纪开始，水位开始下降。大禹显然不可能是没有治水经验、对江汉地形和气候不熟悉的北方人，也不可能没有能力组织治水。除得益于大禹的经验和能力之外，从他的时代开始，洪水破坏力下降，这在神话中都被当成是大禹治水的功勋。"如果大水是自己慢慢退去，如果没有类似大禹治水成功的丰功伟绩，我们很难想象，原先无拘无束的原始部落群体会愿意受到一个垄断的、中央集权的强制力的约束，甘愿成为世袭制王国的臣民。这种把大禹治水完全归功于大水自然退去的论断，忽视了大禹治水方法中蕴含的哲学道理与制度变迁逻辑。

南方（四川石纽）人或长江流域的人，并有一定的南方治水经验，但这并不意味着大禹必须在南方的长江中下游流域治水。[①] 同时，在夏朝诞生前后的整个东亚大陆、甚至整个北半球，到处都有洪水滔天的水灾，也都经历了洪水退去后的重建，当然也包括南方的江汉地区，但并非所有的地区都构建了国家、出现了文明。相反，现有考古遗址的证据已经表明，不仅不是所有的地区都在大水肆虐的过程中有着同样的崛起，而且绝大多数的早期文明或文明萌芽都一蹶不振甚至彻底消失了。例如，长江流域的良渚、城头山与金沙文明都先后消失了，并没有展示出大禹治水的效果。因此我们认为，不仅大禹治水事件是真实的，而且它只可能发生在北方的黄河中上游地区，从而构成了黄河文明起源与世袭夏朝诞生的主要肇始因素。事实上，不仅长江与黄河是同源的，而且在上游存在不少横跨两个水系流域的地区，而作为传说中大禹家乡的川西北地区恰恰是横跨黄河流域与长江流域的上游地区。

其次，我们认为，吴庆龙等（Wu et al., 2016）提出的大洪水事件的因果解释符合青藏高原板块的地质特征与地壳运动规律。尽管有人（张玉柱、黄春长等，2017）质疑吴庆龙等人对积石峡地震导致堰塞湖、堰塞湖导致大洪水事件发生的判断，但质疑者本身得出的堰塞湖可能存在了2600年以上的结论缺乏可信度，不符合青藏高原地质结构的运动规律。根据闵祥鹏（2008）的研究，中国青藏高原东部边缘地带聚集了几条重要的地震带与山体滑坡易发区域，[②] 而其中的岷山、岷江地震带的地震与滑坡不仅比较频发，而且后果往往很严重（近年来该地区的地震频发记录或可为佐证）。在这种背景下，尽管没有准确的年代证据，但我们很难想象位于该地震带延长线上的积石峡，可以存在一个坚实的堰塞湖大坝，在巨大的黄河冲击下仍能够抵抗住2000多年间可能发生的多次地震的影响而没有垮塌。相反，灾害史学者的史料恰恰印证了吴庆龙等（Wu et al., 2016）的结论，黄河长江上游的地震经常导致堰塞湖的形成与垮塌，而堰塞湖的存在时间常常达到数月至数十年之久。

---

① 上文已经分析了长江流域的大禹何以在黄河流域治水。
② 参见中国地震局网站中国地震动参数区划图，http://www.gb18306.net/；另见单之蔷，2018。

吴庆龙等人关于大洪水事件的研究还得到了部分地理学家研究成果的支持。比如，刘峰桂和冯兆东（Liu and Feng，2012）从另一个角度讨论了大洪水与大禹治水事件的可能性。他们首先讨论了气候变化对中国早期文化演变、文明诞生的影响。他们指出，4000年前气候的突然变化是一个重要的外生变量，气候变得更为干冷这个突发事件很可能摧毁了七个新石器时代文化中心中的其他六个，只有极个别拥有特殊社会结构的文化中心得以保留下来。他们在研究中引证已有的研究成果[①]指出，4000年前的气候事件很可能也造成了三大古代文明（埃及、印度、美索不达米亚）的消失（Bond, G., Kromer, B., Beer, J., et al., 2001; Perry, C. A. and Hsu, K. J., 2000），并且这次事件也是6000年中气候变化的长期过程的一部分。[②] 他们强调，约4000年前，中国西北地区很可能在大洪水之后发生了持续的气候干冷事件，这些事件既可以解释后面将要提到的黄土高原地区水土流失的变化，也可以解释夏朝后期的南迁行为。[③] 总之，这些地理考古证据与文化考古证据相互印证，证实了4000年前后先涝后旱、先热后冷的气候变迁挑战与人类的应对努力。

很显然，4000年前龙山文化的确曾经历过一个急剧的气候变化过程，面对这个突变，大多数的其他文化都衰落了，只有齐家文化与马家窑文化是个例外。[④] 然

[①] 即原文提到的如下研究：Dalfes, H., Kukla, G., and and Weiss, 1997; de Menocal, 2001; Drysdale, R., Zanchetta, G., Hellstrom, J., et al., 2006; Weiss H and Bradley R., 2001。

[②] 见Liu, X. Q., Shen, J., Wang, S. M., 2002; Shi, Y. and Kong, Z., 1992。他们指出，青海湖的孢粉证据也表明，从6000年前开始，中国西北的植物就逐渐减少了。而更多的证据则表明，到4000年前达到最低值。此外，在甘肃的苏家湾地区，地理学家同样发现了类似的气候变化的证据，比如，当地的植被先后从6000年前的落叶到5000年前的松树，再到4000年前的榆树，最后是3800年后开始出现沙漠类植物，这些证据展示了一个明显的气候变化过程。

[③] 见Guo, L. L.、Feng, Z.-D.、Liu, L. Y., et al., 2007。他们的研究表明，在内蒙古的中南部地区，3700年前甚至还出现了湖水干涸现象。同样的证据也出现在其他地区，比如，4900～4100年前的东北是极端的潮湿气候，然后紧接着的距今4100～3700年是极端干旱气候。

[④] （Liu and Feng，2012）的研究表明，除了四川盆地缺乏证据之外，其他文化圈都出现了再未复兴的衰落。只有西北地区是一个明显的例外，不仅早期的马家窑文化没有明显的衰落，而且甘肃青海的齐家文化的衰落（4000～3800年前）也有明显的滞后，并有一个200年左右的空档期，然后才被游牧的卡约文化所替代。比如，内蒙古中南部的老虎山文化在约4000年前突然消失了，随后由朱开沟文化代替；又如，长江中游的石家河文化与下游的良渚文化都在应对约4000年前出现的气候变化时失败了，随后消失或被其他文化取代；再比如，山东的龙山文化同样在4000年前应对挑战时失败了，出现了一个长期的文化衰落期。尽管深受中原文化中心说影响的作者仍然认为河南的龙山文化也在约4000年前时达到高峰，但一个客观事实是，在那个时期最受考古学界青睐的河南境内的文化遗址急剧减少了。

而，在没有任何其他证据的情况下，刘峰桂和冯兆东仍坚持认为齐家文化和马家窑文化的例外崛起与延续是仰韶文化西扩的结果，而不愿承认中原文化中心论的早期错位。很显然，尽管不愿意承认，但刘峰桂和冯兆东提供的证据已经表明，西北的文化意外兴盛很可能是一次典型的应对天灾（比如大洪水）挑战成功之后文化中兴与文明诞生的结果，从而为黄河文明的起源与夏朝的诞生提供了坚实的地质考古证据。当然，随着气候的进一步变冷变干，夏朝或许不断地被迫南迁，原来的西北地区也渐渐衰落。

很显然，约4000年前，西北的气候与环境发生了剧烈的变化，但与之相关的考古文化的阶段性、例外性变化没有得到很好的解释。即为什么只有河南龙山文化在面临天灾时，面对资源条件恶化时，才会有动机、有能力去尝试制度变迁以适应气候冲击，最终创造出黄河文明？或者说，如果中原地区当时不是资源与条件最为优越的地区，这里就缺乏一个为何二里头可以成功的逻辑链条与制度变迁机制。特别是，在这个豫西的丘陵高地上，大禹有何必要进行治水以及因何可以获得成功？

最后，河道地质考古的证据也表明，距今4000年前后西北的黄河中上游地区才是人口最为密集的生存聚集地，才是大洪水肆虐过程中古代文化得以保留下来的真正例外地区。例如，通过对黄河下游古代聚落遗址附近的地理沉积层的考古研究发现，在黄河上游地区有人居住以前以及变干变冷导致聚落被放弃之后，水土流失现象相对较少，只有大量人口的长期居住才会导致大量植被破坏、才会出现水土流失现象。有了这个知识，我们就可以根据下面的考古材料证据推出4000年前左右黄河中上游曾有大量的人口居住与耕作活动的结论。

考古学家Kidders等（2015）曾引证别人（Shi, C., Dian, Z. and You, L., 2002）的研究指出，黄河河水在中原地区的沉积率在不同的历史时期有着明显的差异。比如，在距今11000~7500年前，这个沉积率是0.2cm/yr，而到距今7500~3000年前，也就是夏朝诞生前后急剧上升到0.25cm/yr，而到周代以来（公元前1000年至今）则回落到0.22cm/yr。很显然，这个证据一方面表明，在周以前，西北黄土高原的人类活动更为频繁，不仅高于下一个西北繁荣时期——西夏时期，甚至高于当代的西北开发时期；另一方面则表明夏朝诞生前后西北地区存在的大规模农业化过程，这个过程正是《山海经》中反复出现的向农业转型的农田改造过程,而这个粗放的刀耕火种过程才是造成黄河上中游地区水土流失的主要原因。总之,这些证据表明,在距今 4000 年前的新石器晚期,西北黄河上游、中游地区曾经有长期的、较密集的人群居住,曾经有大量的先民在西北黄土高原地区进行了长期的农业开发。[①] 这些证据显示,4000 年前夏朝诞生前后黄土高原上人类的活动相当剧烈,对水土的破坏相当严重。然而,面对中国西北黄土高原曾出现过生态环境迅速恶化的史实以及人口与文化聚落相对稳定,甚至是相对增长的现象,学者们没有去探索这反常现象背后的原因与机制,反而认定这个人口的增加是来自"已经衰落"的中原核心区人口的向西迁徙。[②] 换句话说,在考虑黄土高原水土流失的原因时,学者们往往更为重视技术变化与人地关系的相互作用,而忽视社会结构复杂化带来的巨大威力,或者说,一直忽视西北高原可能存在文明聚落的可能性,坚持认为这些人口激增是中原文明成员有意西迁的结果,是人口迁移导致了进一步的水土流失。这些学者没有反思:中原核心区的人口,为何要迁到条件更为恶劣的西部?

确实,通过研究黄河河道变迁与沉积物的携带量变化,学者们证实了西北黄土高原人类活动曾经具有强大破坏力的史实,却不能很好地契合时间序列要求对这些变化进行解释,因而留下了巨大的谜团,并给疑古学派以口实。相反,面对中原地区遗址数量急剧减少的现象,学者又试图用聚落规模的扩大来解释聚落数量减少引起的推理困难,以便和二里头夏都的原有结论相一致,而不去思考扩大了的聚落居民如何获得生存资料的逻辑。事实上,瓦格纳等人的考古数据(Wagner, et al., 2013)也表明,即使综合考虑了聚落数量与聚落规模的因素,这个人口扩大的趋势在龙山文化到二里头文化期间的豫西地区也并不存在,在中原地区更不存在,从而使得二里头遗址考古提供的证据显得更为牵强。因此,即使学者们反复引证的伊洛河谷确曾存在一个复杂的人类聚落,它也不可能是黄河文明的源泉与夏朝建国的开端。事实上,现有的二里头考古材料无法证明这个聚落的存

[①] 此外,还有学者进一步证实,距今 4400~3900 年前黄土高原曾有明显的水土流失与再沉淀过程,从而进一步证明夏朝诞生前后西北存在大规模人口,并从事农业活动与水土整治活动(He, X., Zhou, J., et al., 2006; Huang, C. C., Pang, J. and Huang, P., 2002; Zhang, K., Zhao, Y., Zhou, A., et al., 2010)。

[②] 史宝琳(2014)的研究表明,中原地区才是真正的"衰落地区"。

在与大禹治水这个关键的历史事件之间有任何关系，因而无法证明它是黄河文明的真正祖源。

（三）黄土文明与旱作农业的起源背景

事实上，已经有越来越多的学者把古老的中华文明称为"两黄"文明，即黄土与黄河文明。他们认为，黄河文明起源于黄河的中上游，而在黄河的中上游一带分布着一片土层厚度最高达 1000 米以上的黄土高原（地球平均土层厚度只有 0.5 米），正是这片土层厚度高达 1000 米以上的黄土高原孕育了世界上唯一延续至今的古老文明。今天的黄土高原位于长城以南、太行山以西、秦岭以北，平均土层厚度在 50～400 米，面积居世界首位。当然，10000 年以前的黄土高原或许还会向北延伸一点，直到阴山脚下的河套平原。而早在 10000 年前到 6000 多年前的仰韶文化中，中国人民就利用黄土质地细、湿时可塑性良好的特点，制造出各种陶器，利用黄土高原的气候地理条件驯化了最有效的黍类农作物，实现了"春种一粒粟，秋收万颗籽"的经济效率；此外，他们还利用黄土干时具有相当高的凝聚力、可形成直立陡壁同时又疏松易挖的特征建造了冬暖夏凉的窑洞。根据地质学家刘东生的研究，不仅德国学者李希霍芬、俄国地质学家 B. A. 奥勃鲁契夫等的黄土风成说是有道理的，而且还确认了黄土高原原始旱作农业最佳发源地的特征。他们的研究表明，风成的黄土多孔，质地均匀，富含钙、铁，易于贮水和原始耕作，宜农宜牧，因而是农耕文明或旱作农业的理想发生地（王丹红，2004）。

然而，黄土也具有结构松软、易被侵蚀的特点或缺点。确实，大风吹来的黄土看似均匀厚重，然而十分脆弱，沙尘堆积出来的土体，绵软疏松、极易渗水，于是当黄土遇到水，便会迅速分散、顷刻崩解。有时一场暴雨，就可以改变黄土高原的局部面貌，更不用说高原上发育的大河小溪了。这些支流从黄土高原携带着大量泥沙汇入黄河，携带的泥沙在下游不断堆积，覆盖了广阔的华北平原上原来的沟壑沼泽，形成了一望无际的黄淮海土平原。特别是，随着人口的急剧增长和农业的过度开发，黄土高原植被减少、水土流失，逐渐带来了严重的生态环境问题，缺少植被的黄土地表被水流强烈切割留下沟谷，加速了水的侵蚀过程。洪水和干旱愈加频发，其叠加作用进一步令植被再度退化，生态功能的衰退形成一个恶性循环。中国地理上的心脏、早期的文明发源地西北黄土高原逐渐成为生态环境最为脆弱的地区之一。据研究，发源于青藏高原的黄河在流经黄土高原时，每年都要带走约16亿吨的泥沙（很可能也带走了早期居民在此生息的待考古遗存证据）。这些漂流东去的黄土一部分流入太平洋，一部分在下游地区及入海口形成了冲积平原，每年至少有4亿吨的泥沙沉积在下游河床，形成次生的黄土平原，进而成为黄河文明东迁，并最终形成中原农耕文明区的物质基础或土壤基础。

确实，随着黄河搬运的黄土沉积在黄淮海平原上，这一次生黄土区逐渐在农业技术提高的背景下成为农业发展的核心地区，并催生了春秋战国时期中华文化的大爆发与黄河文明的第二次巨变——诸子百家的繁荣与儒法治理学说的产生。尽管略有出入，但大多数的先秦诸子百家都出生在次生黄土平原地区。比如，孔子出生于鲁国，老子出生在楚国东北即今天的豫东，墨子、惠施出生于宋国，孟子是邹国人，庄子是宋国人，管子、孙子、孙膑、田骈、邹衍、晏子等是齐国人，申不害、韩非子是韩国人，荀子、公孙龙、慎到是赵国人，商鞅、鬼谷子、吕不韦是卫国人，列子是郑国人，杨朱、张仪是魏国人，苏秦是周王城人。据统计，诸子百家主要出现在次生黄土平原地区，并形成了中原文化中心论与黄河文明东迁定型的理论基础与思想基础。

很显然，作为一个典型的农耕文明，黄河文明的本质是黄土文明，因此原生的黄土覆盖自然是黄河文明诞生的前提条件，而上面提到的西北黄土高原的黄土特征很显然给我们提供了黄河文明西北起源的又一个证据。确实，已经有学者从原始农业发展技术可能性的角度指出，早期的农耕文明只能是黄土文明。刘秀铭、马明明、吴海斌等（2017）认为，尽管水是人类生存的必要条件，也是文明产生的必要条件，但绝不是文明诞生的充分条件。他们强调，大河流域并不是文明诞生的唯一区域，换句话说，早期的农耕文明的诞生很可能依赖于更为重要的土壤条件。根据对黄河文明、印度文明与埃及文明起源过程的分析，他们认为，这个必要的土壤条件就是松软的黄土的大量存在。因此，他们强调，这些文明实际上应该被叫作黄土文明。显然，与豫西、晋南相比，西北的黄土高原更具备这样的土壤条件。尤其是在距今4000年前的夏朝诞生前后，西北黄土高原不仅拥有松软的黄土，而且拥有适当的降水与温度，因而非常适合原始农业的发展。更何况，有学者（Li，X.，Dodson，J.，2007；李小强、周新郢、周杰，2007；周新郢、李小强、赵克良，2011；张健平、吕厚远等，2010）指出，从土壤与降水的要求看，原始农业只能发源于土质松软的干旱的黄土地，而中国西北的黄土高原更加适合农耕文明的起源；相反，中原的沼泽地带与更多的降水并不适合早期旱作农业的发展。此外，无论是古史文献中的"黄土之丘"，还是考古学家的发现，特别是史宝琳的考古遗址统计资料显示的分布规律——中原地区的古代聚落遗址也大多分布在高台高地的西部丘陵与半山地区，因而与黄河下游的冲积平原没有太大关系。[①]但如果高台高地地区更加适合农业文明的发展，那么早期的农耕文明就只能是靠天吃饭的旱作农业，而从旱作农业发展需要的土壤地理条件来看，西北的黄土高原很显然是一个更为可能、更为合适的原始农业实验地。当然，对于原始旱作农业的尝试而言，除了适当的土壤地形之外，必要的气候条件或降雨量也是一个不可或缺的条件。

关于4000年前夏朝诞生前后的气候条件，方修琦、葛全胜、郑景云（2004：89）指出，与今天的气候条件相比，"在原始农业文化鼎盛时期，旱作区和稻作区的北界都向北推进到较现今偏北2~3个纬度的位置，稻作栽培的北界大致推进到了35°N附近的扶风－户县－华县－渑池－洛阳－郑州－兖州－日照一线，北方旱作农业文化遗存的北界也向北扩展到现今以牧业为主或半农半牧的内蒙古长城地带及西北的甘青地区，在内蒙古阿拉善地区的沙漠、半沙漠地带和现代藏北无人区亦有人类活动。原始农业文化的鼎盛时期正是全新世暖期盛期，当时我国华北地区较现在暖2℃~3℃（施雅风，1992），降水高100~200mm（方修琦、孙宁，1998）。"很显然，这样的气候与环境条件非常有利于西北黄土高原的原始旱作农业发展，从而使得农耕文明在西北地区的大面积尝试与流行成为一种技术可能。换句话说，当时的这些气候条件表明，原始的旱作农业更有可能在西北黄土高

[①] 类似地，宋江宁（2017）的研究材料也提供了该规律的另一个证据，他对关中地区的遗址分布进行了分析之后指出，在公元前1000年前后的西周早期，原始农业主要分布在大周原高台地区，而不是渭河冲击平原上的西安附近。

原开始尝试，而不大可能在沼泽遍地的中原地区发生。如果这些推测是有道理的，那么关于黄河文明，特别是夏王朝早期的探源工程就应该把西北地区的黄土高原当作考古挖掘的重点，而不是根据战国文献的记载到中原地区去寻根问祖。

更为重要的是，这些文明诞生前的仰韶文化时期的气候条件还暗含了另外一个可能性：今天被冻土封存的青藏高原的北部，特别是四川、青海省境内的青藏高原的东北部当时也是适合人类居住的，因此黄河上游的三江源地区很可能在华夏文明的早期萌芽阶段是华夏先民的共同活动中心，只是由于今天的条件恶劣，大量的早期人类遗存未被考古挖掘者发现而已。这样的可能性更容易解释分子人类学的结论与长江流域文明遗址密集分布的现象。

但由于"事后诸葛亮"的认知习惯，研究黄河文明起源的历史学家常常以当前的条件来确认中原地区四千年前的"农业条件优势"，从而把西北地区的农业发展视为中原地区农业向外扩展的结果，以便与事先假定了的中原文化中心说相吻合。对此，方修琦、葛全胜、郑景云（2004）强调说，尽管社会因素对发展的影响不容忽视，但气候条件仍是原始农业发展的决定性因素，是主要的外生变量。当然，不仅黄河流域农耕文明的肇始与这些气候条件密切相关，夏王朝与农业文明的南移、晋南豫西文明核心地位的形成也与这些气候条件的进一步变化相关，[①] 但无论如何旱作农业发源于西北的可能性更大却无法否定。然而，即使有了这样的证据，一旦回到文明起源地的讨论，气候史学者也无法摆脱"事后诸葛亮"的习惯，仍会不由自主地回到中原文化中心说。[②] 至于夏朝文明为何不是在农业条件更有利的西北地区发源，而非要在不具备原始农业发展的中原地区开始尝试，却很少得到解释。因此，尽管有了一系列的证据，但如果想要在学术界找到

---

① 方修琦、葛全胜、郑景云（2004：89）认为："4000aB. P. 前后的气候突变对中华文明发展的影响甚为深远，是中华文明由'多源'向'一体'转变的关键时期（吴文祥和刘东生，2001），在此前后，我国许多区域的文明相继衰落，在地处原始农业文化北界的内蒙古中南部及陕北、晋西北等地区，原始农业文化的发展对气候变化十分敏感，4300～3500aB. P. 气候的变冷、变干则造成了该地区农业文化的间断、南移。"

② 比如，方修琦、葛全胜、郑景云（2004：90）认为："正因为在与不利环境的斗争中掌握了驾驭洪水灾害威胁的技术，4000a B. P. 以后出现于中原地区的夏、商、周文明才能够在许多区域文明衰落之时得到发展，并在吸收了周围许多地区的前期文化要素的基础上把中华文明推进到巅峰时期（王明达，1992）。"

第四章 黄河文明起源的技术逻辑

黄河农耕文明发源于西北、夏朝崛起于西北的支持仍然是相当困难的。

幸运的是,大禹治水事件发生的物理与地理条件约束进一步为我们提供了更为坚实的历史地理证据,从而间接地支持了夏朝崛起于西北的观点。显而易见,从物理与地理的角度来看,大禹治水既需要一个大面积的相对洼地聚集大量的洪水,也需要一个关键的瓶颈阻碍水道,这个作为关键点的瓶颈又是原始技术条件下人类的努力可以克服的瓶颈。而黄河形成前就存在的鄂尔多斯盆地与河套平原恰恰就是这样一个相对洼地,并且该地区位于典型的黄土高原原始旱作农业发生带,又是原始的木器工具可以发挥作用的松软的黄土高原地区。同时,鄂尔多斯东侧的黄河上中游分界点的河道存在多个咽喉要道与瓶颈河段,其中的某些瓶颈明显是由黄土堆积或淤积造成的。例如,不仅乌梁素海的东南方向的乌拉山构成了古黄河转向下泄的第一个屏障,而且在托克托到龙门之间的黄河河道上,存在着多个迂回曲折的"河曲""乾坤湾",也存在着无数个可能因地震而发生滑坡与产生堰塞湖的堵塞事故多发地区。因此,对鄂尔多斯盆地及其下游河道的历史地理研究或许会给我们提供更多的证据。

在一篇作者叫"草根贺"(2012)的新浪博客文章《河套两大湖泊的消失与挽救》中,作者引用《水经注》的材料指出,秦汉时期黄河曾在河套地区造就了两个大湖:屠申泽与乌梁素海,并且早期的黄河是沿着狼山向东流到乌梁素海附近遇到乌拉山北部才折向南的。该河道被称为北河,根据现在的乌梁素海的形状推测,当时的黄河在此的转向非常急,其转向弯度甚至小于90度,这样的冲击或许正是乌梁素海形成的原因。而根据谭其骧先生的历史地图可知,这个转弯在秦汉时已经不存在了,后来的黄河是从五原县东北就开始转向东南方的。此外,《水经注》还告诉我们,当时的黄河主河道是今天的北河,而在北河之南也有一条支流,时称南河。南河在西河开口向东流到今西山嘴以南后,与黄河主流汇合,并且随着时间的推移,向南的流量逐渐增加,最后成为今天的黄河主河道。河套平原上的黄河河道变迁历史,已经为我们提供了古代黄河河道在河套平原可能受到人工工程影响的隐约证据。

除了这些推理,地质考古领域的研究也为我们的假说提供了更多的考古证据。例如,周青硕、张绪教、叶培盛等(2017)指出,河套地区的古河道十分复杂，以现在的塔尔湖镇、复兴镇为例，最古老的河道在复兴镇西北、呼勒斯东南，且持续时间较短，规模较小，年代为距今9000～7000年前，很可能是一条支流。而第二期的河道持续时间最长，在呼勒斯太中南部、塔尔湖镇西北及复兴镇西南，年代为距今7000～4000年前，应该是大禹治水前的黄河河道旧址。而最新的河道在塔尔湖镇中南部、复兴镇南部，但主体在塔尔湖河边，年代为距今4000～1000年前。这些证据表明，"黄河从宁蒙窄谷进入平坦开阔的河套平原，地貌上的重大转折让河流能量突然释放，使得河套平原成为河流改道最为频繁的场所"（周青硕、张绪教、叶培盛等，2017），当然也成为黄河上游洪水最容易泛滥成灾淹没的地区，这里更是大禹治水最可能发生的地方。特别是，错综复杂的河道，也使得大禹治水时"禹疏九河""播为九河"成为可能。这些证据加上河套地区土质松软的条件，使得在此进行挖河引水的工程技术不太困难，工作量也不太大，因此从技术可能性上看，河套地区才是最有可能发生史前的大禹治水事件的空间区位所在。

更何况，根据地理学家潘保田及其团队的研究，黄河在100万年以前形成时就是因山脉隆起、地质运动导致的河套平原盆地与关中盆地被黄河联通，因此黄河在山陕之间的部分本身就存在地质阻碍的潜在条件，因此在4000年前地震频发、洪水泛滥的特殊时期，山陕之间的河道需要疏通的可能性更大。这样的历史地理知识提示我们，河套地区黄河河道的多元化与多次变迁或许正是大禹治水的痕迹，河套平原及其下游的陕西、山西、内蒙古境内的黄河河道或许正是大禹治水的主战场。因此，就目前掌握的证据而言，夏朝建国历史与黄河文明起源的区位最有可能在西北地区，而河套平原最有可能是大禹治水事件的发生地。

总之，我们认为，传承至今的黄河文明是在上游的河套地区——黄土高原上诞生的。松软的黄土与温湿的气候条件孕育了早期的旱作农业生产方式，突然的大洪水又为拥有强制力的国家制度的出现提供了契机。黄土高原上的先民在大禹的带领下迅速实现了人口的增长与社会的繁荣，并表现为大规模刀耕火种农业的扩张。同时，也正是黄土高原原始农业的发展破坏了黄河中上游的生态条件，特别是植被，于是数以亿万吨的黄土逐渐被黄河搬运到中原地区，曾经遍地大泽湖泊的"东海"渐渐成了黄土淤积的平原，从而为商周之后中原农业文明的崛起奠定了技术基础与自然基础。根据考古学家 Kidders（2015）提供的材料，在新石器后期的 3500 年间（距今 11000~7500 年前），中原地区的黄土沉积深度是 7 米，而到夏朝诞生前后的仰韶文化期间的 4500 年间（距今 7500~3000 年前），中原地区的黄土沉积深度是 11 米，夏朝之后的 3500 年间这个深度最多 8 米。换句话说，今天看起来沃野千里的中原大地上的黄土平原其实是黄河文明的建构者有意发展黄河上游黄土高原农业却无意中破坏了黄土高原植被的一个客观结果。尽管他引证植物考古学家和地理学家的材料认为植被改变是气候条件变化的结果，但距今 3800 年前开始出现的沙漠类植物与黄土高原的裸露化过程很难说没有受到早期先民在黄河上游地区从事刀耕火种农业生产的影响。

二 夏朝建国的制度逻辑

（一）传世文献中的制度信息与德治特征

当然，真正决定黄河文明的诞生和夏朝存在的关键不是治水的技术，而是社会分工条件下将大规模人群组织起来的国家治理制度。因此，即使论证了治水事件发生在河套平原、旱作农业出现在黄土高原，那也只是说明，历史为夏朝建国的制度创建提供了机会，而制度创建能否成功还需要一系列的理论准备与组织准备。因此，我们对夏朝国家治理制度构建过程的研究必须从前国家状态的社会治理结构的变迁开始。

事实上，远古时期的社会治理结构主要是各个族群内部的分工体系与族群之间的合作关系的构建，而核心族群与其他族群的关系在黄河文明的肇始中始终居于核心地位。事实上，由于深受近代西方民族国家论与战争建国论的影响，中国古代文明构建过程中的制度变迁很少得到关注，儒家思想继承的、天命理论中包含的、源于大禹治水传说的共享性哲学思想常常被人遗忘。[1] 相反，大多数的研究者都把注意力集中在大一统体制出现以

---

[1] 比如，姚大力（2018）对教科书中的汉族中心论历史观的抨击就引起了广泛的关注。但姚大力只是解释了南北朝、南北宋时期的民族关系，没有解释核心领导族群与边缘族群的长期关系。

后的汉化过程。他们讨论的所谓汉化,其实就是对思想理念与制度体系的汉字化记载,就是用汉字来记录思想与制度经验的过程。他们眼中的所谓汉族,其实就是汉朝之后使用汉字、共享这些汉字记录的国家构建与治理历史经验和思想的传承者。赵红军(Zhao,2018)曾经把这些继承了制度与思想的人群固化下来,称为汉族或汉族国家,但很少有人追问这些制度与思想是从何而来的。[①]

确实,在这个后来的成熟体制中,不管哪个族群掌握了政权、建立了国家,都试图学习这些用汉字记录下来的治理经验与合作制度。在这个过程中,如果一个少数族群本身就没有文字,那么引进汉字来记录历史经验肯定会推进其文明的发展进程,并很快使自己的族群特征消失殆尽,成为彻头彻尾的"汉族"。如果一个少数族群,原先拥有自己的文字,但在构建国家的过程中使用了汉字记录其历史经验,它的母语文字也会渐渐退出政治领域,并成为被"汉化"的少数族群,同样会逐渐失去自己的族群特征。尽管姚大力不愿承认,但元朝的失败很可能就是其"因地制宜"多元化而没有在所有的占领区进行"汉化"的结果,是没有借助汉字记录的历史经验进行治理改进的结果,以至于因为缺乏治理理论与制度而很快就瓦解、灭亡了。很显然,中国古代文明延续的关键不是汉化的过程,而是用汉字记载下来的早期"合众归一"的以合作为导向的"大一统"治理思想。[②]

事实上,黄河文明在其诞生初期就有了妥善处理不同族群关系的思想与制度,并在合众归一的过程中建立了合作共享的理论体系与强制性的治

[①] 其实,作为春秋战国时期思想家代表的、影响了后世的诸子百家大多不是汉族族群周秦贵族的后代,但他们的思想与理论始终是华夏文明的主流。而且,欧洲主流思想也主要是犹太人、希腊人、苏格兰人的贡献,但贵族族群则主要是日耳曼人的后代。

[②] 正是由于不了解西方的民族概念、血缘理念(见犹太教、以色列的极端政策)的政治恶果与多元主义的失败根源,不了解一神教体系产生与主权国家构建的历史因缘(见本书第七章的比较分析),姚大力才极力为多元化制度辩护;同样,正是由于不理解黄河文明就是一个西北地区少数族群整合多数族群的社会结构化为一的过程,因此姚大力不能把少数族群的文化多样性存在与中国文明的政治单一性要求区分开来,反而主张文明与政体的多样性或多元化。也许正是因为其不理解人类文明的公共经济制度的强制性特征,姚大力才误解了分子人类学的历史意义,因而担心现代文明有可能回归族群战争与民族矛盾重重的西方近代的噩梦之中。

理规则。① 而最早记载夏朝处理族群关系努力的文献就是《山海经》与《尚书》中的《禹贡》。《山海经》全书记载了约40个邦国、550座山、300条水道、100多位历史人物、400多个神怪畏兽。该书总体按照地区或空间而不是时间把这些邻近族群的相关事物（主要是祭祀）一一记录下来，因而构成了夏朝初年的"政府工作纲要"或"统计手册"。而《尚书》则是后人对夏朝治理经验的总结，类似于后来各个朝代修编的正史，其中充满了褒贬评价与经验总结，特别是其中对执政者道德的要求与评价构成了后来诸子百家学说的第一个思想来源。很显然，《山海经》几乎没有提到王室族群所在地的地理风貌，而在所有的邻近地区的介绍中，它关于西北地区地理风貌的西山经、北山经的记载可靠性较大，今天仍能粗略地观其空间关系大概。相反，关于中原与东部地区的东山经、南山经尽管更为规范，但多为后人（战国）所补，很可能与夏朝的活动空间和族群治理措施没有关系（见前文的分析）。

当然，从应对当时问题、推动制度创新的角度来看，或许正是由于文明诞生过程的记载被毁与口传历史的模糊，周人在制度创新的过程中才可以在一个较为自由的基础上重新构建一个以解决问题为导向的《尚书》，并把不同来源、不同地域的政治经验编在一起，纳入一个统一的框架之中。这样的做法一方面有利于维护自己的合法性——以周礼为基础的政治秩序与天下文明观，另一方面也有利于减少执行阻力、节约交易成本。

然而，无论历史的记忆被如何重构，其中的重要治理经验还是会留下各种蛛丝马迹。在这些重要的治理经验的传承过程中，远在北方大漠深处的匈奴人的贡献有着某种微妙的地位。因为通过考古上溯到秦汉和匈奴帝国崛起之前的公元前三千年，我们可以看到正是高地龙山社会连接了这些区域共享的政治与宗教遗产。虽然高地龙山社会的文化传统只是匈奴帝国知识的来源之一，但陕北-鄂尔多斯一带的夏传说确是在与中原帝国的政治对立中很有号召力的一份历史遗产（李旻，2017）。

因此，正如前面的讨论中提到的那样，黄河文明中的治理经验很可能

---

① 以美国与欧盟为例的20世纪的西方社会也一直在进行着类似的现代文明努力，力求实现跨族群的公共经济体制的空间外部性与规模经济性。虽然有着艰难的反复过程，比如希特勒等少数人的极端思想，但大多数思想家是认可这个合众归一过程的。

本来就是匈奴祖先留下来的政治遗产，或者说，在华夏文明早期探索的过程中，他们的祖先肯定做出了重要甚至是原创性贡献，但在战国以来的记忆重构中，匈奴的祖先脉络及其祖先的历史贡献都被有意地忽略了。① 然而，"如果我们不拘泥于史前与历史时代的分野，以及考古与文献间的区隔，把周人对传说时代的回溯，放在周人之前数千年间中国社会所经历的政治与文化变革之中，可以看到龙山时代政治和宗教遗产是三代文明社会记忆与经典发生的重要源泉"（李旻，2017：315）。或许只有这样，我们对黄河文明起源的研究、对中华上古史的研究才比较符合逻辑，才更有可信度。因此，为了增加对上古史的认知，为了弥补史前史与"文明史"之间的"巨大鸿沟"（张经纬，2018），我们认为，应该从古人面临的现实问题入手去理解中国远古的国家治理历史，应该基于中国古人的行为逻辑来理解制度创建的脉络。② 汤因比也认为，中国是唯一一个"从未断绝的文明"，是人类历史的一个特例，用任何现成的西方理论来分析中国的文明起源历史都是不合适的。正如赵汀阳所说，与西方进步历史理论强调历史的终点相比，③ 中国的文明确实没有设计终点，而只是一个就事论事的问题解决方案。中国的哲学与文明，恰如《易经》的精髓，变化本身就是目的，就是存在，就是唯一不变的"规律"，历史或时间都没有终点。

当然，中国文明的特例并没有违背汤因比总结的应对挑战的文明规律，恰恰相反，中国的黄河文明也正是从它的先民应对他们所面临的问题的过程中诞生的。从逻辑上说，正是为了依据天象学解决没有准确边界的天灾问题，更关注空间的中国人有意设计了没有边界、兼容并蓄的天下体系。该体系中的区域只有远近程度的差异，没有内外族群的区别，中心与边缘

---

① 李旻（2017：315）指出："由于不同记忆群体和政治集团的存在，历史在各种叙述持续不断的竞争、协商和相互渗透的过程中被反复书写。这些现象要求我们用一种更长的时间纵深来考察这些政治传统的渊源与变化。"
② 国内著名当代学者、哲学家赵汀阳（2016）在介绍自己的新著《惠此中国》时也曾强调，必须按照中国的历史进程来解释中国，或者说应该构建一个符合中国自己历史实际的哲学模型。
③ 进步史观是欧洲人解释工业革命爆发原因的一种学说，它认为是农业技术的进步解放了劳动力，然后商业与工业得以发展。但文礼朋（2013）、宋丙涛（2015）的研究表明，英国是在劫贫济富的背景下开始商业革命与工业革命的，工业革命是商业生存模式的副产品，农业劳动生产率并不是工业革命的前提或条件。进步史观的欧洲史实基础并不存在。

并不固定。① 因此，从中国的远古历史中去探寻应对挑战的制度构建过程及其带来的思考或许是一个正确的思考方向，而大禹治水的传说与《山海经》的素材恰恰为特立独行的黄河文明的制度变迁研究提供了绝佳的经验基础与分析起点。

事实上，中国的大禹不仅采用了疏导水流的方式，而且借鉴天象学构建了自然神学体系，从而奠定了文化融合与制度统一的理论基础。② 更为重要的是，以该理论为基础的商祭周礼体系很早就在国与家之间建立了联系，并发展出了血缘关系与公共经济关系的和谐共存结构，并在此后的儒家学说中演化成为一种成熟的理论体系。正如陈焕章（2015：253）在约一百年前就强调的那样，由于遵循了孔子的原则，"中国根本不存在种族问题"，只存在是否构建了更有经济效率的正式制度的"夏夷之辨"问题。这里的"夏"就是文明制度，就是正式的公共经济体制，"夷"就是不具备社会分工体系的非文明社会，就是部落联盟的状态。在中国的历史上，一个部落群体，不管来自哪里，不管祖先是谁，不管血缘关系远近，只要建立了这个正式的公共经济制度，它就是文明的一员，就是夏；如果没有建立或建立后又抛弃了这个制度，它就是野蛮的夷。正是根据这个标准，许多早期夏族的后人后来远遁塞外又重新成为了"戎狄"或"夷"，许多原来的北方戎狄的后人则在继承了早期文明衣钵之后入主中原成为了华夏文明主体族群的一部分，因而成为了华夏族群的代表。因此，中国的黄河文明并不是哪一个具体族群的文明，并不是祖先神与世袭王族的延续，而是"有德者居其位"的各族群共享公共利益的公共经济体制。正是因为这个原因，无论谁入主中原，成为公共产品的提供者，他都要遵循天命理论的要求，明确强调自己的服务对象包含各个族群的大众，特别是包含被打败的弱势群体，而不是仅仅只包括战胜者。这样的文明体制是一个真正的不同利益主体和谐共存的机制，是一个真正的天下共享体系。

---

① 同样关注空间的意义的还有复旦大学中国研究院文扬教授，他将中国的特殊性归结为地理带来的广土巨族，他认为，这是一个纳众归一在空间上的巨大成功，是一个真正的社会大熔炉。但这样一个大熔炉理念是如何形成的，一个大熔炉的体制是如何构建的，这样的问题正是"中国文明何以成行"的具象化。

② 与自然神学对立的祖先神学因为具有血缘特征而不利于族群的合众归一的合并，相关研究见库朗热（2006）对希腊罗马城邦结盟过程的分析。

大禹治水的实践把公共产品提供给所有人，恰好契合了公共产品外部性的特征。在这个模式里，谁来提供公共产品不重要，只要有人提供就行。而对提供者来说，提供公共产品的权力和机会从何而来也不重要，只要有机会就行。从而演变成"天德本位政治观"、天道天命理论与绩效考核原则。这就是许纪霖（2017：285）观察到的"对政治正当性的关注……不是从权力的来源，就是从权力的效益性来论证政治权力的正当性"，这是一种问题导向中国模式的公共经济学基础。正是对基于问题导向的绩效的重视，形成了中国古代以《易经》为核心的目的论哲学体系。当问题发生了变化，应对措施必然跟着变化，因此终极的最佳制度是不存在的，"历史的终结"自然也不存在。同样是因为问题导向的方法与理念，中国的经济学（经世济民理论）从来没有产生新古典模型那样的最大值求解过程，因为每一个问题的解决都是根据问题与条件的变化而随时变化的动态解。既然是一个备选方案不确定的求解过程，当然就是"没有最好、只有更好"的探索过程。

总之，鉴于大禹治水过程的德性与外部性特征，中国的官方文献与诸子百家都一致强调了大禹的榜样性作用，并将其总结为世俗的政治哲学。相反，西方的诺亚方舟传说，只强调与上帝的契约、强调选人过程的公平，最后成为一神教的哲学源泉。更为有趣的是，面对天灾，东方的大禹以此为契机构建国家治理制度提供公共产品，并强调治理的伦理目标与德政手段；西方的上帝事先知道灾害，却只是教一个人造船，突出的是宗教信仰的忠诚与回报。由于不理解大禹治水神话背后的积极意义与制度价值，著名西方神话学家弗雷泽（2010）在讨论中国神话时，竟然漏掉了大禹治水的故事，而只是讨论了一个彝族的传说。但中国的历代思想家从未忽视这些传说中包含的治国理念与制度价值，从而使得他们对前人实践经验的总结与在此基础上进行的思考日益完善，最终奠定了黄河文明持续千年不衰的理论基础。

事实上，关于这些创世传说的历史可信度，前面已经有所讨论。而人类学者与文化学者的研究更是进一步挖掘了这些传说的学术价值与现实意义。比如，陈连山（2006）指出，中国古人直接把神话当作远古历史、因而用历史概念涵盖神话概念的处理是一种人类文明早期的正常做法。他指出,作为西方文明渊源的古希腊实际上也没有在神话与历史之间做出区分,而是直接把英雄神话当作了历史。很显然,古代希腊与古代中国的历史观是一致的:历史与神话一样是为时人服务的经验总结与教训借鉴,① 是指导人类文明演化的"工作手册",而不是对历史真实的科学还原。② 因此,尽管"中国古代文化一直非常注重历史叙事",历史学家口口声声强调历史的真实性,但历史的真实目的其实是为国家治理提供经验,古今中外概莫能外。③

但近代以来,西方"科学"史观对中国神话传说研究的不利影响是巨大的,尽管近年来中国的神话研究日益增多,但研究者仍难以摆脱以近代西方科学知识体系为参照物的旧辙,不能从问题导向与治理经验的角度来分析中国神话的理论价值与实践意义,当然也无法理解传说神话文献之后

---

① 见库朗热(2006:158)对古希腊历史与宗教关系的分析:"历史都与宗教有关,所以城邦没有权利将它们遗忘。"
② 事实上,只是到了基督教一统欧洲之后,不承认其他神灵的基督教才把其他神话从欧洲人的记忆中删除了,只留下与基督教教义相容的神话。再到后来,笃信基督教的欧洲近代史作者以此宗教解释背景为依据回溯重构了古代史,特别是希腊史与中东史,自然也把英雄神话从历史中清除了出去,篡改了古代希腊人的神话历史观,还将之命名为"科学"的历史观。然而,赵汀阳(2019:117、119)认为:"我们如何能够相信那些已不复存在也就看不见的事情?这恐怕要看在什么条件上为真。由于过去不可能重演,过去的事实就不具有科学意义上的可重复性,也就不可能在科学意义上为真。"(117)"由于往事无法复制再现,因此,即使考古学有幸发现了一些铁证从而证明了一些往事的存在,却不能证实关于往事的故事描述。就是说,历史考证至多达到个别'命题真',却不可能达到整个'故事真',只能证明一些关于事件的'存在命题',并不能证明关于事件的'描述命题'。"(117)"因此,两种真实,时间里的真相和故事里的真实,是并列的存在,并非取舍关系,一种建构知识,一种建构精神。"(117)"历史做不到如实,甚至人们也不愿意历史完全如实,而更重视拥有精神和思想附加值的历史,因此,历史总是创造性的叙事,是文明基因的生长形式。"(118)"历史的问题就是文明的生死,因为文明与历史同生死。假如历史只是求证史实而与文明的生死无关,那么历史就不那么重要了,无关生死的知识就不可能非常重要。人们之所以对兴亡成败、治乱盛衰或得失荣辱的经验怀有无比兴趣,就是因为事关生死。人之所作所为,其价值由文明来解释,所以,一切事物的生死意义最终都在于文明的生死。"(119)
③ 实际上,在孔子删减《诗经》的过程中也曾有过一次"科学"的"去魅化"过程,但更为客观谨慎的孔子也没有轻易否定神话的作用,只是说了一句"子不语怪力乱神"而已,并按照自己的道德要求回溯重构了三皇五帝的历史。这样的处理本来是人类历史变迁过程中非常正常的"政治伎俩",但从鸦片战争阴影中开始历史"研究"的中国近代学者却在外来的压力下误解了这个过程。特别是,失去了自信的中国学者怀着无比崇敬的心情接触到欧洲近代"科学"史观时,根本没有质疑该历史观的正误,而是直接以此为基础来检讨重塑中国的古代历史框架,缺乏"科学"依据的中国神话自然在"疑古思潮"中被排除了。

的《诗经》删减、《论语》书面化、去魅化的制度创建与理论创新意义。

幸运的是，有不少中国学者意识到了中国神话故事与传说文献的理论意义与制度价值，甚至以问题导向与实践经验为依据在不同的传说、神话与考古发现之间进行了一些"架桥铺路"工作，为我们的族群关系与治理结构变迁研究奠定了基础。例如，江林昌（2018）指出，海岱地区出土的陶器上的鸟图腾与传说中东夷部落的鸟图腾是可以相互印证的，从而表明这些传说是可靠的、是有一定史料价值的。[1] 他的研究表明，东夷部落在华夏文明形成的夏商时期曾与主流文化有着密切的交流关系，因而进入了主流文化的记忆之中。只是，在孔子的典籍整理过程中，过于突出鬼神的东夷部落的传说内容[2]大多被删除了，只有偏重礼仪的夏周传说部分被保留了下来，因此东夷商人的神话传说才未能进入华夏文明的主流思想。然而，在主流思想的边缘地带，东夷人的鬼神传说还是在楚辞中顽强地保留了下来，今天我们仍可以从屈原的《天问》《九歌》中窥到部分远古时期的神话信息。这或许是华夏文明起源早期反复试错尝试的直接证据，也是夏商周三个朝代相互替代、但治理思想却前后继承的间接证据。

比如，通过对《山海经》与屈原《九歌》中包含的远古神话传说信息的比对，江林昌从这些诗歌颂词中发现了一些证据。鉴于在文字成型或成熟以前，中国人最常用的历史信息传承工具就是史诗与颂歌，[3] 而《诗经》《九招（韶）》等就是这些最早的颂歌，因此也成为书写普及之后首先被传抄的对象。于是，这些颂歌中的信息与早期的文献，特别是《山海经》中的信息证据的相互印证就十分重要，而江林昌提供的《楚辞》证据恰恰支

---

[1] 江林昌（2018）强调，尽管在这些传说中，特别是在《山海经》中，对海岱地区的描述总是"东海之外"，似乎与实际有相当大的出入，但如果理解了古人说的"东海"不是今天的东海，而是山东以西、山西以东的大片包括河南河北在内的沼泽地，这些描述与《山海经》中关于精卫填海的海在山西漳河下游的河南安阳附近就可以相互印证了。

[2] 作为东夷文化传承者的商人的人牲祭祀传统与鬼神文化相衔接很可能是它们被删除的主要原因（李硕，2019）。

[3] 用诗歌来口耳相传历史经验是一种最有效的口语化的信息传承方法，用唱歌的方式记住歌词，其效果远优于背诵散文。正是由于这个原因，没有文字的族群仍在试图用坡芽歌书的方式传承历史经验，早期的巫师也是采用哼唱的方式进行祭祀。也正是因为这个原因，长期以来，拥有歌唱能力的人一直拥有某种影响大规模人群的超能力或魔力，这是作为巫师人选的基本素质，也构成了今天的歌唱明星受人重视、并被支付巨额报酬的理性基础。从这个角度来看，各个民族族群几乎都会没有理由地崇拜明星并非一个集体非理性现象。

持了《山海经》中的神话传说。① 这些证据暗示了一个知识链条，每一个新的统治者都试图学习上一个统治者的治理经验，特别是关于垄断强制力的经验，但又不想让被统治者知道。于是对《九辩》《九歌》之类的传说史诗、颂歌进行吸收、修订、咏唱就成为每一个新朝代的建立者的首要功课，从而使得对治理经验的垄断与强制力的垄断同出一源。这种对以前族群或邻近族群经验的掠夺与占有，在文字出现以前，主要表现为对《九歌》《九招（韶）》的占用，后来则表现为对用文字记录歌词的典籍的占有。②

事实上，在孔子之前的时代，典籍保密制度与皇权世袭制度使得每一个军事成功者都可以很容易地做到这一点，但也很容易因为改朝换代或统治者的意外失败而失传，这或许也正是夏商周历史记载不全的主要原因。春秋战国之后，正是因为孔子以"述而不作"的方式将鲁国国家图书馆中的典藏公之于众，这些典籍才开始进入民间收藏，才打破了这个公共经济知识的垄断格局，也使典籍更容易流传下来。很有可能的是，秦始皇的"焚书坑儒"也是试图像夏商周的创建者一样独家垄断国家治理历史经验的努力，而不是真的要毁掉过去的历史经验。但孔子创立的教育体制，使得秦始皇的垄断没有成功，我们也因此才有了比较清晰的周礼与周代国家治理制度的知识，进而才有了延续两千多年的有理论基础的文明演化过程。

---

① 比如，"《山海经·大荒西经》：'有人珥两青蛇，乘两龙，名曰夏后开。开上三嫔于天，得《九辩》与《九歌》以下。此天穆之野，高二千仞，开焉得始歌《九招》'。"'夏后开'即前述'夏后启'。说夏后启从天神那里得到《九辩》、《九歌》，实际上是夏族通过'铸鼎象物'、'祭于昆吾之虚'……等巫术宗教手段，以神的名义宣布《九辩》、《九歌》是夏族的祭歌颂诗，是夏族神权、族权、政权的象征"（江林昌，2018：170），是夏朝总结的治理经验的结晶，是用来传承的政治理论。对此，"《孟子·告子下》还指出，一个完整的血缘部族国家，必须'守（其）宗庙之典籍'。典籍即宗教祭祀活动中的歌舞文本，亦即颂诗、史诗之类。夏族对夷族'铸鼎象物'，使其'折金'、'衅龟'、'卜筮'的同时，肯定还夺取夷族的'宗庙之典籍'，其中应包括《韶》乐。这个事实就保存在'启始歌《九招（韶）》'的神话传说中"（江林昌，2018：170）。

② 库朗热（2006：140－141、158）对古希腊古罗马早期典籍的研究，印证了江林昌先生的结论。他写道："每个城邦都有属于自身的祷辞和礼节，这些东西是不能向外邦展示的。若外邦人知道，他们相信他们宗教与前途命运就会被打折扣。所以说，古代的宗教是地方性的、城邦性的，每个城邦都拥有自己独一无二的宗教。"（140－141）"语言可因风俗与信仰而改变，但祷辞的词与调始终如一，在节日里，人们唱着不知所云的古曲。"（158）但人们相信这些辞与调能让神听话。"礼记与圣歌由教士写成，亦由他们慎重地保存着。外邦人不得见而知之。""为慎重起见，甚至也不让公民知道，只有教士才能习知其中的奥秘。""泄露一段礼节或一句祷辞，就是背叛城邦的宗教，将自己的神交给敌人。"（158）

更为幸运的是，春秋战国时代垄断制度的消失与民间诸子百家的兴起，同样也使得楚国人用《楚辞》保留下来一部分早期的非主流历史经验（或许是失败教训）。这些治理经验的碎片，与周人保留下来的、未经孔子删减的主流神话传说（或许是成功经验）相互印证，为我们提供了部分远古时代建国过程中反复试错的信息与更为完整的历史真相，特别是为我们提供了两个统治者族群之间相互关系的部分真相。对此，江林昌（2018：170）写道："《九歌》是夏启乐，《九韶》是虞舜乐。既然启从天神那里所得的是《九辩》《九歌》，其下到人间天穆之野所歌舞的也应该是《九辩》《九歌》。《大荒西经》说：'开（启）焉得始歌《九招（韶）》。'这种前后不一，迷惑了千百年来的学者。……《大荒西经》中《九歌》与《九韶》上下对文，正说明两者的同一关系。这正好揭示了夏启夺得（有）虞族《韶》乐之后，又借神授的名义将其改造发展为夏族《九歌》的秘密。"因此，"在古文献记载中，《九歌》与《韶》乐往往混而不分。古本《竹书纪年》'夏后开舞《九招》也'，《帝王世纪》作'启升后，十年，舞《九韶》'。《离骚》'奏《九歌》而舞《韶》兮'，王逸注：'《韶》、《九韶》，舜乐也。'"（江林昌，2018：170-171）很显然，这些错综复杂的歌名与乐调，反映的正是虞族部落与夏族部落前后相继获得统治权与治理经验（典籍）的真相。① 而夏朝的建立者曾经费尽心机地抢夺别人的《韶》《乐》等祭祀颂词的历史事实也说明，在远古社会中，处理群际关系时，利用祭祀活动、垄断祭祀歌舞很可能是获得强制力、实现国家体制构建、完成社会分工的重要途径。当然，如果夏朝的图腾与夏朝的发源地有一定的关系，那么这些神话传说描写的黄河场景表明，夏朝建国只能是在河套地区的黄河边上，

---

① 江林昌（2018：171）指出："夏启夺取东夷有虞族《韶》乐而改造成《九歌》的直接证据，便是《韶》乐中所反映的东夷族祭祀日月天体的《东皇太一》《东君》，仍保留在《九歌》之中。因为日月天神是天下共神，夏族将夷族祭祀太阳天神的内容及仪式据为己有，不算违背血缘管理社会'神不歆非类，民不祀非族'（《左传》僖公十年）的原则。""但《韶》乐中有关东夷有虞族历代祖先的'诗世帝系'内容，在改造后的夏族《九歌》中便全被删去。"江林昌（2018：171）认为，"东夷有虞族以凤鸟为图腾，中原夏族则以虬龙为图腾"。更为巧合的是，这里的九、虬都酷似黄河河套地区的几字，因此华夏的龙图腾很可能与黄河上游的形状也有一定的关联。龙王管水，而主要的水就是黄河，而黄河在上游就是这个几字的形状。

第四章 黄河文明起源的技术逻辑

而不可能是在陕洛之间的黄河,更不可能是在伊洛两河。①

当然,鉴于江林昌没有意识到国家治理过程中的公共产品供给者与消费者的差异,因而误解了黄河文明的共享内涵与普适性价值。② 类似地,很多中国学者,包括侯外庐(2003),在没有对国家治理结构进行解析的情况下,也把中西政治比较做了简单化的处理,并在欧洲优越与欧洲政体先进的预设前提下将所有的优秀体制比如地缘管理归功于欧洲的创造,而把中国古代的体制误称为血缘管理体制。事实上,在国家治理的过程中,血缘管理体制有两个层面的含义:其一是管理对象的血缘原则,即只有本血统的人才能享受公共服务,如犹太教,如罗马共和国中的罗马人;其二是管理队伍的血缘原则,即社会分工岗位按血缘关系世袭继承。关于后者,直到中国科举制出现以前,血缘关系在管理的遴选中一直起主导作用,因此社会分工的世袭化就成为古代文明的一个共同特征,③ 因此在他们使用管理国家的强制力工具(神灵)时难免仍然带有祖先崇拜的特征。但管理对象的血缘特征是一个前文明标志,几乎所有的文明后来都摆脱了这个特征。因此,江林昌(2018:178)以"血缘管理"为由、以"国之大事,在祀与

---

① 不幸的是,江林昌未能准确地认识到这一点。江林昌(2018:171-172)写道:"既然《九(虬)歌》原是指《夏歌》,则其中除保留《韶》乐中《东皇太一》、《东君》等天体崇拜内容外,也应有夏族自己原有的祭歌颂诗。我们认为,今存屈原《九歌》中《河伯》一篇当为夏族祭歌颂诗无疑。河伯即黄河之神,为夏族的图腾神。""因为夏族河伯以龙为图腾,故《河伯》曰:'与女游兮九河,冲风起兮横波。乘水车兮荷盖,驾两龙兮骖螭。''九河'即黄河的别名,说河伯'乘水车','驾两龙',正是其图腾形象。"紧接着,江林昌(2018:172)指出:"《云中君》又说:'览冀州兮有余,横四海兮焉穷'。这里的'冀州'与'四海'对举,则'冀州'应指中央……冀州,位于九州之中,即所谓中原地带。"他没有意识到,那个时期的中央根本不是中原,中原地区也根本没有河道清晰的"河"。

② 江林昌(2018:178)写道:"西方古文明起源的一个重要标志,是地缘管理代替血缘管理。而中国古文明从五帝时代起源直到虞、夏、商、周早期文明发展,共达三千多年的时期内,一直延续着原始氏族社会的血缘管理模式。"这是江林昌的一个误解,他混淆了公共产品消费者和供给者、管理者和被管理者的概念,实际上地域管理是被管理者以居住地而不是血缘来划分。若以统治者的世袭身份论,欧洲直到18世纪仍是血缘管理,并且18世纪之后建立的国家仍然是民族国家,仍在强调血缘基础与民族自治,直到19世纪才逐渐引入中国的文官制度,而中国最迟在唐宋时已废除世袭官位;若以公共产品的消费者为依据进行判断,中国自从夏朝开始就是地缘治理国家,而不是民族国家或血缘管理,相反,欧洲人的殖民地政策就是表明他们直到20世纪才开始推行跨族群的公共产品消费权利。

③ 欧洲最早采用非血缘文官体制的是产业革命之后的英国,印度的种姓制度、20世纪以前的欧洲贵族制度都是世袭制度的典型。

戎"为由来描述中国的古代文明是一个很大的误解。①

事实上,根据第一篇的理论可知,国家是一个公共经济组织。为了提供公共产品,国家必须拥有垄断性的强制力或集权的社会结构。根据这个理论,国家地域性的本质内涵是指,根据公共产品的外部性特征让同一个地域范围内的人共享公共产品,而不是根据公共产品供给者的参与标准来确定空间范围。因此,用夏商周的供给参与者是否存在血缘关系来讨论国家存在与否,是选错了标的,是一种误解。实际上,鉴于能力在提供公共产品过程中的重要作用以及能力的遗传特征,各个文明的早期阶段都主要依赖血缘关系来寻找合格的公共产品提供者,或者说供给群体世袭制是一个普遍的历史选择,甚至是文明诞生的标志。②

更何况,从这些中国的神话传说中可知,黄河文明的诞生正是源自各族群合众为一的跨血缘社会结构整合过程,江林昌注意到了传说文献中包含的族群整合过程。③ 只不过,在战国时期的文献编撰过程中,这些以"怪力乱神"为主体的族群整合过程被有意无意地"失忆"了。特别是,孔子的主观筛选与人为历史观(以道德为标准、以问题为导向)虽然有利于实现大一统的强制力合并的政治目标,却割断了远古的思想传承与知识谱系。相反,屈原的《九歌》《天问》保留了大多数的图腾神灵,保存了早期先民的各种探索的真实痕迹,但可能会阻碍思想大一统的实现。这正是历史的悖论。当然,孔子带着群体意识对《诗经》的删编与族群合作中的集体理性,是公共经济体制演变的必然方向,注重文化传承的屈原体现的是不同地区的先民各自探索的个性特征与人文情怀,是个人主义与人本理念的回光返照,理性与感性的矛盾与叠加在人类文明的探索过程中,始终或隐或现地存在着。

---

① 实际上,中国古代文明自从出现之后就一直处于古代文明的领先地位,不仅很早就实现了管理对象的地缘化,而且也很早就实现了管理队伍的非血缘化。正是由于郡县制与科举制的普及,不仅部落族群血缘管理渐渐转向地缘国家领土管理,而且社会分工也逐步以知识的掌握、道德的遵守为基础,因此中国早就不再依赖世袭的贵族体制或母姓体制来进行治理了,这种优势甚至在近代"西风东渐"的比较中还一再被指责为缺乏"贵族精神"。
② 这也正是布伦南(Brennan,2016)反对现代文明中民主政治的一个主要原因。
③ 江林昌(2018:181)写道:"《史记·孔子世家》:'古者诗三千余篇,及至孔子,去其重,取可施于礼仪……三百五篇,孔子皆弦歌之,以求合《韶》、《武》、《雅》、《颂》之音。礼乐自此可得而述,以备王道,成六艺。'其结果是,不仅十五个诸侯血缘族团的颂诗、史诗被删除,十五国之外的民歌也被删去,甚至曾作为最早部落联盟盟主的东夷(有)虞族之颂诗《韶》乐、中原夏族之颂诗《九(虬)歌》,也都被删去。"

也正因此，屈原是作为一个忠君爱国诗人被纪念的，而孔子的思想则成了华夏文明得以延续至今的体制精髓。幸运的是，《山海经》《禹贡》中保留的部分信息仍给我们探索早期的跨血缘社会结构整合过程留下了宝贵的资料。

（二）创世传说中的财政体制与央地关系形成过程

如上所述，国家或文明就是一个公共经济组织，是一个集权的拥有强制力的垄断性社会结构，因此对夏王朝诞生的研究就应该以这个文明体制的构建为主线。而供给者世袭制度的建立则标志着稳定的社会分工与正式制度的出现，因而也标志着文明的起源。尽管传说中的古史有各种版本，但关于世袭制起源于夏并无异议。可见，原先只是偶尔联合的松散部落联盟，甚至是母系社会结构中的暂时社会分工组织，在大禹治理大洪水的过程中进行了重构，特别是出现了垄断的强制力与集权的跨血缘复杂社会结构，并作为一种相对固定的社会分工结构与正式制度被认可。沈长云（2014）认识到地域性结构与公共权力的出现是国家形成的基本标志，却未能正确解释国家的地域性内涵与国家的强制力特征，以至于其论证受到了各种各样的批评（王震中，2014；周学军，2014）。

事实上，对生活在西北黄土高原上的古人而言，正是因为天灾范围的广大，解决问题需要大面积的多族群之间的长期合作，才有了相对固定的社会分工与更为集权的强制力需求。不过，根据当时的情况，要获得政治正当性把各族群聚合在一起，就需要一次天赐"良机"（天灾）来获得部落之间结盟的机会，而大洪水就是这样一个机会。大洪水使得各种自然神崇拜之间的结合成为可能，而大禹治水的成功只是搭建了治理结构合众归一的最后一根房梁。当然，这个新制度构建的过程也是利益结构调整与权力结构重铸的过程，因此不可能是一蹴而就的，历史文献记载了大禹成功的艰辛过程[1]及大禹成功之后的多次反复。[2] 确实，这是一种明显的世俗权力

---

[1] 比如，"《国语·鲁语》上说：'昔禹致群臣于会稽之山，防风氏后至，禹杀而戮之。'说明禹的权力，已经超出了部落联盟领导者的权限，而与一个国家的帝王的地位是很相似的"（吴汝祚，2002：117）。

[2] 正如吴汝祚（2002：117）所说："启遇到了不服他的有扈氏，按尧舜时的惯例，应征询于四岳，而启却是对主要的武将申述之，灭有扈氏。这种变化，绝不是无关紧要的一种偶然现象，而是有它的社会意义和政治意义的。"

对神权的利用与替代，是一种新制度的创设。当然，这个权力就是公共经济运行必需的垄断强制力，而对治理结构的整合以及整合过程中需要的强制力的构建是夏朝的主要贡献之一，是新制度得以成功延续的政治保障。难怪"文献中对夏族的历史记载，主要的是关于政治活动方面的"（吴汝祚，2002：119）。换句话说，大禹的贡献不仅在于治水，更重要的在于制度构建，他以治水的贡献为依据来获得神圣的权威，以天神的权威为基础来构建强制力与课征税收的制度，才使得文明得以诞生。所谓的"禹画九州"与后来的孟子的"井田制"构想一样，都是一种制度创设的尝试，是一种拥有强制力的中央集权的财政制度设计。

当然，在黄河文明后来的成型过程中，特别是在大一统理论体系的形成过程中，中原文化或者说生活在中原地区的诸子百家确实起到了无法替代的关键作用。正是中原地区的理论家与思想家吸纳曾经在西北地区获得成功的夏文明经验与在关中地区形成的周文明经验，才构建了华夏文明后来的核心治理理论与集权财政体制。但关于文明核心制度——夏王朝财政体制早期诞生过程的研究，我们还必须从西北地区夏禹的创制实践开始，从作为夏朝官员"工作手册"的传说文献《山海经》与《禹贡》开始。

作为传世典籍，《禹贡》主要是一个关于央地财政关系的制度文献。该文献的前面是各地税基的基本描述，中间部分是政府行为或公共产品的界定，最后才是一般性总结。而对这个制度的哲学理念的讨论主要保存在《尚书》之中。① 作为公共经济活动的经验总结，"《尚书》为'政书'之祖。司马迁《太史公自序》称'《书》记先王之事，故长于政。'"（钱宗武，2016）更为重要的是，《尚书》"以文献坚守历史，以阐释适应时代，民族文化中最优秀的因子得以保存"（钱宗武，2016）。这个因子实际上就是黄河文明背后的公共经济逻辑或经世济民思想，正是经世济民思想奠定了黄河文明演化的理论基础，正是这个三代因子让孔子谦逊地称自己的贡献为"述而不作"。因此，《尚书》是黄河文明的原始典籍与哲学基

---

① 对此，文献学教授钱宗武（2016）曾指出："《书》释天道政理，兴废存亡；引导修齐治平，立德立言立功；实为治政之宏规，稽古之先务，修身之典则。故汉唐以来，上自庙堂，下至闾里，人莫不习。"

础,[①] 是公共经济活动的第一本理论经典。其主要内容既包括了公共经济需要的强制力（大一统）的构建路径，也包括了供求双方的协调机制（民本天命），还包括了需求者的地域观念（非血缘）与产权无法界定带来的精英利他（德治德上）要求。当然，夏朝的大禹根据治水经验构建国家制度，很可能经历了一个从依循经验到创新的过程，从神权到世俗的变化过程，并具有典型的问题导向、经验主义特征。尽管直到两千年之后，所谓的大一统国家才被认可，但作为问题解决的必要条件，公共经济活动对统一强制力的要求却很早就存在了，对垄断的强制力的获得与维持的努力也很早就开始了。

事实上，人们关于其大一统国家的"执着信念"正是源于公共经济对强制力垄断的客观需求，"这种印象代代相传，不断放大变形，最终把令人难忘的事实夸大为无所不能的神话"（汤因比，2010：595）。[②] 但关于统一的强制力的出现与部落结盟过程，制度构建的痕迹却主要保留在《山海经》之中。

张岩（1999：8）指出："《山海经》是一部产生年代很早的远古文献，《山经》的记录对象是华夏文明早期阶段的政权结构"，是早期财政体制产生过程与制度安排的记录，"简单来说，古代社会文明进程的重要标志之一，是原始文化共同体的'聚合'规模"（张岩，1999：12），是人类文明社会的空间影响范围的扩大。而这个规模扩大与结构形成的过程其实就是早期的部落联盟构建过程，并表现为文献中各部落崇拜神灵的纳众归一。在前文明时期的制度探索中，"确立部落级的统一神形，是对既往部落内氏族和胞族级图腾神和图腾神形的纳众归一。对于这一过程的推动者来说，这样做可以有效地借助既往图腾祖先的神权势力，并将其转化为强化部落

---

① 马士远（2016）认为："《尚书》是中华民族原初历史记忆和政治文化基因的有效载体，集中体现了上古虞、夏、商、周统治者的政治观点、治政理念与施政法则，以其无可比拟的思想智慧成为历代帝王将相必读必遵的中华元典。"

② 汤因比（2010：595、621、593）认为，"大一统国家深入人心，因为它的崛起意味着结束了长期动荡不安的'乱世'"（595）。他承认，"若是以业绩的持久性为衡量标准，汉朝创立者算得上是所有大一统国家缔造者中最伟大的政治家"（621）。而汉朝的成功恰恰是夏朝的创制、周朝的改良、孔子的讲述与汉儒的综合的结果。不理解这个现象背后的公共经济学原理。但他误解了大一统专制国家的意义，认为"罗马公民把转瞬即逝的大一统国家误当作永恒的事物"（593）。

级权力重心的文化依据"（张岩，1999：38），或者说将其转化为集权财政体制赖以进行的强制力。"因此，部落级统一徽号的确立，首先是一个强制性认可的过程。其次，为了最大限度地实现推动者的预期目的，这同时也是一个调和与变通的协商过程"（张岩，1999：38），而这个协商过程恰恰是黄河文明的哲学基础"和谐共处，和而不同"宗旨的原型，是用和平的方式实现政治统一的智慧。

确实，正如张岩（2004：172、173）所说："'古代文明'是在独立小型和中型部落社会基础上经过社会整合形成更大规模、更高质量的社会共同体。"（172）而"将许多彼此独立的中小型社会纳众归一，在这个基础上创建一个可以稳定运转和长期存在的大型政权架构，这是一个建筑于人类社会中的伟大'工程'"。（173）[①] 很显然，与蒂利（Tilly，1992）总结的欧洲战争模型不同，黄河文明特别是夏朝主要是借助治水事件完成这个治理结构整合过程的。而《山海经》中的各种怪物描写与各个考古材料中出现的各种奇怪纹路与图腾形状，特别是龙的出现正是这个治理结构整合过程与部落联盟纳众归一的路径与表现。[②]

《山海经》中出现的怪物，正是这些治理结构整合过程中出现的图腾拼接的产物。[③] 因为在权力集中与结构合并的过程中"存在着一个基本的矛盾，每一个下属群体都希望本群体的图腾徽号在更高级的徽号中有着更加

[①] 裴安平（2019）用聚落群形态来推演文明起源过程中的社会组织构建过程，从而印证了张岩关于《山海经》中怪物的解读，或者说为《山海经》版本的张岩解读提供了考古学证据。裴安平意识到，在集体经济或公共经济时代，曾经有生产资料从小集体向大集体集中的过程，形成了一体化聚落群团与统一领导模式，进行了国家构建的尝试。

[②] 比如，"在这种情况下，一部落内的2到4个胞族图腾和10个左右的氏族图腾便成为了各种调和方案的拼凑材料，并且每个鸟兽鱼虫身体的各主要部分（如身、首、角、耳、目、口、舌、喙、齿、牙、爪、颈、足、尾、毛、羽、甲、鳞等等）也成为了此类简化过程中经常被使用的拼合材料。在《山经》鸟兽鱼虫的怪物形态中，奇思诡想层出不穷。"（张岩，1999：39）无独有偶的是，巴比伦人早在希腊之前就尝试了和中国类似的合并模式，追求局部利益的雅典哲学家有意忽略了这些巴比伦人的探索。巴比伦人是通过泥板文字的书写与句法结构的组合来尝试一种合并模式，从而奠定了大型国家治理的基础。见米罗普（2020：206）的相关讨论。

[③] 张岩（1999：52、57）指出："在《山经》有形态介绍的188种鸟兽鱼虫中，只有基本形态介绍者9种，只有局部形态介绍者15种，这两种介绍方式均有者164种。"（52）而"《山经》鸟兽鱼虫的基本形态介绍为173次，局部形态介绍为341次；……从这个意义上说，188中鸟兽鱼虫共有（173+341）514个拼合材料，平均每种鸟兽鱼虫由（514÷188）2.7个拼合材料组合而成"（57）。

第四章 黄河文明起源的技术逻辑

重要的体现,而事实上又不可能以这种方式来满足其愿望。也就是说,这是一个众与一的矛盾"(张岩,1999:57-58),[①] 也是个人与集体的矛盾,或者说是中央与地方之间的所谓集权与分权的矛盾。事实上,今天许多单位领导集体的构成也还基本上遵循这个组合模式,即各个二级单位依重要性在总部的结构中有所体现。"在这个过程结束之后,这两种力量相抗衡的结果,正是我们已经分析过的《山经》鸟兽鱼虫的形态构成情况。一方面,这已经是一个质量很高的简化结果;另一方面,毕竟还是有相当一部分众的信息'挤'进了一的形态,由此增加了一在形态方面的信息密度。由于形态方面信息密度的增加,打破了一些鸟兽鱼虫在形态方面'正常值'的容量,于是出现了《山经》中的很大一部分'怪物'。这些怪物之所以怪的主要特征之一,便是在形态方面以一纳众时的超常规负荷。"(张岩,1999:58-59)事实上,在当代的政治结构中,在总部机关的副职职位安排方面,我们也经常看到庞大的、臃肿的超常规或超需要配备的奇怪现象,这些现象正是纳众归一过程的困难的体现。

而中国古代文明就是以图腾拼合的方式来妥善处理部落联盟中分权与集权、部分与总体的关系的,是古人在面临着重大的公共产品(往往是应对大范围内的天灾)需要时进行的多部落合作努力的集体智慧的结晶,《山海经》中的怪物只是这个过程留下的痕迹而已。"在这个过程之前,图腾徽号的形态多是单一的、正常的鸟兽鱼虫;在这个过程之后,由于图腾徽号数量的简化,导致了很大一部分图腾徽号在形态方面的繁化和怪物化。"(张岩,1999:59)这是早期部落联盟的发展过程,也是近代联邦制国家政治结构出现的原始形态与早期模板。[②] 正是由于这些对众与一的关系的早期认知,才有了夏商周三代的反复尝试与秦汉的最终成功。与近代美国"合众国"利用参议院制度类似,夏朝利用图腾的合并来操纵社会分工的安排权,商朝邀请方国首领参与占卜而垄断卜辞解释权(林甸甸,2019),周朝邀请诸侯参加礼仪而垄断礼仪安排权。古罗马帝国形成过程中也存在类似

[①] 此外,"由于部落级图腾的确立是对部落内氏族和胞族级图腾的纳众归一过程,这就导致在部落级图腾这个'点'上集中了其下属图腾的若干个'点'的一部分信息"(张岩,1999:57)。

[②] 无独有偶的是,在欧洲的民族国家出现之后,国家内部的家族联合也采取了这个图腾拼图的办法(见图4-1中瓷器上的图案,内容都是两个家族联姻时的族徽拼图)。

的用安排座位权来控制地方"诸侯"、构建央地关系的制度尝试（库朗热，2006），最终也实现了中央集权的帝国构建目标。

图 4-1　英国贵族联姻时定制的瓷器上的族徽拼图

关于公共经济单位构建过程中的族群聚合，我们在犹太一神教的产生过程中也看到了类似的努力，犹太人用构建的一神教上帝来获得了公共经济活动必需的垄断的强制力。① 这样一个集体聚合努力非常类似中国的龙图腾成型过程，是一个多部落聚合归一的过程。"在《以色列与启示：秩序与历史》一书中，沃格林（Eric Voegelin）提出了极具思想性的'叠加范式论'，指出全能的亚卫是以色列民'各有所需、按需装配'的结果。在对摩西形象的多种来源——'先知、立法者、历史学家、解放者'分析时，指出摩西实际上也是一个多个族群、集团基于不同政治诉求的集体投射"（史晓东，2017：14），这是一个不同族群相互让步、共同协调的结果。恰如战国时期以孔子为代表的圣贤所做的类似重构或文本编撰工作一样，为了削弱各个部落的历史差异对部落间融合的不利影响，犹太人巧妙地进行了记忆重构与历史书写。②

---

① 休斯顿·史密斯在其著作《记忆中的上帝：古以色列的记忆与神圣历史》中，对犹太一神教的产生进行了阐释，"认为一神论的诞生是在此基础上的一种融合而又保留差异的过程：一方面要充分认识到以色列宗教根植于迦南多神论的事实，上帝集合体包括多个神灵，众神最终整合为亚卫；另一方面，'亚卫一神崇拜'是一个在应对挑战时有意选择的结果：是以色列人拒绝迦南根源，创立独立身份的结果"（转引自史晓东，2017：13）。

② 在《神与众神：埃及、以色列与一神论的兴起》一书中，阿斯曼"认为圣经一神论较之于埃及社会晚期出现的奥西里斯崇拜，之所以呈现出一种革命性和断裂性，正在于这种事后追溯，通过'出埃及'这种'创伤性记忆'重塑了族群认同，利用'摩西记忆'，成功的凝聚族群向心力"（转引自史晓东，2017：16）。

第四章 黄河文明起源的技术逻辑

确实,对于所有人类文明的诞生过程而言,强制力与凝聚力的构建是一个标志性的工作或"制度的飞跃"(见本书第五章的分析)。尽管中国的《周礼》《禹贡》等东周文献似乎是战国编撰者的"杜撰",但这些传说文献的内容很显然和犹太《圣经》一样,是各个族群长期制度构建尝试与思想探索的累积性继承的产物。当然,环境的差异与问题的不同,在东西方表现为迥然不同的建构模式。"在(以色列)建构之中,亚述和埃及军事威胁起到外部作用,其族群认同,亦即在大国夹缝中将弱小族群延续下去的渴求起到内部'定型性'作用。"(史晓东,2017:19、20)因此,"不是独一的上帝拣选了选民,而是乌合之众拣选了独一的上帝。不是摩西塑造了以色列,而是以色列呼召了摩西"(史晓东,2017:20)。犹太人早期精英"通过对立法者摩西的构建,去巩固出埃及的创伤记忆,强化一个集体目标。但这里的目标显然不是一神论本身,是否真的只有一个神,并不重要。重要的是,一种凝聚力与向心力,一个族群的身份认同和宗教归属,一种建立在神圣契约观念上的选民观"(史晓东,2017:70)与公共经济制度观。

当然,我们知道,这个文明制度的创新、小集团聚合成大集团的趋势,实际上也是公共产品需求规模效应本身决定的。特别是在应对早期的天灾时,天灾的范围决定了合作人群的范围大小,而大禹治水恰恰是其中最典型的应对大规模天灾事件的代表。正是因为这次天灾的时空规模与范围足够大,随后由大禹构建的国家规模才足够大,并因而成为后世的楷模。而在此过程中,华夏始祖经过纳众归一过程创造的龙图腾就成为主流的、流传至今的集权与统一的象征。

更为重要的是,《山海经》中的许多信息还暗示了早期制度创造的空间特征与央地关系内涵。[①] 正是有了这样的空间知识背景(包括前面提到的陕北、河套平原为冀州的背景)和前面提到的《山海经》的"政府工作手册"性质,早期文献中关于贡赋制度的介绍就显得更为合乎逻辑了。比如,因为早期的贡赋制度主要是指王朝政府与周边邦属的财政关系,于是"冀州无贡赋"暗含的正是以石峁为代表的鄂尔多斯黄土高原地区族群作为"领

---

① 对此,张岩(1999:138)写道:"在黄帝时期我国大型原始文明的疆域之内,最高政权的所在地位于多少有些偏西和偏北的地区。"

导阶级"或"公共产品供给者"所拥有的特权。① 很显然，这样的"中邦"或中国才是夏朝建国的所在地，这个夏朝的发源地只能是黄河中上游的河套平原或黄土高原上的某个地区。

当然，黄河文明之所以成为华夏文明的代称，最直接的证据就是政权的核心长期在黄河流域，而夏朝开拓与影响的区域自然也不例外。作为夏朝建国初期的"工作手册"，《山海经》中记载的最为可靠的河流信息都集中在黄河流域。② 因此，《山海经》《禹贡》勾勒出的早期夏代文明肯定是一个黄河文明。对此，张岩（1999：412-413）认为，"《山经》的成书年代不晚于夏代的初期，也就是夏后启的时期。《山经》的记录对象，是创立于尧舜时代的五岳政权结构。《山经》对五岳政权结构的记录方式，在完整、细致、严密、简约等诸多方面都达到了极高的质量。从汉代至今，《山经》的字数增减不超过100字。可以这样说，《山经》这部古文献的年代之早，保存之好，内容之重要，记录质量之高，均可以被毫不夸张地称之为'奇迹'。"换句话说，《山海经》是一部夏朝创立者记录早期社会结构与财政体制的古典文献，是一部标志着黄河文明诞生的国家治理手册。

当然，黄河文明的诞生并非一蹴而就，而是一个漫长的积累过程。"从黄帝'抚万民，度四方'（《大戴礼记·五帝德》）到帝尧时的'协和万邦'（《尚书·尧典》）"（张岩，2004：187），再到大禹的画定九州，大禹治水与夏启立国仅仅是这个漫长创制过程中的一次突变或改进而已。但毋庸置疑，正是夏朝才真正建立起了统一的拥有强制力的政权，直到此时国家制度才初具模型。③

---

① "冀州是当时最高政权的所在地。这里作为集纳天下贡赋的'中邦'，本身并不向外支出贡赋，而是集散外来的贡赋。因此，在禹完成了'成赋中邦'的创制之后，便进一步确立了'中邦'作为当时广阔疆域内宗教、文化、军事、政治、经济中心的地位。"（张岩，1999：191）
② "从总体上说，《山经》水系的起点是山系。在《山经》447山中，共出水255条。"而其中"纳水最多的河流是'河'，当即黄河，共纳48水。下面依次列出纳水在3个以上的河流：洛（纳24水）、渭（纳12水）、伊（纳7水）……"（张岩，1999：224）而这几条主要的河流实际上也都是黄河的支流。
③ 正如张岩（2004：187）所说："禹的创制是对'天地神民'结构的又一次大幅度调整。第一，在'四海'之内划分九州政区；第二，在此基础上确定了土田赋贡四种制度和水路贡道；第三，在九州区划内对《山经》连山和连水系统的调整，即'导'九山和九水（包括'九泽'）；第四，在九州范围内统一推行社稷宗庙制度，即'锡土、姓'；第五，在《海经》方国布局基础上，规定了由内向外不同位置方国的具体职能（《周礼·大司马》将这种职能称为'邦国之政职'）。"

第四章 黄河文明起源的技术逻辑

尽管"九州"的提法很可能并不是战国以后人们理解的九个州,①但划分政区设立赋税的制度很显然是夏禹时代就开始的尝试,甚至可以说,在部落图腾的基础上进行集权化安排(纳众归一)与本土化执行(社稷宗庙)的方法都是夏人开创的独具特色的处理央地关系的制度,并构成了周代礼制与孔孟学说的经验基础。

因此,说中国的文明制度是从大禹开始的应该没有错。因为"在中国古代文明创制过程中,这一次神的'换代'是一个非常重要的创制步骤。这是很巧妙的'偷梁换柱'——在创制完成之后,早期的百族图腾最终过渡为百族姓氏,在文化特征上参差不一的百族之神最终过渡为'百姓'宗庙之中的始祖神,神的品德意志也随之统一,人与神之间的'要质'关系因此而确立,宗庙祭礼最终成为一整套道德伦理原则的推行依据,天子对每一个后世首领的册命也随之具有了道德要求的准绳"(张岩,2004:191)。一方面是各个部落的整合并最终上升为天命与龙的图腾;另一方面是部落内部的母系父系改造与血缘结构规范并落实为祖先崇拜与宗庙祭祀,于是,世俗的公共经济体制的基本要件与社会分工结构体系最终得以构建完备。

同时,在这个规范的财政体制中,为了应对天灾,提供基本的生存型公共产品,夏朝的立国者构建了上下交流的朝贡制度与相互救济的平调制度。② 同时,为了确保宏观的基本生存型公共产品的均衡提供,为了确保天命的神圣与中央权威的存在,他们还设计了牢礼制度作为补充。③ 换句话

---

① 如前所述,九州很可能是黄河中游"几"字形河道两边的沼泽湿地的统称。童书业(1982:140)指出,在夏朝诞生的时期,西北黄土高原气候温暖,土地肥沃,雨量较多,"一逢水潦即成州之形状,故九州之传说即起于此地,治水之传说亦产生于此"。

② 比如,"在天子与诸侯之间,有入积礼和出积礼:入积礼是正常情况下诸侯'赋里以入'和'丘乘共粢盛'的制度,出积礼是天子在诸侯国谷物不足国用时对来聘诸侯的'布施'。""在诸侯之间,没有入积礼。只有等级相同的诸侯间的出积礼。也就是当一个诸侯国谷物不足国用时,可以由国君或其使者到另一个同等级的方国去以聘礼的方式提出求助。在这种情况下,'主国'依礼制便有义务以'致积'也就是出积礼资助客国"(张岩,2004:205)。

③ 其中,"太牢和少牢是两个等级祭神牺牲的组合,由牢礼的等级和数量决定出入积制度中大量谷物的数量,这是一种祭祀用牲和祭祀用谷的组合。这种情况下的入积礼是献祭行为,出积礼则是以神的名义进行'布施'。'布施'对象,包括天子对诸侯方国、方国之间以及官府对民众……因此,入积和出积制度都是支撑王政存在、运转以及国计民生的重要'经济基础'"(张岩,2004:206)。

说，利用天命理论设计具体的实物赋税制度与救济制度是华夏文明的基本特征，"《礼记·郊特牲》所讲'取财于地'和取法于天，是对礼乐制度'操作原理'简单明了的概括。天子介于人神之间，'取法于天'指天子以神的名义发布政令、推行制度，'取财于地'指天子以神的名义征纳贡赋"（张岩，2004：206）。很显然，早在构建之初，黄河文明的制度设计就包含了两层三类经济利益关系，并与天地人的三元哲学结构巧妙地结合起来，成为人类文明历史中最早关注公共经济经营者、精英消费者、大众消费者差异的两层三元公共经济模型的尝试。然而，黄河文明之所以能够构建这样精妙的制度，并不只是先人奇思妙想的结果，而是对大禹治水这个独特的历史事件的经验总结。当然，除了早期的独特成功经验，东周诸子思想对这个经验的抽象化处理与规范化提炼也是黄河文明走向成熟并延续两千多年的重要原因。

第三篇
黄河文明的成型与儒法国家的诞生

延续数千年的黄河文明实际上是中国古代的政治精英与知识精英为了解决他们遇到的问题共同努力探索创新的结果。这既是波澜壮阔的治理制度构建进程的产物，也是对博大精深的思想理念反复打磨的结晶。尽管制度变迁与思想探索是一个不可分割的同一个事物的两面，但二者并不完全同步，有时甚至还有相当长的时空间隔。以至于学者们甚至认为它们之间存在着一个历史的鸿沟，[①] 于是从思想史与制度史的角度分别分析二者的脉络在技术上就是可行的。

当然，我们必须强调的是，中国古代国家治理理论中的和谐价值首先是精英构建制度时的历史经验，而不是像近代西方民主政治理论那样纯粹是后人的理论想象（库朗热，2006）。但同时我们也必须承认，

[①] 李向平（2006：273、274）指出："至于思想家层面的理论追求与真实历史的内在联系，由前者转化为后者的具体历史过程，大都付之阙如。这就会使人们产生这样一个印象，即在一个文化的规范体系与具体历史之间，存在着一段无法填补的历史鸿沟。"

影响至今的成熟的黄河文明中的家国天下秩序又确实是一个经验基础之上的理论"想象"的产物，是一个诸子百家集体"想象的理论"指导下的人为构建的产物。或者说，就像钱穆（1994：346）所强调的那样，思想乃制度之源。① 换句话说，尽管夏朝的创始者大禹奠定了黄河文明的所有价值基础与结构框架，但制度的可持续性与稳定性并没有立即实现，夏朝的古文明与其他早已消失的古文明一样，并不具有延续千年不坠的特征。② 如果没有此后的殷周之变与秦汉之变，黄河古文明很可能像古印度、古埃及或古巴比伦一样，只是人类文明发展史上一颗耀眼的流星。是黄河文明演化过程中第二个千年始末发生的两次思想革命——殷周之变与秦汉之变彻底扭转了黄河文明的演化方向，而其中的第二次革命更是诸子百家历经数百年、争论数千次之后的经验总结（比如"述而不作"）与理论创新（比如"删诗经""著春秋"）的产物。本篇拟对这个黄河文明的定型过程进行思想史分析。鉴于这个定型过程是建立在创始者历史经验与思想家理论思考的基础之上的，因此这个过程就具有明显的理论总结与制度变迁相互激荡的特征。总之，无论我们下面的分析如何将思想与历史分开叙述，我们也必须时刻记住，真实的文明演化过程是思想与行为相互影响、共同作用的产物。

---

① 翁有为（2011：89、91）也认为："历史是人类文明社会形成后发展和演变轨迹的总和。而其中，'制度是人类文明最主要和最核心的成果'。'没有制度存在的人类文明社会是不可想象的。制度既是人类存在和发展的基础性条件，它本身又是饱含着经验和教训的人类文明智慧的结晶。'"（89）并强调"思想是制度的先导"，认为"从历史的逻辑发展关系看，思想是制度之前因。在探寻制度后，还要探寻制度背后的思想"（91）。

② 裴安平（2019）提供了大量的证据，证明长江流域早在距今4000年之前开始的两千多年时间里进行了长期的聚落群团（湖北石家河、湖北门板湾、湖北叶家庙遗址）构建尝试，也取得了巨大的成功，但未能演化成为可持续的文明。原因很可能是缺乏夏禹、周公、孔孟所进行的那种理论突破，无法获得持续的利他精英。特别是他注意到，商朝很可能仍是一个血缘国家，而周朝的"乡里制"才是地缘国家出现的标志。裴安平意识到，周朝的这个地缘化努力或许是其增加中央政府对地方或基层治理控制的努力的副产品。裴安平（2019：327-328）指出："国家实行的'乡里'制与'井田制'不仅剥夺了基层血缘组织的合法性，也剥夺了血缘组织收取劳役地租的权力，使国家的收益最大化。"裴安平注意到，超越血缘组织的变革是从超越血缘组织内部按辈分进行管理的旧模式——老人治国开始的。这确实是一次巨大的制度变迁，很可能是周公、孔子的努力使我们摆脱了祖先神、宗教神灵的影响。

第五章 黄河文明的结构与变迁

一 黄河文明的制度构建与理论探索

(一) 强制权力与世俗道德：殷周之变的制度逻辑与理论探索

如上章所说，初始制度的创建并不是一个轻轻松松的自然而然的过程，而是一个艰辛的创新创造过程或"无中生有"过程。特别是，"对于大型原始文明形成过程的具体推动者来说，在他们所面对的具体社会现实中，尚存在着强大和不可逆转的神权势力；因此，他们推动这一进程的主要手段之一，是对既往神权结构的调整，以此来更加有效地借助既往的神权势力"（张岩，1999：79）推动世俗的更大规模的国家制度的构建。利用神权和天象来推动治理结构的整合和国家制度的创设是全世界不同的古代文明诞生过程中共同拥有的真实经验与变迁路径，而大洪水的爆发与治理则是一次绝妙的外部压力和"表现机会"，是将强制力构建与公共产品提供相结合的最佳实践机会。确实，对天象的观察，既能提供躲避天灾的建议，又能获得协调行动必需的强制力，而早就存在的天象学与天文学知识的积累为这个制度创制提供了长期的认知准备与心理准备。然而，真正的公共产品提供者、真正的天灾应对者只能是人，因此，如何把人结合进图腾与神形，如何构建世俗的国家治理制度就成为早期文明创制过程中决定成败的关键。于是我们看到，为了突出人的作用，在《山经》的图腾与怪物的构图中，人的成分逐渐增加，人的神化逐渐取代了动物的神化，并出现在图腾之中。①

根据张岩（1999：107）的分析，"作为《山经》第一类神的那些怪物以及不怪之物的鸟兽鱼虫，实际上是一些原始群体经过了数量简化后的神形徽号；每一个怪物都是一个部落级群体纳众归一的诸神结构，都是一个在形态繁化后出现的低层级的龙形"。而"作为中央政权最高徽号的龙形，正是在这些作为第一类神的怪物的形成过程中出现的一个最高级和在形态方面最繁化的怪物；在龙形之中，兼容了鸟兽鱼虫的形态；作为天子级政权的图腾徽号，龙形容纳了百物之象，并以此成为百神之主"（张岩，1999：107）。当然，这个龙图腾的权威与神力正是公共经济运行必需的强制力的一个外在来源，而为了强制力的权威不受质疑，为了神人沟通的神秘化、神迹存否的不可证伪，先人们还构建了无形的神。②"也就是旧注所说的'浑敦'；此神虽有'六足四翼'，但其最主要的特征是'浑敦无面目'的没有特征；此神在形态方面的逻辑容纳方式刚好与龙形相反——以无纳有。"（张岩，1999：107）正是这样的"以无纳有"的抽象，提升了神迹的证伪难度，确保了强制力与权威的持续存在。

在第一篇的理论部分我们已经说过，人类早期的生存严重依赖于社会组织提供的公共经济活动，而社会组织的发展就是人类文明的典型标志，但社会组织的构建与维持需要外在的强制力。因此强制力的出现就成为文明创始的前提，而不可证伪的神的强制力的出现正是文明肇始的关键。正如库朗热（2006：57）所说："对所有权提供最初保证的，不是法律，而是宗教"，③ 因为对死亡的恐惧是人类行为背后一股强大的推动力，从而构成了公共经济参与者必需的第一个强制力。人类需要集体行动来确保生存，

---

① 比如，"在人形成分所占比重方面，第二类神比第一类神要多出了76%。二者之间人形成分所占比重相差如此悬殊的情况，为我们提供了一个重要的认识依据——在我国大型原始文明较早期阶段，曾出现过一个神形由以鸟兽鱼虫的形态为主向以人形为主的过渡过程"（张岩，1999：106）。具体到《山经》中图腾的变化趋势就是"在三类神之间形态依次简化的过程主要体现在三个方面：1. 人形比重的增加；2. 拼合材料平均数量的递减；3. 拼合材料种类数量的递减"（张岩，1999：107）。

② "从逻辑上说，龙的形态特征在于对鸟兽鱼虫形态特征的无所不有，由此构成了一种以大有纳小有的逻辑优势。"（张岩，1999：107）

③ 更何况，"因为神不会死，也没有后代互相争夺遗产，于是就累积了越来越多的财富和权力"。以至于"越来越多的苏美尔人发现自己成了神的员工，拿着神的贷款，耕作着神的土地，也得向神缴纳什一税"（赫拉利，2017：140）。

集体行动又需要外在的强制力来解决外部性，于是神的强制力就被构造出来。库朗热（2006：121）讲得更为直接："古代民族建立正式社会的巨大困难，由此可想而知……欲赋予他们某种共同的准则，在他们中间建立权威，使他们服从，令他们以理性取代情感，以公共理性取代个人动机，那必得有某种比自然力量更强大的力量，"这种力量就是神的强制力。"据印度、希腊和伊特鲁利亚的传说，是神将社会的法律传授给了人。这种神话传说包含着一定的真理。"

确实，关于神话的真理存在于神的诞生过程之中，存在于文明创制的探索过程之中，并体现为早期人类的认知方式与抽象能力的提升。这或许会令早已迷信"科学"的现代学生感到困惑，但神灵的诞生确实是一个相当于"科学"的创新型研究过程的产物，是"科学"观察、合理联想与直线外推的认知结果。[①] 一般而言，宗教的神灵分为两类，一类是祖先神，另一类是自然神。无论是哪一类神灵，最初的出现都可能与白天的观察与梦境相关，梦是以记忆为基础的知识重构与故事"杜撰"，是旧知识相互激荡并产生灵感或知识的过程。在现代科学没有产生以前，人类无法解释这个灵感产生过程，于是就用"天启""神启"来解释，并成为宗教的客观基础。事实上，人类大脑会做梦，就意味着会编造故事，会创造新的知识。其中，与祖先、自然以及生活经验相关的故事或知识很容易成为集体认可的构建新制度的理论基础。特别是，鉴于父母等上一代家庭成员是人类最易观察到的对象，上一代的成员又是人类成长过程中的第一任甚至是终身导师，认为死去的长辈仍然具有更大的能力，是一种自然而然的逻辑推断。因此，认为看不见的、不可证伪的故去祖先有更大的能力与权威就是一种朴素的抽象思维，也是一种合理的逻辑推断。[②] 一方面，故去的祖先要求我们继续服从，同时又为我们提供保护或帮助，是他们生前行为的延续；另

---

① 无独有偶的是，作为基督教的象征，作为科学的反面，"地心说"同样是"科学"观察的结果。真正的"科学"或研究是个合乎逻辑的过程，而不是那些可能会不断被修正的观点与理论本身。正是从这个意义上讲，今天的大多数"科学知识"是有害的，牢记知识会让学生成为知识的信徒而失去思考能力。相对于学富五车的现代学生，神灵的创造者才是真正的"科学家"。

② 从汉代开始，老人与乡官一起成为基层组织的负责人或权力拥有者，从而构建了家与国的强制力衔接。（雷闻，2016）

一方面，看不到的神秘感提供了更为强大的强制力与权威，提供了公共经济必需的凝聚力。这样的推断是符合逻辑的，而祖先神就是这样被"梦想出来"的。现在的考古学告诉我们，生活在东欧的智人至少在三万年前就有了祖先崇拜。① 为了让祖先继续指导、帮助我们，用祭祀来维持祖先生活、保持和祖先的联系就成为古代信仰的主要表现形式，也成为人类行为规范的第一个强制力来源，也是人类构建的第一个虚拟的公共产品供求交易机制。

同时，在人类的集体生存过程中，人类所处的自然环境同样具有祖先神灵的特征。比如有规律的太阳，有时可观察，有时看不到，有时提供帮助，但有时也会发脾气。虽然不可证伪，却可以通过观察而掌握某些规律，于是，天文知识和各种各样的自然神就逐渐被构建出来。由于这些自然界的东西也经常在梦里出现，于是用神话或编故事的方式再现或重构这些自然现象中各个主体的关系就是符合逻辑的。对于后来的世俗制度而言，祖先神的独特性构成了以血缘为基础的氏族组织的基础，而自然神的类似性与可通约性则构成了部落联盟的基础，更是图腾聚合的前提。而对太阳与生命力强的动物的崇拜几乎是全世界共同的自然宗教特征，也是公共经济活动必需的强制力的另一个重要来源之一。正是因为这个供求关系的原因，当欧洲用一神教代替了祖先崇拜构建了大一统或普适性的强制力时，家庭宗教就消失了；当东方用国家构建了大一统或制度性的强制力时，所有的神灵都消失了。当然，无论后来的演化形式有何差异，在人类文明创始的早期，因为涉及公共产品提供需要强制力，宗教都曾经是文明起源的共同起点。②

正是从这个意义上讲，尽管不太成功，尽管只是人类文明史上的一个悲剧，但犹太教的贡献还是值得一提的。确实，犹太人始终缺乏一个强有力的国家制度，但犹太人最先构建了一神教，并实现了强制力的统一与强化，实现了利他精英基础上的供求关系协调。事实上，在构建一

---

① 而根据张光直先生（1999：135）的考古学研究，中国是先有自然神——社神的崇拜，后有祖先神崇拜。社神在仰韶文化中就普遍存在了，而到了龙山文化时期，才有了祖先神或祖先崇拜。
② 休斯顿·史密斯（2013：9）写道："霍姆斯（Holmes）法官喜欢说，科学是对次要的需要作出主要的贡献，又进一步说，宗教的成就不论多小，却至少是针对最重要的事物。"

神教的过程中，犹太教的创始人很早就意识到精英利他的价值，而犹太教长盛不衰的生命力也在于它努力抵消贪婪的犹太商人的自私心，追求社区与族群的同舟共济目标。"在奥林匹克诸神孜孜不倦地追逐美女之际，西奈的神却照顾着寡妇和孤儿"，因此犹太人的"神乃是正义的神，它的爱心与仁慈是直到永远永远的，它温柔的怜悯表现在一切它的作为之中"（史密斯，2013：259）。确实，祖先是自己的，如何让祖先的神灵之光也照耀邻居，尤其是照顾那些没有后代的孤寡老人等弱势群体，是一神教的普适性必须跨越的第一道坎，是从强制力独享到公共利益共享必须实现的"质的飞跃"。

为了实现这个跨越，很多宗教创始人都不得不依赖可通约的自然神灵，摩西正是利用不可证伪的太阳与自然现象构建强制力开始其神灵统一过程的。不过，统一神灵的成功构建让摩西获得了不受约束的强制力，于是强制力的副作用就开始发作了，神灵的德行也开始出现反复。在犹太教的宗教故事中，犹太教的神灵很快就拥有万能的威力或强制力，却失去了道德的仁心。"在《圣经·旧约》中，大卫是最引人注目、形象最丰满的人物。这个神圣耶路撒冷的缔造者是个诗人、征服者、杀人犯、奸夫，具有圣王的特质，同时又是一个有缺点的冒险家。"（蒙蒂菲奥里，2015：23）事实上，早期的统一神灵都具有威力无边、道德败坏的特点，这样的拥有强制力的神灵因为不关心公共品消费者的反馈而缺乏可持续性，于是对神灵道德性的改造就成为早期文明创制努力的关键。

在古代中国，神灵同样经历了德性反复的改革过程。比如，尽管夏禹之前的神灵有一定的德性基础，但商人早期崇拜的神却是万恶的全能神，而不是善良的道德神（梁涛，2018）。这些商朝早期的凶神恶煞神灵的存在，一方面表明，强制力的统一对集体行动的公共经济来说是多么重要，对公共经济运行的效率来说是多么关键；另一方面也表明，利他道德的出现更为困难，即使在人类的想象中也是反复探索、姗姗来迟的概念。

关于前文明时期的公共经济体制变迁过程，学者们基本同意，[①] 夏朝以

[①] 杜正胜写道（2008：204）："新石器时代几千年虽然时有战争，考古工作却未发现明显专门以战争为职事的阶级。"虽然"大概到仰韶文化晚期，具备军政特殊身份的领袖人物已经确定，但纯以作战、征服和统治为职事的武士阶级似乎尚未出现"。

前的部落，内部并没有实现广泛的社会分工，外部也基本上没有强制力的竞争。换句话说，在强制力尚未出现的夏朝以前，真正的文明并不存在。而大禹治水很可能正是中国祖先的一次社会分工与集权强制力构建的尝试，但这个尝试的起点很显然是内部的合作，[①] 而不是对外的战争，因此蒂利（Tilly，1992）的战争国家论并不符合黄河文明的诞生逻辑。而夏朝建立之后的公共经济活动虽然有了体制的约束，但组织仍很松散，各部落的经济行为仍很自由，甚至直到殷代仍然如此。正如杜正胜（1992：542）所言，每一个"殷代氏族皆是政治社会体，有土地，有人民，相当独立自主，他们和殷王室不一定共具高度的认同意识"。不过，在每一个共同体内部，强制力与凝聚力已经出现，而这些早期的制度与强制力的获得，基本上都是从神灵的权威开始的。[②] 这是公共产品对强制力垄断的内在需求，也是东方文明的创治路径，并且与埃及王朝建立者、犹太教创始人的努力没有太大差异。当然，这个时期的公共经济共同体还只是一个小国寡民的小型村社共同体而已。

然而，与地中海沿岸的神权构建过程不同的是，黄河文明的演化在商朝晚期开始出现了体制革命与认知飞跃。事实上，商汤的公共经济活动曾经沿着血缘部落与神权强制的方向演化发展，似乎就要出现西方的一神教模式了。但殷商晚期的一系列改革实验彻底中断了这个"正常"进程，并使黄河文明在最后关头成功地转向了世俗化的方向。当然，世俗化、地缘化的改革很可能正是殷纣王失败的原因之一，但也正是此后周朝开启的全新文明模式的基石。正如杜正胜（1992：320 - 321）指出的那样，纣王失败的主要原因就是他进行的世俗化改革触犯了既得利益者的利益，他试图

[①] 杜正胜（2008：539）认为："族，造字从㫃（旗）从矢，表示一群人共同打猎，收获分享，共同作战，生死与之，并不必然以血缘作为主要的结合因素，虽然古代族群，血缘可能是最自然、方便的结合方式。殷代的氏族亦当如是观。"

[②] 杜正胜（1992：79 - 80）指出："起初'家为巫史'，大概氏族长都是巫"，"所谓'家'，当指有血缘连（联）系的社群，也是一个比'国'小的政治体。由于社群逐渐扩大，氏族组织逐渐扩充，形成部落或部落联盟，此时指导政治、社会和人生的宗教就不允许众多山头主义之存在了。如果还像以前，各'家'的巫师都能自由与天帝交通，社会纪律将无法统一，政治秩序也不得安宁。于是共主乃出来干预，把宗教事业变成少数人的职责，最高统治者颛顼帝垄断，指定重、黎来掌理。从此以后，地与天的交通断绝，乃由'民神杂糅'进入'民神不杂'的时代。"

第五章 黄河文明的结构与变迁   231

摆脱血缘关系羁绊的"另类"尝试最终导致他众叛亲离、身败名裂。① 众所周知，血缘关系是早期文明的主要政治基础，也是夏商周三代社会共同体或公共经济体制的组织基础，但纣王却试图进行任人唯贤的改革尝试，从而导致了王族内部的激烈反对（如比干、箕子、微子等），而纣王改革的过于"超前"与内部关系处置不当最终导致了他的"悲剧式"失败。

不过，殷商的改革却并不是从纣王才开始的，《尚书》《高宗肜日》中的记载表明，早在数代之前，殷商的政治精英就感觉到了气候条件变化带来的挑战与压力，并试图通过内部改革来应对这个挑战。② 根据梁涛（2018：60、65）对《尚书》文本的研究可知，商朝鬼神文化的背后正是典型的公共经济逻辑，不仅神权的强制力是其中的关键，而且社会分工与供求互惠的机制是其制度基础。根据这种认识，梁涛（2018：65）认为，《高宗肜日》中的"'敬民'绝非敬重民或民事，而只能理解为'儆民'，使民戒惧"。即让公共产品供给者拥有强制力。紧接着梁涛（2008：65）指出，"更为重要的是，负责'儆民'的并非个别的王，而是所有的王，他们都是上天的子嗣，人间的最高统治者"。换句话说，在商朝的体制中，上帝是决策者，王仅仅是执行者，民是公共产品需求者，是服务对象。当《尚书正义》中说"孔疏：'烝民不能自治，自立君以主之，是'王者主民'也。既与民为主，当敬慎民事'"（梁涛，2018：65），它其实就是在强调，为了确保种群生存，世俗社会与神灵社会都需要分工，并且分工之后的公共产品供求双方必须保持某种协调关系。而在夏商周时期，祭祀祖先的规定就是神俗两界供求双方关系协调的重要手段，因为王的神灵就是祖先神灵的代表。"王本来就是天派到人间管理、教化民众的，没有王民不仅得不到治理，政治

---

① 杜正胜（1992：320）指出："《牧誓》数纣四罪，关键在于背弃宗亲，信用外人，武王的宣传口号似乎是专门说给殷商贵族（尤其王室宗人）听的。""总而言之，殷周之际人们心目中纣王最大的罪莫过于背离宗族，周武王遂拿来作为出兵的主要借口。而五百年后孔子称述殷的三位仁人，离开朝廷的微子、佯狂为奴的箕子和直谏而死的比干（《论语·微子》），皆殷王宗室，便是《牧誓》的最好注脚。"在以血缘为基础的早期公共经济体内部，种群生存为第一要义，基因传承为首要目标。因此，血缘与宗亲关系最为重要，任人唯亲是第一宗旨，任人唯贤当然犯了大忌。虽然从今天的角度来看，任人唯贤既有效率的优势，又符合人道主义精神，但在商朝，这个做法与商朝的绝大多数人的利益是相悖的。
② 历史地理学家（张经纬，2018）的研究也证实，在商朝晚期有一次剧烈的气候变化，并且正是这次变化推动了周人的不断东迁，从而与商人形成生存竞争关系。

秩序也根本无法建立，王构成政治统治的重要一环"（梁涛，2018：65），因此王就是公共产品提供执行者，而王民关系就是公共产品供求关系中的重要组成部分。[1] 既然王与上帝都是供给者，在获得公共品消费者支付的报酬时，执行者报酬的安排就是需要讨论的。而《高宗肜日》暗示的改革痕迹就是关于供给执行者报酬安排的调整。梁涛（2018）强调，《高宗肜日》不是讨论供给对需求的满足关系，而是讨论消费者对供给执行者的回报关系。该文献强调，在祭祀时，要一视同仁地对待所有的供给执行者，无论血缘关系远近，作为执行者的王是平等的。董作宾（1977）在《殷代的革命政治家》中也曾讨论了殷代祭祀制度的改革，[2] 并揭示了祖甲对祭祀制度进行改革所蕴含的公共经济学意义。正如李双芬（2015）认识到的那样，董作宾讨论的祖甲改革很可能是殷商弱化血缘关系的开始。[3] 换句话说，殷商的精英们早就尝试着推行不论血缘远近、按贡献分配报酬的祭祀方式改革了，纣王实施的改革只不过是早已开始的改革在外部环境压力下的一次"左倾"冒进而已，任人唯贤的改革取向正是要减少血缘关系在执行者参与方面的限制，但超越王族范围的任人唯贤很可能已经超越了同时代人，特别是利益相关的王族整体的理解能力与接受能力。很显然，同为执行者的殷纣王的改革受到了当时的供给执行者群体的反对，[4] 但他没有构建稳定的支持者（公共品消费者）群体，因此他的失败是不可避免的。

在评价王国维《殷周制度论》时，梁涛（2018：69）正确地指出："王先生虽然做出'殷周之兴亡，乃有德与无德之兴亡'的正确判断，但他解

---

[1] 因此，张岩（2004：19）指出，"所谓'神权政治'，指统治者借助神的威严来号令和控制社会的'技术'，其中，《尚书·洪范》所述天子在'皇极'位置上每年一度的赐福和降祸制度，曾经是三代王朝统辖属国非常重要和有效的'政治技术'"，是公共产品供给者构建公共经济体制的早期努力与尝试。

[2] 董作宾（1977）写道："新派所祀者，自上甲始，大宗小宗，依其世次日干，排入'祀典'一一致祭，…秩序井然，有条不紊。"

[3] 梁涛（2018：66-67）引证道："董先生所说的新派之祀典，即周祭制度。它出现于祖甲时期，而大兴于帝乙、帝辛时期，是商代后期的重要祭祀制度。"因此李双芬（2015）指出："祖甲确立的新派典祀，也就是周祭制度，先王无论直、旁系皆可入选，相对而言，对于所有先王平等对待，体现了对于王统的重视以及'尊尊'的祭祀原则，具有更强的政治功能和目的，这也是周祭制度的本质特点。"

[4] 战国末期秦国的改革正是以外卿入秦、客卿主政开始的，虽也经历了宗亲族人的激烈反对，但缺乏制度支撑的秦人最终接受了非血缘供给执行者的现实，这奠定了秦国成功的基础，也埋下了日后二世而亡的肇因。

释周之所以有德的原因却并不准确。"因为德的内容并非宗法这个执行者团队内部的关系,而是天、王、民三者之间的供求关系,其中的重点是天与民,即决策者与消费者的关系。① 对此,赵法生(2000:64)也指出:"新的宗教观是西周文明的普照之光,失去这道光,我们将无由窥见西周文明的全体大用,无法对西周文明乃至中华文明的精神品格作出深入的说明。"换句话说,纣王的改革失败,并非德性没有改进,而是德性的改进方向不对或不完全。作为晚商改革的旁观者与纣王失败的见证者,周朝的创建者非常清楚,面临着新的环境压力与社会结构(非本族人数增加)复杂化的现实,仅仅依靠本王族的人来充当供给执行者的"公务员"明显是自己束缚了自己的手脚。但引进更多的外部人确实会遇到本族人特别是利益相关者的拼死抵抗。因此,改革必须从外部获得新的动力与支持者。于是,作为公共品消费者的"民"进入了周人的视线。② 在商人后期的改革过程中,由于血缘弱化改革不彻底,特别是一方面人祭制度继续维持了公共品消费者群体的血缘歧视特征,另一方面却试图弱化供给执行者的血缘特征,从而使得公共经济体制内的均衡关系被打破了,因此纣王遭遇的失败就是不可避免的。

而在周朝的创建过程中,曾经的人祭牺牲者姜氏姬氏集团均成为供给执行者的成员,这极大地开阔了周人的视野,拓宽了"统一战线"的范围,为周公的改革成功奠定了制度基础与"群众"基础。尽管周公弱化血缘关系的改革仍然遭遇了姬氏王族的激烈抵抗(管蔡之乱),但人祭制度的废除扩大了执行者队伍的被选人数与消费者队伍的利益共享人数,被扩大了的执行者队伍与消费者队伍的共同坚定支持使改革最终获得成功,并促成了独一无二的黄河文明的成型。天帝的德性与王的德性就是在这样的背景下成为共识的,而德性强调的利他心,既是对外族的包容,也恰好与公共产

---

① 确实,"殷周之变并非宗法制的确立和完善,而首先是一场宗教的变革,是周人天命信仰对殷人上帝信仰的克服与取代,其根本精神则是'德'的自觉和'民'的发现"(梁涛,2018:70)。
② 无独有偶的是,下一个秦汉之变的肇始者秦人的改革也是从废除王族执行垄断权、引进客卿与莱民开始的。因为废除族亲的垄断利益,改革的内部支持削弱了,因为六国新民未能参与改革成果的共享,改革的外部反对力量增加了,因此秦二世而亡。汉承秦制,就像周继续商的改革一样,但新的改革已经抹去了六国的差异,使消费者成为新制度的支持力量。中国当下的脱贫攻坚与乡村振兴其实是一次新的改革成果共享的消费者扩展努力。

品外部性特征的需要相匹配。因此，从殷商到姬周的革命是一次从只关注强制力与供给方到开始关注需求者的现代转型与"制度飞跃"，是一次执行者扩张与消费者扩容的改革。①

确实，殷商后期的改革，特别是"祖甲的宗教改革，就统治阶级内部而言，固然达到协调直系与非直系后裔集团的目的，而对于广大被统治阶级，则无疑是强化了对其的控制和管理，而'王司敬（儆）民'更是明确表明，这种控制是以武力和暴力为主要手段的"（梁涛，2018：72），是一次供求关系协调方面的倒退。"如果说殷商后期的宗教改革是一次'维新'，是神权政治内部的调整，是对旧的统治手段维护的话，那么周初的宗教改革则是一场'革命'。"（梁涛，2018：72）这是以天命来代指民众的公共产品偏好的尝试，是一次人间正义与天帝德行的展示，是一次真正的供求关系的协调。② 正是为了突出利他道德的政治正确性，周人力图从夏朝的经验中去获得更多的政治遗产，努力将自己构建成农耕文明与夏朝文化的继承者。因此，"在周人的信仰中，德和民被大大突显出来。需要说明的是，周人所谓德往往是指天子、国君施民恩惠、恩泽的行为，突出德也就是突出民"（梁涛，2018：73）。在这里，公共产品的消费者第一次被自觉地作为决策者的依据、执行者的服务对象出现了，也正因为这样，利他心才会逐步成为供给决策者的必备素质。"虽然在周人那里，民还不具有政治上的独立地位，其意志、意愿要靠神秘莫测的天来表达，只是一消极、被动的存在。但周人对民的肯定和发现，在当时无疑是意义巨大的。"（梁涛，2018：74）③ 因为公共经济制度中供求关系的建立使得公共经济效率的提高成为可能，使"制度的飞跃"成为现实。随后，经过孔子的清洗与梳理，执行者队伍日益扩大，包含消费者偏好在内的中国经典国家治理理论或目的论人

---

① 商人"遇事要占卜，就是在探明上帝意旨去做任何事情，而不问其德与不德"。"即殷人在天命的形式下强调对民控制、治理，而周人则在一定程度上将目光投向民生疾苦的关注。"（梁涛，2018：71）

② "在周人的信念中，一个新的道德性的至上神出现了"，"周人的天或帝则不同，它庇护的不是某一族、某一姓，而是真正的有德者。'皇天无亲，惟德是辅。'（《左传·僖公五年》引《周书》）。"（梁涛，2018：73）

③ 理解了这一点，方可理解"中国政治与文化之变革，莫剧于殷周之际"（王国维，2018：231）的论断，因为正是这次变化，彻底中断了中国人的宗教发展路径，开启了世俗文明的理论与体制的构建进程。

文知识体系日渐完备，并最终成为与世界其他文明完全不同的世俗文明的理论基础，也使黄河文明的千年延续成为可能。换句话说，尽管大禹治水的故事很可能奠定了黄河文明的哲学基础，但作为一个独一无二的文明在制度上的最后成型却是在殷周之变之后完成的，并且是制度变迁与理论构建共同作用的产物。

确实，殷周之变是黄河文明世俗化过程的开始，儒法学说的成型则代表着国家治理理论构建的完成。比如，"周初礼乐建制的体系化方向，直接指向仪式神圣性的消解"，① 并通过"周初的制礼作乐，将宗教秩序推广为社会等级秩序，借助宗教礼仪（神的强制力——作者注）的规范，构筑宗法制度的骨骼"（林甸甸，2017），从而奠定了世俗文明的制度基础与思想基础，而诸子百家的讨论则使之最后成型。

但毋庸讳言，和所有其他的古代文明一样，黄河文明最初也是依赖神权来提供强制力的，早期宗教制度的影子甚至一直保留到现代。② "上古礼仪知识原为巫觋所垄断，到西周时就要求更庞大的职事阶层作为支撑。知识的垄断是权力的最初起源，而享有权力的阶层又需要将知识内化以作为合法性来源。据《礼记·王制》，西周曾设有学宫，向贵族子弟传授礼乐知识。"（林甸甸，2017）③ 就像库朗热（2006）分析古希腊时一样，郭晨光（2017）指出："西周的礼乐文献来源于宗教仪式，也产生了最初的文本形态"，"首先，宗教仪式为礼乐文献提供合法性依据。其次，宗教文献为礼乐文献示范了生成范式。"于是，为了垄断公共经济运行必需的强制力，

---

① "从宗教仪式到政治礼仪再到生活礼俗，礼乐制度的内涵在西周一代被不断丰富，对神灵的畏怖渐次淡化为日常的乐舞和言说。"（林甸甸，2017）
② 李向平（2006：14）认识到，神权赋予供给者以强制力，"其宗教祭祀毫不单纯，政治权力的强制特征已经异常突出。西周初年，经由周武王克商之后的天命崇拜，将中国宗教的崇拜形式进行了一场静悄悄的革命，其意义结构开始趋向伦理化、公共化"。宗教祭祀正是一种规范供给（含决策、执行）者的提醒仪式，"正是这类规矩的安排，促使同类的社会行动在此祭祀活动的范围之内渐渐制度化，一个相互规定的社会行动、价值认同模式以此祭祀礼仪的规定从而得以实现，天下与国家、个人和社会彼此之间的关系模式，就在这个过程之中最后构成了"（李向平，2006：15）。这个模式就是中国古典公共经济理论的核心。
③ 当然，这种试图垄断强制力的做法与古希腊古罗马的巫师（库朗热，2006）、今天英美的政治精英试图垄断公共经济知识、意识形态与话语权的做法如出一辙（宋丙涛，2015）。因此，郭晨光（2017）也指出："始于周公的制礼作乐，实质是一场由宗教仪式到政治制度、社会意识形态的全方位变革，采取神道设教的方式，对群众和普通民众进行训诫和启示，奠定了中华文明的基本形态和发展范式。"

"在早期社会中，文化记忆拥有专职的职业承载者，比如巫史等宗教人员或受过较高教育的贵族子弟、官员，相应地，他们因掌握这种知识和'记忆术'而从日常生活中抽离，在群体中享有尊崇的地位"。① 有时，他们甚至就是王本身。这就是公共经济与私人经济的社会分工在早期带来的特权，而记忆能力的差异又使得这个精英阶层有了垄断特权的理由。因此，"为了保证仪式的准确，对记忆力要求极高的职业素养使他们需要对文字本身进行精准传承，这就形成了仪式知识的严格规范性和定型性"（郭晨光，2017），并形成了人类独有的过度模仿的社会习惯与文明社会才有的教条主义的泛滥成灾（比如"八股文"与"党八股"）。

确实，在黄河文明的演变过程中，"祭司的职权愈古愈大"（杜正胜，1992：80）。② 因为神灵的意志不可证伪，只能任由掌权者、战争胜利者垄断话语权进行解释，因此，神权就成为各个古代文明缔造者首选的原始强制力来源。但和古希腊古罗马一样（库朗热，2006），"我国古代宗教多由氏族祖神崇拜脱胎出来。由于征服奴役，结束'家为巫史'的状况，被征服者的祖神变为社神，征服者的祖神变为天帝"（杜正胜，2008：86）。而征服者可以调整祖先神相对地位的经验或许给了周代建国者以启发，③ 对道德伦理的认识逐渐加强，礼乐制度渐渐完备，世俗国家终于出现，并日渐发展为古代文明的成熟运行模式。

相反，在中东地区，两希文化虽然沿着两条路径分别进行了改革的尝试（详见下一章的分析），但都没有获得最终的成功，最后只是在罗马帝国的强权夹缝中蜕化成宗教的活化石——天主教，后来更是成为现代国家诞生的拦路虎。如果不是黑死病带来的冲击打破了天主教的思想牢笼，欧洲不知道还要在黑暗的中世纪摸索多久。

事实上，张倩红与艾仁贵（2013）很早就注意到中东文明起源过程中

---

① 库朗热（2006）对古希腊城邦的研究也证实了早期宗教人员对这些权力与知识的垄断。
② "传说夏后启上天，窃取九辩九歌（《楚辞·天问》）；成汤以身祷于桑林，祈福于上帝（《吕氏春秋·顺民》篇，《墨子·兼爱下》）。启与汤显然都是大巫觋之流。殷墟卜辞，商王亲自占卜，可见帝王亦兼教主。直到周初，周公和成王都是政治领袖兼宗教领袖（《尚书·金縢》），周公子伯禽也担任祝（禽鼎）。"（杜正胜，1992：80）
③ "周初以降，天地与祖神分离，祭天专属周王，祭祖则行之于贵族之间。"（杜正胜，2008：86）

世俗政权与虚构的神权之间存在着紧张的竞争关系。① 但由于在文明创建的早期，构建垄断性的强制力并不是一件容易的事情，不依赖神的帮助几乎是不可能的。因此，尽管世俗国家也曾出现，世俗王权也被构建，但王权与国家并没有成为中东地区古代文明的常态或稳定结构。特别是被近代政治学奉为圭臬的"有限君主制"一再导致了世俗的希伯来王国的失败。②《圣经·撒母耳记上》第 8~12 章清晰地记载了以色列人的无奈与诉求："'那时以色列中没有王，各人任意而行'；在非利士不断侵扰、神圣约柜被掳的空前危机下，……长老与民众聚集起来请求先知撒母耳，'像列国一样'为以色列人立王以实现对内治理、对外征战……撒母耳再度求问上帝雅卫，上帝在无奈之下允许立王。"（张倩红、艾仁贵，2013：103-104）这些描述表明，没有神的允许，就不可能有王的权威，世俗的国家就无法独立存在，以至于一直到1957年之前，犹太人一直无法靠自己的力量构建世俗的国家。关于犹太宗教对世俗国家构建努力的阻碍作用，他们（2013：107）分析道："'nagid'一词的出现及其内涵表明，王权的产生并非是其自身的强大所致，起初上帝立王是不情愿的，后来迫于对外征战的军事压力而在神意民愿③的基础上由上帝所赐予，其合法性来自宗教力量与普通民众的共同认可。"这样一个过程表明，世俗的希伯来国王并没有获得排他性的垄断性强制力，因此王国公共经济秩序的失效是不可避免的，向神权与宗教的回归也就顺理成章了。④

事实上，为了获得建国必需的原始强制力，很多文明都曾做出过各种尝试，并最终在神权的帮助下获得了成功。因此"在其他民族的古史书写中，通常将王权的出现看成是历史之使然、人间之神迹"（张倩红、艾仁

---

① 张倩红和艾仁贵（2013：102）写道："古代近东地区是人类文明的发祥地，完备的君主制度率先在此确立，从而树立了早期国家的典范模式。亨利·富兰克弗特强调说：'古代近东把王权看作是文明的真实基础。只有野蛮人才会在没有国王的情况下生活。没有统治者的捍卫，安全、和平和正义都不会奏效。'"
② 张倩红和艾仁贵（2013：102）强调："希伯来王国的建立只是实现了短暂的政治统一，随后绝大部分时期皆处在南北分裂、国势衰微的状态之中。"
③ 第一，作为虚构的产物，上帝不能真的提供公共产品、保护大家，是因为受到质疑才会让步；第二，因为世俗势力缺乏理论基础，而神权的理论基础相对成熟，所以只会在两类精英之间产生妥协。
④ 犹太人获得国王、又抛弃国王的历史非常类似荷兰共和国期间荷兰议会与奥伦治家族的关系：外敌入侵时，请他们出面组织军队应敌，敌人走了，国王就被罢免革职。

贵，2013：107），这是神权的自然结果。但希伯来的国王没有这么幸运，作为既得利益者的祭司集团成为上帝的代言人与律法的仲裁者，他们掌握了真正的话语权与强制力，他们为了"小众"的利益而成功地抑制了国家的出现与国王的上位（近代的荷兰共和国的商人与地方精英曾经用类似的策略、以类似的方式导致荷兰的衰落）。① 就像近代欧洲的知识精英与商人精英一样，作为既得利益者的神权人员不愿意放弃自己在公共产品供给方面的最终强制力与利益垄断格局，使得在古代最终没能出现犹太国家。② 古希腊文明的衰落也是同样的模式：虽然古希腊文明也是沿着宗教神权的路径进行世俗国家的转型尝试的，但当世俗国家出现时，类似的祭司贵族与新兴的商人贵族相勾结，并通过控制经济命脉控制了世俗国家的强制力，使得统一的希腊未能出现。③ 于是，"随着贵族制度的复辟，城邦的政治生活几乎在所有的地方停止了"（库朗热，2006：239），也就是说，像犹太国家一样，终归昙花一现。希腊人重新回到前文明时代，希腊文明只能是昙花一现，欧洲进入了罗马时代。

确实，世俗的国家构建并不是一件容易的事。古罗马塞尔维多斯的改革，尽管非常类似中国的郡县制尝试，即没有把征服的土地交给贵族，而是分给了平民。同时，以地域为依据重新划分新部落也使平民有了圣火或家火，因而可以加入城邦，从而使得向世俗国家的转型几乎成功。但遗憾的是，与秦汉不同的是，罗马以财富而不是土地或宗教来区分每一个人的身份，于是被商人贵族控制的罗马帝国也很快走向了衰落。神提供公共产品的时代结束了，世俗国家开始了自己的创业之路，但罗马帝国开启的是

---

① 由于"在希伯来人那里，服从律法即是服从上帝，上帝通过与子民以色列立约，双方进入律法的契约之中"（张倩红、艾仁贵，2013：109），而上帝的律法又是不可证伪的，从而给了这些宗教精英（既得利益者）以巨大的强制力与决断的权力。

② 对以色列人来说，"祭司通过献祭行为与上帝沟通，得到神的指示和决断，对此君王必须加以执行，这一原则早在摩西时代就已确立"（张倩红、艾仁贵，2013：109）。

③ 库朗热（2006：229、231）指出："君主想扩大他们的权限，而父（家长——作者注）们却不愿意接受。于是在各个城邦中，贵族与君主之间的斗争不可避免。""斗争的后果在各地一样，君主以失败告终。"但为了祭祀的目的，"王权受到了保存，但已无政权可言，不过是教权而已。""所以亚里士多德说：'远古时君主有宣战和媾和的权力。后来这种权力或自行让出，或为他人所夺。留给君主的，只祭祀的职务而已。'"（229）"斯巴达实行的是一种贵族政治。"（231）在雅典也一样，所谓的"人民""民人"其实是家长，是各村社的首领贵族。

富人贵族主政的资本主义尝试（库朗热，2006：271-273）。虽然和秦汉帝国的土地增量改革路径很类似，但两种制度的结构完全不同，最后的结果也完全不同。在秦汉，新垦土地是与对君主的支持结合在一起的，郡县制最终吞噬了贵族主政的旧体制；但在罗马，则是把富裕平民吸收进来补充贵族群体（后来的英国宪政也是如此），并保留了贵族统治的格局，壮大了的富人"资本家"使得"只有拥有巨额财产的人才能拥有政治权利"，以至于"拥有统治力量的是财富"（库朗热，2006：302）。换句话说，罗马的民主政治是富人的"民主"，是有巨额财富的贵族控制着国家的主权与财富的资本家的"民主"。尽管"它甚至拥有民主政治的一切外表，……有民众大会。但这民众只有二三百人"（库朗热，2006：321）。一个服务于全体人民或公共产品消费者的公共经济体制是这些富人所无法容忍的，于是罗马帝国只能在这种私人利益的斗争中走向崩塌。而斗争的本质就是强制力垄断权的竞争，是小集团利益与个人利益对公共利益的侵蚀，是建立公共经济必需的统一的强制力与商业精英利益的直接冲突。希伯来的知识精英与罗马的商业精英为了自己的一己私利或"小公"利益，为构建大众国家治理体制设置了障碍，并获得了成功，地中海文明无奈地消失了。

相反，在中国的殷周之变中，类似的政治精英通过削弱血缘关系的影响或取消职业祭司的特权，逐渐将神权世俗化，扩大执行者队伍，从而使国王自己成了天子——上帝的代言人，并使黄河文明内部决策者与执行者之间的关系日趋完善。[①] 总之，早就出现在历史舞台上的犹太民族没有创建出自己的文明，也没有把埃及与古巴比伦的文明传承下去；古希腊、古罗马文明获得了创建国家的机会，进行了世俗治理的尝试，但治理结构的缺陷使得希腊城邦与罗马帝国难以持续。在日耳曼与基督教的冲击下，地中海沿岸的文明火花熄灭了。作为两希文化结晶的一神教上帝成为地中海沿岸的唯一权威，从而使得天主教脱颖而出，但也使得世俗的地中海文明令人惋惜地消失了，延续一千年的欧洲悲剧——黑暗的中世纪开始了。

[①] 而在中东，也有"许多地区将王权神圣化：两河流域的国王被描述成'神之骄子'，亚述国王被说成是神的赐物，迦南国王兼有祭司职能而享有神圣的光环，埃及法老被视为神的化身以及神在人间的代言人，具有常人不可企及的神性。与之形成鲜明对照的是，希伯来君王远远不具备以上其他地区国王的权威，上帝与民众之间虽然需要中介，但中介的承担者不是君王，而是掌握精神力量的祭司与先知"（张倩红、艾仁贵，2013：112-113）。

事实上，中国的早期圣贤，特别是儒家学说的创立者与继承者深刻认识到了殷周之变的意义，于是他们不仅坚持对利他精神的培育，而且试图在制度化与道德化之间取得一个平衡，以便确保黄河文明的完善与延续。确实，与两希文化不同，也与古罗马帝国不同，黄河文明在殷周之变中发展出了具有道德意义的公共经济思想与国家治理体制。正如梁涛（2018：70）分析的那样，西周的"祭祀乃至信仰具有了新的内涵，开启了人生全新的方向，伦理意义开始取代巫术意义。凡完成或经历了这一宗教变革的文化，便为自己注入了新的动力，具有了广阔的发展空间；而因为种种原因，没有完成这一变革，仍停留在自然宗教的文化，只能蜕变为文明的余烬，在苟延残喘中逐渐退出历史的舞台"。换句话说，梁涛正确地指出了没有以供求关系为基础的公共经济机制，文明不可能持久，更不能延续，而以礼乐文明与国家体制为代表的黄河文明却拥有道德的内涵与正式的制度，进而成为人类文明的翘楚。而张岩（2004：16、173）也引用谢维扬的话指出，"国家形成是'政治发明'的结果，'是人类政治智慧的产物'"（16）。"'没有相应的政治上的创造，任何其他因素都不可能最终使一个民族走上国家制度的道路。而这种政治上的创造或者说发明，并不是所有民族都能够独立做到的。'"（173）

正是在这个意义上，我们认为"西周意识形态奠定中国古代社会意识形态的基本格局"，而东周的诸子百家则将这些意识形态进行了理论化处理，使之成为一种指导现实的国家治理原则。（见下一节的分析）"张岂之说，以德配天为中国古代社会的政治开启了从神权通向世俗的通路，政治统治的正当性最终奠定于人事，即保民和爱民，其成熟形态为仁政思想。"（陆航，2017）

当然，对周朝的建国过程来说，维持内部秩序的意识形态制度就是宗法制度（Zhao，2015：61），这是周朝在国家建构方面为人类做出的巨大贡献。该制度第一次把神权或宗教的强制力与血缘的家族关系、把体外文化与体内基因连接起来，构建了初步的世俗制度强制力，形成了稳定的公共经济体制。相反，大多数的其他古代文明都在借助神的力量获得强制力的同时，把天然的血缘关系与基因传递信息的通道给抛弃了，因而一直未能在世俗国家构建方面迈出第一步。

事实上，为了防止内部冲突，周朝的奠基者把天命理论与宗法制度结合起来，把多元结构、分层体制的公共产品交易机制巧妙地连在一起。赵鼎新（Zhao，2015：62）写道，周朝创建者清晰地意识到，武力不是稳定的强制力，神的威力也不足以维持公共经济活动的持续进行，但血缘关系是稳定的。于是才有了天命与宗法的结合，才有了第一个意识形态体系与世俗公共经济体制。但这个构建之所以成功，作为制度构建者的周公的利他心是一个绝对必要的前提条件。而这个制度之所以传承至今，孔子构建的教育体制与对周礼的修订改进则是另一个重要前提。尽管周公的利他心仍然是小集体内部的亲缘利他，但利他心的构建与培养开启了一个全新的方向，这对当时公共经济制度的设计者来说已经足够了。相反，春秋战国的乱世，正是因为作为制度修订者与公共经济执行者的利己心带来的内部争权夺利造成的，而大部分的残杀与争斗也都发生在具有血缘关系的近亲与君臣之间。换句话说，亲缘利他是人类早期文明诞生的必备条件，而近亲或内部的无序竞争才是大多数古代文明衰落的主要原因。事实上，在古代文明的创始期，交通通信条件往往很差，一个共同体受另一个共同体的影响很小，异族的外部压力也无足轻重。但共同体内部特别是供给者内部的利益关系往往成为制度崩溃的导火索。因此，亲缘利他以及以此为基础的制度安排就成为人类早期文明演化过程中最为重要的决定性因素。

当然，一旦随着文明的发展出现了人口增加，共同体和共同体之间的关系很快就会成为文明社会的主要关切，公共经济体制的设计就会变得异常复杂。无论是欧洲的中世纪混战还是中国春秋战国时期的军事竞争，耕战之间的关系就会成为一个长期争论不休的话题。仅从任何一个公共经济体制的内部来看，战争的威胁与国防的需要肯定是一个外生变量，应该是体制变迁的主要决定因素。但在人口增加、资源紧张的现实中，某个国家为了维持国内的秩序而进行的体制改革同样会导致国力增强，而国力强盛，既会增加一国的野心，也会增加其他人的恐惧感，最终引发军备竞赛与军事竞争。换句话说，宏观来看，国防与战争很可能是内部秩序改进、人口不断增加的结果，因此又具有一定的内生性。正是因为这个原因，孔子的儒家学说才会有了人口增加之后要"富之""教之"[①]的未雨绸缪的思考，

---

① 见《论语·子路》中孔子与冉有的对话。

才会构建仁义道德的人际关系篱笆来处理群际关系、抑制战争的爆发,这些思考才会逐渐被视作黄河文明国家治理的圭臬。①

总之,从血缘聚落向地域国家的转变是一个长期的过程,也是黄河文明演变过程中最为关键的转型。其中,从以血缘为基础的社会分工到以德才为基础的职能分工是春秋战国时期文明效率提高的关键一跃,也是理论构建中最为困难的突破。事实上,由于缺乏理论基础,没有进行意识形态的铺垫,不仅殷末纣王的改革失败了,地中海沿岸的许多转型尝试也失败了,甚至遭遇了文明陨落的悲惨结局。国家治理结构的世俗化、地缘化转型是黄河文明形成期间的一次关键性制度变迁,当然也是一个经过了反复的挫折之后才获得成功的制度变迁。这样一个制度变迁过程,在欧洲是从两千多年后的中世纪晚期才开始的。然而,尽管法国、德国也先后获得了转型的成功,因而实现了从封建到帝国的蜕变,但早就是领土国家的英国并没有获得成功,反而误入了以商业盈利为主要目的的"商战"国家模式和宪政预算的"歧路"(宋丙涛,2015)。很多学者(如 Zhao,2015:144)都没有认识到英法之间的差异,更不知道中国与欧洲的封建制消失在时空方面差异的意义,反而沿着近代欧洲中心主义的思维模式来讨论中国明清的现代国家转型。实际上,黄河文明的现代国家转型至少从纣王的改革时期就开始了,但国家治理结构的完善还需要一个漫长的制度变迁过程。从子产的铸刑书到商鞅制定秦律,从春秋战国的百家争鸣到西汉中期的独尊儒术,在这个制度变迁过程中,法家学说奠定的理论基础推动了秦汉帝国制度的成型,而儒家思想的仁政则构成了汉唐以来黄河文明延续至今的思想精髓。

(二)血缘宗法与地缘帝国:周秦之变的制度逻辑与理论探索

当然,在这个文明起源特别是文明延续的过程中,文字的诞生是人类公共经济活动经验积累传承的前提,当然也是宗教或文明得以成功延续的条件。而犹太教的《圣经》与中国的《尚书》《易经》经典就因为文字版

---

① 相反,以蒂利(Tilly,1992)与莫里斯(Morris,2013)为代表的西方学者,由于过度关注中世纪欧洲的战争背景,只知道生存与军事竞争密切相关,却不知道文明的内部治理内涵;只知道城市自治的重要性,却不知道领土国家的意义,因此难免得出一些匪夷所思的结论。更为可悲的是,他们自己和追随者还把这些极端案例的总结当成国家构建的普适性规律到处炫耀。

本的出现而奠定了东西方文明演化分岔的思想基础。① 特别是，对缺乏强制力的早期公共经济体制来说，对于一个有缺陷的希伯来文化和犹太公共经济体制而言，一个关于为什么要交税或治理为什么合法的故事是非常关键的。因此赫拉利（2017：155）指出："虽然希罗多德和修昔底德比《圣经》作者更了解现实，但这两种世界观一发生冲突，《圣经》就将对手一举击倒，最后，希腊人采用了犹太人的历史观，而不是犹太人接受了希腊人的历史观……不管《圣经》的世界观错得多么离谱，却能为大规模人类合作提供更好的基础。"而这个基础就是统治者征税的合法性与公共经济活动必需的强制力。

但人类文明历史的经验一再告诉我们，不受约束的强制力只会带来自身的毁灭，只有由"全能全善神"带来的强制力与利他心的统一，才是公共经济体制变迁的方向，是文明制度延续的前提。而在人类文明演化的早期，对强制力进行约束的全善神的出现，表现为原始宗教从自然崇拜到伦理崇拜的转型，② 而殷周之变正是这样一个从残暴的全能神到全善的道德神的革命性转型③。事实上，"在殷人的观念中，上帝只不过是支配自然力量的最高神祇，既威力无比，又神秘莫测"（梁涛，2018：71）。他们构建了公共经济必需的强制力，却忘却了公共经济活动的服务对象。因此，商人崇拜的神灵仅仅是强制力的拥有者，没有哪个神在乎消费者的偏好与满意度，④ 但殷周之变、文化普及与儒家学说改变了这一切，从而也使得黄河文明进入了

---

① "书面文字的力量，随着各种神圣经文的出现而达到巅峰。古代文明的祭司和抄书吏，习惯将各种文件看作现实的指南。起初，这些文本会告诉他们关于税收、田地和粮仓的现实，但等到官僚系统得到了权力，文本也就得到了权威。"（赫拉利，2017：152）

② 梁涛（2018：70）印证说："荷兰学者提埃利曾指出，从自然宗教到伦理宗教是宗教发展史上的重要事件，具有普遍的意义。在自然宗教阶段，虽然出现了频繁的祭祀活动和整全的神灵系统，但人们所信奉的神灵不具有伦理的品格，虽然'全能'，但非'全善'，既可以降福，也可以作祟。面对顽固暴躁、变化莫测的神灵，人们只能通过祈祷、献祭等谄媚手段以求哄诱、安抚之。"

③ "李亚农说：'殷人创造的上帝并不单是降福于人、慈悲为怀的慈爱的神，同时也是降祸于人、残酷无情的憎恶的神。'陈来教授也说：'对于殷人而言，上帝根本不是关照下民播爱人间的仁慈之神，而是喜怒无常、高高在上的神。'"（梁涛，2018：71）

④ 张岩（2004：15、240）指出："在'迷信'背后存在着早期制度创立者的理性谋划。对早期制度创立者来说，他们'制造'和借助'迷信'来推行制度，所谓'神权制度'，对于制度创立之后的部落普通成员来说，他们被迫遵从制度是由于畏惧神权制度中神的惩罚。"（15）"借助神权订立盟约并不仅仅是古代希伯来人和我国三代史中的重要立法手段，而是古代社会较普遍存在的制度。"（240）

真正的独一无二的成熟期。

然而，周人建立的宗法制度与伦理崇拜并没有彻底实现黄河文明的长治久安。关于周朝建立的公共经济体制的缺陷，陈雨新（Chen，2018）曾经正确地指出，西周体系的崩溃或东迁表明周朝体系在国防公共产品提供与内部秩序维持方面的失败，从而使得各个诸侯不得不发展自己的军队。而诸侯军事力量的发展，很快就会削弱东周王室对强制力的垄断性控制，伦理道德对强制力的削弱最终消解了文明本身。正是在这个背景下，传统贵族参与公共经济活动的垄断性地位受到了削弱，学习传统治国经验的机会也扩展到了贵族阶层之外。而以孔子为代表的没落贵族开办的学校为下层民众提供了通过识字、上学进入公共经济从业者队伍的绝佳机会，商鞅、李斯、苏秦、张仪都是其中的佼佼者。这是一次上下阶层的流动，也是一次公共经济参与者群体构成的调整，缺乏政治特权的平民阶层的进入，为新思想的涌现与郡县制的巩固准备了充足的人力资本，从而使以官僚体制为基础的现代国家的形成成为可能。陈雨新（Chen，2018）通过对《左传》中提到的政治人物关系的梳理，为我们提供了大量的数据材料，他的研究表明，平民"士"的出现与"士"的角色转型，奠定了黄河文明成熟的官僚体制的人事基础。然而，比士人集团的形成更为重要的，是执政知识的普及与儒家学说的形成。或者说，儒家学说的出现是世袭官职由上升到下降的转折点，是"人文知识型"公务员——"士"得以出现的理论基础，并最终决定了东西方文明的分道扬镳。

很多人都意识到，黄河文明中蕴含的和谐共存型公共经济思想成就了延续千年的华夏文脉，供求对应的公共经济体制奠定了早期东方现代国家的制度基础。李若辉（2016）强调，中国传统的经世济民思想一直试图约束君主专制并建立相权予以制衡，从而产生了公共经济供给机制内部制衡约束的思想。而李学俊（2013）则指出，早在春秋早期，以管子为代表的学者就意识到了公共产品供求双方的均衡关系，以"天下非一人之天下，乃天下人之天下"为基础的"以天下物利天下人"思想，强调的是"主权在民"与"以物利人"原则，主张的是公共经济为民生服务的理念。管仲强调人本理念实际上是对公共产品供给者的警告，他强调"人不可不务也，此天下之极也"，实际上是警告公共产品供给者关注消费者的自觉意识。因此，管仲清楚地意识到了公共产品供给决策者、供给执行者与消费者三者之间的关系。① 管仲知道，公共产品的供给决策者是君王，执行者是大臣官吏，消费者是人民。君臣、上下、贵贱皆从法而运作就叫作大治。但"与近代欧美宪政以限制君王权力为重要特征的不同之处是，齐国的宪政不仅限制君权，也限制资本的权力"（李学俊，2013）。作为公共经济理论的践行者，管仲清楚地知道政府存在的目的是"保护国家与社会公共利益"，而商人与资本有操控市场损人利己的本性，因此同样属于被限制与抑制的经济活动参与者，这奠定了黄河文明公共产品供求协调的思想基础。因此，有学者认为，周秦之变是中国文明的第二大转折点，其中，郡县制与成文法是黄河文明国家治理体系日益成熟的标志。

当然，以血缘关系为基础的部落联盟向宗法国家体制的演变是一个漫长的渐进过程，很多人认识到了这个变化对文明体系成型的决定性意义。② 比如，赵林（2011）就引述人类学家列维和克罗伯（Kroeber）的观点称，中国的亲称制曾是人类早期最完备的治理结构与政治制度之一。赵林（2011：6）指出，商代的社会组织结构经历了一个祖先崇拜、姓氏血缘、图腾崇拜交织的过渡时期。"而周人除了以庙制作为亲人分类的工具，又平行发展出以姓氏来作血亲分类的工具，而后者之思维模式已属抽象性质，且可独立于庙制之外，自成一格。此两种思维模式与图腾制度之具象思维模式不同。"这是对现代国家治理体系构建的探索开端。

确实，尽管夏朝已有了国家这样的公共经济机构，但国家仍以图腾作为制度基础或社会结构基础，因此才会有《山海经》的出现。但这样的具象思维模式很难处理大规模复杂社会结构的统一管理，一旦人口增加，难免出现许多乱象。正是为了扩展这个血缘关系与部落联盟，商朝的社会结构中才出现了"群众"，周朝的社会结构中才出现了"百姓"，从而使得复杂社会结构的分层构建得以有序进行。"商及西周政府皆在努力架构一个血缘关系与地缘关系齐一的政治结构体（共同体——作者注）。国家刻意地去

---

① 管子曰："夫生法者，君也；守法者，臣也；法于法者，民也。""君臣上下贵贱皆从法，此谓为大治"。（《管子·任法》）
② 例如，林甸甸（2017）认为，"所谓的体系性，即将祭祀的对象、场合及种类整合为系统化的仪式制度。其价值在于将上古祭祀中对神灵世界的敬畏，转化为世俗社会中的人际情感关联"，进而转化为公共经济行为必需的强制力。

维护家族的完整性,并将地方行政体系家族化、世官化。"(赵林,2011:13)然而,正是这种地域范围扩张中的家族化、世袭化现象保留了中国周代宪政共和的体制基因,也埋下了强制力消解的基因。实际上,无论是西周时期的"厉王出奔",还是东周时期诸侯国的"国人暴动",都揭示了一个类似希伯来祭司、罗马贵族与英国商人等小众精英争夺强制权力的政治现象。正是这样的"民主宪政"遗产削弱了必要的强制力垄断权,不利于大规模公共经济活动,因而在战国改革与秦汉定制时被当时的政治家抛弃了。以功能分类为基础的官僚郡县制与以血缘为基础的民间宗法制的结合最终构成了决策者、执行者、消费者三元一体的黄河文明的治理体制内核。

从公共经济学的角度来看,夏商两代在提供公共产品时主要依赖神的强制力,而周朝开始转向世俗化的社会与政治强制力,但在转型过程中经历了"宪政"或"共和"这个不成熟的阶段。然而,正是周的"去神化"与世俗化开创了中国国家治理的制度构建过程与理论探索过程。① 因此,对中国古代文明来说,第一个千年是神话构建神权强制力阶段,第二个千年是制度构建政治强制力阶段,第三个千年是官僚体制构建执行力阶段,第四个千年是成熟发展并向基层延伸的官民结合社会化治理阶段。

在这个演化过程中,文字传递公共经济经验的作用不仅不可或缺,甚至构成了后来政治制度走向的基础。如前所述,所谓的夏夷之辨与汉化胡化的争论,其实就是有无文字记载的思想与制度体系的争论。早在殷周之变时,商卜之甲骨与周礼之简帛就成了国家治理必须利用的工具与垄断的对象。就像武丁、周公与秦始皇所想到的那样,把文字解读的决定权握在自己手中就相当于掌握了一个重要的公共经济工具,甚至是掌握了垄断的强制力。因此,文字是治理国家时期维持内部秩序与加强思想教化的重要的制度性工具。② 在

---

① 作为西方近代文明的象征,英国的"去神化"与官僚化开创了西方世俗国家与现代文明的构建过程,而所谓的大宪章运动其实是血缘关系在这个过程中的挣扎与反抗而已,并没有什么现代意义。

② 遗憾的是,在古代西方,在文明与国家最先出现的中东地区,文字未能及时出现,早期人类关于构建国家的经验未能很好地传承下来,人类最早的文明未能成为最有影响力的文明。对此,郑也夫(2015:118)曾指出:"苏美尔国家权力的形成先于文字,是不乏旁证的。"他认为,在这些地方,国家的强制力一方面使统一的符号得以流行,推动了文字的产生与传播;另一方面,文字提供了社会分工细化的可能,特别是作为记账符号奠定了财政体制的基础。但文字的缺位,使得已经成熟的公共经济体制与思想经验未能完整地保留下来。

商朝晚期，武丁在位59年，其拥有的强制力空前膨胀（郑也夫，2015：128），从而使其有机会垄断占卜解释、统一卜辞，文字的创造与统一才有了可能，这为后来周代的灿烂文化与政治理论的出现奠定了技术基础。因此，郑也夫（2015：151）强调，"与语言的自然进化相异，文字从来是人为的，它是权力的产物，也是权力的工具"。确实，正是因为文字的普及，"周公设计了中国历史上最庞大和严谨的封建制。虽行分封制，各个封国中的史官却是周天子派遣，故在一个分封的国度中，文字高度一致"（郑也夫，2015：152）。正是因为有了文字，孔子才可以著书立说、删减诗经；正是因为有了文字，四百年后才开始流行的儒家学说才有机会影响人类两千多年。

现在看来，周朝是中国第一个受益于文字普及带来的经验扩展过程的文明社会。周朝的国家治理变迁经历了三个重要阶段：第一个是围城成邑，将夏商时代的祭祀城邑变成了可以防守和长期定居的军事堡垒；第二个是扩张据点，将都邑结构逐渐扩张到城郭与鄙邑，从而形成内外一体的公共经济区域；第三是连点成片，在鄙邑扩张与城郭一体的背景下形成领土国家，都城的防守功能转向面向边疆，长城的出现是其标志。当然，这个过程就是公共产品的提供面向方与消费方同时扩张并形成规模经济的过程，也是在国家治理中引入文献（命令传达与法律的统一无法靠口头传递）的精细化转型过程，更是从周初封建到秦汉领土帝国逐渐成型的过程（Zhao，2015：87-89）。然而，也正是在这个借助文献治理国家的过程中，在用文字记录公共经济经验的过程中，过度模仿与教条主义也出现了，传说文本的出现与思想体系的书面化禁锢了后来人的思维，阻碍了创新。

确实，在传承公共经济知识的过程中，黄河流域传说文献在秦汉时期形成的经典文本及其有效传播构成了人类文明史上一道亮丽的风景线，并成为国家治理结构构建的理论基础。对此，曹胜高（2017）一针见血地指出，秦汉文学的主要目的就是国家构建，[①]《吕氏春秋》《淮南子》《春秋繁

[①] 曹胜高（2017）指出："秦汉时期形成的道义观，某种意义上可视为皇权与儒生之间思想价值诉求上达成的共识。先秦诸子在讨论人之为人时，提出了'仁'、'兼爱'的概念；在讨论人之能群时，提出了'义'的概念。由此形成的义政说，从学理层面强化了社会群体建构的基本价值观，即必须以公共利益、社会责任作为国家建构、行政运行、社会组织和个人行为的外在尺度。"

露》《盐铁论》等实际上都是学者与政治家对政治制度构建的讨论,并对中国国家治理结构的形成产生了重大影响。① 因此,中国的所谓文史哲不分家实际暗含的正是通过文学文本构建政治制度的实现路径。同时,"从天下秩序来看,朝野关系是政权稳定、社会有序的基石。如果社会精英能够按照合理有序的通道进入朝廷体制,且朝野能够形成有效的对话与协调机制,天下秩序便能长时期地保持稳定"(曹胜高,2017)。而作为制度构建的理论工具,文学与历史在汉代已成为一种官职的必备技能,并成为传统社会选拔公共经济活动参与者的重要依据,更是公共经济理论与制度相结合的标志。② 今天大量出土的秦简、汉简表明,正是这个时期竹简文本的成熟与传播奠定了庞大的秦汉帝国治理体系的技术基础。

不过,从思想渊源来看,是春秋战国时期的诸子百家开启了公共经济制度合法性、有效性的大讨论,并因书面化的记载而奠定了后来官僚体制的道德基础与理论基石。秦简、汉简记载的往往是战国时期流行的诸子百家的学术争论与治理方术。比如,孟子的仁义君主论③"是对王权神圣性的蔑视",在孟子看来,"一切权威都必须执行世俗的约定,都必须接受'仁'和'义'的裁判"(李振宏,2007:9)。而孟子讨论的"仁""义"正是公共经济供求关系的契约,正是供给者的行为规范。因此,尽管儒家尊崇君权,但儒家不承认国君权力的永恒、绝对和世袭。当然,早期儒家的仁义规范只是一种道德规范与君子修为,并没有意识到供需双方之间需要直接沟通的问题,因此孔孟之道、君子之道是一种单方面的约束,而不是双方的博弈。作为孟子的理论对手,荀子也有类似的关于治理者的正义性、合法性的讨论。只不过孟子的论述将让需求者满意的标准讲得更为直

---

① 而"义政学说的形成,在于为天下秩序确立了一以贯之的法则,即无论皇权还是平民,必须要服从人之能群的基本法则,按照群体共处的基本法则确定政治行为、确立行政措施、约束个人行为"(曹胜高,2017)。

② 作为法典的拥护者,"西北政法大学副校长王瀚认为,记载有法律条文的青铜礼器,实质上是一部'法典'"(陆航,2017)。陆航强调,"国家治理,社会秩序的维持必须有章可循,对人们社会行为也要有规范"。并且指出,"以文字形式确立法律条文,是国家制度发达的标志"。

③ 《孟子·梁惠王下》中记载:"齐宣王问曰:'汤放桀,武王伐纣,有诸?'孟子对曰:'于传有之。'曰:'臣弑其君,可乎?'曰:'贼仁者,谓之贼;贼义者,谓之残。残贼之人,谓之一夫。闻诛一夫纣矣,未闻弑君也。'"

第五章　黄河文明的结构与变迁

接清楚，① 而荀子则更为关注执行者本身。换句话说，孟子认为，无论是君还是臣，只有根据公共产品需求者的要求来提供公共服务，才是贤君、贤臣。② 而荀子认为，只有建立严格的监督惩罚法律制度，官吏才会兢兢业业地从事其职业要求的公共事务行为。因此，孟子认为，选择君主的标准是提供公共产品的能力与品德，而不是其他。

实际上，如果照搬近代西方的文明标准，即民主宪政标准，周代早期的政治体制或国家治理结构是相当现代的，尤其是供给机制中的权力制衡设计。③ 事实上，"春秋时代所见国人干政是城邦的通相，因为国人不但是卿大夫（百姓）的分族，也是城邦军队的主要成员，军队以族为单位，国人力量乃更易发挥"（杜正胜，1992：476）。因此，在西周时期，"国人"是贵族"宪政"的基础，是国防公共产品的兼职提供者，同时也是公共产品的购买者和享用者；而贵族则是专职的公共产品提供者、管理者。④ 然而，正是这些宪政共和对公共经济必需的执行效率与强制力的削弱才引发了春秋战国时代法家诸子的全新制度尝试。以至于尽管血缘关系淡化速度缓慢，但公共经济体制的演变已经深入决策机制的层面，而关键的变化恰

---

① 《孟子·万章上》中曾正面记载伊尹放逐商王太甲的故事："太甲颠覆汤之典刑，伊尹放之于桐三年；太甲悔过，自怨自艾，于桐处仁迁义三年，以听伊尹之训己也，复归于亳。"关于此事，孟子和公孙丑有一段对话：公孙丑曰："伊尹曰'予不狎于不顺，放太甲于桐，民大悦。太甲贤，又反之，民大悦。'贤者之为人臣也，其君不贤，则固可放与？"孟子曰："有伊尹之志，则可；无伊尹之志，则篡也。"
② 因此，《慎子·威德》云："古者立天子而贵者，非以利一人也。曰天下无一贵，则理无由通，通理以为天下也。故立天子以为天下，非立天下以为天子也；立国君以为国，非立国以为君也；立官长以为官，非立官以为官长也。"可见，无论是天子还是国君，之所以需要他，在于天下大众的利益，而非他个人的私利。当然，立天子或国君"而贵之"，就是为了天下黎民大众的利益，因此，必须把天子、国君之贵统一在作为消费者的大众利益的基础上，否则就没有设立天子或国君的必要，更没有必要"贵之"。
③ 杜正胜（1992：476）写道："一部《左传》处处可见国人参与政治，几乎是国君和卿大夫以外的第三势力。他们或决定国君废立，或干预外交和战，或参议国都迁徙；时而支持国君以抑制权门，时而与大夫结盟以抗衡国君。"《史记·周本纪》还说：'厉王太子静匿召公家，国人闻之，乃围之。'召公以其子代死，太子才得脱。国人不但势力大，干政也是名正言顺的。"杜正胜（2008）准确地认识到周朝体制中的宪政因素及其随后的变化趋势："住在城里的庶众，古书叫做'国人'的，地位虽然是平民，在当时政治社会结构中却产生举足轻重的势力。"
④ 杜正胜（2008：22、23）承认："殷商或西周时代，人群依靠以血缘为主的族而凝聚。""政治统御力量要透过氏族组织才能到达基层社会。""春秋中叶以前的政治""仍以血缘的氏族作为新政的基础"。换句话说，此时的文明结构仍然是以贵族为核心的公共产品供给机制，公共产品的垄断与提供仍以血缘关系为基础。

恰是被当代西方人尊为神明的宪政共和制度的消失。

确实，随着居住地的相对固定、居住方式的混杂，特别是随着城郭的出现，传统共同体的血缘基础开始动摇，地缘性共同体开始出现。① 我们认为，正是东周后期的贵族宪政体制的崩溃才开启了现代国家治理体制的构建尝试，编户齐民与郡县管理才得以先后出现。② 由于这样的治理架构在提供生存公共产品方面有巨大的效率优势，因此维持及回归这个优势就成为中国此后两千年政治文化的主流。

在这个地域型共同体出现的过程中，城墙角色的变化是一个重大的公共经济事件③：一方面，城墙成为公共产品地域化的标志；另一方面城墙使国防效率迅速提高，人口的增长与聚集第一次出现。④ 当然，诸侯筑城运动的发展也削弱了周王室的中央垄断强制力，凸显了地方公共经济组织的重要性。也正是在这个背景下，血缘性公共经济组织逐渐失去了重要性，地缘性国家治理结构渐渐获得了政治合法性。⑤ 特别是，"春秋晚期以后封建崩解，社会基本单位逐渐转变成为个体家庭，集权中央政府才有可能实现"，地域性国家才有可能成型。而这种局面出现实际是以商鞅变法为代表的新型公共经济组织尝试的结果。正是为消除氏族对国家垄断强制力的威胁，法家改革才有意消灭贵族，并培育没有公共经济特权的原子化家庭来

---

① （杜正胜，1992：559～561）认为："中国古代城邑基本性质是政治、军事和祭祀三者合一的聚落，即使到春秋战国，城邑的商业性质增高了，但军政性质犹未稍减。据《诗经·大雅·绵》篇记述宗周兴建的情形，先立宗庙宫殿再筑城门，聚落的营建以统治阶级军政的考虑优先……由于国野的身份区别，（有些人——作者注）不能轻易进入城内，遂在近城郊外定居，统治者为保卫人民和控制人力资源，才有建筑第二道城墙的必要，于是形成内城外郭。"

② 杜正胜（2008）写道："自西元前600年以降，大约400年的期间是中国社会的转型时期，古典的、封建的政治社会逐渐结束，传统的、郡县的政治社会渐渐开始"，"我们发现此时出现的编户齐民为往后两千年传统社会的基本骨架。"

③ 尽管城墙的构建目的是为了保护祖先神（库朗热，2006），但进入城墙的外人的肉体也可以得到保护，这暗示了一个空间公共经济体制的诞生。

④ 杜正胜（1992：673）指出："城邦时代的征服者以'城'维护他们的地位，'祀与戎'统驭人民，严格区分城外城内，烙印'国人'和'野人'的身份标识。郭虽然也是夯土城墙，却反过来打破传统城墙的藩篱，吸收原来在'野'之人或封疆外的异乡人，一律视作国家子民，泯除了'国人'与'野人'的分别。"

⑤ 杜正胜（1992：780）指出："家和族的历史功能最显著的分野大概发生在春秋时期。春秋以前虽然有家，但社会的基础在族，一般称为氏，氏下有宗，是以当权贵族为主导，兼具战斗、行政、祭祀和财产等多项功能的共同体，近亲血缘团体的家庭则荫附于其下。"

替代，并使家庭成为地域性国家的基层治理单位。而编户齐民追求的正是这样一个广土巨族条件下的大国治理目标模式。①

尽管"由于中国社会血缘性质特别浓厚，即使长期的地着化，仍保留不少血缘遗习。但从行政的角度来看，秦汉以下政府掌握民力主要依赖户籍制度，不是族群"（杜正胜，2008：32）。户籍的出现首先方便以国家为单位的公共产品供给的组织与参与，随后演变为公共产品的消费凭据。杜正胜（2008：46）指出："促使'齐民'出现的第三种因素是国野界限之消除。"一方面，在公共产品的提供上，人人平等意味着参与人数增加、选择余地变大；另一方面，在公共产品消费方面，人人平等意味着"市场"规模扩大，单位成本减少，规模效益更高。当然，随着参与人数的增加，合作博弈难度也会加大，原来人人参与决策的宪政民主就难以维持，② 专制政体与官僚体制应运而生。确实，根据奥尔森的集体行动逻辑理论，随着人数的增加，无论是参与者还是消费者都不再具有联合（集体）行动的能力，于是掌握着分工权力的皇帝自然获得了更多的对强制力的垄断。

当然，国家治理新模式中的"齐民"是指政治身份或公共经济的参与机会，③ 即公共经济的参与机会一致、公共产品的正外部性与利益可以共享。并且，"齐民"本身是指"齐"王以下之民，主要是把贵族齐视为民，④ 而不是王与民之间的平等，因此，最后的结果是剩下了孤独的王；作为万民之

---

① 正如杜正胜所言（2008：32）："户籍之出现还标识另一政治社会的大变革，即统治者掌握人民的方式从血缘族群转为地着"，这样一种地域性转向其实是公共经济体制的一次巨大革命。

② 在编户齐民之前的封建城邦时代，人们的身份不平等，参与公共产品的机会也不平等。特别是在车战时期，真正的武士只能是贵族，当然参与决策的就只有贵族，于是人数较少的贵族联合起来对国王进行约束与制约就是可能的，同时不会对效率造成巨大的损害。

③ 杜正胜（2008：50）写道："春秋中晚期以下各国之扩大征兵，对象是新征原来不必当兵的余子和原来没有当兵权力的野人。"这个过程清晰地展示了两千多年后英国的类似体制变化：没参与公共产品的提供，就不能参与决策——"No Tax, No Vote"和"No Vote, No Tax"实际上是中国春秋时代的典型特征。

④ 杜正胜（2008：38-40）认识到，在齐民之前，"国和野"两类"民"在公共经济活动中的地位完全不同："第一、兵役权力不同。国人即使非'受甲'成为武士，至少是徒卒，野人则只是搬运辎重的军夫。……第二、徭役年限不同……第三、复除条件不等……第四、参政权力不平……第五、国人也可能沾到一点礼的气息……（野人）政治上属于被征服、被统治的族群。"更重要的是，公共产品的正外部性或利益几乎与他们无关，或者说，野人尚未被纳入公共经济体制的范围。相反，从理论上讲，国人是"征服者"，是"统治阶级"（杜正胜，2008：42-43），当然也就是公共产品的垄断提供者与享受者，并表现为贵族兵役制。

上的专制者或公共产品供给决策者，一种全新的社会分工结构或治理模式就出现了。① 杜正胜（2008：111）注意到，从春秋到战国，公共产品的供给单位也在发生变化。到了最后，农民的农业税成为了黄河文明的根基。② 原来的"野人"先后进入公共经济单位，彻底改变了黄河文明的性质，新的城郭不仅需要"野人"参与提供公共产品，而且也把公共产品的外部性扩展到他们身上，因此公共经济共同体的规模与模式开始发生变化，贵族宪政逐渐让位于以土地税为基础的君主专制体制。

事实上，整个封建国家的历史就是君主与贵族争夺产权与主权的历史，也是所谓的宪政与共和发展演变的历史。之所以如此，盖因为产权与主权皆是强权带来的经济关系的结果。一旦原有的强权不再能维持，自然会出现围绕利益关系的争议与新的博弈过程，而这个博弈过程就是宪政与共和。在现代经济学的体系中，当代的西方学者只是强调私有产权的意义，有意忽视了公共主权的价值。这样的话语体系与学术逻辑对东方的历史学者也产生了巨大的影响，以至于杜正胜（2008：164）赞同地指出："就土地私有权的一项属性——继承而言，贵族封地一开始就具备了私有的性质。"岂不知，在文明诞生与国家构建的过程中，公共主权的出现才是问题解决的关键。而在封建公共经济制度中，父子相袭传承的只是一种社会分工的公共职位，而不是私人产权，封地不仅包括土地上的资源与人力，而且包括封地上人的生存保障义务。杜正胜没有理解的是，领主的所有，实际是共有，而不是私有。③ 他没有意识到，此时的领地内根本不存在私人经济，领主拥有的实际上是主权，他有权安排所有的公共经济活动，但这并不意味

---

① 杜正胜（2008：58-59）发现："晋自献公以下不断征服，相继置县，扩充兵力，终至于举国男子皆兵矣。"（58）同样，在齐国，"在春秋中晚期以下"，"史料相当明确地显示服兵役者从国人扩充到野人的趋势"（59）。只有贵族才能参与军队，这一点不仅是春秋早期的现象也是近代西欧诸国的现象，更是宪政的基础。

② 杜正胜（2008：110-111）写道："封建城邦时代，大小聚落散置，或属于天子，或属于诸侯，或属于卿大夫。天子统治区域曰王畿，诸侯统治区域曰封国。王畿之内有世族贵卿的采邑，或谓之都，或谓之邑；列国封疆内也莫不皆然"。这是传统的公共经济共同体，不仅规模小，而且以血缘为基础。然而，"春秋以来人口逐渐向城市集中，诸侯相继兴建外城，外城往往比内城扩大三、五倍以上"（杜正胜，2008：118）。

③ 比如，杜正胜（2008：168）写道："《诗·豳风·七月》描写豳公领民一年到头的劳动和生活，生产所得归之领主，农民连最基本的生活资料亦不能保有，而必需（须）取自豳公。"

第五章 黄河文明的结构与变迁

着这些土地是归他个人所有。在希腊、罗马的国家诞生过程中也可以清晰地看到这个主权产权的变化过程（库朗热，2006：71）。①

当然，土地制度的产权化变迁是从增量开始的，而私垦田的出现就是打开贵族领地制度缺口的一个蚁穴。正如增渊龙夫所说，私垦田扩大了国家的领土，却没有沿袭传统的封建制度模式。杜正胜（2008：176）也看到了这一点："归根结底，统治者为因应农民私垦田面积扩大而采行新措施，收入是增加了，却给封建土地所有制开了一个大缺口。每块田地既登记耕者名字，久假不归，农民终于拥有耕地主权。"但他没有意识到，在这个过程中，农民拥有的是产权，国家或国王获得了主权。这是一次典型的以产权换主权的治理模式变迁——国王让出产权，获得更多主权，贵族让出主权，获得更多产权。当然，他更没有意识到，这是贵族失去主权、国王获得主权的转型过程，所以是贵族与国王之间权力分配的此消彼长过程。当然，该过程也意味着政府与公民之间一种全新的公共产品供求关系的建立，意味着现代财政制度的出现。从前的城郭空间变成国家的疆域，从前的领土经济变成国家财政，传统的公共经济共同体成员从小国寡民变成普罗大众，这个变化标志着文明的成熟与稳定，标志着大国治理的成型。

关于这个血缘性共同体向地缘性共同体的转型过程，杜正胜（2008）认为，其间曾出现一个小型社区共同体的阶段。② 这些早期小型地缘性公共经济组织，将巷议公论的习惯法作为公共产品供求双方的交易机制。其中"墙垣和门间将每个里邑与外界隔开，也使每个里邑自成共同体"，"里邑居民平昔聚集在巷道内休闲议论，共同体的成员若发生纠纷，则'讼于巷'，以博公评仲裁。里巷公评若今之舆论，造成社会压力，故'鄙人不能巷言面违'（《盐铁论·相刺》）"（杜正胜，2008：200）。"此犹有古代聚落共同体的成员均赋的遗义，古代聚落之得以均赋，因为赋役是以整个聚落作征

---

① 关于这个家产的共有性质，柏拉图的《礼法》如是说："你，不是你家产的主人，你甚至不是你自己的主人。你连同你的产业都属于你的家庭，你的祖先，以及你的子孙全体。"（转引自库朗热，2006：71）这是一个公共经济体，所有人没有自由处置财产的权利。
② 杜正胜认为（2008：197-198），在国家形成的早期，"聚落人群没有血缘关系者，借着里邑的建构和标帜，以及成员的生产、赋役、社交、祭祀等活动，也凝结为一紧密的共同体"；"邑里建筑墙垣，以范围内外，而且使同聚落的成员产生认同意识，区别不同聚落的族群"。

发单位的","赋役征发的对象是聚落,不是个人。"(杜正胜,2008:202-203)很有可能的是,在父系社会形成以前的过渡时期,公共经济单位就是聚落这个地域性公共经济单位,而不是个人或家庭,地域性公共经济组织有一定的民间基础与经验背景。因此,杜正胜(1992:48)说:"我们讲中国古代国家形态是城邦,不只因为一个城邑连同附近的村野构成一个政治体,而且因为它内政的高度独立性。"换句话说,这是一个地域性共同体内部公共经济运营主权的排他性与垄断性特征形成的标志。事实上,日本学者也注意到了商周时期中国公共经济体制构建过程中对"公共利益"的强调与对集中垄断权的构建。① 增渊龙夫(2017:26)甚至指出,在这个世俗的公共经济体制的变迁过程中,"过去的邑共同体所具有的政治、军事还有经济、社会的各种功能,都被唯一最高的国家权力所吸收"。

众所周知,在史学界,对国、野的区分一直困扰着历代的学者。而在我们看来,国野区分其实就是公共产品供求决策权限方面的差异。由于"野人"不是原来的部落成员,只是战败部落或流浪过来的部落成员,无权参与决策,无权参与战争,但仍可以免费享受一部分公共产品,这或许是大禹治水的共享外部性思想的遗产。然而殷周之变之后,世俗的官僚制度并不完全依据商人的神-人交易原则,而是加入了许多精英利他的思考。② 此时,维持这个制度运转的既不是神权,也不是交易,而是道德。实际上,孔子一生的努力就是试图构建一套德治体系来指导建立在精英利他基础上的公共经济活动,③ 这些制度都是用道德来规范公共经济活动参与者的官僚人事制度,④ 但因为道

---

① 平势隆郎在给增渊龙夫的书写的序(增渊龙夫,2017:2)中指出:"增渊龙夫与西嶋定生一样,始终关注战国王权、皇帝权力之中的'公'与'私'的问题。"换句话说,这些日本学者意识到了中国封建制度中产权与主权的区别,意识到了公共经济问题的存在。
② 例如,张岩(2004:337-338)认为:"'六征''九用'已是一套相当成熟和完善的制度,这是长期经验积累的结果,不太可能凭空出现于周文王的创制。《尚书》和《大戴礼记·五帝德》中有一些很重要的认识线索,表明这种制度的出现远早于周初。"
③ 因此"《论语》凡四百九十余章,其中大部分与德能修养有关,或论之、析之,或是之、非之;我尝试将《论语》中与德能修养无关的内容挑出来,很难,勉强挑出八十余章,其余约四百一十章均与德能修养有直接或间接的关系。""在这个基础上,我尝试将《论语》中的德能修养内容与'六征'75条内容逐一进行比较,结果发现一个令人吃惊的现象:二者之间存在息息相通的呼应关系"(张岩,2004:370-371)。
④ "士学教育和选士制度都是西周时期的重要礼制,《文王官人》是用来实施的制度性文献。"(张岩,2004:371)

德的核心是精英利他地供给公共产品,因此把"野人"吸收进来共享公共产品就会成为一个自然的趋势。

而到了汉代,公共经济组织的内部结构进一步细化,国家财政与皇室财政逐渐分开。为了实现对强制力的垄断,君主开始通过增加私垦田来直接控制更多的资源,[①] 并表现为主权的集中与君主对资源的垄断。以至于"国家直接支配的每个个体小农民的土地总和,远远超过豪族所有土地的总和。正由于这一理由,秦汉帝国基本结构不得不在国家权力和一般农民的关系中寻找"(增渊龙夫,2017:32)。

当然,如前所述,秦汉时代国家权力的增加,不是国家对原有的氏族共同体的直接替代。相反,每一次的制度改革几乎都是私垦田增量变化的结果,即在新开垦的土地上采用新制度。[②] 而存量的吸收和改变,是一个相当漫长的过程。但新开垦的土地很快就超过了原有的耕地而占据了主导地位,[③] 或者说,"由国家所开发的耕地,在汉代全部耕地中占有相当部分,况且它作为国家权力的经济基础之一,发挥了重要的作用"(增渊龙夫,2017:33)。新垦土地所占比重的提升为作为黄河文明核心的大一统集权体制和官僚体制的出现与巩固提供了坚实的经济基础。

当然,在这个国家体制构建的过程中,大秦帝国的创制努力起到了难以替代的关键作用。[④] 秦国的爵位制不仅在国家与个人之间建立了直接的强制关系,而且还保留了传统贵族宪政中的供求协调机制。增渊龙夫(2017:40)写道:"根据爵的传统观念,天子也是爵称的一种。天子并不是超越爵制秩序的存在,他是这个秩序结构中处于中心位置的一员而已。因此在这种爵的传统观念下,天子是承受天命、谋求民生的责任人,在此意义中,具有统治人民的正当性。"这里的"天子在爵"与英国的"王在议会"几乎如出一辙,唯一的不同就是人数和历史时期。只不过,因为秦国做得更彻

[①] 增渊龙夫(2017:31)指出:"自商鞅变法以来,专制君主正是要实施郡县制的直接支配。"
[②] 这一点非常类似1978年中国开始的改革过程,尽管改革初期的民营化主要是通过增量实现的,但到2018年时,民营经济已经成为了中国经济的主要成分。
[③] "根据森鹿三氏最近的推测,战国、秦、汉四世纪中开拓的耕地面积,与在此之前就存在的邑所拥有的耕地面积几乎相等。"(增渊龙夫,2017:33)
[④] 根据西嶋定生的《中国古代帝国的形成与结构》,"氏族制的秩序解体以后,将已经个人化了的一般庶民,重新编入以天子为中心的、扩大了的秩序结构,在这之中发挥了媒介作用的,就是秦汉的二十等爵制"。

底,一步到位的全民民主使得全体民众的集体行动能力太弱,反而不能约束皇帝。相反,英国的宪政民主,仅仅是和周代一样的贵族精英内部的民主,"小众"贵族的集体行动能力相对较强,因而可以真正约束国王。① 从这个意义上说,西嶋定生认为,"东方专制主义""东方停滞的社会"的贬义称谓,其实是一种西方人的傲慢,秦汉帝国建立的才是真正的民主政体。更何况,在汉代中国的基层,社会结构在自律性的氏族组织、他律性的乡里共同体之间有一个明显的互动。只不过,作为一种非正式制度,作为旧利益代表,土豪、豪族等血缘性共同体曾在公共经济领域大量、长期存在。

二 黄河文明的制度变迁与经济意义

(一) 秦汉集权体制的财政逻辑

秦汉帝国的治理体制在央地关系上表现为典型的集权模式,但秦汉时期国家治理结构的集权式转型是与专业化的职业公务员队伍的出现紧密相关的。特别是从汉代开始,"作为官吏母体的士族阶级,尽管由天子赐予官职爵位获得俸禄,却不是天子的家人"(增渊龙夫,2017:45)。他们之间完全是因为公共产品的供给而结成的工作关系或雇佣关系,天子是决策者,士族是执行者。增渊龙夫甚至意识到,君权是决策权,权力基础是公共品需求者的支持;官僚的权威是执行权,权力的基础是外部性对强制力的垄断性要求,是君权的派生权力。尽管传统势力一直以某种形式施加着自己的影响,② 但在正式制度中,官僚体制的合法性逐渐得到了确认,贵族血缘关系慢慢退出了对执行权的垄断。

不过,在新出现的国家治理体系中,由于地方执行者的行为目标往往处于左右为难的困境之中,因此,对央地关系的处理始终是大国治理结构中最为棘手的困局之一。特别是在交通通信条件有限的早期帝国时代,如果地方官与乡里相交过密,他既可能拥地自重追求私利,也可能过于关注

---

① 人数多少对集体行动能力的影响,见奥尔森《集体行动的逻辑》与张维迎《博弈论与信息经济学》的分析。
② 比如,有大量的证据(如官吏阶层中大家族人员的数量)证明,乡里的家族势力与自律性秩序仍在官吏的安排中起作用。

地方性需求而忽视全国性公共产品的提供。但无论是哪种情况，国家凝聚力都会下降，整个国家的国防能力都会被削弱，国家甚至会面临严重的亡国危机。但如果地方官与地方乡里过于疏远，当国家需要地方配合支持时，地方官则很难与乡里乡亲同仇敌忾，国家应对挑战的能力也会不足。这是一种"大公"与"小公"相互依赖时的两难困境，是一个大国治理结构必须面对的内部控制问题，更是两千年来封建、郡县之争的本质（详见后面的分析）。当然，问题的解决既需要地方官的利他理念，更需要地方官的协调平衡能力，但这样的地方管理精英的培养需要许多条件。然而，很多学者不知道此关系为大公小公之争，往往将之简单化为公私之争，提出的处理原则难免简单粗暴，不但没有改善地方治理，甚至还恶化了央地关系。①

---

① 例如，曹正汉（2019）忽视了地方割据带来的危害（比如春秋与民国），反而借罗泌、李纲之口贬低郡县制的贡献："所谓'封建失之弱，而实以疆'，是指分封制削弱了皇权（或王权），即中央政权较弱，却强化了'天下'的凝聚力，即国家作为由众多地区和人民组成的政治共同体，其凝聚力较强。反之，'郡县失之疆，而实以弱'，是指在郡县制之下，皇权强大，却弱化了'天下'的凝聚力，即弱化了由各地区和人民组成的政治共同体的凝聚力。罗泌认为，正是此种后果，导致了秦之后，王朝更替通常伴随着国家瓦解，即'郡县之世，一人失德，则波颓瓦解，而海内共惧其祸'。"潘岳（2020）关于统与分的比较分析已经清楚地指出分裂或封建给欧洲带来的无尽的祸端。或许仅仅是不了解欧洲的封建史、中国的战国史，李纲指出："'（郡县制）至其弊则势分而力弱，权轻而吏偷，内有乱臣贼子之祸弗能正，外有夷狄盗贼之虞弗能支，而天下震动，有土崩之势。'（转引自曹正汉，2019：168）"也就是说，强大的皇权并不能真正有效地治理国家，反而导致王朝衰落，国家也瓦解。"（曹正汉，2019：168）类似地，曹正汉（2019）也认为强大的政权弱化了国家本身的凝聚力，忽略了"大一统"政体的优势，仅仅依赖布坎南的政治经济人假设来推论历史上的中央政权或统治者，认为中国古代"政权建设的目标（就）是统治者及统治集团的目标"（176）。在没有讨论国家共同体如何具体化的情况下，没有区分精英大众公共产品需求差异的情况下，曹正汉（2019：176）根据现代西方的政治理论想象了国家内部消费者需求的一致："国家共同体建设的目标是疆域内所有民众的共同目标"。但是如何找到？并统一这些人的目标？曹正汉认为，"我们可以设想，一定疆域内的所有民众在组成国家上有着共同利益，……同时，又能自由地追求各自的生活目标"（176）。同时，曹正汉在假设了"坏"的国家统治者之后，却假定地方精英是好人，所以不会地方割据追求自己利益，"因此，国家共同体建设需要有独立于统治者的社会力量参与才能向较高层面推进。然而，在国家尚未形成较发达的政治参与共同体之前，这样的社会力量不可能是分散的普通民众，只能是已经掌握了相当政治权力和经济权力的地方精英集团。如果存在这样的地方精英集团，那么，当他们面对统治者的权力扩张时，有可能联合起来形成抗衡势力，从而成为推动国家共同体建设的主要力量"（177）。但如何保证这些地方精英不像曹正汉分析的国家统治者那样追求自己的利益？何况，每一次的乱世似乎都充斥着自私的地方精英带来的连绵不断的战争。

我们认为，这个内部控制的结构性困难的主要原因首先在于公共产品需求结构本身的多元与复杂，在于地方公共产品与全局性公共产品既会竞争同一个资源又在某些方面共享同一个资源。不了解这个背景，不了解外部地缘政治带来的国防压力的决定性作用，很多学者只是简单地用近代西方的分权理论来批判集权、推崇自治，从而误导了央地关系的研究方向。[①] 以至于他们的争论完全忽视了如何避免地方恶霸的出现、如何防止地方政府形成独立王国、如何防止地方官以地方民众的利益为名来追求一己私利、重蹈春秋战国的乱世这样一些关键性问题。正是因为这个误解，增渊龙夫（2017：64-65）曾反复称赞游侠在救济社会弱势群体时的作用，却忽视这些人乃至黑社会组织的负面影响。他不知道，这些内部秩序的民间供给只能是乱世时的补充，而不可能是国家内部制度结构的正式替代。事实上，无论是中国春秋战国的混乱，还是中世纪欧洲的黑暗，抑或是民国初年的军阀割据，其特征就是黑帮游侠横行，正式制度缺位或无效。

当然，在没有国家的背景下，用一种私人关系或小公组织，把公共产品的提供者组织起来形成一种社会结构，这是一种贡献。但在国家机制运行正常的情况下，以黑社会组织、黑帮游侠或士家大族的形式提供部分小范围公共产品，其效率有明显的瑕疵，有明显的强势群体垄断消费的结构性缺陷，"所谓'富贵多士，贫贱寡友'"（增渊龙夫，2017：72）就是一个写照。相反，若游侠能养全天下之民，则实为天子，这正是刘邦所创汉朝国家的价值所在。事实上，从战国以降直到秦汉，由于地方政府的缺位，拥有利他心的精英纷纷起而为游侠，补充国家的空缺，这当然是有积极意义的。然而，在这个过程中，只有刘邦成功蜕变为天子，而其他人多堕落为私人豪强的打手，因而只能提供非普适性公共产品。直到汉武帝时期，这些私人打手才逐渐被收编吸纳为官僚成员，进入正式制度序列，开始以国家为依托提供地方性公共产品。很显然，这些地方精英组织的门客游侠群体与西方的海盗公司非常类似，大多以人际关系为纽带，只为一部分人服务，不以地缘内所有人为服务目标，其组织形式与公共经济的空间外部性要求是格格不入的。因此，这个小集团内部的有序实际上构成了更大范

---

① 增渊龙夫（2017）仅从西方分权理论的角度单向推崇顾炎武的自治主张，支持"在位于末端的县级中加入一种自治体的要素，使县令作为世袭官员与土著势力结成一体"。

围内的无序,因为"他们对于超越这一机能的外部世界,或者说对于胁制他们秩序世界的外界力量,无疑施以暴力"(增渊龙夫,2017:91-92),从而成为挑战国家秩序的力量。

此外,在国家治理的内部结构上,儒墨、儒法之间就决策力与执行力的理论争论也曾引起了学者们的广泛关注。其中,墨家强调执行效率或公共经济必需的强制力,而儒家强调决策效率或公共产品供给者对消费者需求偏好的关注。作为一种制度创新的尝试,墨子强调对贵族执行力的改造,儒家则强调对君主决策行为的指导。孔子强调了公共经济活动需要的供求之间的社会分工,而墨子则强调需求端的无差异消费者,并强调全体消费者参与民治民享的可能性。墨子反对由贵族垄断执行,主张消灭贵族,起用庶人,坚持"尚同",从而为战国末年法家的诞生奠定了思想基础。而孔子却强调了利他心的重要性与培养的困难,并以此来强调社会分工的必要,强调差序结构中"君子"身份的意义,提出确保需求者的偏好得到供给者的关注是问题的核心。

正是基于对执行行为的关注,在围绕"集团之约"的讨论中,增渊龙夫(2017)强调了世俗强制力或刑法的绝对必要性和契约的强制力渊源,[①]他认识到,强制力的获得方式,经历了一个从神权到军权的转换过程。[②] 尽管进程缓慢,但中国人最终摆脱了神权的羁绊,实现了世俗国家的统一。[③]而德行与法制就是神权的替代,儒法诸子为实现这个转换做出了持续的努力,而法家对执行者的严格要求则构成了一种新型强制力的制度性基础,

---

[①] "由此观之,我们今日所提出的战斗集团中的'约束',就是'军约',其性质与诰、誓相类。《周礼·夏官·大司马》之'中冬教大阅'条曰:'群吏听誓于陈前,斩牲以左右徇陈。曰"不用命者斩之"'。"(增渊龙夫,2017:131)

[②] "《史记·田单列传》记,田单'每出约束,必称神师'。我们也可以知道此约束就是军令、军法,为了让自己发出的命令具有权威性,让城中人民信服,故称由神师所教。"(增渊龙夫,2017:133)

[③] 增渊龙夫(2017:148-149)写道:"晋悼公为了确保那些现实社会中握有实权的强大世族的臣服,采用了'盟'的形式。这是一种以信为约的形式,约的规制力借助神明而求得强有力的保证,这是以咒术式的宗教信仰为前提。在这里非出自对人的信赖,而是出于对神的信任,作为盟约效力的保证。"但"随着现实社会的剧烈变动,仅仅是这样的鬼神信仰,已经渐渐失去了制约人们的效力,这就是春秋中期以后的社会现状。为了对人具有'约束'力,为了强化自己与他人相结合的约束力,仅仅依赖神明的制裁还不够,需要从内在方面求得更加确实的保证。"

并最终助推法家登上黄河文明的最高思想舞台。① 确实，春秋战国时期，是中国公共经济体制的调整时期，是国家治理理论日渐成熟的时期。特别是在参与供给的执行者中间，血缘关系的垄断正在被打破，鬼神的强制力正在被减弱。② 于是在国家强制力的构建过程中，法家的规范构建与爵禄体系就为中央集权的帝国官僚体制的形成奠定了制度基础。

为了摆脱鬼神的强制力，为了构建新的供给者自律约束力，孔子首先构建了仁义道德理论。这里的德，讲的就是公共产品供求双方的交易规则，是公共经济体制的一种内在要求与理论逻辑，即供求双方必须付出自己的努力和做出贡献，然后才能获得回报。③ 这是一种狭义的利他心构造，是一种全新的经济利益关系与人性改造计划。为了确保德性的可靠，孔子主张进行内在的心性修为。④ 但人性塑造过程中长期短期利益差异、决策者执行者的行为差异很快就被儒家学者观察到了，因而导致了儒家思想的分流，并沿着荀子、韩非子这条路径过渡到法家对执行者外在行为的约束。因此，

---

① 增渊龙夫（2017：149）指出："这种社会变化在少数知识分子中不久便发展为对鬼神所具有的咒术式制约力的怀疑，这与后来出现的基于人类道德自觉之上的新思潮亦有关系。"因此，不仅孔子"不语怪力乱神"并删减诗经中与鬼神相关的内容，荀子、韩非子也一步步推出了更为制度化的国家强制措施——律法。

② "仅仅依赖自古而来氏族之间的结合纽带，或者建立在鬼神威吓力之上盟誓的结合纽带，已经不能维持原有的支配秩序，可以说是在这样的春秋中期以后的社会中诞生的、以新型人际关系为基础的社会秩序的萌芽"表明了新兴势力的崛起。"而随着这些新兴势力渐渐强盛扩大，形成独立的政治势力，利用法或术的控制形式，单方面强化这种人际结合关系的过程，为战国时期诸国中央集权官僚制度的完善，做了铺垫。"（增渊龙夫，2017：151）

③ 关于公共经济的供求关系，孟子早有详细论述："《孟子·万章上》记述了受命的情形，'万章曰：'尧以天下与舜，有诸？'孟子曰：'否。天子不能以天下与人。'（万章曰）'然则舜有天下也，孰与之？'（孟子曰）'天与之。'曰：'天与之者谆谆然命之乎？'曰：'否。天不言，以行与事示之而已矣。'曰：'以行与事之者，如之何？'曰：'天子能荐人与天子（此"子"或为笔误，不应当有——作者注），不能使天与之天下；诸侯能荐人与天子，不能使天子与之诸侯；大夫能荐人与诸侯，不能使诸侯与之大夫。昔者尧荐舜于天而天受之，暴之于民而民受之，故曰天不言，以行与事示之而已矣。'"（李向平，2006：153、154）这是一个公共产品供给者，特别是决策者产生的过程：有人推荐，消费者经过试用观察来决定。为了解决不合格供给者上位的问题，儒家"转而把本具终极性的天命信仰内在化，而把'德'与'位'视为了天命信仰不可或缺的路径依赖"。"宗教、道德、政治，由此三位一体，以道统建政统，以政统制学统，以学统述道统。虽有层次分别，却更是功能整合。"（李向平，2006：155）

④ "至少在接受德的一方，已经超越了利益算计，仰慕给予自己德惠的人，从而进入到个人之间的人际结合关系层面。""在现实生活中发挥作用的这种形式的'德'，到了儒家那里在内心予以纯净化，并与心性相连接，又附加道德层面的价值观。"（增渊龙夫，2017：193）

第五章 黄河文明的结构与变迁

从原则上讲，儒家诉诸对决策者的人性改造，服务于长期公共产品的决策，而法家诉诸技术层面的利益交换，服务于对短期公共产品提供者的行为约束。① 而荀子的学说则构成了二者之间的桥梁。

几百年后，国家治理的现实需要再次推动了儒法学说的合流，而合流的契机正是央地关系遇的巨大挑战。事实上，汉武帝的中央集权与独尊儒术，只是国防压力与分裂张力导致的管控需求的产物。一方面是北方边境匈奴的持续压力；另一方面是无为而治带来的地方或基层治理无序。② 于是，基于集中强制力的需要，"儒教，到了前汉武帝时期已经成为公认的、官僚的指导理念"（增渊龙夫，2017：228 - 229），建立大一统的集权体制成为共识。③ 这就是以天命为依托的儒家经世济民理论的出现与道统化，这种道统化最终奠定了延续两千多年的专制君主官僚体制的合法性基础。

在制度构建方面，秦汉之变是黄河文明的第三个分水岭。黄河文明不仅出现了大国治理中必需的央地关系结构，而且出现了与皇室收入相分离的国家财政，从而标志着国家治理体制的成熟。甚至可以说，直到汉代中期以前，统一的国家内部结构、真正的国家公共经济体制还没有真正出现。早期的文明雏形，其实一直是贵族与官僚共存的混合经济体制，一直是"兵来将挡水来土掩"的临时性公共经济体制，常备军与"常备政府"实际上都是不存在的。甚至郡县制也长期是一个只有象征意义的"改革特区"。④

---

① 实际上，"儒家的德治也好、法家的恩赏也好，他们所立于现实的场所是同一个。而儒家思想中的德，把重点放在为政者的恩惠行为来自他们内面的心性部分（利他心与人性善——作者注），把它们从与现实关联的行为中抽象出来，是一种在人性觉悟基础上纯净化了的道德。所以，德治在原理上与制御人臣的法术相对立，是一种概念化的东西。但是，'德'，向人施予恩惠的行为，即这种从内面强化支配关系的东西，却是在现实的场景中产生作用，而且'德'的行为，往往表现为一种支配意志，在由具体的结合关系所带来的鲜活的现实场景下，在现实中发挥作用的德，未必与其法术性的功能产生矛盾，而是在同一个支配关系中发挥着作用"（增渊龙夫，2017：193）。

② 正如增渊龙夫（2017：220）所意识到的那样，"从景帝开始情况变得愈来愈急迫。在内部，诸王国的独立化倾向愈加显著。在外部，匈奴进攻的征兆已显，假如一味放任那些重臣、官僚的生活感情，将陷入不可收拾的地步"。

③ "那个建立在天人合一理论基础上的、以天子一尊为前提、让有德有贤者成为官僚辅佐天子的汉代政治秩序的德治体制，深入人心。""这就是汉代国家权力正当化的理论。"（增渊龙夫，2017：229）

④ 因为"从郡县制而来的田租、算赋，只不过是整个财政收入的近半，甚至更低。关于这一点，将汉代的财政收入分为国家财政收入和帝室财政收入，并明确其组成的加藤繁的经典研究，已经给予明确的说明"（增渊龙夫，2017：246）。

尽管秦国开始的荒地开垦即在贵族私田之外构建公田体系，逐步成为国家的经济基础，但直到西汉中期以前一直未超过私人贵族公共经济的份额而成为公共经济活动的主流。从临时性、离散性国家财政，到连续性、持久性国家体制的转型，是一个巨大的革命性飞跃，是黄河文明的第三次成功转型。[①] 并且，正如增渊龙夫（2017：255）指出的那样，中国的开垦运动走向了与英国圈地运动完全相反的方向，从而加速了早已开始的东西方文明的分流。[②] 因此，在中国，至少从汉代开始，国家就拥有自己的公共经济基础，国有经济就构成了财政收入的支柱。相反，在罗马帝国，塞尔维多斯的类似改革却只是建立了最早的资本主义决策体制，从而导致了罗马的衰落（库朗热，2006：270、273）。罗马确实进行了构建世俗国家的尝试，但罗马人构建的世俗国家是一个不可持续的公共经济体制。正如"进攻性战争的不可持续性"（宋丙涛、潘美薇，2019）一样，当新的外部殖民地不能持续扩张时，以利益为基础的商业帝国的崩溃就不可避免。

而在秦汉，新垦土地是与君主的支持结合在一起的，郡县制最终吞噬了封建旧体制。因此，秦汉时代的公共经济体制之变，实际上是公共经济资源经营形式的变化，实际上是原始氏族共同体向现代国家的转变，而不是"公有"向"私有"的变化。[③] 这些共同体所拥有的山林薮泽恰如英国

[①] 事实上，英国的国家财政收入也是如此，直到1688年之后，英国才有了真正的国家财政，或者说国家财政才开始超越国王或贵族私人财政而成为主要的公共经济模式。

[②] 因为"此处所透露出来的信息是，薮泽在战国时期为霸王、亦即新的专制君主提供了重要的经济基础"（增渊龙夫，2017：255）。换句话说，英国人的圈地圈出了资本家的私人产权，是一个私人产权构建过程，是化公为私。因为有了私人产权的庞大经济基础，英国人不得不构建议会主权，来获得征税权——公共主权的经济基础。但汉代的皇帝圈地、开垦运动，虽然性质上似乎是私人产权，但皇帝的私人产权很快变成了国家主权，并奠定了此后国家财政的经济基础，实际上是化私为公。

[③] 关于这些荒地山林的田产的公共性质，本来是没有多少争议的。它们原为公地，用于狩猎。而"田猎所得之物'大兽公之，小禽私之'。""可见大兽皆须交给掌管山泽的公家官吏虞人，唯有小兽听凭捕获者自由处置。"（增渊龙夫，2017：257）很显然，无论是中国皇帝的开垦，还是英国商人的开发，圈地运动圈占的土地原本都是公共的经济资源。只不过战国时代的君主首先化公为私，成为君主财源，随后再逐步化私为公，最后成为国家财政的基础。而英国的贵族与资本家直接将这些资源占为己有，使之成为私有产权与市场经济的基础，然后再在议会主权的背景下为国家财政提供一定的经济支撑。

圈地前的公地，名义上为村社共有，但实际上由村社权贵所控制。① "作为氏族制共同体核心之长将一直由其自身作代表，并掌握的共同体的各种控制权，转化为他自己的父家长制占有权并专享之，且逐步在经济或政治上建立起自己相对于共同体其他成员的特殊支配权。"（增渊龙夫，2017：264）在秦汉之变中，这些中国的君主或掌权者逐步建成了独立的集权财源，并随着制度的演进逐步恢复了这些资源的公共性质。相反，英国的专有权拥有者最后变成了富可敌国的公司的所有者，并随着私人产权的极端化而成为公共经济的竞争者。

当然，在中国，这样的国家建制的成功历史并不是普遍的，而仅仅是个别的有为君主积极尝试的结果。② 同时，作为央地关系的一个特殊类型，大一统帝国与群雄并存的乱世在中国的摇摆规律，既受治理者构建国防公共品积极性高低与能力强弱的影响，也受外部地缘政治压力大小的约束。

事实上，在圈地开始时，中国的很多贵族就像英国的贵族一样，"出于自己利用的目的，首先以囿的形式开始排他性地占有其邑外围相连的一部分山林薮泽"（增渊龙夫，2017：265）。这些被称为"公"的人开始了私的经济行为，从而削弱了公共经济体制的基础。君主也很快加入圈地为私的活动，并通过招徕流民开垦荒地壮大王权的经济实力。最后，因为君主私田过于庞大，最终物极必反，反而在某些地区形成了更多地表现为王私人所有性质的国家"公"田。随着这类皇家"公"田的扩张，最后形成了新的公共经济体制与现代国家结构，王的私田"蜕变"成了国家的公田，完成了化私为公的蝶变。所以圈地与开垦，实际上有一个由公变私、再由私变公的过程。当然，最早的公田，是由籍田、祭田发展而来的，主要是用于祭祀，是依赖于鬼神约束力而存在的公共经济资源。但新的公田完全成了国家治理的经济基础，成为世俗公共经济体制的基石，非常类似于后来

---

① 对此，增渊龙夫（2017：258）指出："在现实中氏族共同体中握有规制权的、作为其代表的就是氏族共同体之长（亦即'公'），以族长掌握规制权为基础，共同体对山林薮泽的利用可能首先就呈现出前文所述意义上的田猎的形态。"其中"公"如齐桓公、晋文公等。
② 增渊龙夫（2017：264）写道："与邑制国家的变化相伴随、一直处于众人共襄祭祀与军事的、邑制共同体规制之下、而许多族人利用的山林薮泽，也逐渐作为君主个人这一共同体之长的家产而被排他性的占有，并由此转化为专制君主权力形成的重要经济基础。而在这种调整归于失败的各国，与卿大夫等共同体成员的分立化倾向相适应，山林薮泽也因众多的家父长制领有的存在而被分别霸占，以致进入战国以后，这些国家走向分裂与灭亡。"

出现的基层治理单位——家族祠堂下的族田。

关于这个公共经济体制变迁过程中的影响因素，军事技术发展的作用功不可没。[①] 实际上，大多数的公共经济制度变迁都与军事技术变迁相伴生，英国财政体制的构建是这样，中国财政体制的构建也是这样。与英国近代崛起的过程类似，春秋战国时诸侯国的财源也是首先源于军备物资筹集，然后才是人头税与关税对这些军备物资的替代。当然，如果这些山林薮泽一直被贵族控制，那么作为公共经济标识的现代国家就不会出现，甚至会在贵族的内斗中（如晋国）不断分裂并最终消失。

然而，由于未能预料到国家治理体制的变迁方向与公共经济活动的意义，许多当时的政治精英无法理解这些制度变迁背后的积极意义，特别是无法理解皇粮国税出现在公共经济体制构建中的价值，反而一再抨击专制君主的收税行为。[②] 可喜的是，人类的历史一再表明，无论是汉朝，还是英国，凡是建立了有效的税收制度、获得了足够的财政收入、又提供了足够的公共产品的国家，都在文明演化的过程中获得了成功。相反，所有因轻徭薄赋而无法提供充足的公共产品的国家都消失了（比如威尼斯共和国）。并且，秦国早期征收的山泽之税，非常类似于英国早期的东印度公司的特许权使用费，是一种资源垄断的租金。把垄断资源的收入用于国防是合乎公共经济供求逻辑的，因此它们的成功就是一种历史的必然。类似地，对于耕地的收租收税，往往与荒地开垦、旱地灌溉等公共投资有关，是典型的基础设施或发展型公共产品投资，服务于经济发展过程中的成本降低或收入增加，[③] 是一种公共经济的良性循环，因而构成了国家治理的经济效率基础。

意料之中的是，秦汉建国过程中遭遇的封建与郡县关系的争论持续了

[①] 增渊龙夫（2017：272）写道："随着君主常备军的扩大和强化，赋的征收从特定的军事资材，转向对更加宽泛的直接生产者农民的田地或收获物的征收。进而到了战国时代向钱币纳税的人头税发展，而越来越增大的专制君主的军费财源的获取，走向了对普通的广大民众层征收的趋势。"

[②] 不知道公共经济活动中的供求关系，晏子无法理解君主对原来是公地的山林薮泽的产品征收赋税，因而将之称为恶政。类似地，英国国家奠基者威廉的征税手册也被历史学家诬称为"末日审判书"，它实际上是英国近代文明的奠基石。

[③] 见宋丙涛（2015）。

上千年。① 如前所述，对这种央地关系形态之所以如此难以形式定论，是因为早期的地方公共产品供给者既要负责满足地方消费者的公共品需求，还要负责国家公共产品的资源供给，于是财权的匹配问题就会出现两难。事实上，若决策权归地方，就是典型的封建制度，此时地方有可能坐大，最后成为不同的、独立的公共经济体制，然后像春秋战国时的中国和中世纪的欧洲那样战乱不断。若决策权归中央，那就是大一统下的郡县制度，虽然就全国性公共产品而言，供给可以得到满足，但就地方性公共产品而言，特别是与当地发展相关的基础设施建设，国家的决策既有可能不接地气、失之于浮夸，还有可能耗损太大，陷入"黄宗羲定律"所说的民间负担加重带来的治乱循环。

确实，由于公共产品供求之间的利益边界无法界定，也由于公共产品的类型与执行者之间关系的错综复杂，直到今天，关于公共产品供给中央地关系的原则仍然争论不休、众说纷纭。何况，问题的复杂性，特别是小公与大公身份可变带来的利益关系的复杂性，还使得一些假公济私的行为看起来似乎理所当然。对于这些公私混淆带来的问题，增渊龙夫（2017：335）曾指出，春秋乱世就是从执行者假公济私开始的。比如，晋的六个大家族就是以公的名义分裂国家的，② 最后却因为一己私利或小公利益而国破家亡。为此，增渊龙夫还从字源的角度解释了"公"在先秦时期的多元化意义以及当时的制度在公私关系上的多样化安排。③ 很显然，自从有了文明，有了公共经济体制，"先有公后有私""私从属于公"的经济原则就出现了。事实上，在早期的封建社会中，封建采邑仅仅是一种公共产品的交易形式，是公共产品供给执行者的工作报酬，而不是私产，采邑所得仅仅

---

① 实际上，"早在秦统一天下、全国实施郡县制的当初，这种是与非的议论，就有淳于越和李斯的争论，汉初有郦食其与张良的议论，三国时代有曹囧、陆士衡，以及更为著名的是唐代的柳宗元、白居易、宋代的刘敞、毕仲游、李纲等人关于封建论和郡县论的争论。进而到了清代，顾炎武著有《郡县论九篇》（《亭林文集》卷一），提出为了消除郡县之弊端，应该在郡县中加入若干封建内涵的论述"（增渊龙夫，2017：287）。
② 因为他们"都是晋国的实力派世族，这些世族频繁变换出任晋国执政，换言之，这些世族集团构成了晋国公权力的代表"，但在执行中"他们究竟代表'公'呢、还是代表'私'"（增渊龙夫，2017：335），这是值得怀疑的。
③ 增渊龙夫（2017：343，346）写道："'诸是守邑之长，公邑称大夫，私邑则称宰'"（343），"当时的邦国从源头上来说是拥有共同祭祀和军事诸条的共同体，而共同体的代表者属于公，邦国边鄙诸邑是一种共同体，其管理和利益属于诸族共同体成员之长。（346）"

是公共职位的一种工资形式。① 但晋国的士族与齐国的田氏都把自己的执行权当成了所有权，都把大公的利益转换成了自己或小公的利益，从而出现了混乱。

确实，正如李向平（2006：419）分析的那样，"公领域与私领域的建立与运作，其实（应）是各守其业，但公领域的东西可以借助于公共之名义而轻易进入私领域"。② 因此中国的儒家思想认为，对于这些公务员来说，压抑私心无疑是他们从事公务的基本前提，无恒产有恒心是一个公务员应该拥有的基本职业操守。③ 相反，有恒产才有恒心是对小人而言的，是对私人产品供给者的要求，所谓的恒心是指财产的家族传承，而不是公共产品的共享。④ 中

---

① "顾炎武也曾针对那种'以公灭私'、'有公而无私'的主张分辩说：'自天下为家，各亲其亲，各子其子，而人之有私，故情之所以不能免矣……至于当官之训则曰以公灭私，然而禄足以代其耕，田足以供其祭，使之无将母之嗟，室人之谪，又所以恤其私也。此义不明久矣。'（顾炎武：《日知录》卷3，《言私其豵》）""然政治秩序则是一个'公'的领域，其中却容不得一个'私'字。所谓'建国亲侯，祚土命氏，画井分田，合天下之私，以成天下之公。此所以为王政也。'（顾炎武：《日知录》卷3，《言私其豵》）。"（李向平，2006：402-403）其中，"合天下之私"，就是成本收集，即征税；"以成天下之公"，就是公共产品供给。

② 但李向平（2006：423-424）没有理解这个公私差异，简单地盲从了新古典的产权界定背景下的"法制"思维，认为："正是这样一种宗教传统，导致中国人对于精神修养、道德禀赋的过分信赖，反而忽略对于制度、组织以及相应的社会规范的考量，出现中国文化历史上的'精神依赖'和对'私人化关系理性'的过分信从。君风人草，道德依从。"（423）但中国的法制史表明中国人从来没有忽视法制。另外在文化上对君子有更高要求是文明延续的前提，对于文化人而言，树立一个圣人的标准，即使可望而不可及（即）也是必要的，恰如共产主义理想的意义："圣人之有公心，犹天子之公天下，两者的逻辑是一致的。"（424）这样一种导向，在公共经济组织内部往往是有效的。

③ 李向平（2006：412）写道："道德精英主义与权力精英机制，因此而得以结合。""《吕氏春秋·贵公》说：'昔先圣王之天下也必先公，公则天下平矣。'《慎子·威德》则说：'法制礼籍所以立公义也，凡立公所以去私也。'……这是一种极其特殊的'崇公抑私'现象。""在中国宗教精神的深层次上，只有'公'才是一种公认的天地至德，才能把圣人精神证明成为'至公者'，成为'天之经，地之义'的表达形式"。这正是马克思主义的精髓，也是针对《红灯记》中"人不为己天诛地灭"之言的直接回应，马克思主义关心人类文明，才会与儒教一样殊途同归，关注"天经地义"的至公道德。

④ "从这个角度来说，私人信仰可以被认为是公共崇拜的一个极大的补充。尤其是对那些无恒产而有恒心的文人士大夫而言，这类私人性质的宗教关怀，恰恰为他们提供了一个最好的精神休憩空间，缓解了他们身处官场的精神压力。"（李向平，2006：405）"在公共崇拜的意义关怀之下，个人的即私人的，难为公共，不可神圣。尤其是那些儒生官僚，既无恒产却有恒心，只能依附在这个公共而神圣的制度之上。所以，或达或穷，兼济独善，惟士为能也。"（李向平，2006：410）公共崇拜意义的关怀即公共经济的考虑，神圣的属性只存在于公共经济中。

国儒家诸子很清楚，大公无私不可能要求所有人都达到。但这些有私心的庶民百姓（当然也包括堕落的精英）也就没有资格去从事公共经济活动，这种分工原则与要求是很清晰的。而将自私的诉求视为理所当然的神圣权利，只是近代以来试图参与公务的资本家或资产阶级代言人的无知与无耻。

关于早期黄河文明制度中体现"公"的安排，增渊龙夫（2017：257、372）指出，除了《周礼·夏官·大司马》中提到的"大兽公之"之外，《诗经·豳风·七月》也有"言私其豵，献豜于公"。可见，早在周礼出现以前，公共体就是一种最常见的公共经济形式。其中"田猎最早是共同体举行的仪式，献于族长的大兽并非属于族长个人的物资，而是通过氏族制的邑共同体之长、按照共同体的惯例，掌管祭祀的供物和兵器的材料"，是"公"的代理人。[①] 他（增渊龙夫，2017：374）甚至认识到，"此处的公田就是领主化了的族长之田"，但"此田并非族长的私有耕地，是族长以下的氏族全体成员共同劳作、其收获物首先供给氏族祭祀以及其他共同体所用，这是氏族制共同体惯例下的残留"。因此，《国语》中记载的复杂的籍田之礼反映的正是氏族共同体共同劳作、公田存在的史实，也是孟子倡导井田制的依据，更是后来中国南方家族族田的原型。

只不过，就像晋国六族一样，执行者后来逐渐将它们变成了自己的私田与专有权，并开始强迫庶民劳作纳贡，再后来就出现了出租收税的初税亩。而初税亩的出现一方面意味着公田的私有化；另一方面也意味着共同劳作的消失和新型公共经济体制的出现。或许，正是在这个假公济私的背景下，郡县制缓慢地替代了氏族制共同体，[②] 原有的相对无效的宪政共和体

[①] 所以，库朗热（2006：59）写道："柏拉图在他的法律书内，说不许田主卖田的禁令并非是他自己的创意，他不过是重述旧的法律而已。""斯巴达人也禁止卖田，这是一个不争的事实。"

[②] 增渊龙夫（2017：358）未能充分地理解县的公共体性质，他写道："管领县的大夫，他们一方面具有国家所任命的地方官的性格，同时被国家所任命的、拥有国家权力的这些县大夫又是其氏族的首领，因此具备了原本的私属性格。"然而，事实上，即使是氏族共同体其实也不是私属性格，仍然是公的形式，区别仅仅是大公小公而已。这正是封建与郡县矛盾的原始形态，是集权与分权、央地关系的原始形态。

制中的直接博弈机制①消失了。在这些消失的体制中，就像古希腊、近代英国一样，国王、贵族、国人都是公共产品提供者，只是国王与贵族还是供给活动的指挥者而已，因此他们之间不仅仅是公共产品的供求关系，还是供给者内部的同事（决策者与执行者）关系。因为供给过程事关重大，所以这些具体行动的执行者都有积极性参与决策。这就是英国议会、光荣革命的背景，也是中国西周时期共和的逻辑基础，以至于转型过程中"'国'之为政者（国君与执政的贵族）与'国人'之间这种紧张的关系是春秋时期各国都面临的困难问题之一"（增渊龙夫，2017：368-369）。

不过，"'国'之为政者与'国人'之间虽然存在前述所见的紧张关系，但是从居住在'国'的城、郭之外、分散在原野上众多'鄙'邑的农民来看，'国'中的贵族和'国人'都属于支配阶层。贵族和'国人'是'国'的组成成员，而居住在'鄙'邑中的农民却不是，他们只是'国'的隶属部分"（增渊龙夫，2017：369）。同时，国野两类居民又都是国家公共经济体制中的利益共享者与公共产品的消费者，尽管没有参与决策，但这些共享者也得到了利益，"于是'国'中的贵族通过收夺这些'鄙'邑中农民的生产物及其劳动力来养活自己一族，同时又拿出一部分作为贡物上交给国君。因此作为'国'中支配阶级的国君、贵族与'鄙'邑中农民的关系，跟前述国君、贵族与'国人'的关系不同"（增渊龙夫，2017：369）。国人既参加了公共经济的执行，又是公共产品的消费者，是社会分工不彻底的产物，而贵族与农民之间是纯粹的公共产品供求关系。

很显然，作为儒家思想产生的背景，春秋战国时期的制度变迁过程已展现出清晰的公共产品决策者（国君）、执行者（贵族、国人）、消费者（农民）三方纠缠的复杂关系。一方面，执行者也是消费者，但他们的需求结构与纯粹的公共品消费者农民有差异。另一方面，决策失误会使执行者

---

① 增渊龙夫（2017：368）注意到，"春秋以前的'国'尚残存着共同体遗制的一面。因此当既是指挥官又是执政者的国君（公）或贵族（卿、大夫）在与'国人'共同应对现实课题的时候，当支配者发生背叛'国人'的期待和信赖的行为之时，国君和贵族不得不直面'国人'的批判。在关系国君的废立、'国'的生死存亡等重大场合，执政者必须召集'国人'，征求他们的意见"。"那些因为专断妄行、失去'国人'支持的执政者（卿），被得到'国人'支持的其他贵族所流放或追杀的事例，在当时屡见不鲜。总之，'国人'组成了'国'的基础力量，战士是'国'中军队的重要基础。"

丢掉性命，因此，执行者有积极性、有时间参与决策。而只参与免费共享的纯消费者则没有机会、没有积极性参与公共经济决策过程，此时的农民在公共经济中的作用决定了东西方文明的第二次分岔。如果农民不用交税而只是作为免费共享者存在于社会的边缘，就会出现早期的贵族宪政体制或后来的商人宪政体制；如果农民逐渐开始交税，甚至成为财政收入的主要提供者，贵族的作用就会被削弱，大一统的官僚政治体制就会形成。但儒家诸子敏锐地观察到了这些弱势消费者的存在及其目标意义，以天意即民意的天命理论构建了世俗国家集体行动逻辑与公共经济逻辑的理论基础。实际上，很多人都注意到，在这个三方博弈模型中，特别是在决策过程中，作为纯粹消费者的弱势群体的缺位可能带来的文明危机，也是近代以来资本主义社会危机不断发生的制度根源。

（二）农耕文明治理体制的经济内涵[①]

然而，在流行的传统政治体制分析中，研究者往往将决策者与执行者合并在一起并简称为统治阶级，从而构建了简单的统治者与被统治者的二元模型。很显然，这是一个典型的新古典供求模型。也正是在这个简化过程之后，市场交易中消费者显示偏好的优势成为新古典推崇市场、污名化政府或公共经济的依据，市场失灵理论成为公共经济理论的圭臬。但人类的文明演化历史表明，政府不仅是先于市场而存在的，而且是人类文明演化的核心与推动力量，并且制度变迁的推动力就在于被新古典简化掉的公共产品决策者与执行者之间的张力与斗争。

更为重要的是，受新古典市场模型的影响，公共产品供给不足导致的国家危机，[②] 往往被误读为价格过高（横征暴敛）的危机。正是沿着这条单向的价格思维或市场逻辑，周雪光（2014）再次讨论了"黄宗羲定律"背后的公共产品价格机制："杂税丛生—并税式改革—杂税丛生"，并用委托代理关系、正式与非正式制度关系、名与实的关系进行分析，似乎价格高

[①] 本节的部分内容以《公共产品供给与基层治理经验：理论逻辑与历史逻辑》为题在《地方财政研究》2019年第10期上发表，作者为宋丙涛、潘美薇、杨梅。
[②] 王朝更替的肇因主要是公共产品供给不足，无论是在外部国防还是内部秩序方面，但这都被后世学者总结为苛捐杂税。实际上，就像私人产品的购买一样，性价比才是产品的生命力。如果高税负带来的是强大的国防、井然的秩序与很好的福利，国家与王朝就不会崩塌。

是问题的关键,而根本不问产品的质量与性质。这样的研究方法难免会导致纯粹的口舌之争,一方面社会学家、政治学家(比如王家范、谢天佑与秦晖等)将其总结为特有的苛捐杂税现象;另一方面,历史学家——比如黄仁宇(2001)、王业键(2008)与马德斌等(2014)的研究却表明,与近代西方相比,古代中国的税收负担并不重,甚至过轻。

从历史的进程来看,由于人口增加与治理事务不断增加,从体制外的杂税着手开展税制改革实际上是一种常见的公共经济供求关系调整机制。由于地方性事务越来越多,而地方政府又无权开征正税,因此只得开设杂捐,以便为正税的调整积累经验。不过,鉴于事务本身的不确定性,尤其是在临时事务与长期事务的判断上存在许多变数,因此这种杂捐难免出现偏差与过量。再加上作为执行者的地方官员本身的私利与小公利益难免趁机搭便车,因此对苛捐杂税的体制外尝试更会成为不受约束的假公济私者、追求私利者的工具。然而,周雪光等人所总结的"不完全财政"是公共经济体制变迁的常态,非正式制度的先行先试很可能是一个比较合理的制度安排,只是存在被误用滥用的风险而已。特别是作为执行者的官吏的自私人性,又往往使得这个制度变迁的缺点被无限放大,而模糊地带或产权无法界定的公共经济特征又增加了其间的执行成本或过程损耗。正是在这样的背景下,为了统一财权、降低执行成本,中央才会不断地重新合并税制,这就是"黄宗羲定律"背后的公共经济制度变迁逻辑。然而,在黄河文明的早期,特别是在国家治理体系成型的过程中,中国的先贤诸子早已经认识到了这些过程中损耗的可能性,因此在儒家学说的基础上提出了以"治人""治吏"为主体的法家主张,构建了以约束"公务员"为主要目标的法治体系与监督体系。

事实上,在国家治理体系出现的战国时代,作为决策者与执行者的博弈双方(君主与士大夫)都是为第三方服务的,即为弱势群体提供生存型公共产品,所以产权或主权的差异并不重要。因此,就像英国的习惯法传统一样,中国的"共治格局并非契约性的法权格局,在其之上没有成文或不成文宪法,只有儒家伦理和王朝的祖上传统所形成的礼教格局,君臣之间,各守本分,各尽其职"(许纪霖,2017:328-329)。在这个以习惯法传统为基础的国家治理体制的构建方面,近代英国与早期中国有着惊人的一致性。然而，近代以来的作者却千方百计地想证明，中国的皇帝总是不守规矩的"恶棍"，并造成了中国的长期落后，而英国的各位君主似乎是道德高尚的表率，并因其从未僭越习惯法而带来英国的发展。事实上，正如许纪霖（2017：329-330）强调的那样，近代英国的治理模式"与其说是共治体制，不如说是共治格局更恰当一些。体制是硬约束，格局则是暂时的共识，甚至权宜之计"。当然，在中国，因为实现了官僚化，中国的"皇权是硬权威，士大夫是软权威。士大夫是否可以发挥士人政府的效用，完全取决于皇帝个人的德性和能力"。相反，在英国，因为停留在军事宪政阶段，王权是软约束，拥有主权与军队的世袭贵族权力是硬约束，国王的权力完全取决于贵族的合作态度。但从国家治理体制的构建过程来看，制度变迁的原始动机几乎是完全相同的，只是走向了不同的道路而已。

关于习惯法与成文法的比较，战国时期的中国学者就曾有过争论。有人担心，[1] 在边界不清、外部性明显的公共产品领域让所有人都知道利益背景、并参与讨论是否只会带来混乱的丛林竞争？他们质疑，在利益竞争的背景下，公共经济中的利益关系有可能越辩越明吗？尽管我们不知道子产是否在当时的郑国引起了混乱，尽管郑国的过早衰落是不是改革方向不正确的结果不得而知，但可以明确的是子产的改革使得贵族精英放松了对自己的利己心的约束（Zhao, 2015：165），郑国短命的历史是清楚的。由于精英不再以更严格的道德标准约束自己，而是以法律的底线来参与博弈，单纯的依法治国难免导致礼崩乐坏的混乱结局。当代人认为法治逻辑在公共经济领域未必是有效的。[2] 特别是，法治尽管提高了执行者的效率，但削弱了精英的利他意愿，减少了决策者的努力程度，甚至鼓励精英钻法律空子。这样的改革，将会导致人们离开道德底线，逼近法律边界，最终必然会给整个社会的秩序维持带来巨大的社会交易成本。正是因为这个原因，中国

---

[1] 《左传》中清晰地记载了当时的精英对诸如此类问题的担忧。他们认为，在人人关心个人利益、参与争论却又不可能给出准确边界的公共经济领域，争论很可能只会带来混乱。尽管由于通信不便的原因，子产与叔向的争论没能达到充分的沟通，甚至讨论的问题也不完全对应，这个争论却提醒后人，公共经济领域的利益关系不可能简单照搬微观经济领域的有效办法。

[2] 以罗马法为源头的大陆法系主要是物权法，而以秦律为代表的法家体系主要是治人法，二者是完全不同的，前者是私人经济的规范，后者是公共行为的规则。中国法家的法治与儒家一样，关注的是公共经济事务。

法家的兴起并没有带来大治，而是在各个诸侯国励精图治的背景下催生了长期的混乱与战争。直到西汉中期，特别是直到以儒教名义把道德规范重新树立起来之后，中国才走上了以儒学为基础的法治轨道。关于中国古代文明中的这个思想特征，罗素（1996：61）曾有过清晰的认知："中国有一种思想极为根深蒂固，即正确的道德品质比细致的科学知识更重要。这种思想源于儒家的传统。"

确实，对黄河文明来说，德与法均是公共经济活动有效开展的必要条件，儒法诸子都在关心经世济民的绩效，都在试图影响公共经济的供给执行者。但只有儒家学说才是黄河文明傲立两千多年的独特基础，是黄河文明区别于其他文明的特色。其中，儒家思想与教育体系培养的"士"构成了一个独特的具有利他精神的群体，是几千年来中国公共经济体制运转的关键力量。他们关注公共经济利益，应对各种挑战，并通过一代代人的不懈努力，作为思想传承者、体制构建者和供给执行者，为黄河文明的延续、转型做出了不可磨灭的贡献。在中国的传统文化中，理想的"士"根本不需要像西方的商人那样拥有自己的利益，他们存在的意义就是传承儒家思想，就是通过积极参与公共经济活动来践行儒家思想。很显然，作为公共产品的供给方，"士"的思想理念与行为方式展示的是一个典型的公共经济逻辑，是无法用现代经济学来解释的利他行为模式。

当然，所有这些有关公共产品执行效率与执行机制的讨论，在传统文献中，是作为"政道"与"治道"的关系而存在的，这也是儒法两派争论的焦点。近代以来的中国学者，由于深受新古典经济学范式的影响，没有理解政道的公共经济供求关系的本质，忽视了天道与天命理论，忽视了政道的不同表现方式，反而以为中国古代的国家治理中没有政道。[①] 更为重要的是，他们的分析忽视了"打天下"（建国）与"治天下"（治国）的区别，忽视了中国是世界历史上唯一意识到政治（正确治理）内涵的文明。事实上，在古代中国，孔子之仁就是政道，儒家思想就是政道。没有正确

---

① 对此，许纪霖（2017：335－336）曾准确地指出："对权力的运用，那是治道，所谓的宪政，乃是政道。治道关心的是如何统治、如何治理，善治、王道是其最高境界。而政道所关心的是如何赋予权力以正当性，如何以制度的安排配置和限制权力。牟宗三先生有关古代中国政治只有治道而没有政道的分析，乃是石破天惊的卓见。"

的儒家思想做指导，仅有武力的秦、隋、元各朝并不能成为黄河文明的代表，儒法一体的汉、唐、明、清才是黄河文明的典范，不断完善的儒家思想才是政道的理论核心。当然，作为人类社会制度的道德基础，利他主义是所有文明产生与演变的前提，而保障弱势群体的生存则是社会分工合作的主要出发点，也是公共经济体制的基本任务。正是沿着这个方向，中国古代的圣贤们经过了两三百年的反复争论，才最终确定了儒家推崇的政道与法家规范的治道相结合的黄河文明治理体系。

然而，由于缺乏公共经济理论的分析工具，黄河文明中分层提供不同种类公共产品的不同组织模式与多元治理结构的优势一直没有得到很好的认知，传统体制中各个主体之间的矛盾也没有得到很好的分析。一方面，"中央集权与地方主义的冲突，并没有得到终极性的解决。顾炎武所说的'封建之失，其专在下，郡县之失，其专在上'的古老难题，依然纠缠着后来的历史，没有制度的刚性结构，就无法解开'一统就死，一放就乱'的死结"（许纪霖，2017：412）；另一方面，儒法结合的政、治一体仍然使黄河文明的演化获得了持续的成功，延续了两千多年而不坠。对此，赵鼎新（Zhao，2015：9）从内在合理性、演化动力学与实证有效性的角度进行了卓有成效的分析，并提出了许多颇有价值的问题。

与大多数历史学家相比，赵鼎新（Zhao，2015：42）的分析敏锐犀利、直达核心。他清晰地意识到，国防公共品的提供是所有政治活动的首要目标，是历史变迁的主线。他也注意到，用事后的结果来判断治理的绩效与政权的合法，存在滞后性问题与不稳定性问题，因此任何一个治理模式都需要事先的意识形态论证，从而肯定了思想理念在文明演化中的基础性地位。当然，由于深受蒂利（Tilly，1992）国家观的影响，赵鼎新过于强调了竞争或战争在历史发展中的动力作用，忽视了外生自然冲击（比如天灾）与内部制度构建（追求秩序）的"第一推动力"[①]或原始推动力价值（Zhao，2015：29）。但正如汤因比的研究所表明的那样，不同的文明诞生于不同的历史背景，诞生于不同的挑战应对过程。正是为了解决我们遇到的一个个问题，各代先贤才尝试提出各种思想，探索构建各类制度，并在不

---

① 在《自由与增长》一书中，爱泼斯坦（2011）否定了多布（Dobb）的内部产生发展动力的观点，并把黑死病作为一个外生变量来解释欧洲的发展原动力。

断的修正完善过程中传承下来。因此，赵鼎新（Zhao，2015：176-177）承认，正是因为西周的公共产品供给机制出现了危机，所以才有了对新思想、新体制的需求，从而刺激了思想与制度的供给，诸子百家的思想才应运而生。鉴于东周几乎所有的问题都是社会问题或公共经济问题，因此诸子百家的思想就主要是围绕这些公共经济问题而进行的探索，而诸子百家思想的融合深刻地影响了黄河文明的成型与发展，也成就了秦汉帝国在古代文明中独一无二的超越性地位，也奠定了公共经济（理论即经世济民）的框架基础。

在一本论文集中，沃尔特·沙伊德尔（2020）对比了古罗马帝国与汉帝国在公共经济活动方面的绩效差异与制度优劣。他指出，收入来源与开支去向反映了统治者与被统治者（其实是公共产品供求双方）之间的博弈机制特征，也预示了后来的发展路径差异。他强调，汉朝财政收入的一半被用于官员工资或社会交易成本；另一半被用于民间救济或直接提供公共产品。因此，汉朝财政的重要特征是收入来自本地居民，开支也主要用于本地居民的公共产品提供，因而具有供求相关的可持续特征与地域性特征。相反，在罗马帝国，财政体制具有明显的"大众"服务"小众"的寡头机制特点与族群掠夺特征，因为罗马的财政收入主要来自外省，开支却主要服务于罗马。[1] 因此罗马的财政更为贵族化，更具"流寇"性和榨取性，特别缺乏供求相关性。这样的公共经济体制很显然并不是一个可持续的文明模式，以至于罗马衰落后西方古代文明也就此终结，欧洲不得不长期在黑暗的中世纪徘徊。但类似罗马这样的掠夺性帝国并不是人类文明演化过程中的个案，以战利品为目标导向的国家体制构建尝试曾经在各个古代文明

---

[1] 按最保守的估计，在10亿单位的总财政开支中，至少有6亿被用于军队，1.2亿被用于官员工资，只有2.5亿被用于其他；按比较夸大的估计，11亿~12亿总财政收入中，很可能有7亿被用于军事支出，2亿被用于官员工资，1亿~1.5亿被用于建筑，1亿~1.5亿被用于其他。同时，在收入来源中，意大利本土是免缴直接税或上贡的。而在外省，直接税的税率是农产品的1/5到1/7，而像叙利亚等边缘地区则是1/5~1/6的收入税，埃及的征收比例更是高达30%~40%（公地）与1/10~1/8（私地）。作为对照，汉朝农民的税率只有1/30。更为重要的是，中国的收入至少有一半是来自地方然后用于地方公共产品供给的，即所谓取之于民，用之于民。而罗马的收入却是取之于外省，用之于罗马。其中，取之于当地又用之于当地的最多只有10%。该学者最后的总结是，罗马的财政60%用于军事，15%用于管理者，15%用于养着罗马人，10%用于各地的民生财政。换句话说，只有3%人口的罗马上层占用了90%的财政收入（沃尔特·沙伊德尔，2020：第五章）。

的探索中出现过，只不过因为缺乏可持续性而没有留下太多痕迹而已。相反，我们有理由相信，作为独一无二的或颇为独特的成功治理模型，延续两千多年的秦汉帝国模式与儒法学说对汉朝制度的指导有着难以割舍的联系。

确实，游牧部落发起的战争确实曾经反复挑战了农耕文明的治理能力，但以儒法诸子思想为基础的公共经济体制的稳定性与可持续性也同样是有目共睹的，其背后的逻辑就是一个复杂的供求双赢的公共经济效率模型。一般而言，农耕文明是一种拥有理论指导的规范的公共经济体制，而游牧部落则是一种松散的公共经济共同体，因为缺乏稳定的供求制度而始终处在前文明状态。但游牧族群拥有建立国家必需的战争强制力，恰如缺乏企业经营能力的资本家拥有资本一样。尽管农耕文明的儒教思想是一种治理理论，但没有法家的耕战（或商战）制度与游牧民族的战争能力，农耕文明仍很难在激烈的竞争中获得和平发展的机会，恰如拥有创新才能的企业家缺乏资本无法创业一样。

当然，就像资本家可以请人代理经营企业或企业家也可以融资创业一样，黄河文明的治理体制构建模式也有两种类型：一种是拥有战争能力或军事强制力的武装集团聘请儒士进行治理（唐、清模式），另一种是拥有思想的儒士与军事集团合作构建强制力（汉、明模式），具体形式不一而足。一般而言，儒家弟子在农业经营与秩序维持方面有思想优势，相当于企业经理人；而游牧族群在战争与国防方面有军事优势，相当于资本家与投资人。当然，一个国家的国防能力往往取决于拥有多少军事人口，而军事人口的多少则取决于农业的食品供给水平高低，农业发展水平高低又取决于内部治理能力的高低。因此，一个比较成熟的治理模式是，军事人口提供国防服务、消费粮食，农业人口提供粮食、消费国防服务，黄河文明演化过程中的治乱循环（翁之镛，1952）大多可以用这个模型中两类人口的此消彼长来解释。

在黄河文明的演化过程中，国家构建的成败与政治体制的延续正是这样此消彼长、循环往复的。并且上一个朝代的劣势往往会成为下一个朝代的优势，上一个朝代的优势又会成为下一个朝代的劣势。夏朝在传说中就是一个典型的农耕族群，因此擅长内政协调，失之于军事征战；取而代之的商朝则是一个典型的游牧族群，闻名于世的功绩便是东征西讨、南征北战，但无法安抚族内人群，难免落得个亲人反目、内部背叛的结局。尽管拥有战车骑兵的优势，随后崛起的周朝，却反复强调自己的农业背景，并把周礼视为立国之本。周人很好地处理了族内血缘关系、族外合作关系，但国防建设的薄弱使西周很快就在西北游牧族群的压力下分崩离析。需要说明的是，军事实力不强的夏人逃到北方后，逐渐回归游牧，反而成为未来的军事力量提供者；内部关系协调方面处理得不好的商人后代，定居于中原后，反而构建了儒家学说的基础。这些例子一再证明了，优势与劣势在兴衰循环中的交替关系实际上正是创治模式与治理模式差异带来的实践困境，不仅与血缘没有固定的关系，而且与区位也没有固定的关系。

确实，北方游牧族群可以很快学会儒家的治国理政方法，就像女真人入主中原近三百年；相反，一个农耕民族也可以回归为游牧，再次学会骑马打仗的技能，就像夏人的后代那样纵横漠北三千里。因此，对于文明的演化来说，成功的关键不是出身与血统，而是对建国与治国的衔接与把握，是因地制宜地解决问题、扬长避短地提高效率的能力。无论是谁，只要能处理好建国与治国的关系，并持续提供有效的公共产品，他们创建的国家制度就是文明，他们的治理模式就能确保长治久安。相反，如果他们只会武力征战，像秦、魏、晋、隋、元那样，根本没有学会治理，即使是"正宗"的黄河文明创始人的后代，也难免短命而亡。

当然，如果没能建立儒法一体的治理机制，要么只会治国，根本没有掌握建国技能，像南宋北宋这样，要么像元朝那样没有构建儒家伦理体系与治国机制，同样会走向衰落。很显然，宋朝与元朝都混淆了建国与治国两类公共经济活动的性质，前者把治国当建国，忽视国防；后者把建国当治国，忽视内政，失败就是难免的。因此，一个常见的教训是，建国过于容易与过度成功，往往使他们忽视了治国的困难与差异性；而治国的过于成功，难免忽略国防机制的构建。正是这些反复尝试的经验教训，使得宋朝以后的中国精英真正确立了以儒家思想为核心的意识形态，也熟知了建国治国的辩证关系，黄河文明从此也才得以真正成熟起来。

当然，在漫长的冷兵器时代，由于军事战略物资主要是车马，而马是游牧族群的生存资料，因此很多的游牧族群都拥有一定的"建国资本"，但只有很少的游牧族群获得了文明转型的成功。很显然，一个拥有野心的领导人与拥有治理经验的团队很容易使一个游牧族群成为国家体制的构建者与文明演化的推动者，这正是黄河文明不断崛起于西北、东北而南迁于中原的基本逻辑。此时，拥有战争资源的"资本家"，往往是先作为"投资人"提供军事服务，专职分工负责战争技术，一旦学会国家治理就会取而代之，就成为新国家的主人与新文明的探索者。类似地，尽管数量不多，"企业家"通过积累战略物资，也有可能成为"资本家"，由治理者转换为"投资人"。

当然，对于朝代更替与文明转型而言，生存公共品供给不足往往是第一诱因，而人口压力则是其表现。不过，公共品不足与人口压力既可能来自农业"过于成功"，也可能来自气候变冷带来的农业失败与外部移民。而气候的因素在中国人口从西北向东南迁移的过程中始终是最重要的外生变量之一，甚至构成了黄河文明形成与演化的主要推动力。张经纬（2018：128-131）指出，周人很可能就是起源于西北高原的游牧族群，在气候压力下，学会农业与治理方法之后逐渐南迁并成为文明一脉的。因此，在追述祖先时，周人反复强调"始祖""弃""遂好耕农"，强调公刘、古公亶父、季历都先后从游牧状态过渡到农耕状态，[①] 表明了他们对治国技术的重视。事实上，直到文王姬昌彻底进行了农业转型、学会了国家治理、奠定了文明基业，他们才开始着手取代商朝的一系列行动。周人的领袖很清楚，来自游牧背景的军事战略物资的优势并不是治国安邦的关键。因此，在周人的文献中，他们对这些与农业无关的先人游牧事迹很少追述。由此可见，尽管游牧生存方式可能拥有战争的优势与建国的能力，但只有农业社会中的治理技术才是文明的关键，才会值得传承，才值得被后代与史学家记录下来。只是，学者（胡谦盈，2000：118、135）没有意识到，这个农牧混合经济是有可能反复的，而不仅仅是一个单调的递增趋势。[②]

确实，尽管有些学者（魏特夫，2018；朱苏力，2018）曾从治水灌溉

[①] 前面对《山海经》文本的分析也提到，夏禹是如何历尽艰辛进行农耕转型的。
[②] 见胡谦盈（2000：118、135）。因此张经纬（2018）下面的说法不太准确："很可能直到季历之父、文王祖父的古公亶父时，周人才真正地开始改行农业定居生活。"事实上，碾子坡先周居址的考古证据表明，早期的农业与畜牧业同样发达。

对集权需要的角度分析过文明的演化进程，但真正的文明是一个复杂的三元结构模型与公共经济制度安排。而这个制度安排既包括内部的秩序治理，也包括外部的协调合作。游牧族群与农耕族群的关系很显然属于第二类，但正是这个关系决定并推动着黄河文明的演化。不过，我们认为，在中国，第一个关系或问题才是文明诞生的直接诱因，第二个关系问题导致了文明规模扩大和结构变得复杂，并最终导致文明的成熟、转型与大一统帝国的产生。帝国的构建，实际上就是要把更多的外部问题变为内部问题，然后再用内部的方式、和平的方式来解决，这就是黄河文明与专制帝国的实质，也是文明社会应对群际关系的主要模式。对于文明演化过程中的族群关系，阎步克（2020）强调了黄河文明在处理群际关系时对血缘关系与神权关系的超越，并因此认为北朝各代才是华夏文明的真正传承者。[①] 尽管南朝的血缘关系更近，但从文明传承与治国经验的角度来看，南朝学者崇尚的清谈与文明无涉，不仅于文明的演化无益，而且成了文明衰落的诱因，以至于尽管有"南朝四百八十寺"的佛教之盛，但在南北双方的对垒中南方几乎总是失败的一方。根据这个观点，不仅陈寅恪强调的胡汉关系并不重要，[②] 而且他在《隋唐制度渊源略论稿》中得出的"唐承南朝旧制"结论也值得重新考证。特别是考虑到王通所开私学培养的大批学生均在北方，隋唐两代均崛起于北方，一代盛唐究竟承袭何制是值得重新探讨的问题。实际上，深受近代西方理论影响的陈寅恪考察的对象，乃是南方私人经济，尽管私人经济活动可以为公共经济提供支撑，但私人经济活动的繁荣本身并不是文明本身，更不标志着文明的强盛。隋唐两代尽管在征税方式上吸收了南方的特点，但国家治理大局、公共经济结构实际上承袭的是北周的周礼与律例。

当然，作为儒法国家的第一个代表，汉朝的各代治理者，特别是东汉

---

① 根据阎步克（2020）的研究，从政治文化看，南朝尚清谈文学，北朝尚武功吏治。南朝学术深染玄风，而北朝恪守汉代经学。钱穆认为，北朝的复兴来自以儒家经学治国（如北周用《周礼》）。若依此说，则从儒家政治精神来说，北朝反而是沟通汉唐的。

② 所谓的汉人实际上是刘邦崛起后出现的、自西而东的西北移民的后代，无论是这些新贵，还是原有的世族，他们也都是游牧渔猎族群的后代，从血缘上讲，并不存在胡汉的区分。只是到了汉代，原先的草根农夫与游牧族群下层第一次有了机会成为公共经济的供给者，因此所谓的胡汉关系仅仅是新的公共产品供求关系双方而已，也仅仅是先后进入治国秩序的族群关系而已。

的治理者作为公共经济供给垄断者，为了维护自己的合法地位与小公利益，曾有意强调了族群关系的血缘背景，再加上他们丧失了治理能力的后代们的有意渲染，从而形成了所谓的中原汉族与华夏族群的概念。再加上每一次北方族群的南下，都会带来前文明族群坚持的贵族血统论的流行，强化了夏夷之辨在血缘方向上的延续。然而，每一次的内部底层反抗则都会构建以公共品消费者需求为导向的新型公共经济结构，从而在实践中忽略了血缘关系的重要性，这是儒家思想回归的一种表现。从这个意义上来说，汉、宋、明的回归只是再次出现草根农耕族群替代北方游牧族群，成为公共经济供给者而已，相反，元、西夏、辽、金、清的政权反而因为游牧特征而更为依赖传统的贵族血统来安排公共产品的供给，因此更愿意强调血缘关系的价值。但无论出身如何，是否拥有一支掌握了儒家学说的士绅队伍才是长治久安的关键。由此可见，农耕族群与游牧族群在黄河文明演变过程中的作用远不像传统学者想象的那样简单、那样稳定不变。

总之，作为黄河文明的独有特征，农耕定居方式与儒家学说体系都是在东周之后才慢慢成形的，但黄河文明的制度萌芽却是在夏朝早期就开始了，并在中间经历了游牧与农耕之间的多次反复。仍以游牧渔猎为主要生存方式的商人族群成为公共产品的主要提供者，更是展示了早期黄河文明演化的非线性特征。据侯旭东（2016）的研究，尽管古代文明都是农耕文明，但农耕成为制度，特别是成为公共经济的制度基础，却是黄河流域不同族群反复探索与不断尝试的结果。很显然，商朝并不是一个严格意义上的农业文明，这是有目共睹的。而考古材料的证据也正在逐渐证明，尽管夏朝的农业很发达，但夏朝的农耕制度也仅仅是刚刚开始而已，夏朝也不是成熟的农业文明。流传后世的《禹贡》中记述的农耕文明，很可能是周朝人特别是战国人"润色"的结果，并不足以成为证明夏朝文明性质的证据。正如侯旭东所说，战国时期，农耕第一次与战争有了联系，从而成为国家的基石、文明的经济基础，而其制度化表现就是"编户齐民"与"耕战结合"的治理模式。[①]

从夏商到西周，贵族提供公共产品的体制是文明的制度内核，与当时

[①] 而此前的公共经济活动主要是"国之大事在祀与戎"，与农耕本没有直接的关系。因此，此前的农业仅仅是一种文化，而不是一种文明制度。

的农业农民并没有太大关系。而真正的体制农业化转型，发轫于秦国鲁国的尝试，完成于秦汉体制之中。自此之后，游牧族群的文明化就需要经历一个文化的转型，无论是北周的编户齐民，还是清代的分地事农，都是游牧族群主动转型的努力，都是游牧文化最典型的"农耕化"尝试。这样的户口土地制度不仅与征税，而且与征兵相关，这是郡县制的配套措施，也是文官官僚制的基础。很显然，农民的战斗力远不如游牧族群，但文明的关键不是战争取胜，而是此后的治理模式，而农业相对于渔猎游牧的稳定性为治理模式的成熟提供了机会。夏商的尝试与周人的回归，恰恰提供了黄河文明理论模型构建的现实基础。王国维（1959：451）早就注意到了殷周之际的制度变化与黄河农耕文明的成型，特别是与儒家学说成型之间的关系。正是由于商鞅"农战"理论的成功，[①] 不仅汉承秦制，历史文献也开始把这些传统上推至尧舜。事实上，"秦献公'为户籍相伍'，是中国历史上划时代的制度建设"（侯旭东，2016），而此后游牧族群的农耕化被称为"汉化"也才有了制度的积极意义。而汉化的主要表现就是编户与农耕，侯旭东（2016）讨论了北魏时胡族编户化的曲折与斗争，但我们必须清楚，文明演化的核心是公共经济制度变迁中建国与治国模式的协调，而在这个协调中游牧族群与农耕族群并没有绝对的优势劣势，也没有必然的先后顺序。

---

① 商鞅把所有人都吸收进公共产品供给者队伍，实现全民参与、民享民治，因为参与资格平民化，也因为调动私心以事公职（军功替代世袭），参与者平均道德水平难免下降，于是法家开始求助于吏治中的酷刑高压。这样的办法有利于国防公共产品，但不利于其他公共产品供给，无法持久。很显然，蒂利（Tilly，1992）和文一（2019）的"商战国家模型"与商鞅的农战模型并无二致，只是加入了工业生产、市场交易而已。作为一种历史的必经之路，现代欧洲的崛起确实是法家之功，仅仅是商战替代了农战而已。作为其典型表现，重商主义与公共产品交易确实提高了国家战争能力或效率。然而，英国商战效率的提高建立在"劫贫济富"的逻辑之上，因而是一种掠夺性治理模式。据文礼朋（2013：105-106，235）的材料可知，在英国工业革命发生的1700~1800年，英国的大麦、小麦亩产量基本上没有发生变化，但人口从506万人增加到866万人，近英格兰与威尔士的粮食消费从1310.9万夸脱增加到2030.5万夸脱，从原来的出口18.4万夸脱变为进口131.3万夸脱。在英国的农业革命都尚未发生的18世纪，欧洲或全球的农业生产率不可能迅速提高，很显然，英国的人口增加与消费增加就是一种"劫贫济富"的结果。而根据彭慕然（2017），中国的国家治理始终遵循的是"劫富济贫"的公平逻辑（不是效率）："例如我们刚才讨论过的清代政治经济政策，它对帝国境内的那些贫穷地区来有利，但对帝国最富裕的地区而言则有很多限制，江南要交纳税款，补贴帝国的其他地区，对于一个技术受到限制的世界而言，那实际上已经是非常好的一套制度了。但是它却不是推动工业化转型的理想制度。"

第六章　儒法思想的渊源与发展

"从这个角度看，事件史的深处实为思想史，或者说，思想史是事件史的深层结构。""历史所蕴含的思想只有一部分是事件当事人的思想，而当事人的思想必需具有历史后效才能够获得重大意义，就是说，历史中的思想必需能够展开为意义链和问题链才是有价值的，因此，发现历史所蕴含的思想，关键在于为之建构意义链和问题链，而'重演'当事人的思想只是一个相对次要的问题。""孔子并非历史意识之创始者，却是标准制定者，其标准即人道必须符合天道。所谓春秋大义，就在于以天道为准去鉴别什么是可变的或不可变的秩序。"

——赵汀阳，2019

一　儒家经济思想的理论渊源

（一）东西方哲学的殊途同源[①]

作为近代最具代表性的中国哲学家，冯友兰先生（2009：17）对儒家学说在黄河文明演化中的理论基础地位是非常赞赏的。他曾写道："周之文化（即所谓文）、周之典章制度（即所谓礼）虽有可观，然自孔子以前，尚无有私人著述之事。"换句话说，以前的典籍只是官方治国经验的记录，正是孔子的努力使其理论化、系统化，并最终得以传承下来。所谓"古未尝有著述之事也。官师守其典章，史臣录其职载。文字之道，百官以之治，

[①] 本节内容主要是宋丙涛、张庭合写的一篇会议论文《孔子与柏拉图公共经济学思想的比较与意义》的修改稿，论文收录于蔡红英、魏涛编《深化财政学科建设的理论思考》（中国财政经济出版社，2016年）。

万民以之察，而其用已备也"。关于制度变迁与理论成熟之间的关系，冯友兰（2009：20）曾引述王船山的话指出，夏商周创世纪初期的文明只是一个小众族群的治理，[①] 殷周之后，随着人口数量的变化，治理的方式才发生了根本的变迁，一个系统的理论体系也才成为必要。因为治理亿万之众，需妥善处理精英与精英、大众与大众以及大众与精英的各种关系，兼容并蓄儒法学说才会逐渐形成黄河文明的理论基础。因此，我们对黄河文明演变理论基础的分析主要以儒法学说为主是有一定依据的。

21世纪以来，由于中国与东亚诸国在国家战略主导下的强势崛起，因此，关于各个"文明模式"与东西方文明对比的讨论就再次引起了世人的关注（亨廷顿，2002；米勒，2002）。然而，在进行东西方文明的对比时，总有学者会将东方传统农耕文明被西方现代工业文明超越归结为东方文化的落后，将中国传统（农耕）文明在与现代文明的"争辩"中失利的原因归结为东方文化的劣势，强调东西方文明的差距从文化构建的伊始就注定了。受此影响，许多中国学者也都认为古希腊文化是西方现代文明的真正源头，西方现代文明的优势从希腊罗马时期就注定了。甚至当初陈独秀也认定，东西方文化从根本上来说就是不同的，因此为了建立现代文明就必须输入西方的文化、摧毁传统东方文化。

鉴于这些似是而非的观点，本章对儒家学说的分析将会建立在与古希腊文化比较的基础之上，以便对东方文明的合作理念与儒法一体的治理经验的历史价值和人类意义有更准确的认知。[②] 为此，我们首先对东西方文明的哲学渊源进行一下梳理或许是有意义的。在此过程中，如果我们不拘泥于科学世界观事先设定的公理体系范式的教条主义束缚，而以人类行为的目标为基础，以人类经济行为要解决的问题为导向，那么人类社会曾经面临的许多共同问题或许能给我们的比较研究以更多启发。换句话说，由于人类早期生存挑战的相似性，作为应对早期挑战努力方向的古代希腊文化与东方儒教文化之间很可能具有相当多的相似性，这个相似性正是今天东

---

① 冯友兰（2009：20）："'三代之国，幅员之狭，直今一县耳。'"
② 甘阳（2008）曾旗帜鲜明地指出："中国到底是什么并不仅仅是一个中国的问题，它是一个具有世界文明史意义的问题"，"我相信古希腊文明和中国古代的比较研究，在接下来的十年二十年会成为西方的一个热潮。以往的很多研究在今天已经不重要。若今天谁再来问为什么中国落后，这些问题恐怕不会再有很大的兴趣，因为它已经过去了"。

第六章 儒法思想的渊源与发展

西方文明互鉴的基础。本部分将以孔子与柏拉图为例对比分析东西方文明探索早期的问题相似性与理论相似性。

如前所述，文明是人类应对挑战的结果，而古代的哲学思想实际上正是古代精英面临当时的问题和挑战而进行的理论思考。已有的研究结果表明，"轴心时代"的典型特征就是人口的增加使得生存竞争不可避免，但有利于集体生存的公共经济秩序尚未出现。尽管自然的地理条件有差异，但早期雅典城邦的经济基础与先秦时期东亚大陆的社会结构其实是近似的，它们面临的挑战也是类似的。[①] 然而，雅典所在的阿提卡半岛平原狭小、土地贫瘠，谷物种植相当困难。以至于到了公元前5世纪，人口的迅速增加很快就导致了粮食的需求量急剧增大，供求矛盾开始激化。[②] 正是在这个需求压力的背景下，适宜栽培葡萄与橄榄的阿提卡半岛的山区和丘陵地带才得到开发，用经济作物来交换外地粮食的贸易迅速发展成为有利可图的产业，雅典的集体生存战略也随之发生改变，通过海外殖民和进行贸易进而从海外获取粮食逐渐成为雅典人的生存之道，并推动了重商主义的出现。结果，雅典城邦逐渐成为一个农业、手工业和商业兼有的、真正意义上的"混合"型经济与商战文明。在雅典经济转型的过程中，制度的变迁始终在发生。梭伦不仅积极为工商业发展创造必要的制度条件，而且试图改变影响制度条件的决策机制。[③] 然而，梭伦的制度改革引入了财产资格，却未能废除血缘关系的影响，于是庇西特拉图的僭主统治与伯里克利进行的民主化改革轮番登场，希腊的文明体制进入了混乱的无序（非均衡）状态：一方面，工商业发展带来的市场经济繁荣导致了集体主义精神的丧失；另一方面，全民参政的改革导致了决策效率的降低。作为传统体制中公共产品提供者的贵族渐渐消失了，新兴的商人精英接管了贵族的地位与资源，却没有培

---

① 比如，公元前8世纪至公元前7世纪的雅典同样以类似井田制的集体农业为主要生产模式，部落贵族掌握着城邦的统治权与土地的使用权，实行重农抑商的政策。此时的雅典，海外贸易并不重要，极少数来往于爱琴海上的船只也只是为雅典贵族运来奢侈品。

② 据记载，当时雅典的粮食产量在最好的年份也不过45万斗麦，只可满足75000人的需求，但当时雅典的总人口已经达到30万，粮食产量仅为需求的1/4。

③ 比如，梭伦进行了公共产品决策机制中决策参与者资格的调整，他尝试性地废除世袭贵族的决策垄断权，不再以出身而以财产的多寡来决定他们在公共经济制度上的地位与责任。将公共经济制度与财产数量挂钩的做法，将商人引入了公共经济决策机制，极大地提高了公共经济的决策效率，从而提高了国家的财政收入能力。

养出相应的责任心与利他心，没有承担相应的社会责任。更有甚者，他们还乘机大发不义之财，社会陷入了崩溃的边缘。

正是在这个公共经济混乱的轴心时代，柏拉图（约公元前427年～前347年）诞生了。忧心忡忡的柏拉图看到，不仅公民的集体意识沦丧，而且精英也缺乏利他心，在富人精英的影响下，自私自利逐渐成了社会的主流思潮。于是对城邦政治事务的兴趣逐渐被对个人私利的兴趣所替代，以集体生存为目标的公共经济秩序荡然无存。正是在这个背景下，柏拉图试图重建昔日的贵族统治与传统公共经济秩序。

很显然，出生于古希腊雅典贵族家庭的柏拉图，有过直接从政、从事公共经济活动的打算，但苏格拉底的遭遇与自己的经历让他对当时的政体完全失望。而与其他苏格拉底弟子一起被迫离开雅典到外地避难的经历，让他有了观察不同政体解决公共经济类似问题的机会。正是带着问题进行观察比较的努力让他有了对公共经济问题的自己的思考。为了传播自己的思想，柏拉图在四十岁时返回雅典创立了自己的学校——柏拉图学院，并开始创作《理想国》，试图设计一个真、善、美相统一的政体。

在东方，孔子出生的鲁国地处内陆，拥有广阔的平原和充沛的灌溉水源，因而很早就形成了自给自足、重视农业的传统，是典型的农耕小国。并且与雅典城邦不同，自西周以来，自给自足的小农庄园经济就始终是整个华夏文明的基础，[1] 重视农业的西周在灭商后就迅速建立了以土地管理为核心、以血缘关系为基础的分封制。然而，与古希腊相比，贵族阶层的群体特征与公共产品提供者对垄断权的要求之间的矛盾是类似的，[2] 集体生存的危机与社会秩序的混乱是类似的。特别是随着分封制的礼崩乐坏，惨烈的集体生存竞争导致的战争也是类似的，[3] 不仅内部秩序紊乱导致各种以下

---

[1] 据考证，早在春秋战国时期，东周列国的人均粮食占有量就已高达641市斤，农业的稳定发展奠定了以土地管理为核心的西周封建公共经济体制的基础。

[2] 该体制下，"'显贵不仅与国君分享统治权，还有出任公职之权和申诉国君失误之责'。在这种封建秩序中，如果统治者为全国的公益而行事，则'国人'服从统治。如果统治者专制而奢侈，贵族就有权纠正他，并另立新君。可见，公共产品的供给主体是贵族诸侯群体，而不是君主个人"（张庭、宋丙涛，2016：326）。

[3] 有研究表明，在公元前656－前221年的436年间，东亚大陆共爆发了256次大国间的战争，平均不到两年一次。（许田波，2009：224－237；赵鼎新，2006：183；中国军事史编写组编，2003：21）

犯上的事件相继发生,① 而且诸侯国国君和其国内贵族的关系也同样出现危机。竞争的加剧使得各国纷纷弃礼趋利,以至于发生与周礼相违背的"臣弑其君"和"子弑其父"。②

正是在这个礼崩乐坏、诸侯混战的堕落时代,孔子出生在曾经是礼乐之首、后又为混乱之先的鲁国。出身贵族的孔子(公元前551年~前479年)同样具有强烈的从政愿望和从事公共经济活动的积极性,因此他对天下大事非常关注,对治理国家的诸多问题经常进行思考。当然,与柏拉图不同的是,孔子既做过低级的委吏和乘田,也曾贵为鲁国大司寇,摄相事。然而,从政失败被迫周游列国的经历却又是类似的,这样的经历同样给了孔子观察不同政体用不同办法解决公共经济类似问题的机会。最后,无法靠自己实施政治抱负、无法将"为政以德"的治国理念推广开来的孔子,也转而将精力用在培养政治家这个极其重要的教育事业上,并提出恢复周礼、回归"黄金时代"的主张。

由于作为贵族后代与时代精英的柏拉图和孔子都生活在传统公共经济机制分崩离析的混乱时代,因此具有社会责任感与历史使命感的他们才会在从政未果的条件下,积极探索协调内部秩序、构建公共经济体制的新途径。当然,几乎与所有的先哲圣贤一样,从过去的经验中寻找出路几乎是亘古不变的策略,于是"托古改制"就成为他们共同的追求。

虽然柏拉图和孔子都不知现代公共经济理论为何物,但两人都敏锐地意识到公共经济效率的提高是问题的关键,并清晰地认识到社会分工是提

---

① 在诸侯争霸的过程中,为了确保政府的财政收入与国防能力,很多诸侯国都先后进行了土地制度和兵役制度改革。改革将服兵役和缴纳土地税的义务从"国人"延伸到"野人",类似于雅典步兵方阵的农民士兵逐渐构成了政治体制的基础,传统贵族拥有的公共经济垄断性参与权消失了。

② 比如,史上鲁国公室的政权便被"三桓"——季孙、叔孙和孟孙三个卿大夫把持。同时,"三桓"的家臣又如法炮制,并迫使鲁君及"三桓"订立盟约,又与国人订立盟约,掌握了鲁国的大权,从而在鲁国开创了"陪臣执国命"的新局面。类似地,鲁国的近邻、齐国的贵族田氏也将自己的国君置于自己的控制之下。鲁哀公六年(公元前489年),田乞联合鲍氏及齐国大夫的力量,率士卒攻入公宫,在国人支持下打败了国氏、高氏、晏氏等旧贵族的军队,派人从鲁国迎公子阳生返齐继位(即齐悼公)。此后,田乞为相,执掌齐国政权,田氏家族权倾一时。齐国从公元前553年到公元前481年间相继即位的五位国君之中,就有四位被田氏弑杀。同样,进入春秋中期以后,春秋的另一个霸主——晋国的政权也逐渐落到大夫手中,导致大夫专政的后果,并出现"三家分晋"的结局。

高效率的关键。在《理想国》第二卷的开头部分，在探讨国家起源时，柏拉图就提到，人天生具有不同的气质和能力，因而适合从事不同的工作，再加上任何人都无法完全做到自给自足，因此社会分工与共同生存就成为必然的选择。对于分工的性质，柏拉图一再强调，私人经济生产者与公共产品提供者之间的区分是社会分工的核心。柏拉图认识到分工是国家的基础，而人的才能不平等又是分工的基础。同样，面对春秋时期"天下无道"的局面，孔子提出"君君、臣臣、父父、子子"的社会秩序。照他看来，天下有道，就是分工合作、各司其职。在孔子所描述的"大同世界"里，他首先根据性别进行社会的分工，主张"男有分，女有归"。这样，男女两性各归其位，各得其所。

紧接着，作为一种制度构建的努力，在如何确保被分工从事公共产品提供的统治者全心全意服务于公共利益、提供公共产品方面，二人同样有许多类似的思考。柏拉图认为，在"理想国"内实行共产制度是杜绝公共产品提供者拥有私心的最有效途径。为此，他提出除了绝对的必需品以外，任何人都不得拥有私产。柏拉图的理想国便是实行共产制度。在这个国家中，婚姻家庭由国家安排，实行共妻共夫共子制。孩子出生后，就被送到公共的育婴院，由专门的育婴员照顾和管理，血亲关系被强制性地淡化掉。这样一来，就可以用财产共有的办法模糊产权界限，弱化家庭观念，使人们不再有占有私产的动机，从而彻底取消私有财产和私有观念，最终实现"四海之内皆兄弟"的理想。类似于柏拉图的"理想国"，孔子的"大同世界"同样强调用公有制来消除"统治者"的自私自利动机、规范他们的公共经济行为。春秋时期，由于私有制的发展极大地冲击了原有的集体生存共同体，因此，在孔子的整个思想体系中，与其重"义"轻"利"的思想相一致，他把财产公有作为大同社会的经济基础。孔子认为，无限制地追求财富是引起社会纷乱的根源，"放于利而行，多怨"（《论语·里仁》）。相反，只要财产公有，就没有了偷盗抢劫、杀人越货等罪恶行为；整个社会便会呈现路不拾遗、夜不闭户的太平盛世景象。[1]

---

[1] 关于"大同"社会，《礼记·礼运》写道："大道之行也，天下为公，选贤与能，讲信修睦。故人不独亲其亲，不独子其子。"这表明孔子不仅将"天下为公"作为它的总原则和根本出发点，而且把"财产公有"作为它的经济基础。

第六章　儒法思想的渊源与发展

当然，熟悉社会主义历史实践的人都知道，公有制本身并不能消除从政者的利己动机。而无所不在的从政者自利行为更使得社会分工的效率优势有可能不复存在。正是在这个背景下，远古时期曾经作为精神强制工具而存在过的神话与迷信启发了柏拉图与孔子。他们深知，在强制力不足的条件下，以神话（迷信）欺骗与恐吓为手段的半欺骗半强制政治体制可以给社会分工提供一个外在的强制力。因此，柏拉图与孔子不约而同地试图借助神话世界的精神强制来使被统治阶层接受社会分工的现状，从而为统治者的存在甚至权力扩张寻求道义上的合理性与现实操作上的可行性。深谙此道的柏拉图，在《理想国》中便编造了一个高尚的假话，力图使被统治者相信：人们都是在地球深处被铸造成的，地球是他们共同的母亲，但是在铸造他们的时候，分别使用了金、银、铜、铁四种不同的金属，人们都必须按照构成自身的金属成分划分等级和从事工作。类似地，孔子编造了关于天的神话，认为"天命"是强制力的来源。[①] 所谓"天命"，就是指只要统治者关心臣民的福祉，他就拥有由上天授予的统治人间的神圣权力，倘若他未恪尽其职便将遭受被推翻的厄运。这一思想把人间公共产品提供与对统治者的选择联系起来，从而为中国农耕文明体制在生存经济层面的长期成功奠定了理论基础与制度保障。实际上，孔子的"天命"就是一个第三方存在，是一个摆脱了人际关系的外在的神，以便规范现世中的人际关系、提供公共经济秩序。

然而，神的强制力是需要具体的人来落实的，而这个拥有执行能力的人又如何才会遵从神的旨意来提供公共产品？尤其是在这种情况下：如果被欺骗的消费者发现供给者经常不能提供天命规定的公共产品，社会秩序必然会再次陷入长期的混乱之中。因此，如何对供给者行为进行约束与规范，就成为公共经济秩序回归的关键。而在军事民主因人口增加、经济效率降低而被放弃的背景下，用作为非正式制度的伦理道德约束来实现对执

---

① "在《论语》中，'天'出现了32次，'命'出现了18次，'天命'作为一个完整的词出现了3次。"（徐难于，2009）孔子认为天对人事的主宰，体现在主宰个人命运和人世秩序上。此外，孔子还试图用"君权神授"的天命理论为统治者的存在甚至扩张寻求道义上的合法性。

行者的监督就成为一个普遍的尝试，对精英的利他偏好的培养就成为各个时代圣贤们的共同追求。

正是因此，柏拉图和孔子才不约而同地都把希望寄托在对统治者的选择与培养上，即选择具有利他偏好的人做统治者。其中，严格限制阶级之间的流动和主张共产、共妻、共子的柏拉图认为，为了从制度上杜绝公共产品提供者可能产生的私心，以确保被选出的统治和管理社会的"精英"能始终将公共利益置于私人利益之上，城邦需要的护卫者只能是具有利他思想的精英，他们必须能将城邦的公共利益置于个人的私利之上。类似地，孔子也认为，只有利他的精英才会全心全意地提供公共产品。于是贵族出身的柏拉图一直推崇贤人统治，主张让具有"善"的认知能力的哲学家来统治其他阶级。而孔子也提倡"善人"治理国家，并构建了君子治国理论。[1] 总之，孔子和柏拉图一样，要贤者做国君，并认为，只要具备一个五条美德——诚实、正直、忠诚、恩惠和仁爱，一个人就能成为贤者。

然而，残酷的现实是，面临着外部的压力与挑战，具有利他偏好的贤者并不总是充足的。于是，两位哲人都希望从人类道德的改善上去寻找出路，并将教育作为改善人类道德的手段。当然，我们十分清楚，他们从事教育的目标是道德品行，而不是能力与知识。并且柏拉图认为，教育虽然也有培养的功能，但它的主要功能是筛选、选拔，并且这种天赋是不能通过基因传递的。[2] 因此，柏拉图的教育观虽具有明显的天命论，但他不是一个血统论者。类似于柏拉图的品德教育理念，孔子的品德教育也以培养统治者为目的，他希望通过德育来造就一批有道德、有才能、可从政的贤人，

---

[1] 在（《论语·子路》）中孔子说："善人为邦百年，亦可以胜残去杀矣。"即只要善人"为政以德"，就可以消除残暴，废除刑法杀戮了。

[2] 根据人的金、银、铜、铁四个等级，柏拉图认为那些身含铜铁质的自由民子女都会被淘汰掉，只有身含金银质的奴隶主阶级子女才会被挑选上并继续接受高一级教育。在挑选出那些具有完美天赋的人后。柏拉图认为必须让他们学习、淘汰，再学习、再淘汰来进一步筛选。在50岁时，这些在各方面都以优异成绩通过考试的人，再来接受最后的考验，即把灵魂的目光转向上方，看到善本身，用它作为原则来管理国家。柏拉图认为，四个等级的人是天性注定、不可更改的。

即君子。因此，孔子提到的学与知，均是指道德，而不是知识学习。① 此外，孔子同样认为道德高尚与否是先天注定的，教育不具有确保使受教育者"高尚化"的作用，即教育主要是对受教育对象进行筛选。②

面对相似的问题，柏拉图和孔子分别进行了类似的探索，也产生了许多近似的思想。只是由于两地的自然环境条件差异很大，两人的思想最终有着完全不同的遭遇。在古希腊，由于农业生产条件较差，试图回归贵族统治的柏拉图的思想因无法解决雅典当时所面临的问题而被束之高阁，以至于柏拉图的高徒亚里士多德也不愿意推广柏拉图的思想，因而渐渐退出了历史的舞台。直到两千年后的文艺复兴时期，柏拉图的贡献才被人们重新发现。相反，在东亚，由于技术的改进不断推动了农业生产的发展，因此尽管有了不同的表现形式，但孔子的思想因符合了农耕文明的制度构建要求，而被后来的思想家与政治家反复借鉴，甚至以科举考试内容的形式流传下来，并对整个东亚大陆的文明演化路径产生了巨大的影响。可见，柏拉图与孔子思想是否能发挥作用，是否可以延续，不仅在于思想本身，更在于思想与问题、条件的吻合。其实，雅典的商业发展滋生的个人利己主义对集体主义道德的冲击，有着坚实的经济基础与社会条件，因此，柏拉图的思想并不能使他们的贵族道德回归。然而，柏拉图的困境与探索却更值得今天的我们深思，因为我们今天正在面临着类似的局面，工商业的发展带来了市场经济的发展与经济实力的增强，却导致了公共秩序的衰落。毁灭了雅典城邦的道德信仰沦丧与集体主义丧失正在威胁着我们的现代文明转型，也威胁着我们的黄河文明传承。

（二）东西方文明的分道扬镳③

尽管柏拉图与孔子有着许多类似的思考，但二者的结局并不一样，从

---

① 例如，"仕而优则学，学而优则仕"（《论语·子张》），孔子在这里强调了道德教育在培养公共产品提供者利他动机方面的作用。
② 虽然孔子提出了"有教无类"的主张，即人人都可以入学受教育。但孔子在强调"性相近"的同时，把人性分为三等："生而知之者"，属于上智，乃天生的利他精英，乃君子也；"学而知之者"与"困而学之"者，属于中人；"困而不学"者，属于下愚。他认为教育能对中人产生重要影响，但对上智和下愚的道德水平则不起作用。
③ 本节主要内容曾以《两希合流与殷周之变：东西方分流的历史基因探源》为题发表于《学术月刊》2020年第3期，作者为宋丙涛、张庭。

而也奠定了东西方文明截然不同的演化路径。然而，鉴于近代西方文明在军事竞争中的胜利，西方文明的推崇者逐渐把古希腊文明当成了人类文明的唯一模式，把古希腊哲学完善神学时构建的"论证工具"——形式逻辑当作衡量人类知识的唯一标准，把近代欧洲与宗教斗争中使用的"人文工具"——自由与权利的概念当作人类文明甚至是人类现代文明的基本标志。但这样一种学科话语体系与政治文明范式并没有给人类带来福祉，反而引发了一轮又一轮的人间悲剧——国际战争。下面将在比较的视角下对作为东西方文明思想源泉的两希文化合流与殷周理念之变的进程进行对比，以便为梳理儒家思想奠定基础，也为中西结合的现代文明转型提供经验借鉴。

如前所述，黄河文明与古希腊文明曾经有过完全相同的思想渊源与制度尝试（库朗热，2006）。事实上，在古代文明的萌芽阶段，几乎所有的文明都有着类似的早期探索。

特别是，随着研究的深入，越来越多的证据正在表明，早期的古代文明大多是从祖先崇拜的原始宗教开始演化的，并且各个地区的尝试都沿着类似的道路进行了制度创始的探索。[①] 而柏拉图和色诺芬的著作更是表明，早期的希腊哲学家曾经有着和儒家思想非常类似的认知（张庭、宋丙涛，2015；张今泽，2020）。确实，除了柏拉图之外，在色诺芬的著作中也有许多类似儒家思想的观点。比如色诺芬认为，孝道是非常必要的利他品德，不能孝顺父母的人无法获得城邦的信任。在《回忆苏格拉底》中，色诺芬提到，苏格拉底说服自己的儿子应该孝顺母亲，即使自己的母亲有各种缺点。他强调，一个人要想被城邦信任和重用，首先要有孝顺的品质。

[①] 库朗热提供的大量证据表明，我们习以为常的"华夏文化"其实是早期文明演化中人类各文明的共性，比如，家庭即为崇拜同一家火并祭祀同一祖先的人。结婚意味着更换家神，因此，"嫁出去的闺女泼出去的水"的真意就是无法"真的回来"（2006：31）。在这样的背景下，"家庭所忧虑的最大不幸，就是自家香火断绝"。不孝有三，无后为大。希腊宗教甚至禁止独身，以便确保家祭的延续。"国之大事在祀与戎。"无论是希腊、罗马、印度还是中国，都有过继制度，是一种对无后者的宗教补偿（库朗热，2006：60）。比如，长子继承制、家产不可分割制度等都是家庭宗教、家祭的产物。长子是家庭的公共产品提供者，其他人为消费者。（2006：72-73）而最典型的当属于女子的地位，"《摩奴法典》说：'女子童年时从父，少年时从夫；夫死从子，无子则从丈夫最近的亲属，女子不能自由作主。'对此，希腊与罗马法有同样的说法"（2006：76）。这与中国的传统有着惊人的一致。

否则，这个人就会失去社会的信任。① 色诺芬（1984：60）认为，除了重孝还要讲悌，兄弟的情谊比友情和财富更为珍贵和重要，因为"惟独兄弟，只要他们彼此友爱的话，不管距离多远，也能同心协力、互相帮助"，并实现共同生存的目标。

正如第一篇所述，鉴于公共产品的外部性特征，通过自由市场交易的方式来提供公共产品是根本不可能的，任何一个文明出现的制度前提都是外在强制力的出现，而第一个强制力的来源又几乎都是祖先的神灵。上一章对黄河文明演化过程的制度变迁分析正是以这个强制力的构建和对强制力的约束为主线展开的。不过，我们发现，尽管早期在强制力的构建上东西方有着惊人的相似性，但在如何约束强制力方面，东西方文明方法迥异、大相径庭，从而构成了东西方文明分岔的主要原因。

尽管在后续的发展演化上，各地可能有着巨大的差别，但在打造全能神以构建早期原始强制力方面，东西方文化有着惊人的相似性。在一个制度尚未出现的蒙昧时代，赋予神绝对强制力的方式的确是凝聚人类共同体、保障种群生存的绝妙设计。因此，人类文明诞生的早期，精英们都试图构建一种有利于公共经济运行的强制力，并且都不约而同地构建了一个不可证伪的"第三方存在"——神。但用今天的标准来看，这个选择是残酷而又不幸的，神无所不能但也可以为所欲为。

尽管中国的文献中很少提及，但中国的夏朝、商朝是神话流行的时代是确定无疑的。只不过神权与王权的关系始终扑朔迷离，没有得到很好地研究。令人欣慰的是，林甸甸（2019：162）对甲骨卜辞的研究为我们揭开了商王朝公共经济体制上的面纱。林甸甸的研究表明，贞人作为方国首领

---

① 色诺芬（1986：55）写道："你愿意求得这些人的好意，但对于比任何人更爱你的母亲，你倒以为不应当尊重她？难道你不知道国家对于别种形式的忘恩负义并不注意，既不对他们进行起诉，也不管一个人受了别人的恩惠是否感激图报，但对于那些不尊重父母的人却要处以重罚，不许他担任领导的责任，因为认为这样的人不可能很敬虔地为国家献祭，也不会光荣而公正地尽他的其他责任。不仅如此，如果任何人不好好地给他去世的父母修墓，当他做公职候选人的时候，国家还要对这事进行调查呢。所以，我儿，如果你是聪明人，你就应当求神明饶恕你过去不尊重母亲的罪，免得神明把你当作一个忘恩负义的人而不肯施恩于你。你也应当重视别人的意见，免得他们看到你不尽子女的责任，大家都来谴责你，你就成为一个没有朋友的人了；因为人们既然看到你对父母忘恩负义，他们就会这样想：如果他们向你施恩，也一定不会得到你报答。"

进入商王的占卜领域实际上是试图"通过神权左右殷王朝的军政大事"。因此，在神权占优的时期，商王并不具有"压倒性的支配力"。为了获得垄断性的强制力，商王有意参与甚至逐步垄断了占卜的权力，构建了神权的强制力。然后，再有意利用卜辞的封闭性话语体系削弱神权的力量，最终导致了"神权政治的瓦解"。[①] 因此，"商王的王权是其权力具现而成的'结果'；神权，或者说其在巫术仪式、宗教祭祀中的神圣地位，才是其权力的'起源'"（林甸甸，2019：181）。

确实，关于夏朝的农业发展与大禹治水的创世故事曾被后人反复渲染，流传至今，但关于黄河文明早期构建强制力的血腥的"原始积累"过程被有心者悄悄地删除了，只有一些意外保留下来的工具性文献——甲骨文中还残存了一些蛛丝马迹。如今，在甲骨文学者艰苦卓绝的努力下，记录在这些占卜工具上的殷商文明的"血腥"细节正在被揭示出来。其中，最令人震惊的当属殷商的人祭制度（李硕，2019）。作为一个经营畜牧业和商业的族群，殷商用活人祭祀神灵的行为，实际上是在和神灵做公共产品的交易。当然，用人祭祀神灵的文明构建意义在于，商人用残酷的血腥场面获得了颇具威慑的强制力，人神对立的制度构建正是殷商的第一个原始的强制力来源。很显然，这个威力无边的神灵是一个不通人性缺乏道德的魔鬼——全能神。

无独有偶，在希伯来与希腊的早期传说中，他们也殊途同归地构建了残暴、血腥的全能神。[②] 很显然，善于经商与游牧的犹太人，同样用人牲来和神交换自己所需的公共产品。希伯来的精英们也借助他们构建的残暴的凶神恶煞的神的力量获得了控制不同族群的原始强制力，人神对立的人祭也是希伯来文化的努力方向。在希腊，早期精英们构建的希腊神灵们也同样无不具有类似的特征：威力无边，残暴冷血，缺乏正义而可以用物质利

[①] 事实上，"在垄断了对占卜的解释权力之后，商王进一步借用起了'帝'的尊号"（晁福林，2012：34；转引自林甸甸，2019：178）。

[②] 在耶路撒冷，"由于玛拿西，欣嫩子谷不仅成为死亡之地，还成为犹太神话，以及后来的基督教神话和伊斯兰教神话中的'吉赫纳'（Gehenna）——地狱"（蒙蒂菲奥里，2015：44），他们拿儿童献祭给神，和神做交易。

益来贿赂（人神交易的形式），因而只是一个原始强制力的来源——全能神。①

显然，尽管东方一直被误解为一个没有宗教的文明，尽管演化的结果确实差异很大，但东西方文明的原始创制过程几乎是一模一样的，原始的信仰崇拜曾经是制度构建的共同基础。然而，正如实验经济学不断揭示的那样，没有利他的心理培育，仅仅靠精致的或威严的精英，并不能构建可持续的公共经济模型。在古代文明的创世过程中，东西方早期的精英都敏锐地意识到了这个问题，因此努力构建利他的道德理论体系就成为他们共同的追求。然而，由于地理环境的差异与问题性质的不同，在执行力与工具选择上双方出现了分歧，并导致东西方文明逐渐走上了不同的道路。

如前所述，在殷商后期，商人首先开始在祭祀中引入祖先神平等的普适性概念（梁涛，2018），随后在公共经济的运行中尝试性地吸收外族人员的参与。以此为基础，周公与孔子逐渐建立了世俗的道德伦理体系。② 或许因为周公一家在朝歌看到的残暴人祭现场，给他们留下了挥之不去的恐怖痛苦记忆，作为周朝的真正奠基者，周公废除了用人祭和神做交易的治理模式，构建了以人为本的德性天神，从而奠定了后来孔孟之道的仁政思想基础。③ 周公不仅通过周礼将全能神变成了全善神——周人的天帝是保佑有德者、惩罚无德者的仲裁者，④ 而且有意销毁了有关商人人祭的正史资料。到了春秋末期，孔子进一步颂扬周礼的仁政，完善天命理论，并彻底删除了民间流传的《诗经》中描写人祭的所有内容。然后再利用亲缘利他构建服从与强制力的新来源，将神权世俗化，从而建立了德性与血缘相联系的家国天下体系。很显然，殷周之变是中国古代文明的一次华丽转身，从此

---

① 无论是荷马史诗中的《伊利亚特》和《奥德修斯》，还是希腊悲剧中的《俄狄浦斯王》都是如此。
② 正如王国维先生在《殷周制度论》中指出的那样，"周人天命信仰对殷人上帝信仰的克服与取代，其根本精神则是'德'的自觉和'民'的发现"（梁涛，2018：70）。
③ 冯友兰（2009：29）曾指出："至于夏、商以后，则有'天'、'帝'之观念起，似一神论渐有势力，然多神论亦并未消灭。"
④ 冯友兰（2009：35）写道："《诗》、《书》、《左传》、《国语》中，言天、帝之处甚多，多指有人格的上帝。"

黄河文明进入了文明成型的稳定阶段。①

确实，大禹治水或因天灾而有机会统一强制力，或因统一了强制力而构建了跨越族群的体制。② 这些经历很可能与犹太人创立一神教的过程颇为类似，都经历了反复的失败尝试，最后才能成功。然而，在经过殷周之变的黄河岸边，哲学家们已经开始讨论利他精英的强互惠与利己精英带来的恶果，并主张在赋予强制力的同时培育精英利他精神，③ 努力构建约束强制力的手段。相反，在西方的地中海沿岸，知识精英的类似尝试却没能获得成功。尽管以摩西为代表的希伯来精英构建了旧约十诫与上帝誓约，从而奠定了一神教的基础，但面对着亲缘利他与普适价值的追问，希伯来人未能找到一个通向高级文明的阶梯，希伯来文化在犹太教的狭隘通道中陷入了"小众"血缘组织的泥潭中难以自拔。以苏格拉底、柏拉图为代表的希腊哲学家，通过驱逐传播不道德的英雄神话的游吟诗人与全善神的构建也强调了利他道德的价值，但此后的希腊哲学家在商业模式的熏陶下很快偏离了这个方向，并陷入产权制度与物质关系的讨论，虽然为基督教的产生奠定了基础，也为科学体系的出现埋下了伏笔，但销蚀了成熟文明必需的道德根基。

确实，从全能神到全善神的改造，是人类文明早期探索的惊险一跃，

---

① 肖瑛（2020）指出，如何处理家与国之间的关系，实际上就是如何处理普遍主义与特殊主义，就是如何进入现代。"人类文明有着共同的生物性和自然主义的起点，因此，越往前溯，其相似性越强。所以，从'家'出发来研究文明个体的起源和开展文明比较就成了学界的共识。"（189）许多人讨论了家的尴尬地位，"家庭首先是经济单位，这不仅是马克思的观点，也是所有古典社会学家的观点。韦伯将'家户'视为构成家庭的诸'自然'关系的前提，涂尔干类似地指出，家首先是经济共同体，无此即无'亲缘关系'。亚里士多德区分了致富术（the art of money-making）与家户管理（the art of household management）即'家政'（economy）。"（186）"如果说西方社会一直不屈不挠地逃离'家'，故而反思现代性的主题是如何'回家'，那么，走在现代性道路上的非西方社会特别是中国，主题就成了如何应对以及应该怎样协调舶来的文明与'家'传统的关系，再造自身文明。"（190）因此，"推进'文化自觉'和社会学中国化，'家'是一个关键的切入点。……在经验研究和历史研究中，透过'家'来探索中国文明的总体性格、变迁及具体实践形态（172）。"

② "《国语》惠王十五年，有神降于莘。内史过曰：'国之将兴，其君齐明衷正，精洁惠和。其德足以昭其馨香，其惠足以同其民人。神飨而民听，民神无怨，故神降之。观其政德，而均布福焉。国之将亡，其君贪冒辟邪，淫佚荒怠……民神怨痛，无所依怀。故神亦往焉，观其苛慝，而降之祸。'"（冯友兰，2009：29-30）

③ "《书》曰：'……天命有德，五服五章哉。天讨有罪，五刑五用哉。'（《皋陶谟》，《尚书》卷二，页八）""天生烝民，有物有则。（《大雅·烝民》，《诗》卷十八，页十七）"（冯友兰，2009：37）

但探索路径的差异决定了东西文明的不同演化方向，也奠定了东西方文明分流的理论基础。在古代中国，世俗化的儒家先贤为了构建一个没有神的哲学体系与强制力来源，一个个创世传说先后被编撰出来，一个个理论体系被构建成形。东周时期的思想家首先重构了大禹治水的神话，并根据德行的要求修订了夏商周三代的故事，三皇五帝都成了世俗的道德模范与利他的公共经济践行者。① 特别是，"在周人的信仰中，德和民被大大突显出来"，"突出德也就是突出民"（梁涛，2018：73），"周人对民的肯定和发现，在当时无疑是意义巨大的"（梁涛，2018：74）。理解了这一点，方可理解王国维（2018：231）"中国政治与文化之变革，莫剧于殷周之际"的论断，因为正是这次变化，彻底中断了中国人的宗教发展路径，中国至此成为与世界其他文明完全不同的独一无二的世俗文明。甚至可以说，正是因为神的消失，中国古代的哲学家们不得不重新构建强制力的来源，解释社会分工的基础。而大禹治水的传说无疑提供了世俗强制力的合法正当性，也提供了从血缘到世俗的扩展转换机制。应对天灾的人间英雄因为方法得当且具有利他道德才获得了天命，并成为公共产品的供给者。而孝道则为服从强制力与培育利他心的结合找到了一个新模式，但孝道的血缘关系的有限性又不断激励儒家学说去改进自己的理论体系、扩展自己的普适性，最终提出家国同构以至天下大同的理想。

相反，地中海沿岸的先哲们却始终未能摆脱神权的影响。虽然苏格拉底、柏拉图等人一再强调神是善的，因而不会使人向恶，并且柏拉图的《理想国》也打破了传统神话中的宿命论，但希腊哲学的形式逻辑始终没能彻底消除全能神的影响，构建的尝试始终受限于神定论。② 这种缺乏世俗利他思想的西方哲学根本无助于有效的公共产品提供机制的构建，甚至会成为构建国家的障碍。当然，希腊哲学也并非完全没有意义，善作为终极目标不仅促成了全善神的诞生，而且神定智慧的假设也摆脱了犹太一神教的

---

① 作为其中的集大成者，司马迁的《史记》就是一个典型代表。《史记》关于三皇五帝的《本纪》并不是一个真实历史的学术考证，而是精英利他事件的反复渲染，并最终成就了儒法学说的统一与中华文明的成熟。从表2的材料中，我们可以清晰地看到司马迁的道德指向与精英利他诉求。

② 因为柏拉图不得不重新构建一个神定灵魂、人生轮回的新神话：人是有自由意志的，但决定人善恶的智慧是神定的。

血缘羁绊，从而为超血缘的基督教的出现扫清了道路。为了建立起具有普适性的宗教、克服自然的血缘关系的羁绊，中东的犹太先知耶稣进行了大胆的创新。一方面，他努力在创世的诺亚方舟传说中，加入天启、誓约与选民的概念；另一方面，他用"普遍的爱"来否定"亲情的爱"，试图割断人类赖以传承的血缘联系。一个相信天启而得救的诺亚方舟传说成型了，一个关注选定群体而不是亲缘群体的合法正当性也找到了。柏拉图的神定论为耶稣否定亲情提供了哲学支撑，并推动神话神学经过希腊哲学的理性化之后最终走向基督教神学。

总之，中国的古代文明经过殷周之变的去神化处理之后，进入了一个世俗的文明构建时代。尽管，缺乏垄断强制力的儒教并没有对战国公共经济体制的构建者产生影响，但构建成功的治国者渐渐意识到了儒家学说的巨大潜力。儒学构建的道德伦理通过天、民相通的天命理论把世俗的利他精英纳入经世济民的治理模式中，从而对后世产生了深远的影响。因此，虽然以亲缘利他为基础，但儒家的利他原则从未拘泥于小圈子的利益，而是通过普适性利他原则与家国天下体系把公共经济的外部性与共享效用扩展到极致，从而在东亚大陆取得了大一统专制帝国构建的巨大成功。① 相反，尽管亚里士多德的目的论把善规定为最终目的、把集体规定为最高原则，但希腊哲学未能从人的角度提炼出社会伦理道德，未能用家庭的演化来解读社会分工的原因，未能从家庭的角度来理解国家的起源，因而缺失

---

① 法学学者张泰苏（2016：344）指出："极具等级性的'儒家'亲缘网主导着众多中国乡村的社会与经济生活，在这一网络中，个人的地位与等级很大程度上取决于年龄与辈分资历而非个人财产，以至于许多低收入农户能够分享到与他们财富并不匹配的地位与等级。……似非而是地，儒家亲缘等级的盛行反而在事实上推动了宏观层面上政治与经济的平等。"作为群体内部强制力的渊源，血缘关系在家庭或家族中的残留，为社会的集体主义提供了能力与财产之外的决策资源与强制力来源，缓解了因能力不同带来的社会地位或经济收入差距带来的不平等，尤其是削弱了政治地位世袭消失后经济权利世袭带来的单向社会不平等。"尽管社会中富人群体怨声不断，中国大多数地区的习惯法仍然给予典卖者（即'土地抵押者'）事实上无限期的回赎权，这种赎回权在原初交易后的几十年依旧有效。"（张泰苏，2016：346）"中国乡村紧密的社会结构无疑更具'等级性'——年长亲属相较于卑幼亲属拥有更加广泛的法律与习惯权威——这同时也意味着贫户所享有的相当大的地位优势。由于地位与年龄及辈分资历密切相关，这一体系便保证了多数个体生命历程中极强的地位流动性。人们年长后会自然而然地获得一定的社会地位，由此独立于个人财富。"（张泰苏，2016：348）"出乎意料地，这些亲缘等级在理论上会促进而非破坏身份地位的流动性，因为每个人都会变老，从而会自动提升他们在亲缘网内部与外部的地位与等级。"（张泰苏，2016：358）

了公共经济体制构建的亲缘利他基础。①

因此，尽管两希文化在"普适的"基督教中得到了统一，然而，基督教构建的仍是一个宗教专制体制。一方面，在这个体制中，人神之间是不平等的，神是不可证伪的、不可讨论的，因此社会进入了绝对极权的状态，这个绝对极权的思想抑制了作为竞争对手的现代国家的出现，欧洲进入了长达一千年的黑暗中世纪；另一方面，该体制依赖的宗教创世故事——诺亚方舟的选择性救世方法，也埋下了"小众"利益优先、宗教冲突、民族矛盾的祸根。② 因此，基督教作为其理性之源、普适性价值之源，也仅仅是相对于血缘的犹太教而已，对于整个人类文明的历史长河与演变经历而言，只具有局部借鉴意义。

更为重要的是，西方文明对程序公平的强调只是其不完美的创世传说——诺亚方舟逻辑（只有局部人得救）的补救措施而已。作为宗教构建强制力的措施之一，诺亚方舟传说强调了天启与誓约的重要性，却无法解释少数人得救与普遍的爱之间的逻辑矛盾，于是一个选择过程正当性与合法性的思想阴影就构成了西方政治永远挥之不去的魔咒，也构成了从罗马帝国到大英帝国、再到优越美国的资本主义宪政体制中"少数人优先"的公共经济原则的思想渊源。

（三）儒家思想中的公共经济理论体系③

儒家思想自形成以来，对东方文明甚至世界文明都产生了巨大影响。

---

① 张娜（2020）讨论了"无情有义"的法家仍然对亲缘利他的重视，她写道："韩非子并非仅仅把人当作工具，不把人当作目的；也并非仅仅知道国家而不知道个人。在战国乱世，只有国家的稳定与富强才有可能为个人的生存与发展创造适宜的环境。韩非子迫于形势，必须将国家置于个人之上，个人只能在耕战允许的范围内追求财富与价值的实现。在处理个人与国家的关系这一重大问题时，柏拉图与韩非子都更加看重国家而在某种程度上将个人当作工具，但亦有一些不同之处。首先，柏拉图与韩非子对家庭的态度是不同的。柏拉图着重于控制人们的私生活，要求废除家庭制度。这样就能将城邦中前两个等级的所有人，包括男人、女人和孩子牢牢地控制住。女人和孩子直接受国家管理，不再受到父亲和丈夫的管束。韩非子则没有这么激进，他虽然也深刻地认识到私人感情对公领域进行干涉的危害，但他并不要求废除家庭制度，而是希望建立一种行之有效的外在机制来约束人们的这种行为。这样，父亲和丈夫似乎仍然保留了对女人的管理权。"
② 今天的所谓美国优先甚至20世纪某一族群优先的思想都是源于两希文化合流时留下的上帝选民概念。
③ 本部分内容由张庭、宋丙涛的论文《儒家经世济民思想中的公共经济学脉络初探》修改而成，原文发表于《财经问题研究》2020年第1期。

作为解决当时的信仰危机问题而进行的理论探索，儒家的经世济民学说不仅对当今我国的国家治理仍具借鉴意义，而且对公共经济学的构建也有一定的思想启迪。特别是，从理论的视角来看，儒家学说不仅是一套逻辑严密的以人性论为基础的哲学体系，更是一套思想深邃的以供求关系为核心的公共经济理论。

儒学产生的春秋战国时代是一个社会动乱无序的时代，而公共经济体制的崩溃与公共产品供给的不足正是混乱产生的根源。作为商周两族祭祀仪式的参与者，儒家思想的创始人敏锐地观察到公共经济领域出现的这一危机，并积极致力于新型公共经济体系的构建，进而在这个尝试的过程中创造出了经世济民学说。面对当时的乱象，孔子敏锐地观察到个人主义与集体主义之间的矛盾是公共经济危机出现的逻辑根源，统治精英利他主义道德的消失是公共经济效率低下的人性根源。因此，他认为，摆脱危机的努力只能从倡导集体主义开始，天下大同的理想只能通过利他主义道德来实现。

第一，儒学认为，社会分工是公共经济理论分析讨论的逻辑前提。儒家诸子认识到，为了确保经世济民的效率，公私经济需要分开。社会既要允许专门的"谋食"阶层（普通大众）存在，又要培育专职的"谋道"队伍（治理精英），而前者为后者提供充足的生活资料可以免去后者的生存之忧。[①] 同时，孔子主张公共经济活动与私人经济活动应该有明确的边界。[②] 儒家强调，贵族"四体不勤、五谷不分"是社会分工的需要，而不是利益分配的基础（萧公权，2011：27），分工后贵族从事公共经济活动，平民则从事私人经济活动。[③] 因此，劳动有谋道与谋食之分，作为公共经济活动的参与者，"君子（只能）谋道不（能）谋食"。在孔子的学说中，君子出身贵族，是不需要自己参加私人经济活动的"公务员"，他们的任务就是全身

---

① 因此，孔子提倡："仕则不稼，田则不渔；食时不力珍，大夫不坐羊，士不坐犬。"（《礼记·坊记》）

② 正如《郭店楚简·穷达以时》说："有天有人，天人有分。察天人之分，而知所行矣。"（杨朝明，2008：41-42）

③ 在孔子之后，孟子更进一步提出"劳心者治人，劳力者治于人"（《孟子·滕文公上》）的社会分工理念。可见，实现公共经济与私人经济之间有序的社会分工被儒家视为社会发展与文明持续的前提。

第六章 儒法思想的渊源与发展

表1 历史文献编撰中的道德重构

精英人物	事件	德行（利他）	时间	地理范围	相对关系	帝位传承	血缘与部落
黄帝："生而神灵，弱而能言，幼而徇齐，长而敦敏，成而聪明。"	"习用干戈，以征不享"，"神农氏弗能征"，不顺者征之，"披山通道，未偿宁居"。	蚩尤为暴，炎帝"修德振兵"，"抚万民"	神农氏之后，	居轩辕之丘，长于姬水，所姓名轩辕氏。炎帝为居住地或部落名。成炎帝于阪泉之野战蚩尤之逐部宗鹿。东至于海登丸山及岱宗（海在丸山之西）。西至于崆峒。而邑于逐鹿之阿。	征炎帝，征蚩尤，	代神农氏，有不才子不可掩义隐贼好行凶。	迁徙往来无常处（半游牧），官名皆以云命名，为云师（驻扎山上）。
颛顼：静渊而有谋，疏通而知事，养材而任地，载时以象天，洽气以教化。		普施利物不于其身顺天之义知民之急仁德信惠而信修身而天下服。		北至于幽陵（幽州），南至于交阯（交州），西至于流沙（张掖），东至于蟠木。	黄帝之孙	有不才子不教训不知言语。	
帝喾：高辛生而神灵自言其名聪以知远明以察微					黄帝之曾孙，颛顼之族子	其祖父，父，皆不得帝位。	
挚		不善			帝喾之子		
帝尧：放勋其仁如天其知如神，就之如日望之如云。	听岳用鲧功用不成。	其仁如天富而不骄贵而不舒能明训德以亲九族，既睦，天下得其利而舜，丹朱病，不以一人之利而病天下。		流共工于幽陵（幽州）以变北狄，放驩兜于崇山以变南蛮，迁三苗于三危以变西戎，殛鲧于羽山以变东夷。	帝喾之子，挚之弟。	子不肖，荐舜于天。	世袭与禅让，德行与责任之辩也。

299

续表

精英人物	事件	德行（利他）	时间	地理范围	相对关系	帝位传承	血缘与部落
丹朱	不用，朝觐者不之丹朱而之舜。	顽凶					
帝舜：舜耕历山，历山之人皆让畔，烈风雷雨不迷。	五十摄行天子事，六十一践帝位，齐七政，用二十二人，行厚德，远佞人，则蛮夷率服。	父盲，母嚚，弟傲，能和以孝。		冀州之人，耕于历山，渔雷泽东巡狩，至于岱宗。	颛顼七世孙	子商均不肖，禹功最大荐禹于天，传位于禹。	
禹：为人敏给克勤，其言可信，其德不违。	披九山，通九泽，决九河，定九州，命诸侯百姓兴人徒以傅土，行山表木，定高山大川，食少，调有余相给，以均诸侯行相地宜所有以贡。	其仁可亲，其言可信，声为律，身为度。劳身焦思，居外十三年，过家门不敢入。		禹行自冀州始。冀州：既载壶口，治梁及岐。既修太原，至于岳阳，覃怀致功，至于衡漳。道九山：（水）开及岐首至于荆山，踰于河；砥柱、析城至于王屋；太行、常山至于碣石，入于海；西倾、朱*、鸟鼠至于太华；熊耳、外方、桐柏至于负尾；内方至于大别，汶山之阳至于衡山，过九江。		自黄帝至舜禹者同姓而异国号（恐为后世想象，况司马迁集多书于一）。	
启	伐有扈，大展于甘。	贤，天下属意焉。				禹之子	
桀		不务德而武伤百姓。					
契	佐禹治水有功，受舜封于商。						
汤	伐桀	修德				契十三世孙	

续表

精英人物	事件	德行（利他）	时间	地理范围	相对关系	帝位传承	血缘与部落
纣：资辨捷疾，闻见甚敏，材力过人，手格猛兽，知足以饰非，言足以饰非。		好酒淫乐，嬖于妇人。					
弃：后稷善农桑麻古公散财而得民心。		西伯阴行善，诸侯皆来决平。					

心地提供公共产品。

第二，儒家诸子深知，人性论是公共经济理论的哲学基础。面对棘手的公共利益维护问题，公共经济体系的构建必须基于对人性的认知。孔子、孟子和荀子都讨论过人性，但因各自对"人"的外延规定不同，他们对人性的认识也不尽相同，① 从而在如何使统治精英有效提供公共产品上的主张上也有所不同。然而，他们都认可"心性"对人的行为的影响，因而都提倡对治理精英的"人性"进行后天的塑造。儒家知道，人性的差异是社会分工的基础，这种差异就是"君子性"与"小人性"或"社会性"与"动物性"的差异②，就是"公心"与"私心"的区别。③ 以此为基础，一方面，儒家提倡让不同心性的人在整个公共经济体系中充当不同的角色；另一方面，儒家也重视教化的作用，并反复强调后天教化对从政者利他偏好的培育十分重要。

第三，儒家诸子还认识到，人性中利他心的存在是公共经济活动有效的基本前提，因此义利观的构建是公共经济活动有效运行的道德保障。儒家深知"君主为国政之中心"，公共经济效率的提升还得靠人。但分工后的供给者拥有强迫负责生产的平民供给日常衣食的权力，而公共产品的供求双方又存在时空错位的特征（宋丙涛，2015：133），一旦供给者在获取物资后不履行职责，甚至还擅用职权"货利为己"、化公为私，就会摧毁社会分工秩序，使社会再次陷入混乱。因此，儒家主张公共产品的供给者必须是贤能的君子，供给者必须有"贵族之德，利他之心"。④ 也就是只有克服

---

① 关于人性，孔子认为："性相近也"（《论语·阳货》），但对仍然存在的细微差别没有论述；而孟子则认为"人性之善也，犹水之就下也"（《孟子·告子上》），几乎否定了这个细微的差别；正是为了纠正孟子的偏颇，荀子强调"人之性恶，其善者伪也"（《荀子·性恶》）。

② 也是前面提到的动物性与人类性、社会性的差异。

③ 至于人性为何如此，"君子所以异于人者"（《孟子·离娄下》），乃其心存"仁义礼智"（《孟子·尽心上》）也。孔子认为是因君子"生而知之"（《论语·季氏》）（或者说是遗传基因所致），有人生来就更为关注群体的生存，而不只是囿于个体。的确，因为人是合群动物，作为进化之果，确有基因带着的"合群性"利他心，但作为动物生理生存之基，基因带来的是大多数人的自私性，因此人性的自私与利他实际上应是一定区间上的概率分布（宋丙涛，2016；Brennan，2016）。

④ 即如孟子所言："尽其心者，知其性也。知其性，则知天也。存其心，养其性，所以事天也。"（《孟子·尽心上》）

了基因中动物的自私性，才能拥有社会性，才能成为合格的君子或公共产品的提供者。① 因此，儒家坚持治理精英必须将集体利益置于个人利益之上，儒家的义利观是公共经济活动对参与者的基本要求，因而"只在少数士大夫精英阶层有实践意义"（许纪霖，2017：346）。② 当然，提倡培养从政者的利他道德，实际上就是让从政者树立正确的义利观，使拥有利他心的君子从集体与社会整体利益的角度进行思考决策，即所谓"义"。③ 荀子认为："义胜利者为治世，利克义者为乱世。上重义，则义克利；上重利，则利克义。故天子不言多少，诸侯不言利害，大夫不言得丧，士不通货财。有国之君不息牛羊，错质之臣不息鸡豚，冢卿不修币，大夫不为场园。从士以上皆羞利而不与民争业，乐分施而耻积藏。"（《荀子·大略》）实际上，儒家倡导的"义利观"即是对从政者行为的约束，是对社会分工秩序稳定的保障。

第四，儒家学说强调，民生是公共经济活动的主要目标，民心是公共经济绩效的判断标准。事实上，统治精英是否有利他动机、是否拥有正确的义利观是无法直接观察到的。为了摆脱这个困境，儒家学者提出了以公共产品消费者的满意度为依据的目的论哲学标准。④ 萧公权（2011：96）指出："孟子贵民，故极重视民意，而认民心之向背为政权转移及政策取舍之最后标准。得乎丘民者为天子，失民心者失天下。尧舜禹汤之得天下，或传贤，或传子，或禅让，或征诛，虽由'天与'，实赖'人归'。若以今语

---

① 荀子同样认为："君子者，治之源也"（《荀子·君道篇》）；"有君子，则法虽省，足以遍矣；无君子，则法虽具，失先后之施矣，不能应事之变，足以乱矣。"（《荀子·君道篇》）
② 尽管作为一个自我循环的生命体，自然人天生具有自利的倾向，这构成了人体新陈代谢吸纳能量的天然基石，但人性的主流是利他的，社会文化是利他的，人类社会正是因为有了利他的文化才成为地球上的佼佼者（Wilson，2012），而社会组织就是人类为了克服自然人的体能劣势而构建的公共经济体制。正是深知人类的社会性是文明社会的本质，儒家学说才会构建一个以利他人性为基础的经世济民体系。
③ 孔子认为："名制合'义'，则父慈子孝，君仁臣忠。苟无其'义'，则小人有勇'为盗'，君子有勇'为乱'。"（《论语·阳货》）并坚持"君子之于天下也，无适也，无莫也，义之于比"（《论语·里仁》），主张"君子怀德，小人怀土；君子怀刑，小人怀惠"（《论语·里仁》），强调"君子喻于义，小人喻于利"（《论语·里仁》）。
④ 例如，老子曰，"圣人无常心，以百姓心为心"（萧公权，2011：171）。"孟子乃力排众议，正告天下曰：'民为贵，社稷次之，君为轻。'"（萧公权，2011：95）民为贵，就是强调公共经济活动的服务对象至上，主张公共产品消费者满意是公共经济活动的服务目标。"孟子不仅以人民为政治之目的，亦且以之为主体。"（萧公权，2011：95）

释之,则孟子殆认人民为最后主权之所寄。"很显然,孟子认为,如何获得政权不重要,重要的是治理的绩效如何,而治理优劣的标准就是能否提供消费者需要的优质公共产品。因此,儒家强调消费者在公共经济活动绩效评估方面的目的性意义。① 有了公共经济活动的服务对象之后,孟子还以天灾治理为例说明如何评判公共产品供给的效果。② 换句话说,早在春秋战国时期,儒家学说就列举了统治者行为的目的与意义,从而为后来的统治者德行评估树立了标杆。儒家学说的这个问题导向思想与汤因比的应对挑战文明理论有异曲同工之妙。

第五,儒家学说主张跨血缘的公共经济利益共享,为各类公共产品需求提供制度性解决方案。对大国治理而言,由于领土的广袤与地区的差异,不同地区居民需要的公共产品的性质千差万别,于是以土地管理为核心、以血缘关系为基础的分封制就成为当时的最优选择。③ 然而,以血缘为基础的封建体制,无法处理因领地扩张而不断被纳入领土范围的"野人"地位问题。正是观察到了封建体制的这些弊端,以孔子为代表的儒家学者,力图在周礼的基础上重构分层的多元公共经济运转模式。为此,儒家先贤逐步提出了更具维系力、更具可操作性的"家国天下"主张,即自下而上地把个人、家、国、天下的生死存亡与发展升华紧密地结合在一起。在新的体系中,"家"是最小的公共产品提供单位,形成唯一的血缘型公共经济机制;"邦"或"国"是最主要的公共产品提供单位,形成典型的空间共享型公共经济体制;"天下"则是天人合一的理想范围,将普天之下的利益与资源、灾源直接联系起来,构建统一的普适性公共经济体制。由于华夏文明的最初肇始就是应对天灾的公共经济行为,而这样一种公共经济行为的外部性边界又是无限的,或者说是难以确定的,因此儒家学说确定的终极公

---

① "盖儒家以民为政治之目的,以道为生活之标准。故责礼于君,责忠于臣,责慈于父,责孝于子,君主无绝对之权利,上下负交互之义务。"(萧公权,2011:229)
② 萧公权(2011:106)指出:"'天下之生久矣。一治一乱。当尧之时,水逆行泛滥于中国。蛇龙居之,民无所定。下者为巢,上者为营窟。书曰,洚水警余。洚水者洪水也。'此一乱也。'使禹治之。禹掘地而注之海,驱蛇龙而放之菹。水由地中行,江淮河汉是也。险阻既远,鸟兽之害人者消,然后人得平土而居之。'此一治也。"
③ 分封制实际上是一个分层级的公共经济供给体系,从而形成"周天子—诸侯—士大夫—卿"的多元化公共产品供给格局。分层多元的公共经济模式降低了周王室治理庞大疆域的管理成本,确保各级公共经济单位建立起直接的供需匹配关系,提高了公共产品的供给效率。

共产品提供单位是融合华夷、囊括四海的"天下"。①

更为重要的是,儒家学说将"天下的政治秩序与宗法的家族秩序同构"(许纪霖,2017:21),从而为普适性的公共经济体制与个体性的利他道德要求提供了一个有着坚实的基因传递基础与可操作性基础的逻辑起点。正是为了与家国天下的治理模式相对应,儒家先贤提出了"修身、齐家、治国、平天下"的精英利他培养模式与公共利益空间共享的基本原则。正如许纪霖总结的那样,儒家思想通过这样的方式"将'我们的'文化放在世界视野之中,上升为普世文明,让它从特殊走向普遍……提供了将普遍性融入特殊性、从本土文化上升为普世文明的智慧"(许纪霖,2017:73)。②

可以说,儒家学说的分层多元公共经济供给体制已逐渐摆脱了血缘关系,成为一个具有普适意义的公共经济体制或文明模式。因为在构建公共经济体制的过程中,儒家的经世济民思想从来"就事不就人",无论何人,只要身在该体制的空间覆盖范围之内都可以共享公共经济活动的利益,③ 从而扩大了社会分工的范围。并且,东方文明之所以能够绵延不绝,儒学经济思想之所以优于其他公共经济理论,其主要原因也恰恰在于它强调非血缘基础上的社会分工,在于它主张公共经济利益的空间共享。这样一种机制设计与理论体系不仅为群体内部的公共经济利益共享提供了途径,而且为整合外部新出现的利益群体预留了发展空间。

---

① 许纪霖(2017:2、16)在《家国天下:现代中国的个人、国家与世界认同》中曾精辟地解析了儒家学说中分层供给公共产品的思想。他借用孟子的话说:"'天下之本在国,国之本在家,家之本在身。'所谓家国天下,乃是以自我为核心的社会连续体。"(2)而这些社会连续体正是不同层级的公共经济单位,其中"天下代表了普遍的人性(人类性或社会性——作者注)以及在普遍人性基础上建立起来的普世文明"。(16)

② 对儒家思想在普适性公共经济体制的理论基础方面的贡献,杜亚泉也指出:"我国之有国是,乃经无数先民之经营缔造而成,此实先民精神上之产物,为吾国文化之结晶体"(转引自许纪霖,2017:230)。杜亚泉这里所指的,正是以儒家为核心的家国天下体系思想。

③ 正如萧公权(2011:84-85、86、87)所言:"孔子之论夷夏,则已废弃种类之标准而就文化以为区别。"(84-85)"孔子以文化判夷夏,其意在用夏变夷。夷夏既因文化之升降而无定界,则均以失其种族之意义而成为文化之名词。"(86)"于是夷夏之别,遂渐趋向于以文化为标准,而纯按同化程度之浅深以为定。故楚武王以黄帝之后而自称蛮夷,舜文王以东西夷之人而行乎中国。此皆由于弃种类而言文化之所致。"(87)这一点与西方的宗教形成鲜明的对比,并构成具有包容性的、与公共经济的外部性特征相一致的东方文明特征。

二 儒法一体模式的治理面相

(一) 治理思想中的儒法互鉴

当然，在讨论国家治理结构的变迁时，我们不仅要区分不同类型需求者的需求差异对决策机制的影响，也要关注供给者群体的内部结构差异与制度变迁的阶段差异对供求协调机制的影响。如前所述，在供给的过程中，就像一个企业一样，国家治理模型既应该包括初建时期的投资过程，也应该包括建成后的运行过程。而这两个过程的运行规律又是完全不同的。比如，如果只是讨论初建过程，蒂利的《强制、资本和欧洲国家》中的资本逻辑就有一定的道理，法家的工具理性也更为有效。可是如果讨论的是治理阶段，我们就需要借鉴公司治理模式，用税收现金流与公共产品的持续提供来维持长治久安。因此，对于整个国家的治理模式而言，儒法结合的治理体制才是文明得以延续的制度基础。

事实上，萧公权（2011）早就发现，在儒家学说关于公共产品结构的讨论中，已经有了对内部秩序与外部国防公共产品供给策略差异的认知。他强调，儒家之"仁者无敌"很可能是处理内政的方针，如拿来与法家的"耕战之策"相比，无异于以内治之功御外敌，实际上是一种典型的功能错配。同样，法家乃建国打天下之策，若非要讨论其治国之效，恰如让士人事农、强人所难。在讨论中国古代思想时，将二者混为一谈，实乃"文学与大夫"教条主义争论没有结果的一个主要原因。当然，"抑文学等反对盐铁诸政之根本理由尚不在其施行利与不利，而在否认功利为政治之目的。大夫曰：'秦任商鞅，国以富强。'此极端之功利主义也。文学于发议之始即谓：'窃闻治人之道，防淫佚之原，广道德之端，抑末利而开仁义，勿示以利，然后教化可兴而风俗可移也。'盖'导民以德则民归厚，示民以利则民俗薄"（萧公权，2011：277）。然而，即使从公共经济运行的角度来看，若没有物利天下的私人经济做基础，国家治理也断难成功，更不用说公共经济也是一种需要核算成本的经济行为了，因此在中国古代的治理体系中，法家为开国之论，儒学乃治国之策，二者各有优劣、相辅相成，缺一不可。

实际上，东方的政治精英很早就知道，定居防御与和谐相处的共享体制才是一种成本更低的生存方式，是一种真正的文明模式。因此，只要有了足够的认知与恰当的时机，大多数入主中原的游牧族群会主动接受中原文明制度，很快"放下屠刀，立地成佛"（孝文帝、康熙帝是其中的典型代表），主动学习接受儒家文化与礼乐制度，积极构建以天命道统为基础的儒法治理体系，成为以共享公共经济成果为内涵的文明秩序的传承者。以至于在古代中国，无论哪个朝代，只要国家制度一建立，战争就会立即退居次席，不仅武官会被削职，而且税收总是被压缩，休养生息是一个基本的儒家治国之道。①

因此，赵鼎新（Zhao，2015：178-179）总结道，在战国时期，法家主要关注国防公共品的供给策略，而儒家则是要传承夏商周以来的内政秩序公共产品的提供方式。春秋战国时期的军事竞争与内政紊乱使得儒法两个学说进行了多次的碰撞与交流：儒教的道德或秩序，靠感性融合内部矛盾，取得了很好的效果，却不能抵御外敌；法家的权力或法制，靠理性来界定产权边界，提供了有效的军备，对内政却往往无效。或者说，孔子知道内部秩序是绝对必要的，主张在旧的血缘伦理基础上重建治理结构，但在战争时代输给了法家；法家强调用职业化的军事力量赢得战争，但面临着无法界定边界的公私利益内部纠葛，有效性远不如孔子的仁义天道。儒家的核心是为君子正名，以利他道德为基础，以满足大众需求为目标，为公共经济参与者提供行为准则。其核心原则是职责分工明确，各司其职，但分工以血缘为基础，秩序以宗法为核心。儒教认为，公共经济的分工负责体系严重依赖于道德，道德一旦失去，恢复是很困难的。但法家认为，公共经济执行者不可能总有公心，其措施就是为小人设限，以法律惩戒为手段，以约束官吏为对象，为公共经济活动参与者设定雷区。②

由于深知自己要面对的公共经济利益关系是无法用理性切割的，孔子

---

① 正如方震华（2019：iii）所言，"文武关系是中华文化有异于世界其他文明的重要特征之一"，对文官的依赖与推崇至少对帝制晚期中国长达一千年的社会生活产生了深远影响。尽管"郡县"与"封建"之争似乎主宰了中国国家治理理论研究的主流，但在实践中，无法参与理论争论的武治也始终作为一条副线贯穿于文治的黄河文明演化的全过程。（维舟，2019）很显然，书评用"早熟"一词，是以欧洲政治变迁为标准参照物的结果。

② 或许意识到了公共经济执行者的监督困难与私心难测，古希腊时期的雅典城邦使用了大量的奴隶来提供公共产品、参与公共事务，拥有利害关系的公民只是参与决策（保兰·伊斯马尔，2017）。

诉诸感性与道德，主张和睦相处、和平共享，并用家庭、家族、宗法的办法来协助处理这个棘手的利益共享问题（Zhao，2015：181）。当然，孟子与荀子关于利己利他人性之争，既是关于决策者、执行者分工的细化理论，也是生存型、发展型公共产品供给的平衡机制，更是对公共产品多元供求关系的内部结构的重建。他们敏锐地观察到，公共经济活动涉及三方利益关系：作为决策者的君主、作为消费者的民众、作为执行者的贵族。利己人性论强调用法治的手段来约束"小人"，利他的人性论强调用教育的功能来鼓励"君子"。儒家认为，只有处理好精英与大众的关系、生存与发展的关系、教化与法治的关系，社会才能和谐。法家认为，只有消灭贵族特权、规范执政行为，构建供求交易机制才能提高效率、赢得战争。

正如赵鼎新（Zhao，2015：183－185）注意到的那样，儒法结合的国家恰恰是两类人的结合与两类公共产品协调的体制，是不同机制共同发挥作用的平台构建。只不过，有人注重长期效应，有人注重短期结果，有时以内政为主，有时以国防为先。而其中的真正难点是供给方或执行者的绩效考核与公共产品的成本核算。对此，儒家强调要多听取公共产品需求方的意见，而法家则强调对供给执行者的过程实施全程监督。事实上，不同的学派关注的是公共经济体制的不同方面。法家的最大贡献是构建法律制度，提供政府强制力，用约束官吏的办法来确保执行效率，以便实现国防安全与内部秩序。而儒家则提供政府运转的润滑剂，依赖道德与教育来规范模糊地带的公共经济行为，提供利他行为的动机，并依赖传统血缘来维持内部差序结构，并为公共经济行为提供职业道德的基石。因为更为关注外部压力，法家不太重视供求关系中的需求偏好，只强调用强制力来应对执行过程中的问题。因为更为强调问题导向与民意天命，儒家强调供需协调、长期短期兼顾，并用天命理论与孝道理论来构建公共经济行为的供求交易机制。因此，儒法国家才是黄河文明中公共经济体制的整体或全部（Zhao，2015：187）。

实际上，许多中国的早期圣贤都知道，法家只是一个体制工具，儒家才是文明型理论。因为正是儒家学说提供了一套供求关系与公共产品结构、供给绩效评价的模型，而法家学说却只是规范执行者行为的原则，以便完成儒家学说确定的行为目标，所以经世济民的儒家学说才是最早的公共经济理论，并成为黄河文明的灵魂。因此，我们同意赵鼎新（Zhao，2015：193）的观点：没有价值理性，公共产品供求双方均衡协调机制的构建就缺乏理论依据；没有价值理性，工具理性带来的效率与强制力维持的利益就会迷失方向，甚至会被供给者的私心所误导。更为重要的是，如果没有价值理性，制度改革的失败就会让后来的学者怀疑早期的经验，文明的延续就难以实现。

正是因为这个原因，秦国在战争中的成功并不意味着国家治理的成功，更不意味着文明演化的成功，文明的国家构建最终依赖于权力合法性基础上的制度构建，而合法性来自对消费者偏好的认知，而不仅仅是对身份获得的规范。缺乏公共产品的供求协调机制，无法获得消费者偏好（天意）的信息，即使有人偶尔在军事上获得成功，也会像秦朝一样短命，很难有一个可持续的政权。因此，对于一个大型国家来说，关键不在于统一的过程，而在于统一之后的治理。赵鼎新（Zhao，2015：256）指出，秦国的最大贡献就是制度革新，消灭了贵族，扫清了建立国家权力、强制力的阻碍。然而，就像新古典模型只在乎政府与精英的关系一样，秦国把三方博弈简化为二元博弈模型，忽视了精英与大众、帝王与大臣的关系，忽视了使供求吻合的决策效率，忽视了消费者对供给者的约束，因而不可能获得长治久安的效果。

确实，公共经济的供求关系首先是一个十分棘手的经济理论问题（李向平，2006：9），虽然供给可以是个人行为，但消费必须是集体行为，解决这个不对称问题的办法只能靠个人的修养与道德来扩展利他偏好，因此儒家学说具有不可替代的理论价值。[①] 很显然，关于决策机制与执行机制的

---

① 因此，中国人早就意识到"社会秩序必须来自个人的道德修养。按此逻辑推理，天下之好坏，最终还是决定于个人的道德修养。为此，个人的信仰就不是个人的信仰。它既是个人的，亦是天下的事情"（李向平，2006：9）。在中国，从个体到社会或集体的连接点是利他道德，这是西方学术体系无法理解的，以至于"这种天命信仰及其道德讲求方式，是个体主义同时又是公共主义的，所以它能够在权力秩序的要求之下固定化、模式化，甚至是制度化，从而形成以礼仪制度为特征的社会行动结构"。"而权力秩序对于个人（精英、供给者——作者注）的道德要求，一直就是中国人内心深处一种生命般的忧虑，即对自己的道德要求始终不敢懈怠，始终要把个人精神的改造作为治国平天下的基本条件。在中国的历史上，神人关系并不紧张，但中国人在内心深处的道德紧张或伦理压力却未减丝毫。"（李向平，2006：54）这是中国人处理个人主义与集体主义关系的一种内化方式，西方通过宗教创始人的契约来约束消费者（但供给者不受约束），中国通过精英供给者的道德来约束精英。东方文明经久不衰的秘密就在这个公私结合的过程之中，普遍性与特殊性的结合也在这个道德自律的利他偏好之中。

差异，儒家诸子很早就意识到了这一点，因此儒家的天命理论主要关注合法性或决策机制，但局限于眼下功效的法家学说则更为关注执行机制。[①]

汉代以秦政为基础进行的治理结构的调整正是这样一个公共经济体制的反复试错过程。它以血缘为基础，以法治为架构，以儒家思想为内核，确保了中央政府的权威与各级政府的分工合作，因此成为农耕文明的典范。在这个治理结构中，儒学对法家的最大补充就是在国家之内构建了多层社会结构，同时通过官民两个教育体系为公共经济制度变迁提供人力资源与思想资源。实际上，该体制既有正式的供求关系，也有专业的强制力技术，还有巧妙的多元多层主体利益的融会贯通机制。儒学通过董仲舒的努力终于获得了治国理政的指导思想地位，并确保了国家内部公共经济供求双方的均衡（Zhao，2015：274-279），同时也实现了决策者与执行者的结合。

事实上，汉代以来的古代中国都是由文官治理的，都是以提供公共产品为目的而构建的官僚治理制度（Zhao，2015：287-290）。为了实现治理绩效，汉代以来的精英一直在进行着制度探索与理论研究，从废除血缘世袭官僚体制到举孝廉科举制度定型，从亲缘利他道德到抽象的天命理论，孔孟之道逐渐成为精英的共识与从政的必备知识。不过，中国古人也非常清楚，政治家与思想家是不一样的，集体行动的逻辑不同于学者思考的逻辑。在古代中国，儒学为利他思想之准备，法家为利他行为之保障，二者的目标均为公共经济绩效，只有二者的结合才能实现国家治理效率的提高。因此，当依赖市场效率与军事实力维持的罗马帝国灰飞烟灭时，儒法国家的内涵却被中国人在后来的治理过程中反复实践延续至今。并且，正反两方面的经验教训都表明，只有构建了儒法国家结构，文明才会发扬光大，一旦儒法结合的原则被抛弃，文明与秩序就会瓦解。[②] 总之，历代的学者精英都知道，黄河文明得以延续两千多年的原因正是儒法体系的成熟与治理

[①] 正是因为这个原因，早期周人的道德主要是"道"，"德"的核心是供给（决策）者满足需求者偏好，是君王的德，"所以，周王朝才特别强调道德，主张以德配天"（李向平，2006：14）。而儒法理论的出现，特别是秦汉之后，则主要是强调道德的"德"，是官吏的德，并集中在供给（执行）者的规矩意识，即在分工背景下执行已经决策过的供给过程里。

[②] 比如，魏晋南北朝时期的混乱，首先就是儒教理念的波动，特别是三国时期曹操推崇的"唯才是举"能力第一原则削弱了儒教道德的基础性地位，然后才有了精英利他的泯灭与内部秩序的丧失。幸运的是，在混乱的乱世中，部分有识之士在民间保留了儒教思想的火种，为隋唐时期的回归积蓄了思想的力量与人才的储备（Zhao，2015：298-299）。

结构的成型。

总之,直到 19 世纪末期,中国人尤其是中国的文人精英心中是有一个基本的公共经济理论模型的。只是鸦片战争、甲午战争失败的连续打击,彻底摧毁了中国士大夫的心理底线,动摇了他们对这个模型的信心。确实,儒教是关于利他心培育的最佳理论,而科举制则是最佳的利他教育激励机制与利他精英选拔机制。但我们也必须知道,科举制与儒教提供的仅仅是文治,而不是武功。这样的机制对于和平盛世来讲是一个有效的国家治理理论与体制,对于接受它的东亚大陆内部来说是一个合适的公共经济理论体系,但对于应对完全野蛮的外来侵略者却没有太多的作用。

(二) 儒法诸子思想中的治理内涵

儒法一体的思想成型标志着黄河文明治理理论的成熟,"天视自我民视,天听自我民听"的治理原则精确地指出了公共经济供求双方的匹配要求,它强调提供公共产品的供给者必须从消费者那里获得需求偏好的信息,然后才能很好地从事公共经济活动。

同时,陈焕章(2015:80-81)还指出,儒家学说清晰地区分了公共经济供给者、执行者与消费者差异,并分别规定了他们的行为原则。[①] 正是在区分了公共经济供求双方的身份之后,"孔子分别为不同的社会阶层提出了不同的准则。一方面,孔子禁止社会上层'君子'——从皇帝到士人追逐私利,他们在理财活动上必须受到伦理活动的限制;而另一方面,孔子准许社会下层——广大民众谋取利益,并认为民众应该谋利"(陈焕章,2015:81)。换句话说,孔子早就认为,公务员不能同时经商,每个人做自己职位规定的工作是一个基本的原则,这也是"君君臣臣父父子子"的含义。同时,陈焕章(2015:115)还指出,儒教对公共经济理论的最大贡献就是清晰地区分了公共经济单位的多样化存在。他写道:"我们必须指出,依照孔子的观点,有两个理财机体存在,一是最大的理财机体——天下,

---

[①] 比如,"孔子为官员与士人阶层、广大的庶民阶层规定了两条原则,分别为:位居社会上层的官员与士人,伦理活动先于理财活动;而处于社会低层的庶民阶层,则是理财活动先于伦理活动。……孔子说:'君子喻于义,小人喻于利。'(《论语·里仁》)孔子在此所谓之'君子'与'小人',系指他们的社会地位"(陈焕章,2015:80-81),即他们在社会分工中的岗位,或在公共经济中的身份。

另一则是最小的理财机体——家庭。"很显然，与新古典经济学将个体视为私人经济主体、将经济主体视为同质化存在不同，孔子讨论的公共经济主体是多元并存的复杂结构。陈焕章对孔子在公共经济单位选取方面的大度与胸怀十分钦佩，因为"孔子以为天下是一理财体，理财活动从来不局限于某一特定的个人、家庭与国家；士人绝不能彻底地研究理财学，除非他将天下视为整体；而且天下也绝不会平等，除非天下的理财活动是平等的。这就是孔子特有的观念"（陈焕章，2015：116）。很显然，与古典、新古典经济学以来主流经济学只关心市场经济活动、只关心商人利益相比，孔子的公共经济学说或经世济民理论更具有普适性与正义性。[①] 确实，孔子以来，中国传统的文人儒士都是典型的利他精英，是公共经济活动的关心者、从事者与研究者，他们对问题的分析、对问题的解决都以大多数人的公共产品消费为依据与判断标准，而不是以个人利益或家庭盈亏为依据。他们可能有失误，他们可能看错了对象，但他们关注的问题与对象，从未有变。换句话说，"学术是公器"在古典学术中确实是成立的，这同样是黄河文明延续千年不衰的秘诀与根本原因。

很显然，孔子建立的儒教与马克思的理论，早就超越了国家的边界，而一心追求全人类的和谐共存。对于儒家学说来说，人类经济活动的主要形式是公共经济，经济活动的主要目标是共同生存。[②] 当然，儒家学说从来

---

① 然而，深受新古典个人主义影响的当今学者不仅在判断现实体制的优劣时，是以自己的利益为标准的，而且在评判古人时，也是以私利为准绳。比如，他们推崇战国、民国，是因为战国、民国的文人能够出名又能获利，但遭殃的却是人民大众；他们可怜商鞅、方孝孺、张居正、翁同龢与康有为，甚至包括柏拉图，因为他们个人或家族受到了损失，却不知人类文明因他们而得以延续、改善；他们推崇西方启蒙时代，推崇让他们为所欲为的乱世，而不顾及广大民众的灾难。他们中的大部分人不知中国古代的文人就是政治家，其使命就是政治。他们没有意识到，以商鞅为代表的法家要整治的是执行者或官吏而不是百姓，他们要维护的是强制力，而不是君主。其实，这些所谓的"知识分子"深知，真正让他们不舒服的，是这些真正的文人儒士动了他们作为精英利益集团的奶酪。按照这样的逻辑，这些"知识分子"十分推崇"轴心时代和启蒙时代"，因为"这两个时代，群星闪耀，思想涌现"。尽管广大人民群众生活在水深火热之中，这样的"幸运时代"却有机会让学者出名。相比而言，低调的医生的对联似乎更能反映传统儒士的心声："但愿世间人无病，何妨架上药生尘。"

② 在民族国家渐成主流的 20 世纪初，陈焕章（2015：117）不无自豪地指出："孔子的理财制度不是国家主义，而是世界大同主义。在孔子之前，理财理论主要类似重商主义学派的学说，视国家为单元，此时的主要代表是管子，管子是实现重商主义、国家社会主义最成功的臣相，是我们今天能看见的、具有完整的理财体系的第一人。"

没有否定私人经济活动的存在必要性，但他们清楚，私人经济只是手段之一，只具有次要意义与工具价值。实际上，正是为了确保公共经济活动的充分有效，才需要处理公共经济与私人经济的关系，需要选择并培育公共经济活动的执行者。当代西方主流经济学将市场能力或私人经济活动能力视为经济发展的决定因素，而古代东方传统经济学则将德性或利他心视为公共经济顺利进行的人性基础。

随着中国综合实力的增强，拥有悠久历史与理论基础的儒法治理模式作为一种有效的公共经济体制正在成为全世界关注的焦点，并通过一带一路与人类命运共同体的形式重构了全球化的理论基础与服务目标。[①] 特别是儒家思想中的社会分工原则将为人类文明的现代化转型提供理论基础，[②] 而儒家学说的问题导向原则将会为人类文明的可持续发展提供方法论支撑。[③] 确实，儒家思想中的公共经济理论不仅关注供给者的行为规范，而且关注需求者的目标函数与需求偏好，特别是关切弱势群体的公共经济需求。[④] 在

[①] 早在一个世纪以前，陈焕章（2015：250）就充满信心地预测到，"孔子普世主义理想远离现实、过于先进"，很可能被暂时抛弃，"因为普世主义并不适合还盛行非正义行为的世界。因此，中国被迫倒退至国家军事状态的更低阶段。但我们希望，在中国强大到足以维护和平、抵制任何外来干涉后，为了实现孔子的普世主义、依靠民族国家创造世界国家的目的，中国将全面、自主地向任何遵守中国司法管辖的外国人打开门户"。

[②] 陈焕章（2015：425）写道："孔子的总原则如下：'天子不言有无，诸侯不言多少，禄食之家，不与百姓争利。'（《后汉书》卷七十三）而该总原则的目标为：提升统治阶级阶层的品质到更高的道德标准，剥夺他们在理财领域里的有利条件与强有力的竞争，并向所有普通民众提供相当的（理财）机会。这是社会改革的伟大计划，理财平等是它呈现的趋势。"换句话说，孔子强调的是名利的分流，是公共经济与私人经济的分治。特别是"根据孔子所论，政府乃是社会分工的结果，而财政者，则是供养公仆之必要，所以，孟子说：或劳心，或劳力，'劳心者治人，劳力者治于人，治于人者食人，治人者食于人'，此为受到普遍认可的原则，乃天下之通义"（陈焕章，2015：476-477），也是公共经济活动的基本原则。

[③] 关于儒家学说的问题导向原则，萧公权（2011：8-9）指出："周代学术之大兴，不在西周盛世，而在东迁以后之春秋末叶与战国时代"，主要原因就是公共经济制度的衰落与公共经济活动的失范。他写道："当此'天下无道'（语见《论语》），社会蜕化之际，不仅争乱频仍，民生困苦，而旧日所以维系人心保持秩序之风俗制度皆动摇崩坏，失其原有之效用。深思远虑之士，对此巨变之原因与影响，自不免加以疑问批评，而提出抗议或补救之方。"

[④] 萧公权（2011：95）写道："孟子乃力排众议，正告天下曰：'民为贵，社稷次之，君为轻。'""是孟子不仅以人民为政治之目的，亦且以之为主体。"民为贵，乃目标函数至上、集体主义优先。社稷是直接的生产函数，君为间接的生产函数，二者都是为民之群体生存服务。

他们关于治理的论述中，明确强调了人民即为公共产品的消费者。① 尽管孟子没有谈主权来源，而只是讨论了公共产品消费者的选择，但孟子认为，如何获得政权并不重要，重要的是如何治理，即为谁提供公共产品、提供多少公共产品。孟子的这个目的论，对黄河文明的长期演化产生了巨大的影响，也成为黄河文明最为重要的哲学基础。

当然，在公共经济服务的过程中，弱势群体的公共经济需求是否得到满足、目标函数是否实现，是以治理的绩效为依据进行判断的。比如，孟子认为尧为乱世，禹为治世，就是以公共经济活动的绩效为标准进行评估的。② 很显然，在孟子眼里能够提供人民必需的公共产品的治理才是好的治理，公共产品充裕有效的时代才是好时代。总之，孔子将政权或供给者的更替归于抽象的天道，将天命的执行原则归于抽象的人道，而孟子则用天灾人祸治理的公共产品需求与绩效来解释政权的变化、评价行为的优劣。这就是儒家的治乱循环之规律——有乱在先，然后有治。

不过，在文明诞生的过程中，真正解决问题的创举是构建拥有强制力的国家治理体系。几乎所有的学者都同意，统一的强制力是公共经济体制得以有效运转的关键条件，而国家是世俗强制力最为有效的提供机制。③ 当然，学者们对强制力的强调并没有导致他们忽视消费者的权利。"墨子虽重视政治制裁，然并不似法家诸子之倾向于君主专制。简言之，墨家尚同实一变相之民享政治论。盖君子之所以能治民，由其能坚持公利之目标，

---

① "孟子贵民，故极重视民意，而认民心之向背为政权转移及政策取舍之最后标准。得乎丘民者为天子，失民心者失天下。尧舜禹汤之得天下，或传贤，或传子，或禅让，或征诛，虽由'天与'，实赖'人归'。若以今语释之，则孟子殆认人民为最后主权之所寄。"（萧公权，2011：96）

② "孟子治乱之说，发于公都子问其好辩。其略曰：'天下之生久矣。一治一乱。当尧之时，水逆行泛滥于中国。蛇龙居之，民无所定。下者为巢，上者为营窟。书曰，洚水警余。洚水者洪水也。'此一乱也。'使禹治之。禹掘地而注之海，驱蛇龙而放之菹。水由地中行，江淮河汉是也。险阻既远，鸟兽之害人者消，然后人得平土而居之。'此一治也。"（萧公权，2011：106）

③ 萧公权分析了墨家的贡献："必设立天下共同之政权，以为万姓行动之标准，使个人化除自私，而归心于全体之公利。《墨子》所谓尚同，其要旨殆不过如此。"（萧公权，2011：137）其中墨子关心的"上下同一"，就是公共经济必需的强制力。为了达到维持强制力，实现公共经济正常运转的目的，墨子主张"上之所是，必皆是之，所非，必皆非之。上有过则规谏之，下有善则傍（访）荐之。上同而不下比者，此上之所赏而下之所誉也。"（萧公权，2011：138）。关于国家有效提供公共产品的原因，墨子总结道："察天下之所以治者，何也？天下唯能壹同天下之义，是以天下治也"。（萧公权，2011：139）

以为尚同之准绳。若君长不克尽此基本之责任,则失其所以为君长而无以治。"(萧公权,2011:139)换句话说,墨子已经意识到,既要授予公共经济供给者以强制力,又要寻求第三方力量来制衡供给者、服务消费者。因此墨子虽然"立尚同以为政治制裁,犹以此为未足,乃进而倡天志明鬼之说,以为宗教制裁"(萧公权,2011:142)。"考墨子所以推崇天鬼,其用意显在借神权以加强其学说之力量。"(萧公权,2011:144-145)墨子选定第三方或推崇天鬼,就是试图回归神权的权威与强制力。[①]换句话说,关于公共经济机制的构建,墨子没有提出供求双方博弈的理论,而是提出了一个社会演化理论。在这个模型中,若精英预测对了,制度就会成功,若预测错了,自然就会失败,此乃社会演化的逻辑。然而,墨子强调的社会分工却不是以世袭为基础,而是崇尚机会平等、鼓励平民进入的现代政治理念。因此,尽管有法家在执行层面上的思想探索,但战国期间的思想争论主要是贵族与平民何为公共经济执行者核心的儒墨之争。当然,鉴于时代条件的限制,结果是儒家吸收了墨家,宣告了精英利他的原则性胜利。

确实,先秦诸子对公共经济复杂过程的争论奠定了儒法国家的理论基础。关于供求关系的协调,儒家主张把关口前移,强调道德,而不是只关注事后的绩效评估或监督。但老子强调,公共经济活动有效的关键在于对公共产品需求结构的把握,在于对消费者需求偏好的认知,因此"老子曰:'圣人无常心,以百姓心为心。'"(萧公权,2011:171)。作为中国传统经济思想的主流,"儒家以民为政治之目的,以道为生活之标准。故责礼于君,责忠于臣,责慈于父,责孝于子,君主无绝对之权利,上下负交互之义务"(萧公权,2011:229)。换句话说,儒家学说清晰地分析了供求双方的责任地位与制约关系。也许正是因为有了这些治理制度的论证,儒家学说实际上很早就获得了统治者的认可,以至于秦始皇焚书坑儒时也对儒学网开一面。[②] 由此

[①] 墨子很早就意识到"精英制定制度,制度约束大众"的公共经济逻辑。"子墨子曰:义不从愚且贱者出,必自贵且知者出。"(萧公权,2011:143)当然,这些制度利他则兴,利己则亡。

[②] 一个合乎逻辑的推测是,秦始皇真正想焚毁的是不利于治理的杨朱之流的利己乱世之语,而不可能是有利于治理的儒法诸学。对此,萧公权(2011:282)评价道:"焚书之举,不过恐私学乱教,非欲消灭儒术也。"

可见，以儒学为其指导思想的黄河文明才是真正的地域性普适性公共经济体制。

当然，正如萧公权先生（2011：457）清楚地意识到的那样，儒家学说的问题导向特征同样是其颇有成效的原因。尽管黄河文明演化的理论探讨与制度变迁都清楚地区分了公共产品供给者选择与公共产品本身的选择，但儒家思想并不在乎供给者的选择是否有消费者参与，却非常关心供给者的行为是否为民服务、是否有针对性。[1] 确实，公共经济体制乃是对公共产品供给方的制度约束，但儒家思想重在选择有利他心的供给者，重在关注民间疾苦与弱势群体的现实需求。正是在这样的目的论原则指导下，中国的传统儒家学者早已经开始讨论决策与执行、中央与地方的分工合作关系，强调了垄断强制力的重要性，[2] 意识到多元化公共产品理论与多层次公共经济机制思想的现实必要性。[3]

确实，儒家思想特别强调问题导向，而公共经济体制的变迁正是要应对不断出现的新问题新挑战。比如，之所以有些地方注重国家体制（也包括欧洲近现代民族国家）构建，有些注重地方自治（也包括欧洲城市），既取决于地缘政治压力（是否有外部压力），也取决于地方条件的变化。当然，中国的大儒都知道，道统乃公共经济体系构建的原则，非私学或个人生活之指导。因此，公共经济参与者在任何时候都不可以私废公，都必须

---

[1] 萧公权（2011：457）写道："天下之民不能制君位，于是尧制之而传位于舜，禹制之而传位于启。尧舜皆本利民之心而制之。虽不守民推之形式，而天下为公之精神固仍秉之勿坠。故天下为公，实有二义。一曰制位之公。民推则公之纯，世袭则私之至。尧舜禹启君制其位而复征民意以为决，则公私之杂也。二曰目的之公。制位无论公私，本利民之心以为政，则亦吻合于天下为公之大义。此则治国之根本，不容有分毫之减削。否则大位难取，覆亡可期。史事昭明，足供证验。汤武以目的之公而得天下，秦以私而失之。刘邦以目的之公而得天下，曹操以私而不得。汉唐以后之君主虽不必复民推之公，岂可不力求利民之公乎？"

[2] 萧公权（2011：462、463）指出，"水心（叶适——作者注）最大之贡献，不在重伸民本古义于专制之世，而在对政治机构作精密切实之讨论。"（462）水心认为，"若势分于下，则国乱而君危"（463），强调了公共经济的执行力或强制力垄断的重要性。

[3] 萧公权（2011：516）发现："方氏（孝儒——作者注）认定人类生而有自然之不平等。政治之功用在补救不平等之困难，使人人得遂其生"，明确了弱势群体的生存对公共经济组织的依赖。并且方氏认为，"宗法托根于人类社会天演之始端，其重要亦不亚于井田制度。方氏认定家族形成，时在政治组织之先"（萧公权，2011：521）。因而强调，"后世制度虽备，君臣之分虽明，仍不可不维持宗法，以为政治之基础"（521）。

关注核心的公共经济问题。[①] 对于儒家学说的独特性质，程艾蓝（2018：9、20、752）也曾总结道，尽管"在西方看来，中国仅是人类经验的另一极而已"（9），但实际上中国经验"具有如此彻底的独特性，又如此具有启发性"（9）。程艾蓝意识到，中国古代儒家思想就是经世济民思想，就是公共经济思想。正是为了解决公共经济利益的外部性，"中国思想中的'知'，首先是'知如何'（道德标准——作者注），而不是'知什么'（真理命题——作者注）（20）"。她不无自豪地总结道："孔子之作《春秋》，治天下也，非治一国也；治万世也，非治一时也。"这种广土巨众的观察维度正是面临挑战的中国古代精英的理念与心胸。因此，程艾蓝（2018）指出，真正使黄河文明的体制能够延续两千多年的，是孔子的学术视野，是孔子将天下的疾苦视为问题的核心，将公共体制的原则简化为思想，并用民间讲学的方式将这一普适性经世济民学说传承下来。

事实上，无论是秦皇还是汉武都深知儒法治国之道，都知道只有儒法结合才是真正的经（世）济（民）理论，因此才"且禁私学，而令博士垄断天下之学术"（萧公权，2011：282）。正是有了这些公共经济认知，"贾生（谊——作者注）论政，以民为其最后之目的，以道为其最高之原理。'大政下'曰：'夫民者诸侯之本也。教者政之本也。道者教之本也。'"（萧公权，2011：284-285）。很显然，这些早期精英深知，国家之出现、社会之组织，是为了提供内部秩序，应对天灾人祸的威胁。而家国天下与人类命运共同体，就是为了把这些公共经济规律运用于更大范围的实践，这就是儒家学说普适性价值的体现。

相反，魏晋时期的主政者与腐儒们抛弃经世济民儒学理论的问题导向原则，总是关心一己或小群体之私利，误导了中国治理者数百年，导致三百年的乱世。[②] 尽管东汉末年儒学中出现的教条主义与制度偏差（利他之道德推崇被利己之徒利用）是重要原因之一，但三国时曹操公开宣称"唯才

[①] 萧公权（2011：552）批评道，中国的"俗儒尊孔守朱，不知所以裁之，遂不免混公理而逞私见。'夫道，天下之公道也。学，天下之公学也。非朱子可得而私也，非孔子可得而私也。天下之公也。公言之而已矣。'"换句话说，无论如何变迁，儒家学说始终是公共经济活动的理论基础与政策依据。

[②] "儒学由西汉独尊之地位，顿趋衰败，洵吾国思想史中一至可惊异之现象。"（萧公权，2011：355）

是举"，招纳无德有才之人也放纵了精英自我私利思想的膨胀，一些所谓的清流腐儒的空谈误国，更是构成了此后三百多年乱世的基础。① 对此，萧公权（2011：381）曾引《晋书》："《晋书》'衍传'如不诬，则衍临终固已自承其责。其言曰：'呜呼！吾曹虽不如古人，向若不祖尚浮虚，戮（勠）力以匡天下，犹可不至今日。'"他甚至进一步引范宁著论而将这些祸国殃民的所谓"公知"钉在了历史的耻辱柱上。② 显然，作为一个思想史学者，萧公权（2011：394）深知，能救中国于危难之中者，乃公共经济的绩效考核原则；能续黄河文明之正统者，乃儒家学说的问题导向原则。

实际上，空谈误国的教训也曾出现在古希腊的历史上。被西方的清谈之士奉为先祖的古希腊哲学家们崇尚空谈、热衷辩论，最终摧毁了古希腊文明的根基。库朗热（2006：329、331-332）的研究表明，古希腊城邦制度的消失就是苏格拉底这些智者崇尚辩论、"妖言惑众"的结果。这些能言善辩的清谈之士摧毁了旧的信仰，却没有构建新的制度，于是失去了内部结构的希腊城邦逐渐被野蛮人征服了，希腊文明永远地消失了。库朗热（2006：331-332）指出，这些哲学家们"没有什么固定的学说，只满足于攻击陈旧的成见，用柏拉图的话说，他们摇动了从前一成不变的事物"，却没有构建足以成为替代者的理论与学说。对于作为治理制度的"古老的习俗见解，他们代之以推理和雄辩，代之以辩证和修辞术"，于是"各种制度的权威与城邦神的权力一同失去"了，维持社会的强制力消失了，作为公共经济体制的国家（城邦）失去了存在的制度根基，于是罗马人长驱直入、轻而易举地获得了成功。

总之，中国传统的儒法思想分别强调公共经济的目的与手段。儒学面

---

① "约言之，曹魏东晋之百余年间，乃中国社会之衰乱时期，亦为对抗礼教之反动时期。此反礼教运动与反专制之潮流汇合，遂蔚为一种以放浪人生观为基础之无君论。"（萧公权，2011：372）萧公权深知，若知识精英都开始不负责任、空谈逃避，若政治精英也放弃公共经济岗位要求的利他主义追求，难免遭到有识之士的责备："桓温北伐，过淮泗，登平乘楼，眺瞩中原，慨然曰：'遂使神州陆沉，百年丘墟，王陵甫诸人不得不任其责。'自温发此论，后来史家袭之，几成定案。"（萧公权，2011：380-381）

② 萧公权（2011：381）写道："王弼、何晏二人之罪深于桀纣。盖桀纣暴虐，不过浊乱一世。身死国亡，犹足为后世之鉴。王何叨海内之浮誉，资膏粱之傲诞。画螭魅以为巧，扇无检以为俗。郑声之乱乐，利口之覆邦，信矣。吾固以为一世之祸轻，历代之罪重。自丧之衅小，迷众之愆大也。"

向供给决策者，更为关注目的或需求，主要靠道德约束精英来替代消费者的偏好显示。法家面向供给执行者，更为关注过程与手段，强调通过强制力与惩罚来约束供求双方行为。对影响公共经济行为的思想而言，二者缺一不可。正是在供给执行者这里，儒法两家出现了关于人性假设的争论。从家庭外推伦理的儒家认定"人之初，性本善。性相近，习相远。"因此，教育可以有所作为，善为人性主流。法家从社会关系中的委托代理关系出发，强调陌生人代理的不可靠，甚至推出家庭成员内部的私心存在，从而奠定了自私人假设的理论基础。当然，鉴于人与人并不一样，每个人都会变化，再加上经济条件会影响道德水平，教育舆论会改变德性多寡，因此儒法之争很难有一个定论。欲以法律取代道德治国是不妥的，而仅以儒教治国也同样是不可能的，儒法国家才是黄河文明的真正治理内涵，也是中国传统公共经济思想的精髓。

（三）国家治理中的法家学说[①]

很显然，由上面的讨论可知，作为黄河文明支柱思想之一的法家学说，特别是法家学说中有关国家治理的思想同样是人类文明的宝贵遗产。事实上，自秦代开始，统治者治理国家所运用的有效制度，几乎都是以法家思想为基础建构起来的，而在这些建构过程中运用的法家思想及其背后的公共经济逻辑对今天的现代文明转型探索同样有着重要的现实价值。我们认为，法家思想在国防安全、社会治理、解决社会的道德困境问题和对官僚队伍进行制度化管理方面都曾发挥了积极的作用，赵鼎新（Zhao，2015）甚至认为，将儒家的社会管理规范为法家的政府管理是法家超前现代性的体现，并构成了儒法国家治理范式的公共经济内核。而以问题为导向，以绩效考核为手段，以国防安全为目标的理论主张，则构成了法家思想的基本特征。

法家之仁义观与儒家思想存在许多相通相容之处，因而共同构成了儒法国家的指导原则。当然，儒法双方对仁义忠孝等伦理价值观的性质与适

[①] 本节内容吸收了河南大学经济学院2019级硕士研究生韦素华同学本科毕业论文的部分内容，同时，部分内容来自发表于《财政监督》2020年第10~11期的论文《韩非子国家治理理论中的公共经济思想初探》，作者为宋丙涛、张庭。

用范围的认识是有差异的。例如，商鞅认为，仁义忠孝等伦理道德价值观只对君子有约束力，对小人无法产生规范效应，因此仁义忠孝的适用范围是非常有限的，并不具有普适性。因此，法家建议对人做出非普适性假设，主张对不同的人采取不同的制度措施，因而其政策建议更加符合社会现实，并被视为各个朝代改革变法者的总纲领。更为重要的是，法家在推崇中央集权制度的过程中隐隐约约地意识到垄断的强制力对公共经济运行与集体行动逻辑来说至关重要，意识到"强国家"（Acemoglu, et al., 2008）与发展型政府（Wade, 1990）对国家治理的基础性作用，从而触碰到了现代公共经济理论的核心议题，奠定了经世济民制度的理论基础。当然，与儒家思想类似，法家学说是一个博大精深的体系，其全部贡献肯定不是本节寥寥数语就能概括的。本部分仅仅是从公共经济执行效率与公共产品结构变迁的角度来分析法家学说包含的经济学原理，特别是以管仲、韩非子为例来分析法家对执行力的强调以及法家的执行机制在生存型公共产品提供中的效率优势，从而为当代中国现代文明转型的努力提供传统文化基础，为中国经济学（经世济民的学说）的发展与创新提供思想素材。

我们认为，是管仲的改革开启了法家思想探索。与儒家奠基人孔子类似，管仲改革的背景是礼法制度与治理结构的缺失，是公共产品供给的严重不足。一方面，管仲所在的齐国面临严重的国防压力；[①] 另一方面，农业条件的恶劣使得齐国的生存危机更为严重。[②] 同时，临海的区位又使得齐国有较好的工商业发展条件，[③] 而商业逐利的特点容易对礼义之道德教化产生

[①] 齐国故地位于华北平原的东部，与古鲁国隔泰山而治，到桓公时期，其疆域范围已"东至于海，西至于河，南至于穆陵，北至于无棣"（何晏：《论语注疏解经卷十四》），方三百里到五百里之间。姜齐建国者吕尚在平定东夷后于周成王四年受封于古齐地。古齐国西北方向内陆地区为诸夏，东方为东夷和殷商的根据地，旧方国林立。吕尚受成王命镇抚东夷，建都营丘。据何光岳的研究，在西周和春秋前期，东方的莱夷和世仇纪国，势力依然强大，是齐国不可忽视的威胁。因此，国防始终是齐国重要的公共产品。

[②] 据《齐国史》称，齐国地处海滨，土地盐碱化，加之齐地土著居民生产技术十分落后。齐国粮食作物种植条件又远低于一般水平，因此赵俪生（1998）也曾指出齐民生存不能单靠农业生产。

[③] 古齐国所在的山东半岛三面环海，便于煮盐晒盐。同时，17万平方公里的近海海域，拥有丰富的海洋资源，有鱼虾贝类近三百种。因此太公立国时便因地制宜，确立了"通商工之业，便鱼盐之利（《史记·齐太公世家》，1480）"的国策，以换取生存所需衣食。

第六章 儒法思想的渊源与发展

不利影响，更使人们好智多诈。① 所有这些条件都使得早期的齐国缺乏礼义，② 缺乏公共经济活动必需的利他精英（蔡礼彬，2003；徐喜辰，1989）。尽管由于缺乏史料记载，我们难以看到桓公时代之前的建制与宗法礼治对人们行为的约束效果，但从《八观》篇对州里设闾闬、禁早晏、闭门户、聚于丧烝、严于禁罚以管制攘夺窃盗、攻击残贼之民、正男女之别、扶长幼之睦的强调，以及襄公之乱的史实，可以推测，当时的宗法礼治缺位与社会秩序混乱的状况很可能是存在的。③

因此，作为法家的奠基者，管仲努力的方向就是重建公共经济体制。管仲深知，良治的标准是公共产品需求的充分满足，而最为重要的公共产品就是秩序、国防。④ 而管仲认为，这两类公共产品之间又是息息相关的。⑤ 特别是，国防之要在于衣食，⑥ 衣食之要在于农业，⑦ 而农业发展的前提就是农民的安居乐业，就是国防的充分保障。因此，管仲非常重视百姓的衣食基本需求，重视对弱势群体的救助。他认为，为人君者应"能散积聚，钧羡不足。分并财利而调民事也"（《管子·国蓄》），即分散富商兼并的财利，以扶助贫贱、鳏寡等弱势群体。

---

① 同时，商工会与农业争民，伤害本业；再加上一些富商巨贾囤积居奇，坑害农民而获取暴利，会引起民众不满。

② 鉴于齐地位于中原边陲，文化落后，没有深厚的宗法礼制。再加上太公并非姬姓贵族，是因功而受封的新贵，其族人并无遵守周人之礼的自觉意识。因此，有时候国君也会在维护秩序的礼制与私心之间摇摆："太公至国，修（其）政，因其俗，简其礼"（《史记·齐太公世家》，1480），尊能而不好礼。

③ 《管子·轻重乙》曾记载齐桓公向管仲抱怨租税减少时，谈到"列稼缘封十五里之原，强耕而自以为落，其民寡人不得籍斗升焉"。换句话说，当人们在沿国境十五公里宽的地带上开垦生产时，就不受齐国的约束。

④ 《管子·立政》开篇即是"国之所以治乱者三，杀戮刑罚，不足用也。国之所以安危者四，城郭险阻，不足守也。国之所以富贫者五，轻税租、薄赋敛，不足恃也。"

⑤ 比如，《管子·权修》认为良治应达到兵有主、野有吏、官有长、朝有政的状态，以实现外可应敌、内可固守。而要实现这些目标，需要禁末产、辟田野，君主要去"舟舆饰，台榭广"之欲，不要轻用众，要薄赋敛、惜民力。

⑥ 管仲认为"一农不耕，民或为之饥；一女不织，民或为之寒。故事再其本。则无卖其子者；事三其本，则衣食足；事四其本，则正籍给；事五其本，则远近通，死得藏。"（《管子·轻重甲》）当纺织业与粮食收入即农事的收入相当于消费的三倍时，百姓方可无饥寒之忧，五倍于消费，才能发展商业，使齐国的粮食和布帛周流各国。

⑦ 管仲十分重视粮食种植，认为："地之守在城，城之守在兵，兵之守在人，人之守在粟……地博而国贫者，野不辟也。"（《管子·权修》）"有地君而不务耕芸，寄生之君也。"（《管子·八观》）对农业的管理，他也告诫农夫"孟春既至，农事且起。……北海之众，无得聚庸也而煮盐。"（《管子·轻重甲》）

当然，作为早期的公共经济探索者，管仲也倡导礼制道德，主张德法并用，认为利引、礼教和刑法均为治理手段。在努力迎礼制回归的同时，他主要采用刑法来改进风尚。① 他强调，当社会良治缺位已久、礼治的软约束力使暴行得不到管制而愈演愈烈时，只能以刑去刑，以刑法抑制暴乱，儆一劝百。为了尽快恢复内部秩序，管仲比较重视刑法作为治乱手段的作用，认为牧民者想要御民，"则法不可不审"（《管子·权修》），特别强调法令的颁布和刑罚的执行。② 当然，管仲也深知道德礼制的作用，认为"法出于礼，礼出于治。治，礼道也，万物待治礼而后定"（《管子·枢言》），圣王"治世之时，德行必有所是，道义必有所明"（《管子·法禁》），然后对民"以仁错之，以耻使之，修其能致其所成而止"（《管子·法禁》），期望用教化和改易风俗达到"上不加勉，而民自尽"（《管子·立政》）的目标。而管仲在构建治理体制的过程中提出的一些观点构成了后来法家思想的重要组成部分。比如，管仲认为弱君乱国，③ 因而国君需集权。④ 为此管仲采取增量改革的方式扩大君主控制的土地规模，加强国君的财政能力，从而奠定了秦汉之变的政策工具基础。当然，管仲也知道，垄断权力有巨大的副作用，因而管仲也强调对国君私欲的抑制。他要求国君远亲、贵、货、色、巧佞、玩好（《管子·重令》），"喜无以赏，怒无以杀"（《管子·版法》），力图尽量减少国君的垄断强制力对实际政治运作的负面影响。他提醒，君主应牢记其职责，以公权和税收提供民众所需的公共产品，而不要在公共支出与用人用刑上为自己谋私利或依自己喜好而定。

---

① "厚爱利，足以亲之；明智礼，足以教之……然后申之以宪令，劝之以庆赏，振之以刑罚。"（《管子·权修》）

② "正月之朔，百吏在朝，君乃出令布宪于国，五乡之师，五属大夫，皆受宪于太史。"（《管子·立政》）即乡师和大夫回到治所召集属下官吏直至游宗一级领受法令并需及时派使者返朝复命；每年腊月底，国君要亲自论刑罚："季冬之夕，君自听朝，论罚罪刑杀，亦终五日。"（《管子·立政》）

③ "君失其道，则大臣比权重以相举于国，小臣必循利以相就也。故举国之士以为亡党，行公道以为私惠……各便其身，而忘社稷。"（《管子·法禁》）"爵尊而主卑，为人臣之大罪也。"（《管子·枢言》）"下与官列法，而上与君分威，国家之危必自此始矣。"（《管子·法禁》）

④ "壹置其仪"（《管子·法禁》），使"利出于一孔"（《管子·国蓄》），有"一体之治""治民一众"（《管子·乘马》）。

同时，作为农战思想的奠基人，管仲认为，商利有害农官，主张打击富贾。《管子·轻重甲》阐述了商贾对于国家的从属关系，商贾"非君之所赖也，君之所与"。管仲认为，国家为商业经营提供制度条件，为坐贾提供稳定的秩序环境。而商业相对于农业来说，只是生存的补充手段，且依赖于共同体外部有余粮和有交易意愿，对外部环境依赖较大。① 因此，商利一旦危害到其他公共产品的提供，贤臣明主应让商贾做出让步。特别是，由于意识到无良商贾与高利贷对农业与人心的伤害，管仲主张积极采取措施缓解末产对农业的挤压，防范富商巨贾对官吏的腐蚀。② 管仲认为官员的职责是从事公共经济，若还同时经商很可能难以划清公共经济与私人经济的界限而以权谋私，因而注重官商分离，强调官员不准经商，也不提倡任用商贾担任官员。管仲早就意识到，商人与资本家的谋利行为与利己思想有可能损害公共经济的运行，因而主张约束商人或资本家的社会影响力与公共经济参与度。他指出，"商贾在朝，则货财上流……上好诈谋间欺，臣下赋敛竞得，使民偷壹"（《管子·权修》），从而对其他公共产品提供者的品行造成侵蚀，这种自私风气会侵扰上下。他的这个思想很有可能对儒家学说的义利观也产生了重要的影响，对今天后现代国家治理模式的构建也有一定的借鉴意义。

同时，作为法家学派后期的主要代表人物，战国晚期的韩非子主要从公共产品供给的决策者（君）、执行者（臣）与消费者（民）三元关系的角度来论述国家的治理方针与策略。由于韩国同样面临特殊的地缘政治压力与国防现实问题，韩非子的治国建议主要集中在迅速实现富国强兵以应对外来的侵略威胁上，但他的三元分析方法还是为我们的公共经济分析奠定了坚实的方法论基础。韩非子精准地认识到，国家的有效治理，既需要掌握国家主权的君主获得强制力并正确决策，也需要负责实施的臣子令行禁止、让政令有效执行。他强调，君臣不仅不是铁板一块的统治集体，在

---

① 水运条件与技术的改进、军事革命是英国使用商战的前提，但商战实际上是法家思想的延续。
② 《管子》中对禁末产与君主禁侈靡的主张也有很多表述："故上不好本事，则末产不禁；末产不禁，则民缓于时事而轻地利。轻地利，而求田野之辟，仓廪之实，不可得也。"（《管子·权修》）"凡为国之急者，必先禁末作文巧……故禁末作止奇巧以利农事。"（《管子·治国》）

国家治理的过程中，恰恰是利益冲突的双方，① 因而他超越了二分法，进行了三元分析的初步尝试。②

因认定臣子的人性天生是有缺陷的，趋利为大多数臣子之常态，韩非子反对君主对臣子实行"仁治"，主张用"法治"来约束臣子，认为只有严刑厚赏才可以规范臣子的执行或"代理"行为，从而形成了法家"酷政"思想的内核。韩非子主张君主应该拥有的"势"其实是保障君主在提供公共产品时必须拥有的排他性权力或强制力，而他推崇君主使用的"法""术"则是君主为确保国家公职阶层执行力而构建的约束监督措施。当然，由于他把国家的主权完全集中于君主一人，却又未提出对君主权力的任何约束规定，国家的有效治理便极其依赖明君的出现。而当这一条件无法满足时，就会导致君、臣、民关系的断层，即使君主不为全国的子民提供相应的公共产品，臣民们也难以在体制内有所作为，从而埋下国家动乱的种子。因此，在国家治理中，法家执行效率的实现往往需要以儒家天道理论对君主的约束作为前提条件。

首先，与管仲类似，韩非子认为，一国在兵荒马乱之中是灭亡还是称霸首先取决于该国的战争能力。不过，韩非子认为，一国的战争能力取决于该国的治理水平，③ 而不是农业水平。当然，韩非子提到的治乱水平就是指一国的治理能力，即该国处理内政的能力，或公共产品供求双方合作经营公共经济的能力。④ 在治国手段的选择上，韩非子吸收道家的理论构建了自己的政治哲学基础。他提出"道者，万物之始，是非之纪也"（《韩非子·主道》），认为君主只需"无为而治"以使万物各归其位、各尽其用，就能治理好国家。当然，韩非子主张国君"无为"，并不是什么也不做，而是期望君主能"如天如地"、顺"道"而治。在进行决策时，没有"本我"的利益存在，只以符合"道"的公共利益（消费者利益）为准。在这里，

---

① "君主想扩大他们的权限，而父（家长——作者注）们却不愿意接受。于是在各个城邦，贵族与君主之间的斗争不可避免。""斗争的后果在各地一样，君主以失败告终。"（库朗热，2006：229）
② 见宋丙涛（2016）对公共产品供给方进行的执行与决策的分解，这将使公共经济分析成为一个三元模型。
③ "亡王之机，必其治乱，其强弱相踦者也。"（《韩非子·亡征》）
④ "明主坚内，故不外失。"（《韩非子·安危》）而最有效的内外结合、公私兼顾的治理模式就是供求对应的农战模式与商战模式。

国君个人就代表"公"（国家），就代表全体人民。① 这样，韩非子就把国家的公共利益变成了举国上下行动的唯一目的，实现这一目的的手段就是诸事以法为本，而支持这一目的实现的本源动机或约束力量即为"道"。韩非子认为国君治国只要顺应客观规律，② 用无我无为的原则维护君、臣、民的共同体关系，③ 让所有人都在法令的范围内为国竭尽才智，国家就能实现大治。④

其次，韩非子认为，国家公共经济秩序的维护还在于君主要有统摄臣子的能力，能约束作为执行者的臣子的自私自利行为，才能有效防止奸邪势力的扩张。当然，韩非子指出，"法""术"之要，在于无为，即主张君主"虚静无事"（《韩非子·主道》）、"不自操事"（《韩非子·主道》），让君主自己只负责决策，而让智贤之人为各项具体事务的执行竭尽才思能力。⑤ 他认为，这样既可以调动臣子们的积极性，又可以避免因指挥不当而坏了君主的名声。同时，君主不将自己的喜怒哀乐显露于臣子，可以防止被臣子算计和利用。

由于韩非子是直接把君主假定为国家或公共利益本身，因此与儒家学说主要讨论君子的行为不同，韩非子的治国方针主要讨论治下臣子与臣民的行为。鉴于此前孟子与荀子的人性争论，面对臣子臣民，韩非子认为趋利避害是这些大多数普通人的本性，"谋食"是他们的基本追求。⑥ 作为一个普通人，因生而具有衣食的欲求，难免会有贪利之心。因此，韩非子虽然承认圣人的存在，承认他们德行高尚，并能节制私欲，但认为这样的人毕竟是少数。⑦ 因此，君子不是执行者队伍的主流，不能成为制定治理政策的依据。于是，韩非子主张治国者应该以普通人性为基础来进行治理，制

---

① 相较于儒家把君臣视为替天行道的代理人，天意代表民意，韩非子则认为君主直接代表一国全体，君主就是人格化的国家。这也是封建氏族共同体的现实写照（增渊龙夫，2017）。
② "根干不革，则动泄不失矣。"（《韩非子·扬权》）
③ "上不与共之，民乃宠之；上不与义之，使独为之。"（《韩非子·扬权》）
④ "使天下皆极智能于仪表，尽力于权衡，以动则胜，以静则安。"（《韩非子·安危》）
⑤ "明君之道，使智者尽其虑，而君因以断事，故君不穷于智；贤者敕其材，君因而任之，故君不穷于能；有功则君有其贤，有过则臣任其罪，故君不穷于名。"（《韩非子·主道》）
⑥ "人无毛羽，不衣则不犯寒；上不属天而下不著地，以肠胃为根本，不食则不能活。"（《韩非子·解老》）
⑦ "故以天下之大，而为服役者七十人，而仁义者一人。"（《韩非子·五蠹》）即使孔子这样的圣人，普天之下愿意为他效劳的人也不过七十几个。

定面向多数人的制度，而不能用只有少数人才能做到的办法，故而提出"仁之不可以为治"（《韩非子·五蠹》），强调治国必须推崇法治。

最后，韩非子也认为国家治理需依靠君臣之间严格的分工合作，虽然君臣都是国家治理的主体，但各自的职责不同。君主的至高无上在于保证国家主权的完整与不可侵犯，臣子的专职在于长期维护这一目标的具体执行。韩非子认为"上下交朴，以道为舍"（《韩非子·大体》），君臣各司其责，国家就能实现长治久安。韩非子认为，排他性的权势是君主治理国家的前提。韩非子强调国君要有权势，实际也就是说国君要牢牢把持国家的主权，垄断国家公共产品提供过程中的垄断性强制力。特别是，君主若让臣子得势，使刑赏大权都落到臣子手中，[①] 那么，百姓就会"意欲不宰于君"（《韩非子·八说》），即不再依赖君主提供公共产品，反而依附于臣子求得生存保障，而臣子之间的相互竞争必使国家陷入四分五裂、国将不国的混乱局面。当然，韩非子深知，若君主掌握着权势却不为百姓提供相应的公共产品，拥有国土与财富却不用于为百姓提供生存保障，拥有强制力却不用于为百姓提供公共安全或国防安全，君主就不得民心，国家同样会面临危险。

总之，韩非子认为，国家的衰败主要源于君臣失序、公私乱界。其中，君臣秩序的混乱主要在于权贵势力太重，从而上逼主而下虐民，并导致国贫兵弱。[②] 因此，韩非子既要求君主要有明确的公识认知（国家或公共经济意识），[③] 主张君主对国家权威要有强烈的独占意识，时刻认识到自己代表的是国家利益，从事的是公共经济活动；同时也要考虑到臣子总在维护个人利益的事实。[④] 韩非子提出"知臣主之异利者王"（《韩非子·八经》），强调君主要以公御私、以公御臣。此外，韩非子还强调，凡是恩惠国民的事情，如发放国库的财物和官仓的粮食，一定要用君主的名义进行，以便在公共产品供给者与需求者之间建立直接联系，而不能让作为代理人的臣

---

① "今人主非使赏罚之威利出于己也，听其臣而行其赏罚，则一国之人皆畏其臣而易其君，归其臣而去其君矣。"（《韩非子·二柄》）
② "大臣太重，封君太众；若此，则上偪主而下虐民，此贫国弱兵之道也。"（《韩非子·和氏》）
③ "禁主之道，必明于公私之分，明法制，去私恩。"（《韩非子·饰邪》）
④ "君臣异心，君以计畜臣，臣以计事君，君臣之交，计也。"（《韩非子·饰邪》）

下将恩德归于执行者自己，防止供求关系脱钩失衡。① 为从物质条件上防止私权（臣子）对公权（君主）的僭越、② 保障"威不贷错，制不共门"（《韩非子·有度》），韩非子提倡中央集权，还主张必须制约臣子的财富水平和军事能力。③ 很显然，韩非子的法家思想与治理策略实际上构成了秦汉帝国的制度内核，也奠定了黄河文明延续两千年的效率基础。然而，法家思想的非均衡特征（公共产品供给者独掌强制力）也构成了黄河文明延续过程中专制体制不断滑向"家天下""私天下"的制度诱因。因此，根据问题的时代特征，以儒家学说为指导的公共经济体制的不断改革与"变法"就成为文明演化路径上一道独特的风景线。

---

① "其于德施也，纵禁财，发坟仓，利于民者，必出于君，不使人臣私其德。"（《韩非子·八奸》）
② "臣闭其主，则主失位；臣制财利，则主失德；擅行令，则主失制；臣得行义，则主失名；臣得树人，则主失党。"（《韩非子·主道》）
③ 韩非子指出，过去商朝的灭亡和周朝的衰微，都因诸侯太强大；晋国被三分，齐国被篡权，也都因群臣太富有。因而主张"大臣之禄虽大，不得借威城市；党与虽众，不得臣士卒"（《韩非子·爱臣》），即要限制臣子的俸禄和私人武装。对此，韩非子提出臣子的收益只能来源于俸禄，并且君主对臣子要"必适其赐"（《韩非子·扬权》），"不大其都"（《韩非子·扬权》），"厚者亏之，薄者靡之"（《韩非子·扬权》），不能纵容臣子私人财富的无限扩张，必须将其控制在不至于威胁君主统治的规模。

第七章　儒家思想的消解与反思

众所周知，人类社会在经济效率方面的进步是由不断累积的劳动分工带来的。社会大分工带来的专业化极大地提高了人类的社会文化水平与科技发展水平，并体现为劳动工具改进与劳动生产力的迅速提高，这些技术的进步又进一步使大多数人的私人经济独立分离出来成为可能。因此，我们几乎在所有的文明演化过程中都看到了私人经济活动的高级发展形式——市场经济。

确实，不仅西方的地中海沿岸、大西洋沿岸曾经出现过多个市场经济体的繁荣，而且黄河边的文明演变也曾尝试过市场经济的辉煌，以至于大多数新古典经济学影响下的经济史学者一再感叹明清以来的"文明倒退"。然而，如果不是教条主义地把市场经济视为人类历史的必然终结，而是关注文明演化过程中人类面临的现实问题，特别是关注公共产品需求结构的变动规律，黄河文明在宋朝之后的回归式转向或许是可以理解的。

事实上，除对埃及文明缺乏足够的考古材料证实外，黄河文明、中东文明、希腊文明都在它出现伊始就开始了发展市场经济的尝试（Hole，1966）。美索布达米亚平原地区的贸易、城邦、都市化与独立国家的出现不仅是人类第一次公共财政制度的探索，而且也是市场经济制度的第一次大范围尝试。即使产权制度还不甚完美，[①] 但这些制度尝试导致了雅典城邦与腓尼基人的商业繁荣与市场扩张。而在东方的黄河流域，尽管有许多争论，但商人的族名、东周的巨贾仍表明了中国古代文明构建过程中产权制度的存在与商品经济的兴盛，并带来了没有争议的宋朝市场经济（Liu，2015）。

[①] 产权制度受到社会与地域稳定性的影响。但当它从那些享有平等权利的村庄与部落混合体的社会中出现时，它采取了扩展的家庭甚至是部落产权的形式，而不是个人产权的形式。

然而，与西方早期的市场经济探索一样，宋朝开始的市场经济尝试却从根本上动摇了传统农耕文明的基础，削弱了宋朝的国防能力，从而使得黄河文明在内外交困的压力下发生了明清的"内卷式"转向。

很显然，由于建立在完全不同的价值观念的基础之上，市场经济的繁荣与尝试极大地削弱了传统农耕文明的外部国防能力与内部协调能力，给传统的人类文明提出了巨大的挑战。一方面，以个人偏好为基础、以个人利益为计算单位的市场交易行为极大地削弱了作为传统公共经济体制基础的集体主义精神，公共经济的效率急剧下降；另一方面，与市场经济发展相一致的私人产权的发展削弱了公共经济的财力，特别是在面对外部入侵时，人力物力等资源集中的能力受到了严重的制约，垄断的强制力难以为继，传统农耕文明的国家政权提供国防公共产品的能力遭到削弱。

比如，在做出市场经济尝试以前，在传统农耕文明中，几乎所有的剩余财力都归公共经济体制支配。即使在私有制与私有产权出现以后，除了极少数维持生存的经济资源以外，大多数经济资源都归国库或君主支配是一个共同接受的信念或原则，[①] 因此公共经济活动可以支配的经济资源总以当时的技术基础为限。正如新古典经济学家（Makris，2006）对现代国家的指责的那样，国家的预算最大化是国家政府的一个基本的行为准则，也是传统农耕文明政府的行为准则，甚至已经成为一个信仰而被广大臣民所接受。但市场经济尝试彻底破坏了这个公共经济信仰，个人的收入最大化开始成为普遍的追求，金融工具的出现又使得个人贪欲突破了衣食的限制，于是尽管商业繁荣的国家拥有足够多的财富总量，但用于公共经济活动的经济资源的相对量甚至绝对量却大大下降了，以至于缺乏重商主义与公共经济理论指导的威尼斯、荷兰共和国以及中国宋朝的市场经济尝试虽然在市场上获得了成功，却未能在公共经济活动的竞争——战争中幸免于难。

确实，由于市场经济的两面性，以市场经济为导向的中国的快速发展与改革开放似乎进入了一个进退两难的境地。面对市场经济持续发展带来的公共经济领域的利益冲突与矛盾，不同学科的学者们都在试图从不同的角度进行思考与探索。然而，市场经济的冲击并不仅仅是一个近代西方的

---

① 所谓"溥天之下，莫非王土；率土之滨，莫非王臣。"《诗经·小雅·北山》

冲击，早在一千多年前，市场经济的冲击就已经给我们的传统农耕文明带来了巨大的挑战，并引发了王安石等人的思考与改革。换句话说，当下全球、包括中国在内的市场经济发展过程中遇到的许多问题，在王安石变法前夕的北宋也曾经以各种各样的形式出现过。因此，回顾王安石变法所面临的问题及其改革过程中的成败得失，或许可以为今天的改革与经济学发展提供可资借鉴的经验。

一 北宋衰落的教训与熙宁变法的意义[①]

鉴于宋朝在黄河文明演化中的特殊地位，多年来有关评议和研究王安石及其变法的论著可谓汗牛充栋，但这些论著的观点莫衷一是。比如，自南宋以降至元明清对王安石及其变法的评议基本上以否定性评议为主流，直到近代梁启超的《王荆公》、日本学者高桥作卫的《王安石新法论》才改变了这种局面，为王安石及其变法彻底翻案。确实，尽管由于问题的复杂性以及过程中的失误，王安石的改制未能成功，但他看到的市场经济发展带来的弱势群体生存困难与集体精神缺失等公共经济问题，是切中时弊的，并具有相当的现代意义。因此，以公共经济理论为工具，通过对其面临的问题进行梳理，分析王安石变法思想的现代意义，或许可以对今天的公共经济体制变迁与现代文明转型的思考提供一定的启发。

近年来，已经有越来越多的人（Liu，2015）承认，得益于较高程度的市场经济的发展，北宋社会整体物质财富比较丰裕。但同时，政府政策的失误与市场经济的发展也导致了社会精英阶层公共经济意识的弱化，尤其是作为公共产品提供者的政府官员与商界精英的社会责任意识淡薄、道德水平下降，严重降低了公共经济的效率，从而导致了社会秩序的崩溃，[②] 表现为严重的社会问题与不堪一击的国防基础。

[①] 本部分根据宋丙涛、张庭合写的《历史的教训与当代的启示》一文修改而成，原文《历史教训与当代启示：王安石变法的公共经济学分析》发表于《河南师范大学学报》（哲学社会科学版）2017年第6期。

[②] 例如，不断扩大的贫富差距一方面导致了社会矛盾的恶化、削弱了政府的凝聚力，使得农民起义此起彼伏；另一方面，商界精英的为富不仁与官僚集团的私敛财富，也使得北宋政府在民间藏富的背景下积贫积弱。

第七章 儒家思想的消解与反思

尽管秦汉以后的儒家思想已经对中国的社会文化产生了巨大的影响，然而利他主义道德的不可测度性与主观易变性，以及利他表现可能带来利己结果的执行悖论，也产生了道德行为的机会主义与儒家学说的教条主义。正是面对着这种认知能力上的困境，才出现了魏晋之后的首次道德大滑坡。一方面，公共经济行为必需的利他精神与政治道德消失，精英阶层只求家族自保；① 另一方面，大型公共经济组织或治理结构——国家的构建瓦解，家国体系渐渐消失。本地精英的自私自利使得流寇的外来劫掠成为常态，东亚大陆陷入了类似"黑暗的中世纪"一样的无政府或无公共经济结构状态。尽管隋唐创设了科举制来训练精英阶层掌握并传承孔孟之道的君子理论与利他主义集体道德，但机会主义与教条主义的认知缺陷并未清除，甚至在宋朝时达到了高峰。

由于宋朝的开国实际上源于非"天命"模式，因此不仅建国者缺乏道德高度来制定继位规则，而且执政者也无法用集体主义道德来约束武将与文臣，从而导致道德品行的迅速滑坡与市场经济的蓬勃发展相伴而生。而宋真宗的利己导向励志诗则标志着精致利己主义与道德机会主义对公共经济供给者的影响达到了一个高峰，并导致倾向于利他主义教育的科举制度的教育体系滑向歧途。② 正是在这些最高统治者的影响下，北宋汪洙的《神童诗》"万般皆下品，唯有读书高"和"满朝朱紫贵，尽是读书人"等精英利己思想流传甚广。③ 很显然，这是对彻头彻尾的个人主义利己价值观的官方灌输，是赤裸裸地用功名富贵引诱青年人读书求"上进"的亡国之道，有了这样的精英阶级的利己主义引导，北宋焉有不亡之理？

正是在这样的"表面繁荣、内藏危机"背景下，面对国家的内忧外患，"众人皆醉我独醒"的王安石敏锐地意识到，国家治理的关键是公共经济所需的集体主义道德理念与对公共经济执行者的教育培养。在《商鞅》一诗

---

① 正如北齐颜之推在《颜氏家训·勉学》中写的那样："古之学者为人，行道以利世也；今之学者为己，修身以求进也。"
② 宋真宗写道："富家不用买良田，书中自有千钟粟；安居不用架高楼，书中自有黄金屋；娶妻莫恨无良媒，书中自有颜如玉；出门莫恨无人随，书中车马多如簇；男儿欲遂平生志，五经勤向窗前读。"（赵恒：《励学篇》）
③ 不幸的是，这个流毒实际侵染了当下的教育，以至于当代的高等教育沦落为精致的自利工具与社会分层阶梯。

中，王安石一针见血地指出："自古驱民在信诚，一言为重万金轻。今人未可非商鞅，商鞅能令政必行。"他深知，北宋的社会危机主要是公共经济的危机或财政体制的危机，而造成问题的关键则是理想信念出了问题，是社会精英的自私利己追求削弱了以公共经济为内涵的国家治理能力。而问题的表现就是国防能力衰退与社会矛盾激化，问题的解决依赖于儒家思想的回归与法家体制的重构。

毋庸置疑，在传统政府所能提供的公共产品中，国防是最基本也是最重要的公共必需品。甚至可以说，没有基本的国防公共品供给，就没有国家，更没有文明。但在宋朝，尽管朝廷供养了大量的军队，尽管市场经济繁荣带来了巨大的财富积累，国防领域却成为公共产品供给严重不足的典型。

宋朝国防的衰弱首先源自供给执行者队伍的消失或衰落。建国初期，为了减少国防供给者对内部的威胁，宋朝的决策者不是求助于儒家道德或法家体制来约束执行者的思想与行为，而是用"杯酒释兵权"的办法逼迫有效的供给执行者退出，同时用杨朱的自利学说与奢靡的财富追求来削弱他们的能力。这批本应奔赴战场提供国防产品的精英却变成了贪图享乐之人，逐渐醉心于聚敛钱财而丧失了集体主义精神与利他主义道德。再加上，宋朝提倡的"崇文抑武"风气也导致了国防产品供给数量的减少，不仅武将不受欢迎，甚至文人的文风也发生转向，有关国家治理的实用文章逐步让位于华丽的虚浮辞藻。[①] 正是在这些错误思想的引导下与功名利禄的引诱下，社会精英与政治精英们纷纷以追逐个人私利为首要或者唯一目的，而与利他主义集体主义奉献精神渐行渐远。随之而来的便是能够并且愿意参与国防公共产品供给的人越来越少，即使勉强参与的人也难免受投机取巧的机会主义的毒害，公共经济活动的效率可想而知。

其次是市场经济的交易理念影响了国防公共产品的供给策略。宋朝的决策者误把国防当作私人产品，主张用"和平赎买"的办法来获得国防安全，从而导致了"越买越少"的悲剧。对于国防而言，每一次的赔款支付

---

① 如王安石在《忆昨诗示诸外弟》一诗中提到："刻章琢句献天子，钓取薄禄欢庭闱。"

都意味着对方的实力增强与自己的实力削弱。① 这样的悲剧在后来的荷兰亡国与清朝亡国中再次得到验证。国防是一个国家得以生存和发展的最基本的保障，放弃国防这一最重要的公共产品而以金钱赎买的方式代替导致了国家的灭亡。因此，对于国防这样的公共产品来说，使用私人产品的交易办法不仅是无效的，而且根本是亡国之策。在换取和平的过程中，包括文官武将等在内的政府体制内人员也在其中运用市场上的交易规则，他们抛弃本应从事的公共职责而追逐个人私利，假公济私、以权谋私乃至挪用军费的事情时有发生。公共经济活动出现了空前的混乱局面，效率低下自然难免。再加上，市场经济的权钱交易也向将士队伍中渗透，军队从商的事情屡见不鲜。商品经济的泛滥使得士兵沉迷其中而逐渐忘了提供公共产品的职责，军队自上而下都沉浸在追逐利益的风气中，甚至边防的将士徇私舞弊、私自挪用朝廷的专项拨款参与市场经济经营，以至于军队没有训练的时间、没有提供公共产品的意识，国防供给的绩效自然难以令人满意。

再次是募兵、养兵制度增加了国防公共产品的供给成本。招募制度起始于唐朝，本是一项军人专业化的有效措施。但宋朝却将其当作社会救济制度进行了扩展，他们将流民纳入军队中，以便化解社会上的不稳定因素。但这完全忽视了不同类型的公共产品需求之间的巨大差异，这样的"张冠李戴"不仅增加了财政负担，也削弱了军队的战斗能力。② 在增加士兵数量以及军费开支的同时，军事实力并没有提升，因此这样的募兵制度根本无法有效改善国防产品的供给。同时，军费开支和各种输纳在宋初的国家开支中占了很大比重，从而构成了北宋王朝沉重的财政负担。

由于国家治理的基本原则存在问题，国防公共产品对财政的巨大压力很快就转化为社会矛盾。宋初财政中的新增负担几乎全部加在农民、手工业者、小商人等相对弱势的低收入群体身上，而官僚豪绅、商贾权贵等富人阶层却得以逃避，几乎不承担任何新增加的纳税义务，从而带来了严重

---

① 在没有军事实力保障的情况下，宋朝势必对辽国的要求有求必应，无异于案板上的鱼肉，任人宰割。
② 相当于今天发达国家的社会福利。没有打仗能力的士兵就无法提供高质量的国防产品，在军费有限的条件下甚至会挤占能够有效提供公共产品的士兵的资源，或将有能力的士兵挤出国防产品供给者的行列。这样的兵制将短期的一次性的赈济费用转为长期的军事费用，为此要花巨额军费维持常备军的运转，给国家财政造成了很大的负担。

的税源流失问题与社会公平问题。①

当然，北宋的社会经济危机从表面上看，是由不合理的财政收支政策造成的，是财政的"囊中羞涩"导致的公共产品特别是国防产品的供给不足。但实际上，财政收支政策的失误只是加速了危机的出现，北宋初年为了边境稳定而采取的经济赎买政策以及市场经济的无序发展对社会精英利他精神与传统道德文化的侵蚀才是问题的根本。一方面，北宋市场经济的繁荣带来的个人主义泛滥导致整个精英阶层道德衰落；另一方面，北宋初年为了政治稳定而采取的经济赎买政策同样导致了政治精英的堕落与腐化。确实，用经济赎买换取和平的办法虽然实现了国家短期的统一与社会的稳定，却也带来了严重的道德理念后果，并为社会结构的解构埋下了巨大的隐患。因此，北宋初年的社会危机主要表现为传统文化的衰落与精英信念的丢失，表现为金钱拜物教的泛滥。特别是，随着市场经济的发展，逐利逐渐成为主要的行为动机，自私的"经济人"思想大行其道，道统思想急速衰落。于是，即便是拥有优厚俸禄的官僚士大夫，仍以种种卑劣手段搜刮敛财，积累巨额的金银财宝。

同时，宋朝的知识精英、政治精英误解了国家治理的内涵，从而引发了公共经济与私人经济关系的混乱。一方面，很多本应该从事公共经济活动的社会精英，反而借助公共权力从事私人经济利益的攫取。由于眼红商品贸易的丰厚利润，宋初的一些文官武将，以其"从龙之彦"的特殊身份"乘传求利"，四处插手经营。更为甚者，在利益的驱使下，官员们还纷纷放贷，高利贷触角所及，连新科进士、新任官员等也都难以幸免。值得一提的是，政府本身的利益导向与高层人员的"惟利是图"行为对官僚阶层传统文化道统中的集体主义道德与正义观念利他心造成了巨大冲击；② 另一方面，在社会贫富差距不断加大之际，利欲熏心的政治精英不仅不履行为

---

① 比如，在北宋朝廷的税收政策中，不仅官僚豪绅大地主享有种种免税、免役特权，而且由于政府施行准许土地自由开垦、买卖的政策，拥有财力物力的官僚豪绅、富商大贾的土地兼并趋势愈演愈烈，从而致使大片土地逐渐逃离了税收的课征范围。北宋土地兼并的第一次浪潮出现在宋真宗、宋仁宗统治期间，在此期间，政府官员的日趋腐败加速了土地兼并、隐田漏税现象的蔓延。

② 比如，宋太宗淳化三年（992年），朝廷命令各州县的商税以端拱元年至淳化元年收到的最多税收为标准额，完不成此额的要受刑罚。在此政策压力下，官吏为完成任务，往往多方苛索，道义尽失，流弊很深。

弱势群体提供必需的救济型公共产品之责，反而与民争利。

更为不幸的是，随着市场经济的发展，个人主义不断扩张，在这种唯利是图的风气影响之下，本该关心公共经济活动与效率的大官僚也与从事市场经营的富商大地主相互勾结、相互转化，以至于形成了官僚、地主和大商人大高利贷者三位一体的社会结构，混淆了政府的职责与个人私利之间的界限与关系，削弱了国家的财政能力特别是国防保障能力，一旦遇上地缘政治紧张的局面，政府就难以应对，最后难免落得狼狈不堪的亡国结局。

因此，正是北宋的政治精英与思想精英混淆了公共经济与私人经济之间的界限，从而使市场经济发展带来的利己主义风气逐渐淹没了公共产品提供者应有的集体主义精神与正义道统观念。而畸形的文化风尚，又在社会财富分配极度畸形的背景下导致富人不愿承担社会责任、政府也无力承担国防保障和弱势群体救济的责任的局面。国家的财政危机与弱势群体的生存环境日益恶化。最后，社会内部的矛盾激化给了外部的觊觎势力与竞争对手进攻的机会。正是在这个背景下，为了探索更为有效的公共产品供给模式，王安石针对北宋面临的公共经济问题提出了自己的变法主张。

事实上，不仅北宋之前的五代十国已经出现了由生存压力导致的精英阶层道义尽失、纲常崩坏的现象，而且前面提到的魏晋南北朝也曾有过类似的悲剧。然而，王安石面临的困局是，宋朝的道德滑坡是自上而下引导的结果，是整个知识精英阶层赖以为生的制度性结构的"滑坡"。再加上，宋朝的精英与大众均受到了市场经济利己主义之风的影响，甚至受到了市场经济带来的短期利益的诱惑，因此不仅从统治者到官僚阶层都对集体主义利他精神不感兴趣，整个社会精英群体普遍缺乏传统儒学不断强调的正统道义及其推崇的利他心，而且社会的下层也在精致利己的精英们的煽动下跟风堕落。特别是，社会大众也在利己精英的鼓动下反对有利于公共经济利益、但会影响短期个人利益的改革措施，从而使整个社会主流文化陷入空前危机，使具有外部性的利他主义思想与公共经济理念陷入绝境，并为后来的内忧外患埋下了伏笔。

面对北宋积弊已久的"内则不能无以社稷为忧，外则不能无惧于夷狄，天下之财力日以困穷，而风俗日以衰坏，四方有志之士，諰諰然常恐天下之久不安"的窘境，王安石一方面提出"因天下之力，以生天下之财，取天下之财，以供天下之费"的公共经济供求对应新主张，力图通过调节国家的财政收支，重新建立起能为北宋提供充足有效的公共产品的财政体制；另一方面，他力图从精英教育入手，改变官僚阶层的道德观念与文化结构，重塑以利他主义精神为内核的儒家学说的正统价值观。在他看来，北宋王朝作为一个公共产品的提供单位，内部应实现有序的分工与合作，并由政府主导社会财富的再分配，不仅要协调好政府、富人和弱势群体之间的利益关系，而且要同时满足上层精英发展型公共产品和下层弱势群体生存型公共产品的需求。同时，为了从根源上解决北宋的公共经济危机，王安石力图通过加强对官僚系统的管理来降低公共产品的供给成本，提高公共产品的供给效率。

王安石的变法遵循儒家思想中的问题导向原则，首先从调整财政体制、确保公共经济供给入手，核心措施是财富再分配。熙宁变法之所以饱受诟病、颇多争议，主要原因就在于他的改革主张核心是重新分配社会财富。王安石主张，一方面削减官绅豪强大地主和豪商富贾们所享已久的特权（主要是免税特权），限制他们非法积累财富的途径；另一方面，通过在全国推行农田水利法、方田均税法、青苗法、募役法等政策，将财政支出用于有利于民营经济增长的基础设施建设，造福百姓生计、推动经济的可持续发展。① 同时，王安石还试图用法家"治人"的体制变革来打击"奸商"的势力、规范官员的行为，力图对豪强兼并隐田漏税进行直接有力的打击，努力纠正产去税存的弊病。这些措施严重威胁到了利益既得者的利益，因此受到了来自资本力量与官僚群体的激烈反对。

例如，王安石的"青苗法"旨在限制高利贷对农民的剥削；"募役法（又称免役法）"力图把农民从劳役中解脱出来，保证劳动时间，促进生产发展。这些变法措施都有一个基本的原则，即将纳税义务与财富保有量挂钩，以便让富人承担更多的社会责任，救济帮助更多的弱势或劳动群体，为国家安全承担更多的责任。但对社会财富的重新分配必然会引起已经在

---

① 比如，"农田水利法"鼓励垦荒，规定各地兴修水利工程的开支只要是单靠民力不能筹措的，其不足部分可向政府贷款。"方田均税法"则是下令清丈全国土地，核实土地所有者，作为征收田赋的依据。

个人主义自利道德中难以自拔的社会精英的激烈反对。[①] 王安石救济弱势群体的理财思想反映了他"回向三代"的政治取向，反映了他希望统治者与社会精英"法先王之政"、回归正义道统的治国理念与儒法一体思想，却遭到了同时代以及后世早已远离儒家道统的"知识精英"的批评。

其实意欲变法的王安石早已认识到，北宋的社会危机关键在官僚队伍与社会精英，根源在思想理念与伦理道德。因此，变法的关键，是意识形态的教育与官僚队伍的建设，而变法的基础工作是对国家公务人员队伍的培训与教育。王安石一方面痛心于当时的官僚阶层与知识精英逃避公共产品提供职责的局面；另一方面也对变法的实施将会遭遇的重重阻碍有所预料，特别是对上层有意推行的腐蚀精英阶层的"杯酒释兵权"与"给赐过优"经济赎买政策的余毒与影响颇有思想准备。因此，在嘉祐三年（1058年）的《上仁宗皇帝言事书》中，王安石提出了一套系统全面地培养公职人员集体主义道德与正义道统利他心的办法，努力使之成为变法的思想基础与组织基础。在具体的措施上，王安石将其概括为"教之、养之、取之、任之"。

为了培养和选拔出充足的可为国家所用的具有集体主义精神与利他主义道德的人才，王安石倡导"自国至于乡党皆有学，博置教道之官而严其选"。对于教育的内容，强调实用与问题导向，[②] 以"尚实用"为原则，他所提倡的教育内容实质是"治天下国家之道"，具体来说则包括对德性的培养及处理具体政务能力的培养。[③] 同时，注重从思想道德上教育引导利他主义价值观，目的显然是培养政治精英或社会国家的治理者，即所谓的"公、卿、大夫、百执事"。

在人才的选取上，王安石建议在科举中，废罢明经试科，增加进士名额。进士考试取消诗赋、贴经和墨义，改为经义和策论。在人才的任用上，

[①] 王安石的这种"富国乃富天下百姓"的思想，在他的《与司马判书》以及《答司马谏议书》中有体现。他写道："尝以谓方今之所以穷空，不独费出之无节，又失所以生财之道故也。富其家者资之国，富其国者资之天下，欲富天下则资之天地。"（邓广铭，1997：52）

[②] "苟不可以为天下国家之用，则不教也，苟可以为天下国家之用者，则无不在于学。"（王安石，1974）

[③] 王安石指出，当时的学校弊病甚多。学校教育的内容，空疏腐败。"学者之所教，讲说章句而已。"其结果是，学生连年累月地死读硬记，把精力都消耗尽了，也没有学到有益于天下国家的真才实学。所以，一旦"使之从政，则茫然不知其方者，皆是也"。

王安石认为每个人所从事的工作、所处的地位都应与其德性和才能相一致，应以个人德才的高低为依据在社会有序分工的基础上实现国家的公共经济功能，任用那些能在其位而谋其政的人。[①] 此外，他还认为在人才的任用上，应该"久任其职"和"得行其意"，即任职时间最好长一些和专一些。因为任职时间较长，贤能的人可以做出成绩来，"不肖"的人可以暴露出来，有利于官僚队伍养成责任意识。

当然，选拔、任用治国人才之后，还需配套的制度构建来保障统治精英切实有效地履行公共产品的提供之职。为此，他积极推行高薪养廉的制度以遏制腐败。王安石认为，"穷则为小人，泰则为君子"是大多数人的常态。也就是说，在市场经济背景下，除个别利他精英外，大多数官僚的集体主义道德极易受到个人主义意识的侵蚀，如果没有足够的物质条件，极易陷入腐败的陷阱。因此，对俸禄的制定，应"自庶人之在官者，其禄已足以代其耕矣"，并"使其足以养廉耻"，甚至"推其禄以及其子孙"。在王安石看来，养廉之道的核心是确保精英阶层的物质财富基础。虽然"仓廪实、衣食足"不能保证必然"知荣辱、知礼义"，但"足于财"显然是"养廉耻而离于贪鄙之行"的前提条件。

总之，在王安石的官僚体系与知识精英重构方案中，"教之、养之、取之、任之"的措施实际上都是以德性的培养、即公职人员的集体主义精神与利他主义道德的塑造为目的的。然而，他也意识到，仅仅强调道德教育而没有法律强制性，自然难以完全解决问题。因此，针对"婚丧、奉养、服食、器用之物，皆无制度以为之节，而天下以奢为荣，以俭为耻"的乱象，他又提出"约之以礼矣，不循礼则待之以流、杀之法"，即利用礼法结合的手段来以刑辅德。正因为此，学术界才长期存有对王安石变法思想是"推儒"抑或"崇法"的争论。实际上，因致力于实现国家有效提供公共产品的目标，王安石的变法手段可以说是包罗万象、兼收并蓄的。正如邓广铭等在《宋史专题课》一书中的观点："作为政治家的王安石，是一个援法入儒的人。"（邓广铭、漆侠，2008：9）

王安石对统治阶层德行的强调虽然继承了以维持内部秩序为目的的儒

[①] 即基于"人之才德高下厚薄不同，其所任有宜有不宜"，"其德厚而才高者以为之长，德薄而才下者以为之佐属"（王安石，1974）的认识。

家文化，但为了弥补儒家文化在约束力方面的不足，王安石的许多思想主张都是儒法结合的。① 此外，他主持修订重释的《诗》《书》《周礼》等都是对儒家经典的重新阐释，他强调，对百姓有利的制度措施才是真正的先王之道。王安石清楚地认识到儒法只是手段，不因"尚法令则称商鞅，言财利则背孟轲"（见陈桱撰：《通鉴续编》卷八——标点为作者所加），他在《王霸》一文中也谈道："仁义礼信，天下之达道，而王霸之所同也。"（《临川文集》，载《钦定四库全书》卷六十七）两者结合既是减少改革阻力的"托古改制"，同时也是为了通过礼义刑法的使用保证国家治理结构的有序运行。

而在反对熙宁变法的当代新古典学者看来，王安石的变法主张是典型的"国家与民争利"的行为，是对市场机制的破坏，是一种历史的倒退。然而，这些市场决定论者不愿明确这里的"民利"是不是全体人民的利益，或者说是不是多数人的利益、是不是长期的利益，更没有考虑国防保障无效将会带来国破家亡的结局。实际上，被视为市场经济理论鼻祖的亚当·斯密在其《国富论》中就曾明确提出，如果是国防需要，所有的市场机制都要让路（Olson，1963）。只有在地缘政治允许的条件下，比如二战前的美国，放任自流与藏富于民才可能是一个现实的公共经济原则。而一旦日本的军舰飞机轰炸了珍珠港，即使在美国，国防原则也同样会立刻成为绝对的原则，与民争利就可能是不得不做的必然选项。而对面临北方强敌的北宋，让利于民与藏富于民都只能是一条不归路，王安石变法的出发点正是试图改善民富而国防衰弱与弱势群体离心离德的危险状况。换句话说，为了解决北宋的财政危机与国防困境，王安石甚至认为牺牲一些私人利益（尤其是精英的私人利益）与经济发展速度也是可行的。②

总之，市场经济繁荣带来了北宋初年社会总财富的增加，但也导致了公私经济利益关系失衡与社会贫富分化愈加严重的困境。因此，王安石的

---

① 如"加小罪以大刑"及"以一天下之俗而成吾治"，在经过他的引申阐发之后，几乎与先秦的法家们的一些主张和所实行过的一些措施完全相同。
② 王安石曾说："天付陛下九州四海，固将使陛下抑豪强，伸贫弱，使贫富均受其利，非当有所畏忌不敢也。"（（宋）李焘：《续通鉴长编（卷二百三十二）》——标点符号为作者添加）"今富者兼并百姓，乃至过于王公，贫者或不免转死沟壑，陛下无乃为人主职事有所阙，何以报天下士民为陛下致死？"[（宋）李焘，《续资治通鉴长编（卷二百四十）》]

变法手段主要是为了重塑社会正义与道统观念，王安石的政策设计主要是为了重整北宋王朝混乱的公共经济秩序。面对政府在提供对外国防与对内秩序的公共产品职能上的失败，他试图通过调整国家财政的收支结构来重新分配社会财富，让从社会总财富增长中获得利益最多的富人缴纳更多的税收、承担更大的社会责任。同时，为了提高公共经济效率、抑制公共经济活动外部性带来的过程损耗，重塑社会精英的利他倾向与儒家道统的正面影响，王安石主张对公共产品供给者实行精英化培育，即提高他们的集体主义精神与利他主义道德。试图用道德与法律相结合的办法来约束公共经济供给执行者的行为，确保公共经济活动的有效有序进行。当然，也正因为王安石变法的基本理念中包含着回归道统、重塑儒学的主张，他才不断地被历代学者指责为保守与倒退。但作为一种应对现实问题与挑战的探索，王安石变法不仅对问题的看法是切中时弊的，而且其强调公共经济体制、注重利他心与道统观念培养的措施也基本上是符合问题导向的要求的。

二　儒家思想、市场经济与现代文明

王安石变法最终因以利益集团为主的反对势力的阻碍与变法实施中的用人不当而昙花一现。私人经济利益的强势与公共经济利益的衰微削弱了北宋的国防实力，在北方辽、金入侵的情况下，北宋终于未能在提供外部国防与内部秩序方面同时获得持续性的成功，王安石变法的失败预示了北宋王朝的命运。

然而，在市场经济实现了长足发展、经济社会一片繁荣的表象下，王安石透过繁杂的现象看到公共经济缺失时表现出的忧患意识与敏锐洞察力，以及他对公共产品有效提供模式的探索，可以给我们当代人许多启发。北宋曾遭遇的问题与困难，在当今的现代经济发展过程中依然存在。特别是，如何处理市场经济的发展与共同富裕的追求，已经给我们提出了全新的时代命题。尽管党的十八大、十九大以来的反腐倡廉与脱贫攻坚已经从实践上进行了卓有成效的探索，但学术界的基础理论研究并没有做出及时的转向，整体的研究方向仍然亟待调整。

事实上，在解决了温饱之后，在进入了市场经济发展轨道之后，中国的经济学应该研究什么问题，应该依据什么样的人性假设，应该追求什么样的人类社会发展目标，这些理论研究的基本问题都是现有的经济学无法回答的。在中国特色社会主义政治经济学理论体系的构建过程中，更多地借鉴优秀的传统文化，特别是儒法思想中的经济理论，更多地审视中国古代的经济发展过程与制度变迁尝试，一定可以获得些许启发。

当然，今天我们研究儒家的经世济民思想，并不是要进行简单的复古与回归，而是试图从中找到一些启发。一方面，在内部治理方面儒法学说可以协助我们建立德法协调的机制，实现效率与公平兼具的目标；另一方面，优秀的传统文化也可以帮助我们厘清一些基本的经济学问题，为中国经济学的构建提供支撑。

儒家思想从"修身"到"治国"、从体制构建到人才培养，都显示了儒家学者经世济民思想的博大精深与高瞻远瞩。儒家学者构建的公共经济体制以公私经济的明确分工为前提，以公共产品供求双方对各自行为规范与边界的恪守为基础，在法律制度仍不健全的情况下，积极构建非正式供求博弈机制，不仅用"道德"来规范普通人的行为，而且用"神权""诚信"来指导公共经济供给者的作为（李建军，2008；厉以宁，2010）。尽管他们知道，法家的酷政可以用来约束公共经济参与者的行为，但由于公共经济利益边界的不确定与信息的不对称，真正做到"以事实为依据，以法律为准绳"几乎是不可能的。因此，儒家不主张仅仅通过暴力强制来限制公共经济供给者的越轨行为，而倾向于使用道德软约束来引导从事公共经济活动精英的利他偏好，尽量减少难以监督的行政腐败等问题产生的动机。[①] 因此，明晓"徒法不能以自行"的儒家，主张充分利用"神权""诚信"以及教育与舆论的作用来促使治理精英自主选择利他行为。所有这些儒家的经世济民思想，对我们探索现代化转型过程中的新型公共经济体制仍有许多借鉴意义。

儒家思想对人性的两分法理解、对利他精英的改造培养可以成为人文知识体系特别是公共经济学颠覆性创新的基础。近代以来的科学民主浪潮，带来了理性的科学方法，也带来了知识误用的恶果。以社会达尔文主义为

---

① 法家强调制度外力约束，注重"刑罚并用"；儒家倡"中庸"，认为过犹不及，既不放任，也不强制约束，而是推崇更加温和的道德教化手段。

基础的历史进化论颠覆了古典的人性预设，不仅假设人与人都一样，使得社会精英的修身养德成为不必要，而且新古典经济学以"人与动物一样，都以自我保存、生存发展为终极本性"的假设为基础，构建了一个市场交易的完美范式，并以毋庸置疑的姿态主导了现代西方经济学的发展，构建了以公共选择理论为基础的公共经济学体系。然而，儒家思想对君子德性与大同世界的论述，却使我们不得不再次去思考人类社会的性质，进而思考研究人类社会行为的"社会科学"的性质及其前提假设。或许，正如儒家经典所说，人类正因为有超越了动物水平的合作能力才超越了生存阶段而进入了文明社会，并且正是因为我们拥有了社会演化理论强调的利他精英道德模式因而才超越了动物，因此新的人性讨论必将为人文学科特别是公共经济学的发展奠定基础。

已经有越来越多的学者认识到，现代文明转型并不仅仅是市场机制引入与利己的个人主义释放，而是需要更为有效的公共经济体制与道德传播途径、更有凝聚力的集体主义信仰。然而，如何构建现代文明的制度、道德与思想体系，如何处理东西方的文明差异，如何衔接古代和现代的文明机制，却没有得到足够的研究。更为麻烦的是，在现代化转型的过程中，中国人面对的很可能是柏拉图与王安石曾经遇到过的挑战与问题，即市场经济发展所急需的公共经济制度与集体主义道德，而不是孔子当年遇到的农业基础上的制度构建问题。很显然，面临这样的挑战，试图用回归传统文化的办法来解决问题的"国学热"无异于缘木求鱼，而忽视西方传统文化中的集体主义精神与现代文明中的利他道德理念，试图用现代市场经济的个人主义来解决问题更无异于饮鸩止渴。正因为这样，对利他精英与集体主义道德的培养就成为现代化转型中制度构建成功的关键。尽管我国的传统文化中有许多不符合当代经济发展需要的道德信条，但对集体主义与利他主义精神的共同追求，很显然可以使这些信条成为现代文明道德构建的基础。同样，尽管利他道德的教育并不能使受教育者都拥有完整的利他主义与集体主义理念，但公共经济学的最新研究成果告诉我们，只要这样的宣传教育能够影响足够多的精英、使其拥有足够多的利他偏好，我们的现代化转型就能够有更大的机会获得成功。而传统文化中的儒家思想与学说正是培养精英利他思想的理论工具，因此对儒家学说中包含的公共经济理论——经世济民的全面分析将有助于加深我们对黄河文明内涵的理解，将有利于现代文明转型的成功。

人类文明的历史一再表明，无数个缺乏利他合作理念与集体主义精神的古代文明都消失在历史的长河之中。相反，所有成功的文明与文化无一不是依赖一套利他的集体主义文化理念来消解自私人性缺陷的不利影响，使得人们特别是精英阶层的自利行为得到一定程度的纠正，从而实现公私经济关系的基本均衡。科举制度与儒家文化使中国古代文明历经千年不衰的秘密也正在于此。正是在这个意义上，王安石重整公共经济秩序的失败教训就更值得我们深思，特别是他关于公共经济与市场经济关系的思考，他关于调整国家的财政收支结构以及转变社会精英理念，以及加强公务员团队自身建设的思想等，对当下的转型发展与社会矛盾缓解来说都是尤为重要的。

当然，王安石变法的探索与失败也提醒我们，要解决公共经济无效与社会矛盾激化的问题，不仅高效的、收支对应的公共财政体制是必不可少的，而且与之相适应的、具有一定利他心的现代公务人员的教育体制与培养机制同样是转型成功的关键，这或许是当代智者不断强调思政教育重要性的理由所在。事实上，前面我们曾经指出，无数先哲也都认识到，利他精英的培养是任何一个文明得以延续的前提。对黄河农耕文明而言，昔日的成功使集体主义信仰不仅固化为日益牢固的政治体制，而且固化为重农抑商的国策，同时还扎根于人们的灵魂深处与几千年不变的小农土地制度中。建立于秦汉时期的这套土地制度使得大多数农民成为小规模有产者，帝国得以依赖庞大的小农群体获得财政收入，小农的分散使之不可能内部协调一致并对皇权构成威胁。而强有力的大贵族与土地所有者，因为拥有挑战皇权的实力与破坏集体主义的动机，因而一再被分拆或消灭，这是中国历史的惯性，也是中国历史上"分久必合合久必分"现象背后的政治经济逻辑。

同时，正是这样一种制度结构与政治策略在生存经济中的有效性，才使文化学者得出结论："当一种文明体系确立了宗教——伦理价值系统的精神砥柱之后，它就在蛮族的暴力冲击面前（甚至也在后来的'泛西方化'浪潮的经济渗透和殖民扩张面前）具备了一种顽强的'文化韧性'，这种'文化韧性'使得一种文明体系虽然在短期内可能处于异质文化的奴役之下，但是却始终能够保持自己的精神命脉和文化传统。"（赵林，2005：262）然而，真正的历史事实很可能是，成功的传统农耕文明在蛮族面前有韧性是因为落后的蛮族未能带来更好的公共经济制度，征服农耕文明的野蛮游牧族群往往并没有自己的文明体系，他们大多还处于原始部落联盟时期，因此他们往往被有分工的公共经济制度与文化体系所同化。但在公元7世纪，伊斯兰教的兴起给我们提供了另外一种历史观察，在阿拉伯人武力取胜之后，当更为先进的伊斯兰教文化能够提供一种更为有效的公共经济制度时，不仅大批的基督教徒，而且大批的佛教徒和印度教徒永远改信了伊斯兰教，这也导致了人类历史上宗教版图上的最大一次调整，不仅从东南亚、南亚、中亚、西亚到北非全部成为伊斯兰教的天下，而且犹太教与基督教的发源地中东与土耳其也永远成为伊斯兰教的势力范围。因此，在外部入侵造成文化动荡时，旧的文化体系能否维持自己的生存，是否拥有足够的"韧性"，完全取决于新旧文化在提供有效的公共经济制度方面的能力对比。因此，面对现代工业文明的冲击，断言黄河文明体系能始终保持自己的传统文化，不仅是武断的，也是一厢情愿的，更是一种无奈的宣言。

我们相信，只要新的文明能够提供足够有效的公共经济制度，只要能够带来公共经济效率方面的好处，那么新的文明肯定会替代旧的文明，不管这个旧文明曾经多么的成功与辉煌。尽管在现代文明创造方面我们已经落后了，但现代文明的转型却刚刚开始，因此华夏民族的脊梁与骨气，还是应更多地体现在对现代文明转型的探索方面，而不是聚焦在旧文化与旧文明的回归上。此外，如果新的现代文明带来了更有效的与传统文化不相关的公共经济制度，我们就应该尽快引进现实的公共经济制度，以便在未来的竞争中立于不败之地，并保护自己的公共利益，在新型现代文明面前的文化韧性只能是一种惰性。当然，如果在新的挑战面前，旧的文明传统仍有许多价值，现代文明的转型就必须虚心吸取传统文明的有益之处，在优秀的传统面前奢谈现代文明的技术优势无异于一种无知的傲慢。

实际上，正如国际关系学家所言，国与国之间只有利益之争，而没有文化之争，公共经济制度就是要保护这个利益的，文化是为公共经济制度服务的。因此，尽快引进有效的公共经济制度，其目的就是要与其他国家

(当然既包括西方国家也包括东方国家)争利益。但对于现代文明的转型而言，新的供过于求的背景必须成为未来思考的基础，在资源充足、生产能力过剩的背景下，局部的公共经济利益正在失去意义，全球的人类命运共同体的构建已被提上议事日程。在这样的条件下，或许市场经济的诱惑与工业文明的竞争根本不可能解决现实中主要的公共经济矛盾问题，以民族国家为基础的国际贸易关系与国家利益关系同样很难在国际政治体系中得到协调，相反，传统黄河文明中的天下大同理念或家国天下体系或许更为有用。

一个文明模式与国家制度成功的关键或存在的必要性在于它提供公共产品的有效性。在20世纪，当在市场经济的环境中成型的公共经济制度已经显示出巨大的优越性时，任何试图回归旧的文明模式与制度体系的尝试都注定不会成功。但在21世纪，当全球出现了供过于求的生产过剩时，我们仍然抱着资源短缺背景下的市场经济与工业竞争逻辑不放，仍然追求公共经济利益的零和竞争优势，同样不会获得文明转型与可持续发展的成功。

因此，我们认为，在今天的国际关系中，真正的对垒并不是以文化为界限的东西方文明之间的竞争，而是以文明模式为基础的当下与未来的对接。对于传统农耕文明典型代表的黄河文明而言，尽快实现向现代化的转变早已是共识，但在转变的过程中如何处理传统文明与现代文明的关系却始终困扰着人们。当然，所谓的文明变迁其实是公共经济体制的变迁，是集体主义文明自身的调整，而不是个人主义的回归；所谓的现代文明是现代公共经济制度的尝试，是公共经济利益共享模式的探索。我们需要做的是实现文明的转型与制度的变迁，而变迁的内容当然是扩展现代文明的内涵。如果我们能这样来看待黄河文明的演化，如果我们能这样来看待市场经济的发展，我们就可以用更为平和的心态来推进现代文明转型的进程，用更为准确的定位来推动我们的传统文明向以现代公共经济制度为内涵的现代文明转型，甚至可以用传统的家国天下理念来构建人类命运共同体的大厦。

十八世纪以来，在与天主教教条主义和垄断思想的上帝信仰斗争的过程中，科学、人性、自由与竞争都曾经是资产阶级发动近代文明转型的重要武器，也使得以工业革命为标志的现代经济取得了辉煌的成果。然而，近代文明对个人主义的过度推崇、对自私自利低俗文化的普遍妥协，也误导了人类文明的发展方向。特别是，一方面，新古典教条主义逐渐取代了天主教教条主义，以个人为中心的个人选择模式逐渐取代了人类社会的长期合作精神，科学与自由、竞争的结合推动了军火工业与金融产业的畸形发展；另一方面，对人类本身的关注日渐减少，特别是对弱势群体的关注渐渐消失，以至于不仅经济不平等正在成为发达国家中的一个普遍现象，而且政治不平等也在全球日益加剧。很显然，所谓的近代文明正在没落，以自由与竞争为标志的个人主义市场经济已经走到了尽头，经济学家对经济增长的追捧、各国政府对国内生产总值的迷信也已经达到了极致，现代市场经济正在失去其原有的积极意义。尽管已经有一些西方学者与政治家意识到了这些问题，甚至也意识到了经济增长速度的误导性，但他们的呼吁一直未能得到学界与西方主流社会的足够重视。

不幸的是，最近的国际政治事件①再次提醒我们，以新古典模型为基础的竞争理论对人类文明的不利影响仍在延续。尽管从技术上讲，人类智能已经可以使个人摆脱社会而独立地生存，尽管从数据上看，全球的人均生产总值已经超过了人类的基本需求并绰绰有余，但和谐相处的美好局面并没有出现；相反，为了个人私利的最大化、为了一小撮商业精英的利润最大化而进行的残酷战争与自由竞争仍在威胁着现代文明的升级。很显然，在供过于求的背景下，全球的大国与富国依然陷入你死我活的竞争漩涡，这样的近代文明模式、这样的经济增长理论是需要反思了。尽管近代的西方国家为什么会选择这样的文明模式、这样的理论为何会成为一种理性的选择的原因分析很可能是另外一本学术著作的主题，但本书关注的中国优秀传统文化中的人本思想与共享理念或许可以给未来的人们提供一种全新的选择，2500年来儒家思想与法家思想相互竞争、相互融合的历史经验或许可以给未来的人们提供些许启发。

---

① 2022年春天爆发的俄乌冲突与愈演愈烈的美苏对抗。

参考文献

阿姆斯特朗，2013：《神的历史》，蔡昌雄译，海南出版社。

埃力克，2014：《人类的天性：基因、文化与人类前景》，李向慈、洪佼宜译，金城出版社。

爱波斯坦，2011：《自由与增长：1300～1750年欧洲国家与市场的兴起》，宋丙涛、彭凯翔译，商务印书馆。

安体富、任强，2007：《公共服务均等化：理论、问题与对策》，《财贸经济》第8期。

安体富、任强，2008：《中国公共服务均等化水平指标体系的构建——基于地区差别视角的量化分析》，《财贸经济》第6期。

奥尔森，1995：《集体行动的逻辑》，陈郁等译，上海人民出版社。

白川静，1958：《羌族考》，载《甲骨金文学论丛》第9册。

白钢，2008：《神系冲突与神话构建：如何理解传统与革命》，第六届《开放时代》论坛"古典西学在中国"研讨会。

包玲玉，2014：《春秋弑君研究》，硕士学位论文，华东师范大学。

保兰·伊斯马尔，2017：《民主反对专家：奴隶制如何造就希腊民主》，张竝译，华东师范大学出版社。

保罗·肯尼迪，2006：《大国的兴衰》，陈景彪等译，国际文化出版公司。

贝淡宁，2016：《贤能政治》，吴万伟译，中信出版集团。

布坎南、马斯格雷夫，2000：《公共财政与公共选择：两种截然不同的国家观》，类承曜译，中国财政经济出版社。

曹静晖，2011：《基本公共服务均等化的制度障碍及实现路径》，《华中科技大学学报（社会科学版）》第1期。

布坎南，2008：《宪法秩序的经济学与伦理学》，朱泱等译，商务印书馆。

布罗代尔，2003：《文明史纲》，肖昶等译，广西师范大学出版社。

曹胜高，2017：《国家建构与秦汉文学格局的初成》，《中国社会科学报》8月8日。

曹小文，2021：《全球史研究：对民族-国家话语的反思与构建》，《史学理论研究》第4期。

曹正汉，2019：《"强政权、弱国家"：中国历史上一种国家强弱观》，《开放时代》第2期。

陈淳，2007：《文明与早期国家探源》，上海书店出版社。

陈焕章，2015：《孔门理财学》，韩华译，商务印书馆。

陈来，1996：《古代宗教与伦理——儒教思想的根源》，生活·读书·新知三联书店。

陈立柱，2002：《夏文化北播及其与匈奴关系的初步考察》，载郑杰祥编《夏文化论集》，文物出版社。

陈连山，2006：《走出西方神话的阴影——论中国神话学界使用西方现代神话概念的成就及局限》，《长江大学学报（哲学社会科学版）》第6期。

陈梦家，2004：《西周铜器断代》，中华书局。

陈民镇，2019：《新出弌加编钟所见"禹"与"夏"》，《中华读书报》10月8日。

陈平，2018：《中华文明的复兴和经济理论的创新》，《东方学刊》第2期。

陈乔见，2013：《公私辨：历史衍化与现代诠释》，生活·读书·新知三联书店。

陈志楣、刘澜楠，2008：《我国公共产品供给的不均衡分析》，《北京工商大学学报（社会科学版）》第2期。

陈祖为，2012：《儒家宪政的合法性问题》，载范瑞平等编《儒家宪政与中国未来》，华东师范大学出版社。

程艾蓝，2018：《中国思想史》，冬一、戎恒颖译，河南大学出版社。

崔宝玉、张忠根，2008：《效应溢出与地方公共产品供给的权限》，《技术经济》第1期。

大卫·克里斯蒂安，2007：《时间地图：大历史导论》，晏可佳译，上海社会科学院出版社。

丹尼尔·贝尔、欧文·克里斯托尔，1985：《经济理论的危机》，陈彪如等译，上海译文出版社。

单之蔷，2018：《从"金沙江大滑坡"到破解"大禹治水"之谜》，《中国国家地理》第 12 期。

邓大才，2018：《通向权利的阶梯：产权过程与国家治理——中西方比较视角下的中国经验》，《中国社会科学》第 4 期。

邓迪斯，2006：《西方神话学读本》，朝戈金等译，广西师范大学出版社。

邓广铭、漆侠，2008：《宋史专题课》，北京大学出版社。

邓肯·肯尼迪，2011：《普通法中个人主义与利他主义冲突的三个阶段》，《司法裁判的形式与实质》，载许章润编《哈佛法律评论·法理学精粹》，法律出版社。

邓小南，2017：《宋史研究中的史料甄别》，第五届量化历史研究国际年会，开封。

丁杰，2017：《中国文化与中亚文化包容并蓄》，《中国社会科学报》11 月 3 日。

丁山，2002：《由三代都邑论其民族文化》，载郑杰祥编《夏文化论集》，文物出版社。

董广辉，2018：《环境突变事件对丝路文明演化的影响：以河西走廊为例》，中国地理学大会，西安。

董作宾，1977：《董作宾先生全集·乙编》，台湾艺文印书馆。

杜金鹏，2002：《夏商文化断代新探》，载郑杰祥编《夏文化论集》，文物出版社。

杜亚泉，2003：《杜亚泉文存》，上海教育出版社。

杜正胜，2008：《编户齐民：传统政治社会结构之形成》，台北联经出版事业股份有限公司。

杜正胜，1992：《古代社会与国家》，允晨文化实业股份有限公司。

范晔，1965：《后汉书》，中华书局。

方修琦、葛全胜、郑景云，2004：《环境演变对中华文明影响研究的进展与展望》，《古地理学报》第 1 期。

方修琦、孙宁，1998：《降温事件：4.3kaBP 岱海老虎山文化中断的可能原因》,《人文地理》第 13 期。

方酉生,2002:《论二里头遗址的文化性质——兼论夏代国家的性质》,载郑杰祥编《夏文化论集》。

方震华,2019:《权力结构与文化认同:唐宋之际的文武关系(875 - 1063)》,社会科学文献出版社。

冯俏彬,2005:《国家分配论、公共财政论与民主财政论——我国公共财政理论的回顾与发展》,《财政研究》第 4 期。

冯时,2011:《百年来甲骨文天文历法研究》,中国社会科学出版社。

冯时,2017:《中国天文考古学》,中国社会科学出版社。

冯天瑜、杨华、任放,2005:《中国文化史》,高等教育出版社。

冯友兰,2000:《三松堂全集》(第一卷),河南人民出版社。

冯友兰,2009:《中国哲学史》,重庆出版社。

冯友兰,2005:《中国哲学小史》,中国人民大学出版社。

弗格逊,2007:《金钱关系:现代世界中的金钱与权力(1700 - 2000)》,蒋显璟译,东方出版社。

弗朗索瓦·基佐,2008:《欧洲代议制政府的历史起源》,张清津、袁淑娟译,复旦大学出版社。

弗雷泽,2010:《〈旧约〉中的民俗》,董炜钢译,复旦大学出版社。

付顺,2006:《古蜀区域环境演变与古蜀文化关系研究》,博士学位论文,成都理工大学。

付顺、李奋生、颜照坤等,2011:《成都平原全新世气候变迁与古蜀文化演进相关性研究》,《四川师范大学学报(自然科学版)》第 3 期。

傅勇、张晏,2007:《中国式分权与财政支出结构偏向:为增长而竞争的代价》,《管理世界》第 3 期。

干春松,2019:《多重维度中的儒家仁爱思想》,《中国社会科学》第 5 期。

甘阳,2008:《中国人简单化学习西方的时代已经结束了》,第六届《开放时代》论坛"古典西学在中国"研讨会。

高亨,2011:《商君书注译》,清华大学出版社。

高专诚,2018:《〈韩非子〉中的孔子》,《名作欣赏》第 19 期。

戈登,2005:《控制国家:从古代雅典到今天的宪政史》,应奇等译,江苏人民出版社。

葛兆光,2014:《许倬云新著〈华夏论述〉·解说》,《东方早报·上海书评》。

郭晨光,2017:《仪式、文本与经典的生成》,《中国社会科学报》6月26日。

郭静云,2016:《积石峡洪水与大禹治水无关》,《中国社会科学报》11月8日。

哈蒙德,2016:《希腊史:迄至公元前322年》,朱龙华译,商务印书馆。

韩升、高健,2019:《现代社会治理需要警惕社会组织发展的丛林化》,《东南学术》第1期。

韩淑梅,2008:《基本公共服务均等化问题研究》,《吉林工商学院学报》第1期。

汉密尔顿、麦迪逊、杰伊,1980:《联邦党人文集》,程逢如译,商务印书馆。

何锟宇,2016:《试论宝墩文化的源头》,《南方民族考古》第1期。

赫尔佐克,2003:《古代的国家:起源和统治形式》,赵蓉恒译,北京大学出版社。

赫拉利,2014:《人类简史:从动物到上帝》,林俊宏译,中信出版社。

赫拉利,2017:《未来简史:从智人到神人》,林俊宏译,中信出版社。

亨廷顿,2002:《文明的冲突与世界秩序的重建》,周琪等译,新华出版社。

侯外庐,2003:《中国古代社会史论》,河北教育出版社。

侯旭东,2016:《古代中国如何"制造"农民》,《澎湃私家历史》5月12日。

胡谦盈,2000:《胡谦盈周文化考古研究选集》,四川大学出版社。

黄凯南、程臻宇,2008:《认知理性与个人主义方法论的发展》,《经济研究》第7期。

黄凯南、黄少安,2009:《认知理性与制度经济学》,《南开经济研究》第6期。

黄凯南,2008:《群体选择与个体主义方法论》,《南方经济》第9期。

黄凯南,2006:《秩序扩展与停滞:社会结构与个体能动的交互作用》,《制度经济学研究》第2辑。

黄可佳,2016:《早期水资源管理与国家起源》,《中国社会科学报》4月28日。

霍布森，2009：《西方文明的东方起源》，孙建党译，山东画报出版社。

霍奇逊，2008：《经济学是如何忘记历史的：社会科学中的历史特性问题》，高伟、马霄鹏、于宛艳译，中国人民大学出版社。

霍奇逊，1993：《现代制度主义经济学宣言》，向以斌等译，北京大学出版社。

吉发习、马耀圻，1979：《内蒙古准格尔旗大口遗址的调查与试掘》，《考古》第4期。

加亚尔、德尚、阿尔德伯特等，2000：《欧洲史》，蔡鸿滨译，海南出版社。

翦伯赞，2002：《诸夏的分布与鼎鬲文化》，载郑杰祥编《夏文化论集》，文物出版社。

江畅，2018：《核心价值观的合理性与道义性社会认同》，《中国社会科学》第4期。

江林昌，2018：《远古部族文化融合创新与〈九歌〉的形成》，《中国社会科学》第5期。

江明融，2006：《公共服务均等化论略》，《中南财经政法大学学报》第3期。

江明融，2007：《公共服务均等化问题研究》，博士学位论文，厦门大学。

江章华，2015：《成都平原先秦聚落变迁分析》，《考古》第4期。

江章华，2004：《岷江上游新石器时代遗存新发现的几点思考》，《四川文物》第3期。

姜岩，2003：《东方科学与文明的复兴》，《自然辩证法研究》第8期。

金迪斯、鲍尔斯，2005：《人类趋社会性及其研究：一个超越经济学的经济分析》，汪丁丁等译，上海人民出版社。

金人庆，2006：《完善公共财政制度 逐步实现基本公共服务均等化》，《求是》第22期。

井明，2003：《民主财政论——公共财政本质的深层思考》，《财政研究》第1期。

景海峰，2005：《儒家思想现代诠释的哲学化路径及其意义》，《中国社会科学》第6期。

康晓光，2012：《儒家宪政论纲》，《历史法学》第5辑。

柯娇燕，2017：《社会科学、帝国主义与全球史家（节译）》，惠男译，北京大学中国古代史研究中心，https://www.sohu.com/a/144859440_385778。

孔祥来，2016：《孔子的义利观与社会正和博弈》，第二届北大经济史学大会，北京。

库朗热，2006：《古代城邦：古希腊罗马祭祀、权利和政制研究》，谭立铸译，华东师范大学出版社。

匡安荣，2007：《经济之道：道法自然与经济自由》，上海人民出版社。

拉坦，1994：

雷闻，2016：《隋唐的乡官与老人——从大谷文书4026〈唐西州老人、乡官名簿〉说起》，载荣新江主编《唐研究》第二十二卷，北京大学出版社。

李大龙，2020：《中国疆域诠释视角：从王朝国家到主权国家》，《中国社会科学》第7期。

李华，2005：《城乡公共品供给均等化与转移支付制度的完善》，《财政研究》第11期。

李建德，2019：《制度及其演化：方法与概念》，格致出版社。

李建军，2008：《古代经济诚信思想研究》，贵州大学出版社。

李俊、莫多闻、王辉，2005：《成都平原全新世环境与古文化发展关系初探》，《水土保持研究》第4期。

李俊生、姚东旻，2018：《财政学需要什么样的理论基础？——兼评市场失灵理论的"失灵"》，《经济研究》第9期。

李零，2002：《"容成氏"释文考释》，载马承源主编《上海博物馆藏战国楚竹书（二）》，上海古籍出版社。

李旻，2017：《重返夏墟：社会记忆与经典的发生》，《考古学报》第3期。

李若晖，2011：《郡县制时代——由权力建构与社会控制论秦至清的社会性质》，《文史哲》第1期。

李若晖，2016：《中国古代对于君主专制的批判》，《文史哲》第5期。

李时岳，1991：《史学的生命在于真实》，《近代史研究》第4期。

李双芬，2015：《从选祭到周祭——兼论商代后期王权的合法性建构》，《殷都学刊》第2期。

李硕，2019：《孔子大历史：初民、贵族与寡头们的早期华夏》，上海人民出版社。

李向平，2006：《信仰、革命与权力秩序：中国宗教社会学研究》，上海人民出版社。

李小强、周新郢、周杰，2007：《甘肃西山坪遗址生物指标记录的中国最早的农业多样化》，《中国科学·地球科学》第7期。

李新伟，2016：《"最初的中国"之考古学认定》，《考古》第3期。

李学俊，2013：《齐国革命与中国的宪政》，www.aisiwiang.com/data/61528.html，2月15日。

李学勤，1959：《战国题铭概述》，《文化》第7~9期。

李玉洁，2002：《先秦史稿》，新华出版社。

李约瑟，1986：《李约瑟文集》，陈养正等译，辽宁科学技术出版社。

李振宏，2007：《"天高皇帝近"：一个重要的中国思想史命题——雷戈〈秦汉之际的政治思想与皇权主义〉评介》，《史学月刊》第10期。

厉以宁，2010：《超越市场与超越政府》，经济科学出版社。

梁涛，2018：《〈尚书·高宗肜日〉新探——兼论殷周的两次宗教变革及"民"的发现》，载《法家论文集》。

廖伯源，2005：《简牍与制度：尹湾汉墓简牍官文书考证》，广西师范大学出版社。

列文森，2009：《儒教中国及其现代命运》，郑大华、任菁译，广西师范大学出版社。

林甸甸，2017：《"变雅"：礼制的罅隙与诗歌的突围》，《中国社会科学报》6月26日。

林甸甸，2019：《从贞人话语看早期记录中的修辞》，《中国社会科学》第4期。

林毅夫，1994：《关于制度变迁的经济学理论：诱致性变迁与强制性变迁》，上海人民出版社。

刘莉、陈星灿：《中国考古学：旧石器时代晚期到早期青铜时代》，生活·读书·新知三联书店。

刘起釪，2002：《由夏族原居地纵论夏文化始于晋南》，载郑杰祥编《夏文化论集》，文物出版社。

刘清亮，2008：《民主财政——我国公共财政改革的内在动力》，《财政研究》第1期。

刘庆柱、韩国河，2016：《中原历史文化演进的考古学观察》，《考古学报》第3期。

刘兴诗，1998：《成都平原古城群兴废与古气候问题》，《四川文物》第4期。

刘秀铭、马明明、吴海斌等，2017：《印度河-恒河平原风成黄土的发现及其意义》，《中国科学·地球科学》第2期。

刘绪义，2010：《墨子是先秦"新儒家"论——从墨子"非儒"看儒墨关系》，《云梦学刊》第2期。

刘学堂，2016：《彩陶与青铜的对话》，商务印书馆。

刘晔，2009：《对税收本质的重新思考——基于制度视角的分析》，《当代财经》第4期。

刘晔，2017：《公共财政的制度结构分析》，《公共财政研究》第5期。

刘晔，2006：《我国公共财政理论创新与进一步发展》，《当代财经》5期。

刘晔、谢贞发，2008：《对公共财政逻辑起点的重新思考——市场失效的理论纷争与现实启示》，《厦门大学学报（哲学社会科学版）》第1期。

刘晔，2018：《由物到人：财政学逻辑起点转变与范式重构——论新时代中国特色社会主义财政理论创新》，《财政研究》第8期。

刘泽华，2008：《中国政治思想史》，人民出版社。

陆航，2016a：《石峁并非一座孤城》，《中国社会科学报》1月22日。

陆航，2016b：《石峁遗址更新中国文明起源认识》，《中国社会科学报》1月22日。

陆航，2017：《周原考古，未有穷期—访周原考古队队长王占奎》，《中国社会科学报》7月14日。

吕炜、王伟同，2008：《发展失衡、公共服务与政府责任——基于政府偏好和政府效率视角的分析》，《中国社会科学》第4期。

吕文郁，1993：《春秋时代采邑制度的变革》，《学术月刊》第9期。

吕智荣，1991：《朱开沟古文化遗存与李家崖文化》，《考古与文物》第6期。

罗尔斯，2001：《正义论》，何怀宏等译，中国社会科学出版社。

罗素，1999：《中国问题》，秦悦译，学林出版社。

麻宝斌、季英伟，2009：《中国基本公共服务均等化改革分析》，《社会科学战线》第 12 期。

马国贤，2007：《基本公共服务均等化的公共财政政策研究》，《财政研究》第 10 期。

马健，2017：《东天山早期聚落形态初探》，《中国社会科学报》11 月 3 日。

马克垚，2004：《世界文明史》，北京大学出版社。

马士远，2016：《〈尚书〉学与汉代政治伦理》，《中国社会科学报》3 月 15 日。

马斯格雷夫等，2003：《财政理论与实践》，邓子基、邓力平译，中国财政经济出版社。

马涛，2005：《论中国传统经济思想与现代经济学理论的创新》，《学习论坛》第 1 期。

马涛，2000：《儒家传统与现代市场经济》，复旦大学出版社。

马西姆·利维巴茨，2005：《繁衍：世界人口简史》，郭峰、庄瑾译，北京大学出版社。

蒙蒂菲奥里，2015：《耶路撒冷三千年》，张倩红、马丹静译，民主与建设出版社。

米勒，2002：《文明的共存——对塞缪尔·亨廷顿"文明冲突论"的批判》，郦红、那滨译，新华出版社。

米罗普，2020：《希腊前的哲学：古代巴比伦对真理的追求》，李红燕译，商务印书馆。

闵祥鹏，2008：《中国灾害通史：隋唐五代卷》，郑州大学出版社。

摩尔根，1997：《古代社会》，杨东莼等译，商务印书馆。

南凯仁，2016：《揭破石峁遗址属性之谜》，《中国社会科学报》7 月 12 日。

诺贝特·埃利亚斯，1999：《文明的进程：文明的社会起源和心理起源的研究》，袁志英译，生活·读书·新知三联书店。

诺夫、张春霖，1991：《"市场社会主义"和"自由经济"——谈可供选择的道路》，《经济社会体制比较》第 1 期。

诺斯、托马斯，1999：《西方世界的兴起》，厉以平、蔡磊译，华夏出版社。

帕特里克·格里，2018：《历史，记忆与书写》，罗新译，北京大学出版社。

潘保田，2018：在河南大学所作报告。

潘政东、常步才，1999：《义渠戎族简论》，《固原师专学报》第 4 期。

庞光华，2018：《论〈韩非子〉的民众观》，工作论文，载《法家论文集》。

裴安平，2019：《中国的家庭、私有制、文明、国家和城市起源》，上海古籍出版社。

彭邦本，2007：《上古蜀地水利史迹探论》，《四川大学学报》（哲学社会科学版）第 6 期。

彭凯翔、林展，2020：《从例的修订看清代治理模式：以〈大清律例〉〈会典事例〉为主的分析》，《清史研究》第 6 期。

彭慕然，2017：《中国为什么这么大》，《东方历史评论》11 月 20 日。

彭希哲、赵德余、郭秀云，2009：《户籍制度改革的政治经济学思考》，《复旦学报（社会科学版）》第 3 期。

平势隆郎，2014：《从城市国家到中华：殷周、春秋战国》，周洁译，广西师范大学出版社。

蒲鲁东，2000：《贫困的哲学》，余叔通、王雪华译，商务印书馆。

钱立峰，2019：《究竟什么才是国家成败的决定因素》，微信公众号"好奇的芦苇"。

钱穆，1994：《中国文化史导论》，商务印书馆。

钱宗武，2016：《〈尚书〉研究的当代价值》，《中国社会科学报》8 月 30 日。

秋风，2012：《重新发现儒家》，湖南人民出版社。

色诺芬，1984：《回忆苏格拉底》，吴永泉译，商务印书馆。

色诺芬，2007：《居鲁士的教育》，沈默译，华夏出版社。

邵望平，2002：《〈禹贡〉"九州"的考古学研究》，载郑杰祥编《夏文化论集》，文物出版社。

沈长云，2014：《古代国家形成的两个标志不宜否定》，《中国社会科学报》4 月 28 日。

沈长云，2016：《再论禹治洪水兼及夏史诸问题》，《中国社会科学报》11 月 8 日。

施雅风，1992：《中国全新世大暖期气候与环境》，海洋出版社。

史宝琳，2014：《中原地区公元前三千纪下半叶和公元前两千纪的聚落分布研究》，博士学位论文，吉林大学。

史晓东，2017：《从迦南传说到摩西记忆——神论语境下古以色列身份认同》，硕士学位论文，河南大学。

斯皮格尔，1999：《经济思想的成长》，晏智杰等译，中国社会科学出版社。

斯特雷耶，2011：《现代国家的起源》，华佳、王夏、宗福常译，格致出版社。

宋丙涛，2007：《财政制度变迁与现代经济发展——英国之谜的财政效率解释》，博士学位论文，河南大学。

宋丙涛，2001：《关于公共财政与市场经济关系的思考》，《湖北财税》第10期。

宋丙涛，2016：《国家治理结构的转型动力分析：精英利他假设与集体行动逻辑》，《经济管理》第12期。

宋丙涛，2008：《黄河农耕文明辉煌和衰落的制度性和经济性原因分析》，《黄河文明与可持续发展研究》第2辑。

宋丙涛、潘美薇，2019：《文明测度、治理绩效与公共经济的共享特征——兼论西方量化史学的逻辑缺陷》，《经济研究》第11期。

宋丙涛、潘美薇、杨梅，2019：《公共产品供给与基层治理经验：理论逻辑与历史逻辑》，《地方财政研究》第10期。

宋丙涛，2015：《英国崛起之谜：财政制度变迁与现代经济发展》，社会科学文献出版社。

宋丙涛、张庭，2020a：《韩非子国家治理理论中的公共经济思想初探》，《财政监督》第10~11期。

宋丙涛、张庭，2020b：《两希合流与殷周之变：东西方分流的历史基因探源》，《学术月刊》第3期。

宋洪兵，2018：《方法与理论：面向未来的法家研究》，工作论文，载《法家论文集》。

宋江宁，2017：《关中盆地史前到秦汉时期的中心区转移现象考察——兼论周原与丰镐遗址内涵差别巨大的原因》，《南方文物》第4期。

苏秉琦，2016：《满天星斗：苏秉琦论远古中国》，中信出版社。

苏力，2018：《大国宪制：历史中国的制度构成》，北京大学出版社。

孙飞燕，2014：《上博简"容成氏"文本整理及研究》，中国社会科学出版社。

孙吉，2006：《成都平原更新世：全新世中期的地理环境与文明进入和选择》，《成都大学学报（社会科学版）》第1期。

孙开，2005：《农村公共产品供给与相关体制安排》，《财贸经济》第6期。

孙庆伟，2018：《鼎宅禹迹：夏代信史的考古学重建》，生活·读书·新知三联书店。

孙晓春、王磊宁，2020：《圣王故事与先秦儒家的政治哲学》，《政治思想史》第1期。

泰勒，2008：《现代性中的社会想像》，李尚远译，商周出版社。

汤普森，1996：《历史著作史》，孙秉莹、谢德凡译，商务印书馆。

汤因比，2010：《历史研究》下卷，郭小凌等译，上海世纪出版集团、上海人民出版社。

唐文明，2011：《儒教、宪政与中国：一个初步的思考》，《中国哲学史》第1期。

唐晓峰，2018：《国家起源的"地理机会"》，载《新订人文地理随笔》，生活·读书·新知三联书店。

陶红，1999：《理论经济学的逻辑起点从哪里开始？——逻辑学与哲学、经济学与自然科学的交叉思考》，《天津社会科学》第3期。

童书业，1982：《〈九州之戎与戎禹〉跋》，载《古史辨》第七册，上海古籍出版社。

万娇、雷雨，2013：《桂圆桥遗址与成都平原新石器文化发展脉络》，《文物》第9期。

万俊人，2017：《政治与美德：悠斋书序及其他》，北京师范大学出版社。

汪维懋，1983：《匈奴龙城考辨》，《历史研究》第2期。

王传纶、朱青，1997：《国际税收》，中国人民大学出版社。

王丹红，2004：《刘东生打开黄土万卷书》，《科学时报》7月27日。

王国道、崔兆年，2003：《青海卡约文化出土的金器》，《故宫博物院院刊》第5期。

王国维，1959：《殷周制度论》，中华书局。

王晖，2005：《尧舜大洪水与中国早期国家的起源——兼论从"满天星斗"到黄河中游文明中心的转变》，《陕西师范大学学报（哲学社会科学版）》第 3 期。

王锦贵，2004：《中国文化史简编》，北京大学出版社。

王克林，2002：《略论夏文化的源流及其有关问题》，载郑杰祥编《夏文化论集》，文物出版社。

王明珂，2013：《华夏边缘：历史记忆与族群认同》（增订本），浙江人民出版社。

王青，2002：《试论华夏与东夷集团文化交流及融合的地理背景》，载郑杰祥编《夏文化论集》，文物出版社。

王青，1993：《试论史前黄河下游的改道与古文化的发展》，《中原文物》第 4 期。

王清，1999：《大禹治水的地理背景》，《中原文物》第 1 期。

王绍光，2011：《政体与政道——中西政治分析的异同》，《国情报告》第 14 卷。

王伟同，2009：《城市化进程与城乡基本公共服务均等化》，《财贸经济》第 2 期。

王晓辉，2015：《甲骨文书：讲述真实的商王朝》，《中国社会科学报》10 月 15 日。

王蕴智，2017：《甲骨文所见商代筮占》，载《黄河文明与可持续发展》第 12 辑，河南大学出版社。

王震中，2014：《应重新认识古代国家形成标志》，《中国社会科学报》4 月 28 日。

王志丹、王海静，2017：《过度模仿：理解人类文化演化的新视角》，《中国社会科学报》11 月 21 日。

王仲孚，2002：《试论文献史料对于夏史研究的重要性》，载郑杰祥编《夏文化论集》，文物出版社。

威尔逊，1978：《人类的本性》，甘华明译，福建人民出版社。

文礼朋，2013：《近现代英国农业资本主义的兴衰：农业与农民现代化的再探讨》，中央编译出版社。

文一，2019：《国家为什么繁荣?》，《东方学刊》第 5 期。

文一，2016：《伟大的中国工业革命》，清华大学出版社。

翁有为，2012：《制度·思想·人物·社会：研究历史的内在逻辑》，《史学月刊》第 11 期。

翁之镛，1952：《中国经济问题探源》，正中书局。

巫宝三，1982：《谈谈研究中国早期经济思想的意义、现状和前景》，《经济研究》第 8 期。

吴文祥、刘东生，2001：《4000aB.P. 前后降温事件与中华文明的诞生》，《第四纪研究》第 5 期。

吴志鹏，2009：《城乡一体化进程中基本公共服务均等化问题研究》，硕士学位论文，上海师范大学。

武刚、王晖，2013：《义渠东羌考》，《陕西师范大学学报（哲学社会科学版）》第 6 期。

武家璧，2010：《〈尧典〉的真实性及其星象的年代》，《晋阳学刊》第 5 期。

希克斯，1987：《经济史理论》，厉以平译，商务印书馆。

项中新，2000：《均等化：基础、理念与制度安排》，中国经济出版社。

萧公权，2011：《中国政治思想史》，商务印书馆。

肖瑛，2017：《家国之间：柏拉图与亚里士多德的家邦关系论述及其启示》，《中国社会科学》第 10 期。

肖瑛，2020：《"家"作为方法：中国社会理论的一种尝试》，《中国社会科学》第 11 期。

谢宇，2006：《社会科学研究的哲学思考及三个基本原理》，载谢宇《社会学方法与定量研究》，社会科学文献出版社。

熊金武，2019：《现代经济学起源的伦理学基础——经济思想史上"李约瑟之谜"的一种解释》，《学习与探索》第 5 期。

休斯顿·史密斯，2013：《人的宗教》，刘安云译，海南出版社。

徐难于，2009：《天命信仰嬗变视野中的孔子天命思想》，《四川大学学报（哲学社会科学版）》第 5 期。

徐旭生，1960：《中国古史的传说时代》，科学出版社。

徐中舒，2002a：《夏代的历史与夏商之际夏民族的迁徙》，载郑杰祥编《夏文化论集》，文物出版社。

徐中舒，2002b：《再论小屯与仰韶》，载郑杰祥编《夏文华论集》，文物出版社。

许纪霖，2017：《家国天下：现代中国的个人、国家与世界认同》，上海人民出版社。

许田波，2009：《战争与国家的形成：春秋战国与近代早期欧洲之比较》，徐进译，上海人民出版社。

许志强，2018：《惯例、法律与乡村秩序——以十八九世纪英国拾穗诉争为中心》，《世界历史》第 2 期。

许倬云，2013：《华夏论述：一种复杂共同体的变化》，远见天下文化。

许倬云，2019：《是什么造成了今天只有专家而无知识分子的局面?》，《文化纵横》第 4 期。

薛方昱，1988：《义渠戎国新考》，《西北民族大学学报（哲学社会科学版）》第 2 期。

严文明，2002：《文明起源研究的回顾与思考》，载郑杰祥编《夏文化论集》，文物出版社。

阎步克，2021：《变态与回归：魏晋南北朝的政治历程》，载甘阳、侯旭东主编《新雅中国史八讲》，生活·读书·新知三联书店。

颜斌、何锟宇、白铁勇等，2019：《试论宝墩古城址兴废中的河流因素》，《中国古都研究》第 38 辑。

杨朝明，2008：《〈荀子〉简注通说》，河南大学出版社。

杨栋，2019：《夏禹神话研究》，中华书局。

杨雪，2015：《早期文明的形成与本土化选择》，《中国社会科学报》7 月 9 日。

杨育彬，2002：《从建国后的考古发现来探讨夏文化的始末》，载郑杰祥编《夏文化论集》，文化出版社。

姚大力，2018：《追寻"我们"的根源》，生活·读书·新知三联书店。

姚中秋，2011：《儒家宪政民生主义》，《开放时代》第 6 期。

叶舒宪，2016：《追迹文明：齐家十大未解之谜》，《中国社会科学报》2 月

4 日。

叶坦，2000：《中国传统的经济学与现代化》，《现代化研究》第 22 期。

易华，2016：《蒙古人种与印欧人种——夷夏先后之体质人类学论证》，《宗教信仰与民族文化》第 1 辑。

易中天，2007：《帝国的终结：中国古代政治制度批判》，复旦大学出版社。

应永深、王贵民、杨开南，1982：《春秋史话》，中国国际广播出版社。

雍正江，2017：《英国过渡时期农民主体权利的嬗变与济贫立法》，《江海学刊》第 3 期。

袁广阔，2002：《从古文献与考古资料看夏文化的起始年代》，载郑杰祥编《夏文化论集》，文物出版社。

约翰·麦休尼斯，2009：《社会学》，风笑天等译，中国人民大学出版社。

曾江，2016：《探访成都平原史前古城遗址群》，《中国社会科学报》1 月 8 日。

曾振宇，2018：《以刑去刑：商鞅思想新论》，工作论文，《汪家论文集》。

曾振宇，2013：《以刑去刑：商鞅思想新论》，《山东大学学报（哲学社会科学版）》第 1 期。

增渊龙夫，2017：《中国古代的社会与国家》，吕静译，上海古籍出版社。

张弛，2017：《龙山—二里头：中国史前文化格局的改变与青铜时代全球化的形成》，《文物》第 6 期。

张春海，2017：《天山西段璀璨的青铜文化——探访阿敦乔鲁遗址与墓地》，《中国社会科学报》11 月 24 日。

张从军，2004：《画像石中的西王母》，《民俗研究》第 2 期。

张得水，2002：《夏国家形成的地理因素》，载郑杰祥编《夏文化论集》，文物出版社。

张多勇、李并成，2016：《义渠古国与义渠古都考察研究》，《历史地理》第 33 辑。

张多勇，2019：《义渠古国与义渠古都考察研究》，中国早期都城制度问题研讨会，西安。

张凤阳、罗宇维、于京东，2017：《民族主义之前的"民族"：一项基于西方情境的概念史考察》，《中国社会科学》第 7 期。

张光直，1994：《古代世界的商文明》，《中原文物》第 4 期。

张光直，1999：《中国考古学论文集》，生活·读书·新知三联书店。

张广生，2018：《西方冲击、儒法传统与当代中国的发展道路》，工作论文，载《法家论文集》。

张灏，2006：《危机中的中国知识分子：寻求秩序与意义》，高力克等译，新星出版社。

张灏，2006：《危机中的中国知识分子：寻求秩序与意义》，高力克、王跃译，新星出版社。

张宏彦，2009：《黄河流域史前文化变化过程的环境考古学观察》，《考古与文物》第 4 期。

张虎才，2018：《全新世西南季风与人类演化——初步研究成果》，中国地理学大会，西安。

张健平、吕厚远、吴乃琴等，2010：《关中平地 6000 - 2100cal. aB. P. 期间黍、粟农业的植硅体证据》，《第四纪研究》第 30 期。

张杰，2015：《城子崖遗址为批驳"中华文化西来说"提供力证》，《中国社会科学报》4 月 17 日。

张今泽，2020：《色诺芬的公共经济思想及其当代价值研究》，硕士学位论文，河南大学。

张晋潘、王超，1987：《中国政治制度史》，中国政法大学出版社。

张经纬，2016：《大禹和千里之外的洪水》，《文汇报》8 月 12 日。

张经纬，2018：《四夷居中国：东亚大陆人类简史》，中华书局。

张军、高远，2007：《官员任期、异地交流与经济增长——来自省级经验的证据》，《经济研究》第 11 期。

张娜，2020：《无情有义：韩非子与柏拉图正义思想之异同》，《北京师范大学学报（社会科学版）》第 5 期。

张倩红、艾仁贵，2013：《神权与律法之下：希伯来王国的"有限君主制"》，《历史研究》第 6 期。

张清俐，2015：《探索多元一体的中华文明起源进程》，《中国社会科学报》4 月 17 日。

张清俐、张杰，2015：《加强国际对话，深化中华文明起源研究——访中国社科院世界历史研究所研究员易建平》，《中国社会科学报》4月17日。

张泰苏，2016：《前工业时代中英社会等级与财产习惯法的形成》，载孙笑侠主编《复旦大学法律评论》第3辑，法律出版社。

张庭、宋丙涛，2015：《孔子与柏拉图哲学思想的再比较：基于公共经济学的视角》，工作论文。

张庭、宋丙涛，2020：《儒家经世济民思想中的公共经济学脉络初探》，《财经问题研究》第1期。

张渭莲，2008：《商文明的形成》，文物出版社。

张馨，1999：《公共财政论纲》，经济科学出版社。

张岩，2004：《从部落文明到礼乐制度》，上海三联书店。

张岩，1999：《山海经与古代社会》，文化艺术出版社。

张玉柱、黄春长、周亚利等，2017：《黄河上游积石峡史前滑坡堰塞湖形成年代与发展演变研究》，《中国科学·地球科学》第11期。

张越，2020：《范文澜与"汉民族形成问题争论"》，《中国社会科学》第7期。

张振犁，1999：《东方文明的曙光——中原神话论》，东方出版社。

张志哲，1991：《震荡与整合——春秋历史文化流程》，黄山书社。

章玉祖，2012：《殷商时代简文、甲骨文、金文三者应该同时通行并存之探索》，载江苏省甲骨文学会主编《甲骨文研究文集》，江苏科学技术出版社。

赵鼎新，2006：《东周战争与儒法国家的诞生》，华东师范大学出版社。

赵鼎新，2015：《社会科学研究的困境：从与自然科学的区别谈起》，《社会学评论》第7期。

赵法生，2020：《殷周之际的宗教革命与人文精神》，《文史哲》第3期。

赵冈、陈钟毅，2006：《中国经济制度史论》，新星出版社。

赵靖，2002：《中国经济思想通史》，北京大学出版社。

赵俪生，1998：《〈管子〉书的史料价值》，《史学史研究》第4期。

赵林，2005：《告别洪荒——人类文明的演变》，武汉大学出版社。

赵林，2011：《殷契释亲：论商代的亲属称谓及亲属组织制度》，上海古籍出版社。

赵敏俐，2018：《中国早期书写的三种形态》，《中国社会科学》第2期。

赵汀阳、关凯，2016：《中国：一个内含天下的国家》，《东方历史评论》12月3日。

赵汀阳，2019：《历史之道：意义链和问题链》，《哲学研究》第1期。

赵星，2018：《法家视野中儒家仁义道德的脆弱性》，工作论文，载《法家论文集》。

郑慧生，2008：《山海经（注说）》，河南大学出版社。

郑也夫，2015：《文明是副产品》，中信出版社。

中国财政学会"公共服务均等化问题研究"课题组，2007：《公共服务均等化问题研究》，《经济研究参考》第58期。

中国军事史编写组编，2003：《中国历代战争年表》，解放军出版社。

周青硕、张绪教、叶培盛等，2017：《河套地区全新世黄河古河道的分布及期次划分》，《地质力学学报》第3期。

周四丁，2018：《论韩非法治学说的目标体系》，工作论文，载《法家论文集》。

周新郢、李小强、赵克良，2011：《陇东地区新石器时代的早期农业及环境效应》，《科学通报》第Z1期。

周学军，2014：《古代国家形成标志讨论争鸣录》，《中国社会科学报》4月28日。

周雪光，2014：《从"黄宗羲定律"到帝国的逻辑：中国国家治理逻辑的历史线索》，《开放时代》第4期。

朱大可，1993：《洪水神话及其大灾变背景》，《上海师范大学学报（哲学社会科学版）》第1期。

朱富强，2010a：《数理逻辑的缺陷和经济直觉的意义：全球经济危机引发的经济学反思》，《社会科学战线》第10期。

朱富强，2010b：《现代主流经济学中的假设特性及其问题："假设的现实无关性"假说之批判》，《社会科学战线》第2期。

朱富强，2016：《博弈论专家的行为实验何以印证主流经济学——实验条件的控制与实验结果的差异性》，《上海财经大学学报》第3期。

朱富强，2018：《经济实验如何才会更有效——兼对杜宁华先生批判的回应之一》，《上海财经大学学报》第 1 期。

朱富强，2008：《经济学能否仅被视为一套公理体系：兼论经济理论的基本诉求及其发展转向》，《江汉论坛》第 6 期。

朱乃诚，2006：《中国文明起源研究》，福建人民出版社。

朱苏力，2018：《大国宪制：历史中国的制度构成》，北京大学出版社。

朱天元，2018：《中国文明是一个"多数的文明"》，《经济观察报》6 月 25 日。

诸玄识，2017：虚构的西方文明史——古今西方"复制中国"考论》，山西人民出版社。

竺可桢，1979：《论以岁差定〈尚书·尧典〉四仲中星之年代》，载《竺可桢文集》，科学出版社。

庄锡昌、顾晓鸣、顾云深，1987：《多维视野中的文化理论》，浙江人民出版社。

邹进文，2006：《大清帝国兴衰的西方版画卷：古典经济学家中国观的历史演进》，《中南财经政法大学研究生学报》第 3 期。

邹进文，2016：《近代中国经济学的发展：以留学生博士论文为中心的考察》，中国人民大学出版社。

Acemoglu, Daron, James A. Robison, 2015: "The rise and decline of general laws of capitalism," *Journal of Economic Perspectives*, Vol. 29, No. 1.

Acemoglu, D., García-Jimeno, C., Robinson, A. J., 2015: "State capacity and economic development: A network approach," *American Economic Review*, Vol. 105, No. 8.

Acemoglu, D., 2005: "Politics and economics in weak and strong states," *Journal of Monetary Economics*, Vol. 52, No. 7.

Acemoglu, D., Robinson, J. A., 2008: "Persistence of power, elites, and institutions," *American Economic Review*, Vol. 98, No. 1.

Bator, F. M., 1958: "The anatomy of market failure," *Quarterly Journal of Economics*, Vol. 72, No. 3.

Ben-Ner, A., Kong, F., Putterman, L., 2004: "Share and shane alike? Gender-pairing, and cognitive ability as determinants of giving," *Journal of Economic Psychology, Vol. 25, No. 5.

Besley, T., Persson, T., 2009: "The origins of state capacity: Property rights," Taxation and Politics, Vol. 99, No. 4.

Besley, T., Persson, T., 2014: "Why do developing countries tax so little?", Journal of Economic Perspectives, Vol. 28, No. 4.

Bond, G., Kromer, B., Beer, J. et al., 2001: "Persistent solar influence on North Atlantic climate during the Holocene," Science, Vol. 294, No. 5549.

Bonney, R., 1995: Economic Systems and State Finance, Clarendon Press.

Bonney, R., 1999: The Rise of the Fiscal State in Europe, 1200 – 1815, Oxford University Press.

Brennan, J., 2016: Against Democracy, Princeton University Press.

Caplan, B., 2007: The Myth of the Rational Voter: Why Democracies Choose Bad Policies, Princeton University Press.

Chen, F. H., Dong, G. H., et al., 2015: "Agriculture facilitated permanent human occupation of the Tibetan Plateau after 3600 BP," Science, Vol. 347, No. 6237.

Chen, Q., 2008: "The effect of patent laws on invention rates: Evidence from cross-country panels," Journal of Comparative Economics, Vol. 36, No. 4.

Chen, Y. J., 2018: "State formation and bureaucratization in pre-imperial China," The 6th International Symposium on Quantitative History.

Clark, G., 2007: A Farewell to Alms: A Brief Economic History of the World, Princeton University Pres.

Cohen, R., Elman, R., 1977: Origins of State: The Anthropology of Political Evolution, Anthropology News.

Commons, J. R., 1967: A Sociological View of Sovereignty, Augustus M. Kelley Publishers.

Commons, J. R., 1959: Institutional Economics: Its Place in Political Economy, University of Wisconsin Press.

Commons, J. R., 1951: The Economics of Collective Action, MacMillan.

Crafts, N. F., Harley, C. K., 1992: "Output growth and the British industrial revolution: A restatement of the Crafts Harley view," *Economic History Review*, Vol. 11, No. 1.

Crafts, N. F., 1977: "Industrial revolution in England and France: Some thoughts on the question, 'Why was England First?'," *Economic History Review*, Vol. 30, No. 3.

Crafts, N. F., 2004: "Productivity growth in the industrial revolution: A new growth accounting perspective," *The Journal of Economic History*, Vol. 64, No. 2, June.

Dalfes, H. N., Kukla, G., Weiss, H., 2013: *Third millennium BC climate change and old world collapse*, Springer Science & Business Media, Vol. 49.

Davis, L. E., North, D. C., 1970: "Institutional change and American economic growth: a first step towards a theory of institutional innovation," *Journal of Economic History*, Vol. 30, No. 1.

deMenocal, P. B., 2001: "Cultural responses to climate change during the late Holocene," *Science*, Vol. 292, No. 5517.

Di Tella, R., Perez-Truglia, R., Babino, A., Sigman, M., 2015: "Conveniently upset: Avoiding altruism by distorting beliefs about others altruism," *American Economic Review*, Vol. 105, No. 11.

Di Tella, R., Perez-Truglia, R., Babino, A., Sigman, M., 2015: "Conveniently upset: Avoiding altruism by distorting beliefs about others' Altruism," *American Economic Review*, Vol. 105, No. 11.

Drysdale, R., Zanchetta, G., Hellstrom, J. et al., 2006: "Late Holocene drought responsible for the collapse of old world civilization is recorded in an Italian cave flowstone," *Geology*, Vol. 34, No. 2.

Gledhill, J., 2005: *Introduction in States and Societies*, Taylor & Francis.

Guo, L. L., Feng, Z. D., Liu, L. Y., et al., 2007: "Holocene climatic and environmental changes recorded in BaaharNuur Lake core in the Erdos Plateau, Inner Mongulia," *Chinese Scientific Bullettin*, Vol. 52, No. 7.

Henrich, J., Boyd, R., Bowles, S., 2001: "In search of homo economics: Behavioral experiments in 15 Small-scale Societies," *American Economic*

Review, Vol. 91, No. 2.

He, W. K., 2013: *Paths toward the Modern Fiscal State: England, Japan, and China*, Harvard University Press.

He, X., Zhou, J. et al., 2006: "Soil erosion response to climate change and human activity during the quarternary on the Loess Plateau, China," *Regional Environmental Change*, Vol. 6, No. 1.

Hole, F., 1966: "Investigating the origins of Mesopotamian civilization," *Science*, Vol. 153, No. 3736.

Huang C. C., Pang, J., Huang, P., 2002: "An early Holocene erosion phase on the loess tablelands in the southern Loess Plateau of China," *Geomorphology*, Vol. 43, No. 3 - 4.

Jones, C. I., 2015: "Pareto and Piketty: The macroeconomics of top income and wealth inequality," *Journal of Economic Perspectives*, Vol. 29, No. 1.

Kidder, T. R., Zhuang, Y. J., 2015: "Anthropocene archaeology of the Yellow River, China, 5000 - 2000 BP," *The Holocene*, Vol. 25, No. 10.

Kindleberger, C. P., 1975: "The rise of free trade in Western Europe, 1820 - 1875," The Journal of Economic History, Vol. 35, No. 1.

Kosfeld, M., Rustagi, D., 2015: "Leader punishment and cooperation in croups: Experimental field evidence from commons management in Ethiopia," *American Economic Review*, Vol. 105, No. 2.

Krueger, A. O., 1990: "Government failures in development", *Journal of Economic Perspectives*, Vol. 4, No. 3.

Lenski, D. E., 1966: *Power and Privilege: A Theory of Stratification*, McGraw-Hill.

Li, X., Dodson, J., 2007: "Early cultivated wheat and broadening of agriculture in Neolithic China," *The Holocene*, Vol. 17, No. 5.

Liu F., Chen X., 2012: *The Archaeology of China: From the Late Paleolithic to the Early Bronze Age*, Cambridge University Press.

Liu F., Feng, Z., 2012: "A dramatic climate transition at 4000 cal. yr BP and its cultural responses in Chinese cultural domians," *The Holocene*, Vol.

22, No. 10.

Liu, W. G., 2015: *The Chinese Market Economy: 1000 – 1500*, State University of New York Press.

Mann, M., 1986: T*he Sources of Social Power*, Vol. I, *A History of Power from the Beginning to A. D. 1760*, Cambridge University Press.

Mayshar, J., Moavz, O., Neeman, Z., Pascali, L., 2016: Cereals, Appropriability and Hierarchy, *Working Paper.*

Michalopoulos, S., Xue, M. M., 2019: "Folklore", *NBER Working Paper*, No. 25430.

Mokyr, J., 1999: "Industrial revolution and the Netherlands: Why did it not happen?", *The 150th Anniversary Conference Organized by the Royal Dutch Economic Association*, Amsterdam.

Morgan, M. S., 2006: "Economic man as model man: Ideal types, idealization and caricatures," *Journal of the History of Economic Thought*, Vol. 28, Issue 1.

Morris, I., 2013: *The Measure of Civilization: How Social Development Decides the Fate of Nations*, Princeton University Press.

North, D. C., Thomas, R. P., 1970: "An economic theory of the growth of the western world," *Economic History Review*, Vol. 23, No. 1.

North, D. C., Thomas, R. P., 1971: "The rise and fall of the manorial system: A theoretical model", *Journal of Economic History*, Vol. 31, No. 4.

North, D. C., 2005: *Understanding The Process of Economic Change*, Princeton University Press.

O'Brien, P., 2012: "Mercantilist, fiscal, financial and monetary foundations for the formation of nation states in the west compared to imperial states in the east: Circa 1415 to Circa 1839", *CES Conference*, Kaifeng, China.

O'Brien, P., 2011: "The nature and historical evolution of an exceptional fiscal state and its possible significance for the precocious commercialization and industrialization of the British economy from Cromwell to Nelson," *Economic History Review*, Vol. 64, No. 2.

Ogilvie, S., Carus, A. W., 2014: "Institutions and economic growth in historical perspective," *Handbook of Economic Growth*, Volume 2A.

Olson, M., 2000: *Power and Prosperity: Outgrowing Communist and Capitalist Dictatorships*, Basic Books.

Olson, M., 1963: *The Economics of the Wartime Shortage: A History of British Food Supplies in the Napoleonic War and in World Wars I and II*, Duke University Press.

Perry, C. A., Hsu, K. J., 2000: "Geophysical, archaeological, and historical evidence support a solar-output model for climate change," *PNAS*, Vol. 97.

Piketty, T., 2014: *Capital in the Twenty-First Century*, Harvard University Press.

Piketty, T., 2015: "Putting distribution back at the center of economics: Reflections on capital in the twenty-first Century," *Journal of Economic Perspectives*, Vol. 29, No. 1.

Pomeranz, K., 2000: *The Great Divergence: China, Europe, and the Making of the Modern World Economy*, Princeton University Press.

Putterman, L., 2016: Democracy and Collective Action, *WINIR Conference on Institutions and Human Behavior*, Boston.

Putterman, L., 2006: "Reciprocity, altruism, and cooperotive production," Hand book of the Economics of Giving, Altruism and Reciprocity, Vol. 2.

Rotemberg, J. I., 2005: "Customer anger at price increases, changes in the frepuancy of price adjustment and monetary policy," *Journal of Nconetary Economics*, Vol. 52, No. 4.

Shi, C., Dian, Z., You, L., 2002: "Changes in sediment yield of the Yellow River Basin of China during the Holocene," *Geomorphology*, Vol. 46, No. 3-4.

Shiue, H., Keller, W., 2004: "Markets in China and Europe on the eve of the industrial revolution," *NBER Working Paper Series*, No. 10778.

Song, B. T., 2015: "Institution and change of the public economy: A new Interpretation of early modern civilization evolution," *Social Sciences in China*, Vol. 36, No. 1.

Stiglitz, J. , Rosengard, J. K. , 2015: *Economics of The Public Sector*, Norton.

Su, B. , Xiao, J. , 1999: "Y-Chromosome evidence for a northward migration of modern humans into Eastern Asia during the last Ice Age", *American Journal of Human Genetics*, Vol. 65, Issue 6.

Tilly, C. , 1992: *Coercion, Capital, and European States, AD990 - 1992*, Blackwell.

Von Glah, R. , 2019: "Modalities of the Fiscal State in Imperial China," *Journal of Chinese History*, Vol. 4, No. 1.

Wade, R. , 1990: *Governing the Market: Economic Theory and the role of Government in the East Asian industrialization*, Princeton University Press.

Wagner, M. , Tarasov, P. , Hosner, D. et al. , 2013: "Mapping of the spatial and temporal distribution of achaeological sites of North ern China during the neolithic and Bronz Age," *Quaternary International*, Vol. 290 - 291.

Walton, J. H. , 2006: *Ancient Near Eastern Thought and the Old Testament: Introducing the Conceptual World of the Hebrew Bible*, Baker Academic.

Walton, J. H. , 2006: *Anicient Near Eastern Thought and the Old Testament*, Baker Academic.

Wang, L. , Oota, H. , Saitou, N. , et al. , 2000: "Genetic structure of a 2500-year-old human population in China and its spatiotemporal changes," *Molecular Biology and Evolution*, Vol. 17, No. 9.

Weber, M. , 1949: *Max Weber on the Methodology of the Social Sciences*, Free Press.

Weiss, H. , Bradley, R. , 2001: "What drives societal collapse?" *Science*, Vol. 291, No. 5504.

Wilson, E. O. , 2012: *The Social Conquest of Earth*, Liveright Publishing Corporation.

Wong, R. B. , 1997: *China Transformed: Historical Change and the Limits of European Experience*, Cornell University Press.

Wu, Q. , Zhao, Z. , Liu, L. , et al. , 2016, "Outburst flood at 1920 BCE supports historicity of China's Great Flood and the Xia dynasty," *Science*,

Vol. 353, No. 6299.

Yu, D., Morgan, L., Chinenov, Y., et al., 2017: "Shifting diets and the rise of male-biased inequality on the Central Plains of Chinaduring Eastern Zhou", *PNAS*, www.pnas.org/cgi/doi/10.1073/pnas.1611742114.

Zhang, K., Zhao, Y., Zhou, A. et al., 2010: "Late-Holocene vegetation dynamic and human activities reconstructed from lake records in western Loess Plateau, China," *Quarternary International*, Vol. 227, No. 1.

Zhang, T. S., 2017: *The Law and Economics of Confucianism: Kinship and Property in Preindustrial China and England*, Cambridge University Press.

Zhao, D. X., 2015: *The Confucian-Legalist State: A New Theory of Chinese History*, Oxford University Press.

Zhao, H. J., 2018: *China's Long-Term Economic Development: How have Economy and Governance Evolved since 500 BC?*, Edward Elgar Publishing.

图书在版编目(CIP)数据

黄河文明四千年：华夏时空变迁与公共经济逻辑／宋丙涛，张庭，潘美薇著. -- 北京：社会科学文献出版社，2023.2
　ISBN 978-7-5228-0782-9

　Ⅰ.①黄…　Ⅱ.①宋…②张…③潘…　Ⅲ.①黄河流域－区域经济发展－研究②黄河流域－可持续性发展－研究　Ⅳ.①F127②X22

中国版本图书馆CIP数据核字（2022）第179317号

黄河文明四千年：华夏时空变迁与公共经济逻辑

著　　者／宋丙涛　张　庭　潘美薇

出 版 人／王利民
组稿编辑／恽　薇
责任编辑／陈凤玲　武广汉
责任印制／王京美

出　　版／社会科学文献出版社·经济与管理分社（010）59367226
　　　　　地址：北京市北三环中路甲29号院华龙大厦　邮编：100029
　　　　　网址：www.ssap.com.cn
发　　行／社会科学文献出版社（010）59367028
印　　装／三河市东方印刷有限公司

规　　格／开　本：787mm×1092mm　1/16
　　　　　印　张：24.75　字　数：388千字
版　　次／2023年2月第1版　2023年2月第1次印刷
书　　号／ISBN 978-7-5228-0782-9
定　　价／128.00元

读者服务电话：4008918866

版权所有 翻印必究